人生，一個哲學習題

認識自我、開發潛能、修養靈性的追求

傅佩榮—著

目錄

自序

人生，從不提供標準答案

人生是由連續不斷的選擇所構成的。我們通常只在意選擇的結果是好是壞，而未曾認真思考「為何要如此選擇？」於是懊惱與後悔的情緒總是揮之不去，隨著年齡增加而對人生日益感到無奈。聰明博學如王國維，也只能感嘆：「人生事事不堪憑，但除卻無憑兩字。」

真的什麼都靠不住嗎？有了這種體悟，人生難免悲觀。我們尊重前輩的感嘆，但更珍惜自己放手一試的機會。「人生」是自古以來最大的習題，它給每一個人的題目各有重點，它給同一個人在不同階段的題目也各有特色，而最難的挑戰是：它從不提供標準答案。

因此，我們所能把握的只是：探討人生問題的方法。這套方法簡單說來，就是「哲學」。「忽視哲學，人生將是盲目的；脫離人生，哲學必是空洞的。」這句話有道理嗎？本書希望具體回應這個問題，內容依次展示為「釐清自我的真相，管理自我的潛能，探索生命的價值，走向智慧的高峰」。涉及的題材包括心理學、潛能開發學、哲學、宗教學等，貫穿其中的則是一套「身心靈整合的價值觀」，以下略述其旨。

我們談論完整的人生，不能忽略「身、心、靈」三個部分。年輕的時候，也許側重身（衍伸至有形可見的外貌、體力、財富、地位等）。身的活動當然不能脫離心，但是心的運作主要在於「知、情、意」這三項潛能的實現過程，因而具體展示於獲取特定知識、發展人際情感，以及培養個人志趣上。然後，在一個看來抽象、其實扮演主導作用的層次，還有「靈」的存在。靈的運作可以表現於宗教信仰的靈修活動中，但是宗教並非靈的運作的唯一領域。

因此，一套完整的價值觀，必須針對上述「身、心、靈」三個部分，提出各自的定位，以及彼此之間的適當關係。容我先以三句話來作個概括，再說明其內涵：「身體健康，是必要的；心智成長，是需要的；靈性修養，是重要的。」

首先，身體健康，是必要的。「必要的」一詞，是指：如果身體不健康，則人生一切活動皆受到限制，好像人生從彩色變成黑白，甚至面臨結束的威脅。依此推衍，保持身體的活動能力，取得基本的生存條件，讓自己可以活下去，這些都屬於「必要的」範圍。在正常情況下，人的本能就會去爭取這些必要的條件，使自己活得下去。但是，「必要的」一詞同時也提醒我們：它不是「充分的」。意思是：作為一個人，單單活著是不夠的，亦即不充分的。依美國心理學家馬斯洛的說法，這個層次所涉及的是生理需求與安全需求，還有向上提升的廣大空間。

其次，心智成長，是需要的。人與動物的差異，表現在心智的精密度與複雜度特別高，但是如果缺少成長及發展的機會，心智的潛能棄置不用，那麼人很可能不如動物。這是最可惋惜的事。不僅如此，隨著生命的開展，心智成長的要求也將日益強烈。譬如，求學期間，我們以探討專業知識為目標；進入社會以後，自然出現全方位的知識需求，尤其對於文學、藝術、哲學、宗教等人文方面的知識，深感嚮往。再以情感而言，也會由親情、友情、愛情，向外擴充，對社區、社會、國家、國際、地球、宇宙，產生關懷之心，最後也可能孕生慈悲、博愛的情操，自願從事公益活動。然後，在意志方面，可以逐漸化被動為主動，從事高尚的人格修養，自強不息，日新又新。以上有關「知、情、意」的描述，都是我們所「需要的」，亦即：若要活得像一個人，就須不斷開發這些潛能。馬斯洛所謂的「愛與歸屬的需求」與「自重與受人尊重的需求」，正好涉及此一層次。若要再往上走，尋求「自我實現」與「自我超越」，就會進入「靈」的層次了。

關於「靈」的作用，我們說「靈性修養，是重要的」。所謂「重要的」，是指聯繫於人生的意義與目的而言。如果忽略靈性修養，則人生一切活動「對自己而言」，將是既無意義也無目的的。說得溫和一些，就是人生一切活動都難免於剎那生滅，無法連貫形成一幅完整的畫面。我特別強調「對自己而言」，因為一個人也許享有福壽全歸，也許製造豐功偉業，也許對人類或歷史產生巨大影響，但是他的內心依然可能徬徨無依，甚至充滿苦惱。宗教經典所描繪的「萬法皆空，眾生皆苦」，「空虛啊，空虛，一切皆是空虛」，正是我們人類無法避開的警語。

依我對靈性修養的粗淺認識，可以由四個角度描述其作用，就是：一，靈性修養（以下簡稱「靈修」）使一個人的身心活動（亦即上述對身與心分別所作的介紹）具有意義。二，靈修使一個人潛意識中的情結與盲點得以化解。三，靈修使一個人可以將其命運提升轉化為使命。四，靈修使一個人在宗教信仰的活動中，能與所信的神明進行順暢的互動與溝通。總而言之，靈修使一個人能在光天化日下行走，不但不擔心命運的折磨與死亡的威脅，而且能以積極樂觀的態度安排自己的身心活動，珍惜並善用人生的一切資源。

我對這一本書投入極深的情感，因為它儲存了我長期以來的讀書心得，呈現了我對人生哲學的基本觀點，也代表了我對新世紀所有愛智者最真誠的心意。

2016年6月16日

第一部

釐清自我的真相

前言

「認識你自己。」這是希臘時代探討人生奧祕的箴言。但是，若想認識自己，所牽涉的相關問題太廣了，包括：人類生命有何特色？自我與他人的異同如何？人的一生有何意義？宇宙存在對於人生意義有何啟發？人死之後是怎麼回事？死後還有另一種生命嗎？神明存在嗎？神明與人類的關係如何？

面對上述問題，每一個時代的人都有自己的一套答案，而這些答案也一直在改善修訂之中。在知識普及之前，人們通常以「概括承受」的方式，認同社會上的主流觀念，譬如宗教所教導的現成答案。到了二十世紀，理性啟蒙的效應浮現，人們日益需要自行探討人生問題，而心理學適時興起，蔚為風潮。

以單一學科而論，能在二十世紀凝聚傑出心智，迭創新穎見解，進而乘風破浪，引動人類最大關注，觸及百姓日常言行的，可以說，非心理學莫屬。換言之，如果我們繼續奉行「認識你自己」這句古老名訓的話，首先就須認真向心理學家請教。

基於上述體認，我在長期探討哲學的過程中，一直對心理學的領域保持高度興趣，並且自覺受益良多。眾所周知，「哲學」號稱「愛好智慧」，因此凡是能夠增長吾人常識、知識與心得的，以及有助於說明人類經驗的，都是哲學研究者必須留意及學習的。哲學「始於經驗，而不終於經驗」。意思是：心理學家的理論是我的出發點，而不是我的止步之處。就心理學所依據的是豐富的人類「經驗」而言，它具有高度的參考價值；但是也正因為如此，哲學要努力再進一步，找出這些經驗「之所以是如此」的根本條件。譬如設定一個關於「人」的思考架構，如「身、心、靈」，然後評估每一派心理學在這個架構中的定位。

整理我所涉獵的心理學知識，大致可以將其分為三個階段。首先，是「身」居於主導地位的階段，由身來「決定」心是怎麼回事，這種觀點，以行為主義作為代表；而佛洛依德學派則主張由身來「影響」心，亦即人的潛意識無法擺脱生物本能的特質，再由潛意識來解釋心理活動。其次，是「自我」概念展現的階段。代表人物有二， 一是阿德勒，認為自我是「面對」著群體，一生都在致力於自卑之超越；二是榮格，主張自我是「通過」群體，由集體潛意識找到化解疏離之苦的門徑。第三個階段，是「自我」要主動出擊了，譬如佛朗克聲稱，自我要求「意義」，可以為此而忍受折磨與考驗；又如馬斯洛的人本主義心理學，指出自我所要求的是「實現」，要把人的優質潛能充分發揮出來。

以上三個階段所形成的趨勢，是由身走向心，再由心往上提升，走向靈的領域。就在二十世紀接近尾聲時，超個人心理學已經蓄勢待發，準備在本世紀大顯身手了。所謂「超個人」，所指的正是「靈」的層次。因為只有在靈的層次，所有的個人可以找到共同的源頭與歸宿，亦即可以化解在身與心方面所造成的個別差異。

明白上述心理學的進展之後，哲學還有什麼任務呢？依我淺見，哲學探討的目的，不在提示明確的答案，因為人生的標準答案難免流於教條之譏。哲學所能做的，是面對問題時，提供思考的架構及方法。因此，在本書第一部中，首先談到的是人生哲學的基礎架構。有了這個架構，無異於界定了人生的整體面貌與根本關懷，然後，一方面不會在介紹每一派心理學時「流連忘返」，入乎其內而不能出乎其外；另一方面，也能對各派心理學進行定位、省思與評論，以符合哲學愛智的初衷。

在這篇幅不多的一部中，要討論七派心理學的理論，當然會有掛一漏萬或以偏概全的的困境。我只希望做到兩點：在介紹時，要有同情的理解；在評論時，要有全盤的觀照。任何學問都以「有益於人生」為其前提，心理學也不例外。我們從心理學出發，將來還會穿越哲學及宗教學的領域，所期望的也只是對人生有所助益，可以往「認識你自己」的目標大步邁進。

第一章

人生哲學的基礎架構

真正的哲學，是練習死亡。——柏拉圖

柏拉圖並非鼓勵死亡，而是要我們練習擺脫身體對自己的控制，就好像是身體已經死亡一樣。

一個人活著，如果能夠讓自己的身體降低作用，而使心、靈充分運作，這樣的人就是真正的自由人，此即「自由」之真義；反之，若是一個人容易衝動，生活中稍不如意就有很強的情緒反應，那麼他一點也不自由，反而是將自己的生命綑綁住了。

所謂自我的結構，一般而言是指「身、心、靈」三個層面。在討論這三個層面時，必須把時間的三個向度，亦即「過去、現在、未來」考慮進來。身是指：到現在為止我們在一個人身上所看到的一切，因此代表「過去」。心則是一個「有知、有情、有意」的主體，可以代表「現在」。最後，靈能夠指示一個人前進的方向，因此主要是針對「未來」的。

「哲學」(Philosophy)的原始意義是「愛好智慧」。「智慧」這個詞很難捉摸，別人的智慧就算再高，對我們而言都只是文字或語言所表達的知識，可望卻不可即。然而，我們仍然必須設法掌握文字背後的思想，將它放在自己的生命中加以實踐印證，以轉化成屬於自己的活潑的智慧。這整個過程需要下一番工夫。古人說：「一個人閱讀《論語》之後，沒有任何改變，就是不曾讀過《論語》。」意思是文字與生命脱節，唸書只是浪費時間而已。離開生活，哲學是空洞的；離開哲學，生活是盲目的。兩者攜手並行，人生才有豐富的趣味。

為了有效達成這個目標，首先必須掌握一系列重要的方法和架構，而這一切是要透過語言文字來表達的。以下所要闡明的就是基本的概念。

基本概念

理性是哲學的基礎

「哲學」的運作是以「理性」作為出發點；與「理性」相對的一面則是「經驗」。實際生活的經驗是零碎、片斷，並且互相矛盾的。譬如我們有時覺得自己是個開朗的人，有時又覺得內心有些結解不開；有時很願意幫助別人，有時卻覺得別人為自己帶來困擾。這一類都是經驗中常見的情形。「經驗世界」是複雜多樣，充滿矛盾及緊張狀態的；相形之下，「理性」則保持冷靜的狀態。採取理性的態度，就可以把情緒降到最低，因此當「理性」開始運作時，許多事情會顯得清澈分明。

另一方面，「信仰」也和「理性」不同。譬如許多人熱衷的算命，也帶有一些信仰的成分，而這種現象不見得可以用理性的方式加以說明，所以顯得十分神祕。神祕往往容易造成一廂情願的情況。

使用「理性」時，要把握三個重點：

（一）澄清概念：我們在思考或說話時都會用到「概念」。譬如一提及「自我」，首先就要把「自我」的概念界定清楚，否則每一個字詞都會產生不同的理解。所以，與他人交談時，一開始就要清楚界定交談中所使用的概念，即使是熟識的朋友也有這個必要。

（二）設定判準：人在表達思想時，總是包含了一連串的判斷。譬如我說：「今天天氣很好。」這就表達了一個思想的內容，也就是一個判斷。任何判斷都需要一個標準：所謂的「天氣好」是以什麼作為標準？溫度的數值，或是個人的感覺？又如要判斷某人是不是好人，也必須先將「好」和「不好」的標準設定清楚。如果沒有設定判準，則一件事或一個人的好壞，就沒有一定的說法，而容易隨時改變。

（三）建構系統：這是最困難的部分。所謂的「系統」，就是把宇宙和人生，所有的一切構成一個整體。許多哲學家都會強調自己的思想是一個完整的系統，譬如孔子說：「吾道一以貫之。」這句話就表明了：孔子的人生觀有一個完整的中心思想，可以連貫所有知識。亦即所有知識都匯入同一個系統中，其內在不能矛盾，對外也必須有所依據。

任何一位出現在哲學史上的大哲學家，都各自建構了一套系統。譬如在《蘇菲的世界》（*Sophie's World*）和《哲學家的咖啡館》（*Das Café der toten Philosophen*）二書中所提到的西方哲學家，我們一旦進入他們的理論中，就宛如跨進另一個世界，因為這些哲學家使用的語詞，往往和一般人原本知道的不太一樣，如果沒有經過適當的解說，會使人覺得不知所云。也正因為如此，許多哲學家會有專屬的字典，譬如《黑格爾字典》。黑格爾（Hegel, 1770-1831）就是自己界定了一系列概念，加以重新定義，設立判斷標準，再建構出一套完整的系統。

哲學的工作，主要即在上述三點內涵之中，因此討論的重點常落在「概念如何澄清」、「判準如何界定」、「由何人界定」、「此判準現今是否仍然有效」等問題。

社會上不斷出現新概念，哲學的三部分工作也就不斷地循環運作。概念來自於我們日常生活中的經驗。所謂「太陽底下無新鮮事」，雖然自古至今人們的經驗相差無幾，然而每一個時代的人，對於其「共同的經驗」卻會有不同的理解，因此衍生出風格迥異、各具特色的文明，以及每一個時代不同的思想風潮。

分析問題時要結構與發展並重

第一部所談論的焦點是如何「釐清自我的真相」。這樣的題材，一方面可以作普遍的探討，另一方面也可以針對個人的需求，說明其特殊的內容。

思考的時候，方法很重要，而方法則和架構有一定的關係。譬如當我們談到「人」的時候，首先必須思考人的「結構」是什麼？其次則要思考人的「發展」是什麼？結構是靜態的，傾向於「空間化」；發展則是動態的，傾向於「時間化」。

許多人在演說時，常常會提到：「在今天這個時代和這個環境裡……」這兩者是不同的：「時代」代表著過去、現在、未來不斷發展的過程；「環境」則代表「當前這個社會」，它可以與時間暫時脫節，是一個橫向的側面，其中所呈現的就是結構問題。然而結構不可能憑空出現，它一定是某個時代發展過程中的橫切面。因此分析問題的時候，要同時注意到結構和發展。

同樣的，分析自己與他人交往，或與親人相處所產生的問題時，要先靜下心來，想清楚自己本身的結構，譬如構成自己性格的因素。這些因素是從幼年時期逐漸累積，最後形成今天這樣的結構，而這就代表了自己的生命特質。

接著要問自己：「是不是滿意現在這樣的結構呢？如果不滿意，以後又要怎麼辦？」「以後」就是時間的問題，所以我們要設法思考：「我將來想要擁有怎樣的結構內容？該往哪個方向去努力？」孔子教學時喜歡講「立志」，「立志」即是針對將來：現在沒有的，期許將來能夠得到，所以立了志向，可以讓生命有所轉變。經過一段時間以後，看看能否達成自己原先設定的目標，使生命結構調整及改變。

人是具有位格的主體

人有自我意識（self-consciousness）和自由意志（free will），是能夠思考、感受、抉擇之主體。

「自我」是意識的主體，也是意識的對象。一般的動物只有當下的直接意識（consciousness），所以天熱天冷，會有感覺；肚子餓肚子飽，會有反應。但是動物沒有自我意識。自我意識就是：「意識」意識到自己。「意識」本來是向外的，譬如動物在遭受外來的壓力或痛楚時會有所反應，但是牠本身沒有辦法去思考「我」這樣一個生命，要如何安排自己的生活。動物不會意識到自己是某一個特別的動物，因為牠的意識無法形成自我的觀念。

人類則有自我意識，也就是向內的意識。因為人類已經跨過「反省」的門檻，能夠在心中自我觀照，好像照鏡子一樣。一旦到了反省的意識階段，就會把自己當作觀察思考的對象，這樣一來，自己不但是主體，同時也是對象。如此便產生了自我意識，人也因而成為可以感受、可以思考、可以抉擇的主體。

接著要談自由意志。「意志」是指：「我」可以決定去做，或者不去做一件事。意志是否是全然自由的呢？許多人對此抱持懷疑的態度，譬如「行為主義心理學」就主張人類沒有自由意志。此派心理學從「刺激與反應」的角度，來解說人的行為模式，認為人的行為受制於他在既定情境中所接受到的刺激。這在心理學中稱為「制約」（Condition），也就是指：用一個條件來約束人，使人產生某種反射動作，亦即人的反應不能離開既定的情境。

由上述觀點看來，人的行為不可能離開特定的環境，因此雖然表面上人的行為或意志是自由的，而實際上則是受制於環境所提供的條件。如此一來，人似乎變得完全沒有自由了。

完全的自由是指沒有任何前提、任何條件設定，而可以完全自由地選擇想要做的事。這種完全的自由到最後會出現一種任性的、不可預測的行為。因此，無論是「完全不自由」或是「完全自由」，都不是自由意志所要表達的內涵。

自由意志是指：人有「自我」，所以會有自由的表現。「自我」是指我自己是一個主體，能夠意識到自己與別人的差異，因此表現出來的行為具有自我的特色。

人有自我意識和自由意志，這二者結合在一起，使得人能夠思考、感受、抉擇。「思考、感受、抉擇」可以對照稍後將要討論的「知、情、意」，然而前面三者所涵蓋的範圍較為廣泛。思考包括學習，因為學習本身就是一個獲取思考材料，慢慢加以運作，並產生心得的過程；感受包括情緒上所有的變化；抉擇則包括了選擇以及選擇之後的負責在內。

曾經有位建中資優班的學生自殺了，他的同班同學發表了一封公開信，表達對社會的抗議。信中提到：這位同學是全班第一名，所以自殺的原因不是功課壓力，並且他有思想也有智慧，至於為何自殺，應該是對生命仍然存有疑問而已。

這裡有些問題值得進一步討論。首先，信中提及這位同學有思想，能夠思考。然而這裡所指的是思考的能力，思考的材料，還是思考的方法？「思考」必須有充足的、大量的、廣泛的材料，才不會局限於狹窄的個人經驗之內，而一個十五、六歲的年輕人有多少思考材料呢？另外，思考也必須有方法上的訓練，譬如邏輯、知識論等。如果沒有正確的方法，就算有材料也無用。

其次，「智慧」是人類不可能得到的，就算是大哲學家也只敢說自己「愛好智慧」，更何況是一個十五、六歲的年輕人呢？人有身體，必須透過感官認識外在世界，因此會被感覺所限制。人會受到身體的本能、衝動、情緒、欲望所干擾，以致於在努力得到智慧的過程中，難免遭遇挫折阻礙。柏拉圖（Plato, 427-347B.C.）曾說：「真正的哲學，是練習死亡。」他並非鼓勵死亡，而是要我們練習擺脫身體對自己的控制，就好像是身體已經死亡一樣。

一個人活著，如果能夠讓自己的身體降低作用，而使心、靈充分運作，這樣的人就是真正的自由人，此即「自由」之真義；反之，若是一個人容易衝動，生活中稍不如意就有很強的情緒反應，那麼他一點也不自由，反而是將自己的生命綑綁住了。所以柏拉圖時代就已經強調「身體是靈魂的監獄」。靈魂是自由的，卻不幸被身體拘禁了。為了掙脫身體的束縛，就必須進行修練工夫，讓自己擺脫具體的欲望。孔子說自己：「七十而從心所欲不踰矩。」這就是說，他到了七十歲才能夠不受身體的本能欲望所控制。

當代醫療技術進步，許多病人都靠醫療設備維繫生命。然而這些人本身不能表現自我意識與自由意志，也無法從事思考、感受、抉擇的活動，因此很難將其視為完整的、正常的人來理解。對於智能障礙或是腦部受損，因而不能從事正常活動的人，情形也是如此。

每個人都擁有獨特的自我

每個人的生命，在結構及發展上皆為獨特的（unique）❶。世界上沒有任何兩個人是相同的，即使是雙胞胎在成長之後也都顯然有別。每個人的生命經驗，在每一剎那的變化，也都是難以想像、奧妙無比的。

希臘時代的悲劇家索福克里斯（Sophocles, 496-406B.C.）❷曾說過：「宇宙萬物中最值得驚訝的，就是人。」大自然無論如何奇妙，人類工技發明無論如何先進，都比不上「人」的生命那樣令人驚訝。人的生命本身就是一個奇蹟。

每一個人生命的獨特性，都是我們應該重視的。然而由於人的數量眾多，以致我們往往忽略每個人的獨特性，而一般人所表現出來的氣質特色，以及人與人的交往方式，也變得越來越粗糙了。教育的目的本來是要「完善人的生命」，讓每個人能夠充分實現自我的潛能。然而我們現在所受的教育，卻是得之於書本的少，得之於社會的多。社會以各種方式灌輸我們大量通俗的言語及行為模式，久而久之，大家說話的方式就變得粗俗，甚至粗魯，而行為也淪於每下愈況。

因此，生活在今天這種環境的現代人，應該要學會珍惜自己，

---

❶ 結構與發展會在其後「自我的結構」（靜態分析）和第一部第二章中「自我的發展」（動態分析）詳細論述。

❷ 這是希臘著名悲劇《伊底帕斯王》（*Oedipus the King*）的作者。

懂得對「自我」善加保護。

生命的核心在於單純的信念

生命的核心，可以歸納為單純的信念。每個人的關懷都是多方面的，在人生的不同階段會有不同組合的關懷，所以要分辨一個人的根本信念為何，是很不容易的。我們與一個人交往時，往往要花上幾十年或甚至一輩子的時間，才能夠真正認清他究竟是什麼樣的人。

古語有云，「知人知面不知心。」要了解一個人的「心」是最難的。中國歷史上知心好友的著名例子中，有管仲和鮑叔牙二人。春秋五霸之中，齊桓公是第一位稱霸的。當時幫助齊桓公即位者為鮑叔牙，管仲輔佐的則是反對派，也就是齊桓公的哥哥公子糾。齊桓公正式即位後，想請鮑叔牙擔任宰相，但是鮑叔牙卻力薦管仲出任。齊桓公原本不表認同，因為他覺得管仲在戰場上膽小怯懦且平時做人小氣。然而鮑叔牙卻為管仲辯解，他表示管仲是因為家裡還有老母親必須奉養，所以凡事皆有後顧之憂。齊桓公最後接受了鮑叔牙的推薦，任用管仲之後，果然「九合諸侯，一匡天下」，成就了霸業。

由此可知，鮑叔牙對管仲的了解，並非看他是否小氣怯懦等等表面上的因素，而是真正觀察其心，知其志向。所以談到「真相」時，往往必須歸結到一個人內心的信念。

信念不同於信仰。我們常使用「人生的信仰」、「政治的信仰」、「宗教的信仰」這些詞彙。以宗教的信仰來說，所指的就是皈依明確的宗教。信念則較為一般，它可以是信仰但卻不是非屬信仰不可。沒有信仰的人，仍然可以持有信念，譬如「人生以服務為目的」，就是一種信念。每個人都有自己的信念，重要的是，如何讓這個信念貫穿整個生命。

信念可以作為我們一生動力的來源以及意義的基礎。人活在世界上，生命需要動力。沒有動力就容易倦怠，甚至會找藉口讓自己停頓下來，遇到中年危機時，特別容易產生這種感覺。事實上，人終其一生都應該保持動力，直到最後一刻。

「意義的基礎」是指：你如何理解自己的生命。人，活著是一回事，而活得有意義，則是另一回事。能夠理解自己的生命是怎麼回事，才可能活得有意義。

自我的結構（靜態分析）

所謂自我的結構，一般而言是指「身、心、靈」三個層面。在討論這三個層面時，必須把時間的三個向度，亦即「過去、現在、未來」考慮進來。身是指：到現在為止我們在一個人身上所看到的一切，因此代表「過去」。心則是一個「有知、有情、有意」的主體，可以代表「現在」。最後，靈能夠指示一個人前進的方向，因此主要是針對「未來」的。

心又可以分為知、情、意三個部分。知代表「理解」，因此側重於已經存在的、過去的資源；情代表「協調」，也就是一個人現在的、當下的感受；意則代表「抉擇」，也就是對未來的選擇。換句話說，知、情、意三個部分，也可以加入過去、現在、未來三個向度作為思考方式。

事實上，凡是有系統的思考方式，都會習慣在討論任何問題時，儘量將「過去、現在、未來」和「知、情、意」等因素加以整合。如此一來，思考的過程就不容易混亂，即使面對多項考慮因素，也不會錯失了所要討論的問題核心。

有形可見的「身」

一般談到「身」（Body），多半著眼於年齡、健康、外表等。年齡與健康可以具體陳述，外表則是相對的，如「美」的概念就往往因為時空條件、國家、地域之不同而有所差別。譬如非洲的「長頸族」覺得女性脖子長才是美；又如中國有一個時期，女性以纏足為美。

外表關乎「形象」。人的身體會帶給別人具體的形象感，一個人所呈現出來的形象（**包括服裝、儀容、基本禮儀、態度等**）往往代表了他這個人。所以我們觀察一個人時，不會只看他的身體形貌，還會看他如何搭配身體所表現的一切。

其次，身的部分要由一個人的多重角色延伸至人際關係與社會形象，因為這些都是屬於具體生活的擴充。多重角色是指：每一個人都有多樣的角色，可能為人父母、為人子女、為人妻、為人夫，此即多重角色。角色扮演會隨著所處情境的不同而有所調整，譬如一個人從學校畢業後，就要從學生角色轉變為上班族角色❸。人際關係則意謂著與人相處是否融洽以及社會形象好壞。

上述都是具體的、有形可見的、至今為止所表現的一切，因此皆屬於身的範圍。換言之，身不單單指「身體」而已。身體包括本能、衝動、欲望等，是比較偏向生物學的分析，孔子對於這部分的論點，基本上是批評的，用「血氣」來加以描寫。他說：「君子有三戒：少之時，血氣未定，戒之在色；及其壯也，血氣方剛，戒之

❸ 這裡仍然必須強調，學生的角色應該是延續一生的，因為學生就是「學習生活」。人的一生要不斷地學習生活。

在鬥；及其老也，血氣既衰，戒之在得。」（論語・季氏）由此可知，血氣會讓人產生許多煩惱。

我們應該擴大解釋身，把一個人現在的身分角色涵蓋進去，譬如一個人從事的職業、表現出來的風度、過去所成就的一切，都是這個人生命在身這方面的具體成果。諸如此類，雖然尚未深入到心與靈的層次，但是從表相身分上也可以對一個人有所分辨。因此身的範圍其實是相當廣的。

具有知情意能力的「心」

心（Mind）包括知、情、意三部分。知代表「理解」，情注重「協調」，意則是指「抉擇」。以下分別介紹：

（一）知：包括對外物的理解、對自我與外物之關係的理解、對自我之整體與根本的認識三個層面。

對外在事物的理解就是「know that」，意味著：知道這些事物是怎麼一回事。「that」後面可以接各種各類的子句，包括過去所發生的事情。譬如我們可以從書本上得知許多過去發生的事，所以當有一天看到金字塔、兩河流域文明這些古文化的遺跡時，就可以知道它們過去是如何形成的、代表了什麼、有何意義等。

對自我與外物之關係的理解則是「know how」，簡而言之就是「做人處事」的方法：由知道外界事物與自己關係之深淺，而尋得自處之道。無論我們對外在事物的認識多麼透徹，最後都必須問：「這些事物與我有什麼關係？這個關係要如何理解？」理解之後，就可以幫助我們安排自己，要對這些事物付出多少時間、力量與情感，又要採取何種態度。

譬如父母對我們恩情深重，我們應該根據「老吾老以及人之老」的原則，先孝敬自己的父母，然後才推廣及於他人的父母。若是缺少這樣的理解，就可能會像墨家一樣，將別人的父母當成自己的父母看待，這不但無法普遍推廣，也是錯誤的觀念。耶穌說過：「你如果不愛那看得見的弟兄，怎麼能愛那看不見的天父呢？」可見宗教雖然宣揚博愛與慈悲，但也不會本末倒置。換言之，不先愛自己的父母，又怎麼能愛別人的父母。這就是「know how」，能夠了解自己與外在事物互動的關係。

對自我之整體與根本的認識是「know what for」，意即「我知道我這一生是為了什麼」，這其中就包含了對自我整體的與根本的認識。這裡可以引述尼采（Nietzsche, 1844-1900）的話來幫助了解，他說：「一個人知道自己為了什麼而活，他就能夠忍受任何一種生活。」其中「為了什麼而活」就是這裡所說的「know what for」：我知道自己這一生目的何在，「使命」何在，如此一來，就能夠對生活品質的好壞、辛苦與否，毫不在意也毫不埋怨。

人生的「知」主要是上述三種。我們從小上學唸書以及從各種傳播媒體所得到的資訊，多半是屬於第一步的「know that」。這種知識就算累積得再多，都僅止於「量」的增加，而不會產生「質」的變化。莊子說：「吾生也有涯，而知也無涯。」（莊子・養生主）生命是有限的，然而知識卻如汪洋般無邊無際，若要以有限的生命去追求無限的知識，到頭來不過是一場空。一生埋首書中的人，如果終其一生都不懂得做人處事的道理，也是枉然。

因此，必須推進到第二步，也就是要知道自我與外物之間的關係，並且了解如何建立這一關係。我們不可能毫無選擇地了解外在事物，一定會篩選出與自己相關的，而這裡的重點在於：要以自我為核心及重心。如此一來，才能夠妥善安排時間與選擇生活內容，再以行動作為配合。第三步的「知」，則是最不容易達成的，必須經過長期的沉思冥想，對自己的生命歷程、終極信念，全都清楚掌握，才可以真正領悟這一生是為了什麼。

（二）情：重點在於「協調」。人的感情是既豐富又複雜的，從親情、友情、愛情、袍澤之情、鄉土之情乃至對歷史文化、宇宙萬物的感情都包括在內，因此需要善加協調，使感情能夠普遍而適當地發展，而不會只是集中在某一點上。人的情感能量非常強大，如果只集中在某一點上，就容易陷於執著，而執著有可能導致生命的毀滅，所以我們要學習協調情感，使生命變得活潑並且展現得多采多姿。

情可分為：與特定個人的感情（親情、友情、愛情……）、自我情緒之中與和、審美感受與博愛情操。

親情、友情、愛情都是「我與特定的一個或是幾個對象之間的感情」。人的情感是一個循環的流動過程，必須是雙向互動的付出和回饋。若只有付出卻得不到回饋，久而久之情感就會逐漸枯竭。縱使情感世界中很難有完全公平的對待，然而就算再不公平，仍須具有流動性，因為完全單向的付出是不可能持久的。

情感的世界是說不清楚，也無須試圖去說清楚的；重點是，我們要確定自己是「情感的主體」。另外，情感的表現也不只是單純的一句話或一個動作，它往往會配合整個生命的型態發展。因此思考情感的問題時，只要問問自己是否「心甘情願」，就可以化解許多不必要的困擾。如果是心甘情願，那麼付出的本身就是一種回饋：我的付出有人接受，這對我而言就是一種回報[4]。譬如坐公車時，我們讓座給別人，但不會期望他感謝，因為他願意接受我們讓出來的位子，就是一種感謝了。

---

[4] 西方當代思潮中有一派亦強調這種「接受就是回饋」的觀念。因為接受即是對付出者的善意予以肯定。

情感的第二部分是自我情緒之中與和。「中」與「和」二字都是引用自《中庸》一書：「喜怒哀樂之未發，謂之中。」喜怒哀樂是一般人常有的情緒，情緒還沒有發諸於外，就叫作「中」。這代表了每個人都有豐富的情感能量。「和」的意思則是「發而皆中節」。「中節」是適當、恰到好處之意，能夠將情緒適當的發諸於外，就稱為「和」。

人只要與外界接觸，就一定會有情感的表現，譬如有一次我在計程車上聽到收音機的介紹，剛好講到十大傑出青年賴東進先生的著作《乞丐囝仔》，書中描寫他小時候曾撿食別人吃剩丟棄的西瓜。這些話就給了我一些感觸和啟發。僅僅只是坐計程車這種短暫的時間，也能因為聽到一段話而有所感觸。由此可知，情感的表現是每個人都有的，我們並不需要假裝冷漠，或刻意壓抑自己的情緒。

人無法超越情感，但能期望發洩出來的情感皆能「中節」，如竹之節次分明，恰如其分。《孟子》一書中提到周武王「一怒而安天下」，平常人一發怒，就要打人、罵人、砍人、殺人，相較之下，周武王的一怒卻能平定天下，這就是因為發洩的情感能夠「中節」。

自我本身的情感能量是親情、友情、愛情的基礎。換言之，我們可能會因為外在因素產生種種情緒反應，而這時候就需要靠自我內在的能量去平衡調節，使本身的情緒能夠適當展現發洩，合乎「中節」的原則。

情感的最後一部分則是審美感受與博愛情操。一般人談到審美感受時，往往會有一種「忘我」的感覺。譬如本來很疲倦的人，在傾聽動人美妙的音樂之後，忘記疲憊、煩惱，以及自身所處的環境，進入到另一個審美的世界之中。這裡所說的忘我，不同於莊子所說的，藉由修行而達到的那種忘我（忘了我是誰）境界，而是指藉助音樂或美術的力量，讓自己當下解脫，忘記本身的遭遇。然而這種當下解脫是有時間性的，較為局限而短暫。

博愛情操則是一種「超我」（超越自我）或「無我」的境界。一個人要常常有忘我的感受，才可能進入到超我與無我的境界。因為「美」的作用是帶來和諧，而和諧則可以超越區分。活在世界上，人我之間總是有清楚的區分，區分之後，容易產生緊張狀態，一切都要講究規矩與禮數。美術和音樂則可以化解這些區分，譬如一群人在唱歌的時候，往往會忘記了彼此之間的計較及利害關係，由忘我逐漸進入博愛的領域。

到了博愛情操的境界，就會有「天下萬物一體」的體驗。這種體驗正是莊子所說的：「天地與我並生，而萬物與我為一。」（莊子・齊物論）我的生命與天地的生命是同時展現出來的，因為我存在，所以天地的存在對我而言才有意義；若我不存在，則天地之存在只不過是虛無而已。宇宙萬物與我是同一個整體。夢是人類潛意識的表現，在夢境中，人的生命如神話所描寫的一般，可以自由轉化[5]。由此可知，潛意識世界可以和宇宙本體相通，宇宙本體如一片汪洋大海，而我們是其中一滴海水。在陸地上的時候，人人都怕被太陽蒸發或自然趨於枯竭，一旦回到海洋就彷彿回到家鄉，永遠不虞匱乏。

由此可知，情感世界抵達最後境界時，付出越多代表本身所擁有的越豐富。老子說：「既以為人己愈有，既以與人己愈多。」也就是說，我付出的越多，不但本身擁有的沒有減少，反而還會增

---

[5] 神話世界的特色可以用一句話描述：「Everything can become everything.」，亦即：一切都可以互相變化。我與山河大地、鳥獸蟲魚都可以互相變化。

加。在物質世界中，金錢和財產都是可以計數的，給別人越多，自己擁有的就越少；然而在精神世界中，情感能量卻不可計數，取之不盡而用之不竭，能量是隨著付出的越多而相對增加，你對別人付出越多關懷，則自己內心的情感能量也越是強大。這種精神世界就是我們所要追求的目標，也唯有經由此一途徑才能進入靈的境界。

「靈」的英文通常寫成「Soul」或「Spirit」。「Soul」是靈魂，「Spirit」則是精神，這二者都強調一種超越身、心之上，屬於人類生命特有的部分。人類的身體結構大致相似，心智也只有程度上的差別，唯獨靈的境界是每個人都不同的。一個人的靈若有正確原則引導，那麼就算生活困苦，一樣可以很快樂；反之，靈若迷失了方向，就算身、心方面再豐裕，也會覺得人生沒有意義。由此可知，靈是左右生命的主要關鍵。

（三）意：關鍵在於「抉擇」，特別強調三點：創新的契機，指向未來；崇拜英雄（Hero，Heroine）與成為英雄；無怨無悔，自強不息。

知強調「過去」，情強調「現在」，而意則是指向「未來」，是對將來行動的抉擇，因此它是一個創新的契機，只要一個意念轉變，心志的決定就可以創造未來新的人生局面。換言之，每一個人都可以藉由意志的抉擇，使命運從這一刻開始扭轉。

有一句話說，「在生命轉彎的地方」，這種語詞帶來生動的形象。很多人的求學過程都相當平凡，從小學到大學畢業，一路順遂，這就是生命沒有什麼轉變。而一旦大學畢業，開始進入社會，顯然就是人生的一個轉捩點，結婚則是另一個。這些都是生命中會出現的，屬於外在有形的轉彎。然而真正重要的是內心的轉彎。內心的意念只要一轉，雖然外表上沒有什麼改變，但是整個人生從此打開了新的局面，煥然一新。

轉變的關鍵一出現，生命就會創新，指向不一樣的未來。因此我們對自己絕不能失望，不管過去發生了什麼事、遭遇如何特別、現在年紀有多大，都不重要；重要的是，你是否覺察自己內心抵達一個臨界點，想要轉變了。轉變的力量來自於「內心根本的信念」，一旦這種力量出現，是誰都擋不住的。孔子說：「三軍可奪帥也，匹夫不可奪志也。」（論語・子罕）三軍統帥固然尊貴，但是他再怎麼厲害也不過是一個人，一旦短兵相接，隨時有可能發生意外。「志」則是不可奪的，一個人只要下定決心，執著起來，任何人都沒有辦法左右他。所以我們要懂得珍惜自己的志向。

接著要談的是崇拜英雄與成為英雄。「崇拜英雄」常是我們年輕時的傾向，「成為英雄」則是一生努力的目標。從小我們就會從歷史故事與傳記中，讀到許多人物的英雄事蹟，這時候意志就會開始運作，產生「有為者亦若是」的想法，感覺到自己應該與他一樣，這就是崇拜的心理。

崇拜本身有一種提升的力量，因為人在崇拜時會自動修正自己的某些行為，向崇拜的對象看齊，從外表的行為，內化到思想，一步一步逐漸深入，這就是崇拜英雄的階段。隨著年齡增長，我們自身的角色也會有所轉變，由崇拜別人變成被人崇拜的對象。譬如小孩常常會崇拜父母，然而當自己成為父母時，就變成孩子的崇拜對象了。

尼采說過：「一個可以鄙視的時代正在來臨，因為人們不再鄙視自己。」唯有當人們覺得自己不夠理想時，才有改善的希望。相反的，一個人若是滿足於自己所做的一切，則這個人將不再有進步的可能。這是很弔詭的：當我覺得自己沒什麼了不起，就會有奮鬥的意念，可以繼續往上提升；當我覺得自己很了不起時，這一生往後就沒有發展的機會了。

還有一句名言是：「一個偉人常在年輕的時候，崇拜其他的偉人。」譬如孔子曾經崇拜周公，說自己好久沒有夢見周公，表示生命在走下坡了。一個人能夠在後來有偉大的成就，往往因為在年輕時，曾經崇拜過真正的偉人。

前面談到的那位建中學生，他的問題之一就在這裡。他本身是同年級中最傑出的，周遭崇拜他的人不可計數，可是他自己卻缺乏崇拜的對象，因而會感到茫然。這就好比馬拉松賽跑中，第二名及其後的參賽者有第一名作為目標，然而跑第一名的人卻沒有可以超越的對象，因此就不知道該如何調節自己的步伐。

這部分所提及的內容，可以延伸到青少年在成長過程中，對偶像的嚮往。崇拜偶像的年輕人比較不會自殺，但是他每隔幾年一定會換一個偶像，以便自己不斷地成長。如此一來可以隨著自己成長的軌跡，慢慢走向未來。但是更重要的是，將來一定要把眼光從身的層次提升到心的層次。

年輕時所崇拜的偶像，大都是「身」方面具有吸引力，如外貌、身材、歌藝等，表現出來有形可見的成就；漸漸成長之後，則應該將崇拜的對象轉換到「心」的層面，譬如擁有睿智頭腦的達文西（L. da Vinci, 1452-1519）、人道主義者史懷哲（A. Schweitzer, 1875-1965）等。再進一步，若有機緣信仰宗教，最後就會發現所有的人都不值得崇拜，因此崇拜的對象變成了上帝或至高的神明。

和宇宙萬物相通的「靈」

靈（Soul、Spirit）的部分是最重要，也最難說清楚的。

首先，靈是為身心活動界定意義之能力，亦即，靈是一種能力，它能夠為身心活動界定意義。身體每天進行吃飯、睡覺、上班等各種活動，而這些活動是否具有意義，要由靈來界定。同樣的，心在知、情、意方面都會有活動的表現，是否具有意義也要由靈來界定[6]。

人有靈性生命，用基督教的說法就是「屬靈的」。靈性生命展現出來時，一個人就能夠界定有形的生活（身）和無形的生活（心），使其具有各自的意義。也就是說，我們做任何一件事的時候，都能夠很清楚地知道自己「為什麼這樣做」，這就是靈的力量。

因此許多人開始注意「靈修」的重要性，靈是需要修行的，譬如佛教中的「參禪」就是一種靈修活動。靈修活動能夠讓生命由發散變成收斂，使生命出現一個能量的核心。這個核心可以作為一個能力來源，讓具體的生命，在身心活動中可以得到意義。

其次，靈是容納及消解一切潛意識情結（Complex）之原點。每個人的潛意識中，都有一些情結，因為從小開始的生活，不可能完全是快樂的。譬如小時候常被父母責怪，長大以後就會對父母有一種複雜的情感，或者與人來往覺得沒有安全感。這就叫作「結」。

結的造成，通常發生在小時候（大約五歲之前），因為年紀太小的小孩，對於所發生的事情無法理解、無法消化，只能默默承受，這種結會對一個人造成長期的影響。「心理治療」就是從這個地方下手：設法讓當事人回想過去發生的事，甚至在夢境中把結找出來，藉由對這個結的解說，使當事人可以透過理解而化解心結。

要化解心中的結，必須回到潛意識情結的原點，也就是靈。舉例來說，許多人會將今世種種痛苦的遭遇，歸諸於前世所造的「業」，如此一來就能對自己所遭受的痛苦較為釋懷，甚至能夠安心承受，因為希望來生不要再有此業。這就是一種靈修的方式，透過這種方式，能夠讓所有潛意識的情結，回歸到原點予以化解。

---

[6]「靈」的部分請同時參考本書第四部「走向智慧的高峰」。

人的生命在靈這部分是很神祕的，不可能完全說得清楚，因為人有潛意識，有潛意識就有心結，而這些結會造成什麼樣的後果，可能連我們自己也不知道。

第三，靈是把命運轉化提升為使命的精靈（Daimon）。精靈是相當重要的概念，具有四點特徵：

1.精靈是超自然的。超自然意味著不能由感覺或理性來掌握，譬如猶太人出埃及的故事中，上帝把紅海分開助其安然通過，這就是超自然的[7]。

2.精靈是人與生俱有的，可以決定人的命運。每個人都有精靈，所以每個人都有自己的命運，換句話說，命運的安排是早已注定的，我們在冥冥之中就會走向命運所安排的路，而這條路就是精靈所決定的。

3.精靈是人的靈魂。舉個例子，蘇格拉底（Socrates, 469-399B.C.）在接受審判時，說了一段很精采的話：「我從小時候開始，每當要去做一件不應該做的事時，內心都會有精靈的聲音叫我不要做。」精靈的聲音可以被理解為靈魂，我們每次做壞事的時候，都會「良心不安」，這就是良心在提醒我們不要做這件事情。由此可知，「精靈」是人類很特別的一個部分：雖然身體要做，心也想做，但是「靈」卻會叫我不要做，以致於使我心不安，並且產生一種內在的緊張與矛盾。

4.精靈是人的守護天使。守護天使的概念多存在於宗教之中，譬如天主教主張，每一個人都有一個守護天使站在肩膀上，所以無

---

[7] 後來有科學家研究，在每年的某個季節中，紅海會隨著風向使其潮水退到一至二公尺的深度，因而能夠讓人通行。由此可知，許多超自然的事，也就是一般人所謂的「神蹟」，事實上也需要自然界作為基礎。就如同上帝能夠醫好有病痛的腳，但卻不會使原來沒有腳的人生出一雙腳，因為上帝不會違背自己所創造的物理原則。

論身處何地都無需懼怕。這說明了，古時候談到精靈這一部分時，往往會與信仰有所關連。

精靈給了我們命運，而這個命運要透過自己本身的理解，轉化成為使命。人生就好像拼圖，還未拼完到最後一塊，永遠不知道整張圖案是什麼，而精靈就是這張圖案。我們有時候會感覺到一種召喚（vocation），這就是精靈對我們的呼喚（calling），讓我們領悟：我的使命就在這裡。

摩西（Moses）本來是埃及法老王的養子，享盡榮華富貴，可是他時常聽到一個聲音在他身邊，告訴他要「讓神的子民自由」。一開始摩西也是強烈抗拒，感覺到相當痛苦，但是最後終於接受這個召喚，挺身負責帶領猶太人出埃及。

宗教中有許多這種接受召喚的例子，無論是出家者或是神職人員，幾乎都是受到召喚。聽到召喚而產生強烈的使命感，使他們表現堅定的決心，放棄家庭生活，終其一生不娶不嫁，守貞一輩子。如此一來，則是超越了個別的家庭，屬於全體社會與全體人類。

偉人之所以成為偉人，就是因為他們能夠體認，自己是屬於整個世界、全體人類的。譬如耶穌在十二歲就曾經說過「我屬於天父」這種話。釋迦牟尼佛也是如此，他本來是王子，卻在二十九歲時離開父母，因為他覺得自己的使命是要去悟道、修行，最後創立了佛教。

儘管一般人無法有這麼偉大的召喚，但是做任何事的時候，還是要有使命感：覺得自己做的事是有意義的，並且了解自己這一生就是為了這個目的而存在。

孔子也有靈的觀念，他所講的「仁」，和靈的意涵是相通的。孔子將人分為三個部分：血氣、心、仁。而「仁」這個字就是孔子精采的創見，他用這個字來表現靈的正確的活動方式。每次孔子的學生問他：「何謂仁？」孔子從來沒有給過相同的答案，因為仁的表現，是按照每一個人的命運而定的，不可能有一個普遍標準的答案。所以「血氣」可以有標準答案，「心」可以有客觀的認識，但是「仁」卻是神祕的、不能理解的，然而卻又非常重要。

最後，靈是在信仰中回歸超越界之管道。超越界是最後的實體，一切存有之物最後的根源，也就是一般所說的「上帝」、「神明」、「天」、「道」、「梵」、「涅槃」……。回歸這樣的根源，就等於是從「小我」回到「大我」，而回歸的管道就是靈。

人不可能透過身體的養生之道，也不可能透過讀書識字、情感互動就回到超越界，唯有透過靈的管道，經由靈修活動，才可能達到這個境界。不過，靈修活動基本上不能離開「心」的運作，所以我們要設法提升知、情、意的方向，對準最高層次。一旦有了這種使命感，則為它犧牲奉獻也在所不惜。

第二章

人生問題的思考方法

認識你自己。

這是刻在希臘戴爾菲神殿上的一句格言。蘇格拉底也常告訴人們要「認識自己」，因為認識自己是人生的起點。

要認識自己，可以提出三個問題：什麼事使我感動？什麼人使我羨慕？我對自己滿意嗎？這三個問題的答案，可以突顯出一個人的個別性和獨特性。

從事哲學方面的探討，重要的往往不是答案，而是思考的方法和架構，因為人生的問題不同於一般的問題。一般的問題多半屬於自然科學或社會科學的研究範圍，其問題焦點往往相當明確，並且最後都可以找到具體的答案和解決的方法。與人有關的問題主要屬於奧祕的範圍，因此很難以簡單的公式去解決。

人的處境很難作橫向移植，也就是說，我們無法把相同的問題與解決方法，從一個人身上套用到另一個人身上。最多只能夠大致分出類型，譬如青少年問題、老年人問題……。但無論如何分類，每個人仍然有其不可替代的特殊性。因此，如果只是把類型直接套用在個別的人身上，是非常冒險的。譬如星座、八字這類東西，固然具有一定的參考性，但是我們不應該也不必要以這些作為自己生命的指導原則。

所有的分類都是人類根據經驗的累積，所掌握到的大致範圍，因此面對人生的問題時，不妨先參考專家學者的研究，這些研究未必都是正確的，但往往有其獨到之處。譬如想要了解「自我」時，不妨參考佛洛依德（Freud, 1856-1939）所提出來的，關於「本我、自我、超我」的理論。

談到人的問題，可以參考佛洛依德的代表作，就是《夢的解析》（*The Interpretation of Dreams*），其中提出了「潛意識」或「無意識」（the Unconscious）的概念。「潛意識」就是意識所達不到的部分。這就好比冰山，我們只能看到最上面的六分之一，而海面下的六分之五是看不到的。雖然看不到，我們卻知道它的存在，因為如果沒有底部的撐托，就不會有浮出海面的冰山。意識就像是冰山浮出來的部分，在意識之下還有我們所意識不到的潛意識，而這個潛意識會在作夢的時候出現。

佛洛依德對於「自我」的解釋則更為複雜。首先，他說人有

「本我」，本我就是「本來的我」。這個字出自拉丁文「id」，意味著：不具有位格[8]。id是一種物質性的東西，如同英文中的「it」。對佛洛依德而言，它是在人類潛意識中的一種狂熱欲望，這種欲望是盲目的、衝動的。這種欲望本身其實是一種生命力，只不過佛洛依德認為，這種生命力的主要表現是性欲的衝動[9]。

接著他提到「超我」（super-ego）。「超我」本來的意思，代表一種對本我的壓制力量，也就是「社會性」。社會所提供的往往是一種理想，譬如社會上談到教育時，常是給人一種理想，讓他去追求，而這種理想慢慢就會變成他的良心。由此可知，良心有時候是一種「從小接受的規矩的內在化」。內在化之後變成一種自我要求，如果達不到標準，就會覺得良心不安。

沒有人能夠完全沒有超我，因為人的生命過程是從出生開始，慢慢成長，因此在一開始的時候是非常脆弱的。在這種脆弱的時候，就會有人（譬如父母、師長……）給予各種明確的規範與外在的要求，這些規範會進入小孩內心，逐漸形成一種代表理想的良心。這就是佛洛依德所說的「超我」。

本我與超我之間常常發生衝突，而衝突的場所就在於「自我」。在佛洛依德的理論中，自我是充滿矛盾與緊張的：一方面，在本我之中，人的本能欲望與動物世界很接近；另一方面，在超我之中，為了維持社會秩序，必須約束每一個人的欲望，以免個人私欲無限擴大，造成社會失序。如此一來，在衝動和約束之間，就形

---

❽「位格」的拉丁文是「persona」，原意是面具。人活在世界上總是要扮演許多角色，扮演角色就要帶上面具，因此這個字後來就變成一般人所說的「人格」或「位格」。具有位格的人就是一個「主體」，他扮演著某些特定角色，並且有知、情、意的能力。

❾ 佛洛依德的心理學遭受許多人批評，因為他把多樣而複雜的潛意識內容，化解為一種性欲的衝動，因此被認為過於簡化、過於單純。

成了一個交戰場所，也就是「自我」。

提到自我的概念時，佛洛依德的「三分法」論點是廣為人知的。一般只要談到「人的自我之中還分為本我和超我」，大家都知道是佛洛依德的學說。這正是在提醒我們：分析任何問題，特別是關於人的問題，如果能夠參考專家學者既有的理論架構，就會比較容易了解。（從第一部第三章開始，將以不同的心理學派來分別加以說明。）

自我的發展（動態分析）

在上一章中所談的是「自我結構」的靜態分析，本章要談的是自我發展的動態分析，從人生的行程、生涯規劃、時間的焦點，與起步的問題與心態等方面，來分別說明。

人生的行程

人生的行程包括生老病死、喜怒哀樂、恩怨情仇、悲歡離合。生老病死是生命的自然發展，每個人都會經歷這些階段，它所指的是一種「過程」，而不是「內容」。要深入到內容，則必須談到喜怒哀樂。

喜怒哀樂是具體的情緒變化，我們生活在世界上，主要的情緒就是喜怒哀樂。一個人若是沒有任何情緒上的變化，表示他的修行已經抵達很高的境界。《莊子》中多次提到一句話：「形如槁木，心如死灰。」身如同枯槁的木頭，心如同燃燒過後、冷掉的灰。這是一種很特殊的境界，意味著完全不受干擾、不受影響。要達到這種境界，必須經過修行，一步步地放棄、排斥、超越人間的各種欲望以及複雜的情況。

由此可知，喜怒哀樂是人類的正常情緒。不過，最緊要的一點在於：要能夠讓情緒的發洩恰如其分、恰到好處。就如同第一部第一章所提過的《中庸》所云：「喜怒哀樂之未發，謂之中。發而皆中節，謂之和。」

接著要談的是恩怨情仇。從這一部分開始，就進展到人與人之間的相處。我們有喜怒哀樂的情緒，因此在與別人相處時，會形成錯綜複雜的關係，最後難免演變成恩怨情仇。「恩」相對於「怨」，「情」相對於「仇」。有恩就會有怨，譬如當你對張三比較好時，李四可能會因此產生不平與埋怨，因為你不可能對所有人都一樣好。

人間的恩怨情仇，是只要有人際關係，就一定會出現的，因為人與人之間的交往，必然會依對象的不同，而有不同的互動。就算是家人之間的相處，亦是如此，只是很多時候，這種偏袒的作為是我們自己本身所不自覺的。

最後談到悲歡離合。人生走到最後階段，所有的生離死別都體會過了。蘇東坡說：「人有悲歡離合，月有陰晴圓缺，此事古難全！但願人長久，千里共嬋娟。」（水調歌頭）悲歡離合是人生所無法避免的，所以我們要學會珍惜自己活在世間的機緣。

自我的生涯規劃

生涯規劃要注意事業、家庭、自我實現三個方向。

事業主要是指具體的工作成就，包括金錢、名聲等。一般人談到生涯規劃時，幾乎都會專注在這一方面，譬如將來要如何發展、選擇什麼行業……。然而以「事業」作為生涯規劃，難免會遇到瓶頸，更何況「江山代有才人出」，無論事業做得多大，終究有面臨退休的一天。因此，生涯規劃不能只放在事業上。

那麼，放在家庭上如何呢？將生涯規劃放在家庭上，就是認真栽培子女，讓子女可以繼續實現自己的願望。很多父母有了子女之後，感覺人生充滿希望，因為小孩代表著「無限的可能性」，父母如果能夠盡力栽培，就會獲得一定的成果。

父母如果將栽培子女視為生涯規劃的一部分，國家社會自然越來越進步。因此，將生涯規劃的重點放在子女身上，幾乎是舉世皆然的做法，而其中又以華人為最。

全世界只要有華人的地方，就有兩點特色：一為儲蓄力特別強，二為子女受教育的程度特別高。這是因為華人世界深受儒家思想影響。儒家思想一方面鼓勵我們投入世界，追求個人成就；一方面又強調錢財不可濫用。因此許多華人相當節省，而儲蓄起來的錢，最後就用在培育子女身上。

將生涯規劃的重點放在家庭上，主要是為了成就子女，並且使整個社會進步。但必須注意的是，子女有子女自己的生命，因此如果父母將生涯規劃完全放在子女身上，最後就會面臨「空巢期」。也就是說，子女長大以後，總是會離開父母，開創自己的事業、追尋自己的未來時，父母會感覺頓時失去目標，好像生命落空了一般。

為了避免這種情況發生，我們一定要特別注意生涯規劃的第三點，也就是「自我實現」的部分。我們要明白，自我成長是每個人必須自己負責的，就算子女再多，也不能代替你生活，他們只能在某些方面分享你生活的內涵。換句話說，父母不應該把子女的成就等同於自己的成就，更不能藉由子女來肯定自己的價值，因為每個人終究是獨立的個體。

人要「活在當下」

時間包括過去、現在和未來這三個向度，因此講到「動態」、「發展」的時候，基本上考慮的就是一個時間的結構。然而過去、現在、未來的每一剎那，都是不斷在變化的，所以我們要設法把握生命的每一個當下。然而什麼是當下呢？當下如果單純指「這一剎那」，是非常靠不住的，因為如此一來我們必須隨時思考「這一剎那該如何」。

一般人通常不會去思考每一個剎那。譬如我們在該吃飯的時候吃飯，該睡覺的時候睡覺，但是進行這些活動時，並不會特別去想「我現在應該如何」。一個人如果會想到「當下」，表示他有高度的覺悟，因為他清楚地知道：是「我」，「現在」，「在生活」。然而，要一個人隨時保持這種高度的警覺，不是一件容易的事，因為一直注意著當下的狀況，是很疲累的。

因此我們必須換一種方式，也就是把「當下」的時間稍微拉長，以「整體目標」來界定當下的長短。譬如一個高中生的目標是考大學，他高中三年的時間就是在為考大學作準備，如此一來，「當下」的時間被拉長為三年，變成是鎖定一個具體目標的全程計畫。同樣的，一個上班族被主管指派做一件工作，期限是二個月，那麼他的當下就變成是二個月。如此一來，每個人都有屬於自己的當下，而我們要盡力把握當下，做好每一件事。

有些人生命的密度比較高、扮演的角色比較多元，因此需要完成的工作也比較多，如此一來他的每個當下就相對比較短暫，而做過的事情也容易忘記，甚至感覺到迷失。這時候，必須有固定的時間（譬如一個星期一天或半天），讓自己能夠靜下心來思考，把每個當下整合起來，並且及時修正偏離生活軌道的部分，重新掌握住生命的重心。

我們也應該經常閱讀及思考，讓自己的心靈「活在當下」。而這個當下是可以延伸開來，環繞一個明確目標的。如此一來，才不會因為每一個快速消逝的剎那，而感到緊張與茫然，甚至陷於隨時遺忘的困境中。

認識自己是人生的起點

「認識你自己」是刻在希臘戴爾菲（Delphi）神殿上的一句格言。蘇格拉底也常告訴人們要「認識自己」，因為認識自己是人生的起點。

通常我們會根據一個人的資料去認識這個人，譬如看他的身分證、調查他的身家背景……。那麼我們要如何認識自己呢？在討論這個問題之前，首先要分辨兩個關於「人」的問題。

第一是有關外星人的問題。宇宙中到底有沒有外星人？如果有的話，那麼外星人與神與人類，彼此之間的關係又是如何？在西方生物分類之中，人類叫作Homo Sapiens，Sapiens是「有理智的」，Homo則是「人」，因此Homo Sapiens就是「智人」，意味著「有理智的生物」。外星人顯然也是Homo Sapiens，那麼這二種Homo Sapiens該如何相處？

聖經開宗明義就說：神按照神的形象來造人。人類既然是按照神的形象所造的，那麼理應是萬物之靈，然而相較於外星人，人類在許多方面似乎都遠遠落後（譬如智能、科技……），那麼這是否意味著聖經所言應該修改呢？

由此可知，如果外星人真的存在，就代表聖經所記載的有很大的漏洞，而這種假設是令人震撼的。

第二則是有關複製人的問題。複製人若是真的成功，則我們必須思考幾個問題。首先，桃莉羊的複製，是經過二百多次失敗的實驗，才得以成功的。在此一過程中，有許多不完全的、畸型的羊被造出來。對於羊，我們或許比較容易處理，但是當實驗對象是人的時候，又該如何處理呢？

其次，人們可能會在年輕體壯的時候，取自己的胚胎來複製，可是有些疾病是年老時才會出現的，那麼這對於複製人而言，是不是很不公平呢？同時，桃莉羊最大的問題在於老化太快，而這也是目前的醫學所無法解決的問題。

最後一點則是心理上的問題。小孩漸漸長大之後，發現有一個人和自己長得一模一樣，最後發現自己只是分身，另一個才是原型，這該如何調適呢？如果我是別人的分身，那我究竟是真的還是假的？我的所作所為要不要自己負責任呢？

以上所談的，都是相當嚴肅，並且令人憂心的問題，因為它的影響層面，波及整個地球，甚至整個宇宙。

要認識自己，可以提出三個問題：什麼事使我感動？什麼人使我羨慕？我對自己滿意嗎？這三個問題的答案，可以突顯出一個人的個別性和獨特性。

（一）什麼事使我感動？不是每個人都會被同一件事感動。並且，一件事發生時，每個人受到的感動程度也不相同，因此我們要問自己：「什麼事使我感動？」

令人感動的事，有可能發生在社會上，在別人的具體遭遇中，也有可能發生在小説與電影之中。當我們產生特別的感動時，應該進一步追問：「為什麼我會覺得這麼感動？是哪一點使我感動？」

我們要從各方面去體會能夠讓自己感動的事，如果掌握了這些資料，就可以界定自己是哪一種人，由此深入了解自己的內在世界。如此一來，我們對自己的生命就會找到明確的座標。

當然，別人做了某件事讓我覺得感動，不代表我也必須去做相同的事，但是至少我會知道自己在何種情況下，會出現什麼樣的反應，這就是「凝聚焦點」。

因此，首先要問自己：「什麼事使我感動」，藉此找到明確的焦點。把這些事綜合起來，就可以知道自己在知、情、意三方面有什麼樣的性向，因為能夠使我感動的，必定是自己內心所嚮往的。有時候我們甚至可能對自己說：「如果我能做得和他一樣，我就會對自己的人生感到滿意。」而人的一生，其實就是在設法「對自己滿意」。

（二）什麼人使我羨慕？讓我們羨慕的對象，往往是我們的前輩。以我自己來說，對於教導過我的老師，如方東美先生、余英時先生，都是相當羨慕的，因為他們的學問做得很好，有自己獨到的見解，也有充分的智慧展現他們的學問。

一個人羨慕什麼樣的人，表示他希望自己將來也能夠成為這樣的人。所以父母可以讓小孩多讀傳記或寓言故事，如此一來小孩就能夠慢慢找出自己內心所嚮往的對象。

羨慕某個人，往往代表自己也有這方面的潛能，可以試著去發展。譬如一個人如果根本不喜歡水，就不可能去羨慕游泳高手。我們所羨慕的，通常是自己比較有可能做到，並且有機會接觸到的範圍。這個範圍之內的某些人如果有傑出表現，自然會讓我們覺得「想要像他一樣」。

所以，我們詢問：「什麼人使我羨慕」時，就是要選擇典型作為效法的對象，循其腳步前進。因此，看到年輕人崇拜偶像的時候，沒有必要去責怪他們，也不需要過度擔心，因為羨慕的對象會隨著年齡的增長而改變，並且心中有一位值得羨慕的對象，生命也會比較有方向感，知道自己該往哪一條路走。

（三）我對自己滿意嗎？大部分的人對自己是不太滿意的，因為一個人如果對自己感到完全滿意的話，就表示他這一生到此為止，再無所求。然而當我們說「對自己不滿意」時，應該還要考慮：是否理想訂得太高，與現實脫節了？

我在各地接觸到許多年輕人，他們最常提出的問題是：當理想和現實出現差距時，該怎麼辦？這是一個很普遍的煩惱，年輕人尤其容易面臨這種難題。譬如「我的理想科系是文學，但父母執意要我讀法律，我該怎麼辦？」這就是理想和現實的差距。父母要他讀法律，是從現實角度考量，為了孩子的未來著想；而孩子想唸文學，則是因為覺得自己身為年輕人，應該要有理想，不能太早遷就現實。

針對這個問題，我們必須了解：理想一定要建立在現實上，如果完全脫離現實，則理想只是空想而已。所以，想以某一個目標作為自己的理想時，首先應該思考的是：我的現實條件是什麼？譬如想當律師，就得先喜歡法律以及複雜的推理過程，並且要有善辯的口才。如果這些都具備了，才有條件以「成為律師」作為自己的理想。

因此，理想要落實，必須先下工夫讓自己具備更好的條件，否則不過是空想而已。或者更糟糕的，自己提出了一個空想，最後卻需要別人幫忙善後。其實父母往往不是真的反對孩子有理想，而是尚未準備好了解孩子的理想是怎麼一回事，一時之間感到擔心而不知所措。事實上，理想與現實並不是截然二分的兩個世界，這二者之間是有連結點的。

當我們對自己不滿意時，必須自問：「我對自己哪一點不滿意？」找出不滿意的地方之後，再設法克服或彌補這些缺陷，逐漸讓自己感到滿意。找出問題的方法很多，譬如我現在覺得不快樂，就可以問自己：「過去我什麼時候快樂？為了什麼事快樂？」接著，進一步分析：「過去的快樂是什麼樣的情況？哪些條件促成了這樣的快樂？」然後再問：「現在同以前不一樣了，那麼我現在有沒有可能再重製那些條件，或者是把那些快樂的條件轉變成為現在可能的條件？」如此一層層抽絲剝繭，就比較容易找出關鍵所在，並且能夠想到務實的辦法。

人生需要回憶，如此才能對未來有所憧憬，否則瞻望未來會覺得很模糊。「人有未來」，主要的目的在於：我對自己的現狀不滿意，所以要努力在將來讓自己變得更好。所謂「變得更好」，就是要活得更充實。

許多人活在世間並不快樂，有一項統計指出：高達26%的年輕人考慮過要自殺。然而一個人為什麼會想自殺呢？根據美國的研究，自殺者75%以上都是覺得活著沒有意義。因此，碰到一個覺得活著沒有意義的人時，就要請他思考：在過去的時日中，什麼時候曾經感覺活得有意義。

關於生活的意義，有各種不同的解釋，其中一種屬於心理學，可以作為參考。這種解釋認為：人在出生時放聲大哭，是因為離開了母親的子宮。在母親的體內，是平靜安詳的，一旦脫離母體，人就無所依憑。

因此人的一生，一直都在尋找一個能夠讓自己感覺同樣平靜安詳的環境，這個環境能夠讓我們好像回到最原始的狀態一樣。換言之，人生走這一遭的目的，就是要「回到原點」。當然，母親生產的過程只是一個象徵，每一個人所要回歸的，並不是擁有身體的母親，而是指真實的、永恆的生命本身。藉由此一象徵，可以明白人的一生是要追求統合，回歸最原始的和諧狀態。

調整好適當的心態

這部分是屬於準備的工作。首先要能夠謙虛和敬畏。謙虛就是對自己擁有的一切心懷感恩。一個懂得感恩的人必然是謙虛的，因為驕傲的人總是狂妄自大，自以為比別人傑出、無所不能，並且認定一切成就都是自己掙來的。

謙虛是一個人在認識自我時，首先必須具備的心態，因為人一驕傲就看不清真相。只有謙虛的時候，我們才會退後一步，去了解自己的優點和缺點。了解缺點又比了解優點更為重要，因為缺點是一種拖力，會拖住我們的腳步，使我們無法往前邁進。一個人若能認清自己的缺點，化解這個拖力，則向前奮鬥的力量就會增加，這也就是「化阻力為助力」。

敬畏則是對未來的一切保持開放，因為人生畢竟只是「過客」，所以必須做到不執著。有一句話說得好：「我是過客，而不是歸人。」通常我們到國外旅遊，都會有過客的心態，因而對當地發生的事情不太關心；一旦回到了台灣，就會覺得自己是個歸人，對這裡所有的事情十分在意。

然而這種關心也只是相對的，我們的生命由整個宇宙看來，只是一個過客而已。人的生命有開始也有結束，這個世界只能收容我的身體，卻不能收容我的心和靈，尤其是靈這一部分。伊斯蘭教中有一個觀念：人在世上所擁有的一切，都只是「暫時借用」。譬如我住在一棟房子裡，這棟房子不過是我暫時借用而已。我們所能擁有及把握的東西是非常少的。如此常懷敬畏之心，就能夠體認，生命不過像是滄海一粟。因此，凡事不要過度自我膨脹。

常懷謙虛和敬畏的心，比較容易腳踏實地，也才能夠認識自己。換言之，謙虛和敬畏是對待自己的基本心態。

其次，要在了解與寬容之間不斷成長。法國有一句諺語：「了解一切，就是寬容一切。」一個人如果能夠完全了解一件事或一個人，自然會表現寬容的心態，因為真正理解的話，就會知道沒有人是完美的，也沒有人是完全邪惡的。有些人說：「了解以後，才會寬容。」這就是我們所談的第二步。

對待自己也是一樣，我們要多了解自己，並且多寬容自己。我在一本書中讀過一句話：「不肯原諒自己」才是一個人所犯最大的過錯。人在一生中難免犯下許多過錯，然而犯錯之後，要承擔責任，還要能夠原諒自己，讓自己重新開始。如果永遠不肯原諒自己，那麼這一生就沒有希望了，並且對於曾經犯的過錯，也不再有補償的機會。

因此，無論是對己或對人，都要有同樣的了解與寬容，才能夠保持創新的勇氣。「創新」是一件困難的事，因為人往往習慣於自己生活的牢籠，受困於基本的生活模式中。創新需要很大的勇氣，然而，不管過去如何，我們都要給自己機會重新開始。

最後一點，我們要培養好的習慣。不好的習慣可能會變成牢籠，限制住自己，好的習慣卻能夠給我們一種安定感，因為有習慣就好像有軌道一樣，有軌道才能夠走得較遠。很多習慣要從小養成，譬如「唸書」，唸書沒有特別的祕訣，如果每天都念一點書，長期下來就會成為一種習慣，思考自然變得比較開放也比較豐富，碰到事情的時候，能夠想得比較周到，將平日所學習的觀念應用在行為上。這是在知的方面，培養好習慣。

如果能把書中的觀念，用在日常生活中，我們會覺得自己的經驗越來越清楚，最後甚至變得清澈透明，這就是「看透自己」。看透自己之後，就不會每次遇到煩惱，都沉淪在同樣的慣性之中而束手無策。這裡所強調的，是一種「反省」的工夫。

在情方面培養好習慣，是可以驗證的。一個人如果不懂得如何與人相處，或者不善於表達情感，可以藉由培養習慣，針對特定對象來表達自己的情感或善意。首先我們要了解對方的喜好，然後針對他的喜好去建立一種行為模式，一旦建立了這種模式，並形成了習慣，自然能讓他感受到你的善意。對自己而言，這樣做也不會有太大的壓力。

在意方面也需要培養良好的習慣。意志上的習慣是指：定期讓自己的人格特質有所提升。以我而言，每隔幾年會為自己設定座右銘，有了座右銘之後，等於是在意志上出現自我要求，期許自己能夠在幾年之內達成座右銘的目標。譬如我年輕時選擇的座右銘是：「人的性格就是他的命運；要改變命運，先改造性格。」接著我分析「性格」為性向與風格，其中，性向是天生的，而風格是後天的，可以由學習而調整。我學習正確的人生觀念並且培養自律的生活習慣，久而久之，感覺自己的人生可以掌握在自己手上了。

總之，在知、情、意三方面，以及具體的生活內容上，都要設法培養良好的習慣。

起步的心態從謙虛和敬畏開始，進展到了解與寬容，最後要培養好的習慣。這樣一來，自我走上正確的軌道，可以往成長的方向發展了。

第三章

從心理學看自我（一）

——行為主義心理學與佛洛依德學派

對我來說，遐想與工作是重合的；除此之外沒有其他事情會讓我覺得是娛樂。——佛洛依德

「行為主義心理學」基本上是把人當作動物來看，想要透過這種方式掌握「人」的概念，因為科學講究的是數量化與物質化，否則無法清楚確定研究的對象。

「佛洛依德學派」將人類所有的行為用潛意識來解釋，等於是把人類複雜的行為，全部化約為一個簡單的因素。接著，它又用性欲來解釋潛意識。人的潛意識充滿了各種愛欲情緒，其實是非常豐富的，因此這樣的化約太過狹隘。

探討「自我」時，可以參考心理學的說法。心理學所研究的正是人的心理，所以對於人的問題，尤其是「自我」的問題，一向有獨到的見解。

心理學的發展是晚近的事情，約十九世紀末期才興起，至今不過一百多年。在這之前，人們主要是透過宗教信仰來解釋心理方面的問題。譬如在中世紀時期，西方人信仰天主教，天主教相信人有原罪，所以人做壞事是可以被理解的。正因為人有這種劣根性，所以需要信仰，需要為自己做錯的事懺悔，由此就產生了「告解」（confession）的儀式。

然而從啟蒙運動以來，理性大放光明，人們把「科學」當成唯一的真理，以此作為知識的典型，再去從事各個領域的研究。而在人類心理方面，許多人也開始嘗試透過科學研究的模式，去了解人的行為，探討人與動物的不同。

由「身」決定自我：行為主義

心理學上的行為主義（Behaviorism）盛行於美國，主導美國在「人類」學科方面的研究，長達半個世紀之久，並且對於美國政府和整個社會產生極為巨大的影響。

行為主義心理學基本上是把人當作動物來看[10]，想要透過這種方式掌握「人」的概念，因為科學講究的是數量化與物質化，否則無法清楚確定研究的對象。由此可知，心理學在發展的初期階段，

---

⑩ 此派從演化論的立場來看，認為人是從低等動物逐漸演化而成的。並且從外表上看來，人與其他動物的差別也很有限，頂多是程度上的差異，而非種類上的不同。

是不談意識也不談情緒的。

巴夫洛夫的實驗

談到行為主義心理學，首先要介紹的是蘇聯的巴夫洛夫（I.P. Pavlov, 1849-1936）。他最著名的是一個關於狗的實驗。狗看到食物的時候，會分泌唾液，這是一種自然反應，稱為「非制約行為」。如果每次把食物給狗之前先搖鈴，久而久之，狗一聽到搖鈴聲就會分泌唾液，如此一來搖鈴聲就變成了一種制約[11]。

巴夫洛夫的實驗，最終目的是要了解何謂「學習」，因此他首先要分辨：一隻狗要如何才能學會一些事情。他的發現是：給狗一個信號（鈴聲），然後給牠一個食物，牠就會開始產生反應（分泌唾液），最後信號會形成制約，變成食物的代表，到最後只要有信號，就會產生反應。由此可知，動物亦會透過信號來聯想。

這種學習方式也可以用在人的身上，讓小孩去喜歡或討厭某種東西。譬如我們給小孩一隻黑色的玩具熊，在「給」的同時發出一聲巨響，讓他嚇一跳，從此以後，這個小孩可能看到黑色的熊就會害怕。換句話説，同時出現的兩樣東西，在小孩心中會產生一種因果關係的聯想。這是第一步的實驗，其所運用的是「刺激—反應」的原理。

我們可以把這個實驗加以延伸，譬如説，鈴聲之前再加上閃光，到最後就會變成一有閃光就分泌唾液。依此類推，最後會變成一系列的制約。然而，如果把這個實驗應用在人的身上，變成是

[11] 制約代表「人為」的，亦即，我們設定某種條件或情況，而被實驗的對象就會產生某種固定的反應或反射動作。較嚴謹的用法中，我們稱「刺激」所產生的是「反應」，而「制約」所產生的則是「反射」。反應所包含的意義比較廣泛，反射則偏向於「本能」。生物體是一個有機體，因此在某種制約下，就會產生本能的反射情況。

用人的身體來決定自我。如此一來，人不過是一個軀體，和動物一樣，可以用同樣的模式，加以了解、干涉，甚至是操縱。

雖然行為主義心理學看似具有科學依據，然而它認定人與動物一樣，因此以動物作為實驗對象，想要藉由動物的反應推演出人類的學習行為，事實上，這是基於一種相當粗糙的生物學觀點。

史基納的盒子

史基納（B. F. Skinner, 1904-1990）最廣為人知的發明，是所謂的「史基納的盒子」（Skinner's Box）。這個盒子裡面有三樣東西：一個槓桿、一個食盤、一支可發出聲音的汽笛。如果將一隻飢餓的老鼠放進盒子裡，牠會在裡面到處衝撞，當牠不小心撞到槓桿，馬上就有一份食物掉落到盤子裡，並且伴隨著「嗶」一聲的悅耳短音。經過一、兩次之後，老鼠只要肚子餓就會去碰槓桿，因為牠知道這樣會有食物出現。這種實驗理論稱為「反應與酬賞」，亦即，只要反應正確，就會得到酬賞。

這個實驗所證明的是，除了「刺激一反應」以外，動物還具有更進一步的學習能力。至於汽笛聲的作用，則在於慶賀得到食物，是一種開心喜悅的象徵。換言之，食物是主要的酬賞，而汽笛聲則是次要的酬賞，是附帶的。有時候老鼠即使不餓，也會去觸碰槓桿，聽聽汽笛的聲音，視之為另一種酬賞。

這個理論對於人類的學習也有一定的影響力。每個人在讀書階段，都少不了用一些方式來增強學習動機，譬如在大學之中，有些老師會以出席率作為加分的參考，如此一來學生的上課意願就會提高。這是因為人也是一種生物，具有直接的聯想能力，所以會為了追求合理的酬賞，而盡力去達成某些要求。由此可知，我們可以藉由各種情境的設計，讓學習產生良好的效果。

史基納這個實驗最大的問題，仍然在於：把人視為與動物相同。如同前面所述，這種想法太過粗糙，忽略了人的特色。

行為主義的基本原則

（一）動物心理學（Animal Psychology）：研究我們身邊的動物，是如何經過訓練之後，可以落實學習的成效。這種研究的主要目的在於預測行為，並且加以控制。

在動物心理學的研究中，有一些原則：刺激與反應、制約與反射、嘗試與錯誤。學習過程中也常會使用到「嘗試與錯誤」的方式：先試試一種方式，如果錯了，再繼續嘗試另一種方式。譬如在電影「侏儸紀公園」裡面，迅猛龍被關在一個類似堡壘的地方，牠們會一直撞擊四周的牆壁，企圖脫逃出去，並且絕對不會重複撞擊同樣的地方。這就是一個嘗試與錯誤的學習過程。

一種動物的聰明程度，就是看牠嘗試錯誤的時間長短，人類也是一樣，嘗試錯誤的時間越短，代表這個人越聰明。因此我們要訓練自己，培養聯想的能力，減少犯錯的時間和次數，這樣一來學習效果自然就會增加。

（二）「歸納主義」（Inductionism），或是「觀察主義」（Observationism）[12]：效法科學，而不談意識和內省。

歸納是指，從許多個別的案子，找出共通點，再歸結出一個大原則。譬如根據「我所看過的北極熊都是白的」，可以歸納出，「凡是北極熊都是白的」。然而歸納法的困難在於，就算看到一百隻

---

[12] 在英文中，凡是加上「主義」的單字，字尾是以「-ism」作為結束。它代表著：唯一的立場與解釋，一切都以它為準。因此歸納主義的行為主義心理學，就是完全以歸納為主，而不談別的。與歸納相反的則是「演繹」，演繹是指：從一個大原則推論出許多個案，譬如「凡人都會死，蘇格拉底是人，所以蘇格拉底會死」。

北極熊都是白的，也不能保證第一百零一隻北極熊一定會是白的。

觀察主義是指：一切只以「可以觀察到的行為」為主。行為主義之所以稱作行為主義，就是因為它完全只觀察人在行為上的表現，而不談意識，無視於人的內心活動狀態。因此，如果一個人的行為出現偏差，行為主義者會單純就其行為表現，找出問題所在，而不會去探討這個人的內心是否有問題。

找出問題之後，則要做進一步的矯正，而行為主義者進行矯正的方式，就是利用「刺激－反應」、「反應－酬賞」的原則，來達到他們所預期的目標。用這種方式來矯正小孩子或者犯罪者的行為偏差，效果是很難預測的，因為這種方式效法科學，講求歸納與觀察，而忽略了內省的層面。

（三）聯結主義（Associationism）：亦可稱為聯想主義。前面提過巴夫洛夫的實驗：給食物之前先搖鈴，久而久之，狗聽到鈴聲就知道有食物可吃。這就是一種聯想，把「鈴聲」和「食物」連結在一起。

由此可知，聯結主義者認為，我們可以設計制約的情況，用於學習，並且預測及控制未來。這一派思想，深受美國人喜愛，因為它注重科學、講究觀察，能夠使整個社會按照理想狀況加以設計與規劃。我們可以看到，美國無論是在城鎮的開發、教育的環境安排、移民數量的限制等，都是經過仔細的觀察研究，而有明確的條件制約。其目的就在於，希望使一切的運作產生最大的成效。

然而，有時候明確的制約不見得會產生最大的成效，譬如很多客觀條件較差的地方，照樣可以產生優秀的人才。更何況標準是人定的，如果一定要以相同與固定的標準去要求每一樣事情，恐怕最後的結果不會如想像中完美。

行為主義的基本主張

行為主義心理學的兩位代表人物為華生（J.B. Watson, 1878-1958）和史基納。基本主張大約可以歸納為以下四點：

（一）人是動物之一，與其他動物並無本質的區別。此概念是根據達爾文（Charles Darwin, 1809-1882）的演化論而來的，他認為：人是從其他動物演化而來，而非上帝特地創造出來的[13]。因為人與其他動物，在身體上的差別相當有限，只是行為的類型不同，複雜的程度有別，並且人類具有語言能力。

（二）環境決定人的行為。許多從事教育工作的人，都同意人的行為是由環境所決定的。然而，如果人的行為是由環境所決定，那麼人還需要負什麼責任呢？

許多律師為罪犯辯護時，都會提出環境因素作為犯罪行為的託辭，譬如強調這個罪犯從小在貧民區長大，觸目所及皆是販毒、搶劫、偷竊等，因此才會造成暴力的行為。然而我們應該進一步詢問：「為什麼其他生長在相同環境中的人，並沒有做出同樣的犯罪行為呢？」由此可見，人的行為並不是完全由環境所決定的。

環境確實也會對人造成影響，特別是人生最初的五、六年經歷（由父母創造的環境所主導），將會影響一生。因為人從出生到六歲之前，是非常脆弱的，這時候的小孩還沒有自行選擇的能力，必須完全依賴父母。在這種情況下，父母所營造出來的環境，會決定小孩的某些基本行為模式，以及與別人的互動關係。

總之，人的行為是很複雜的，不能將環境當作影響行為的唯一

---

⑬ 在達爾文之前的主流論點稱為「創造論」，它與演化論是兩個針鋒相對的主張。創造論者認為：上帝創造世界，並且創造了人，因此人是特別的生物，是萬物之靈。

因素。

（三）人格只是習慣系統的最後成品。人的習慣會構成一個系統，每個人從早上起床到晚上睡覺，無論做人處事的模式或說話互動的姿態，都會形成一套基本習慣，人格就是這些習慣的最後產品。譬如我們初次看到一個不認識的人，會以自己過去的思考模式，去判定他是怎樣的一個人。這就是一種習慣。

依這種觀點來看，道德與文化都沒有科學基礎，都只是相對的，是聯想學習的結果。譬如小孩子做了一件事之後，如果被處罰，他會覺得這件事是惡的；相反的，如果被鼓勵，就會覺得這件事是善的。這就是一種聯想學習。

因此，在行為主義者看來，並無所謂良心的問題，只有適不適合的問題。所謂「物競天擇，適者生存」，道德不過是一種適應的方法。道德高的人，代表他對這個社會適應得很好，因此能夠得到他人的讚賞。如此一來，我們評定一個人的方式，並不是看他內在的道德價值，而是看他的行為舉止是否合乎社會要求。

（四）人是沒有自由與尊嚴的。對行為主義者而言，自由與尊嚴不過是幻覺或哄騙。史基納的代表作之一即是《自由與尊嚴之外》（*Beyond Freedom and Dignity*）。

行為主義的問題所在

行為主義原則上是一種化約主義（Reductionism）。化約是指：把複雜的現象，化約為一種簡單的、基本的事物（譬如一句格言、一個基本觀念……）。我們平常談論人生問題時，總喜歡用一句話帶過，譬如許多父母、老師、長輩，常習慣用這種態度，給晚輩建議時說道：「一言以蔽之，你去做就對了！」這就是一種化約主義。

行為主義的化約在於：用「身」來決定自我。它是出於一種科學至上論，認為科學是人類遵循的唯一依據。的確，科學有其不容抹滅的巨大貢獻，然而它本身無法論及價值問題。譬如在複製人的問題中，科學只知探討如何成功地把人複製出來，卻不會過問結果可能帶來的倫理及社會問題。

行為主義者認為，我們可以根據「刺激－反應」、「反應－酬賞」的原則，設計出一個合理與正常的社會，讓每個人變成善良的公民。因為他們堅信「環境決定人的一切」，一個人如果從小接受適當的刺激，將來就會走上正路。換句話說，一個人是否會走上正路，並不是因為他本身言行的好壞，而是制約所造成的結果。

在這裡，我們必須詢問：「行為主義者所認為的良好社會，其標準和理想如何界定？」換言之，必須先設立一個明確的標準。然而，這是不可能的，因為界定社會的標準時，已經超過了科學範圍。這就是行為主義理論的困難之處，它也說明了：僅僅從「身」的角度去思考整個自我，實在過於狹隘。

由「身」影響「心」：佛洛依德學派

前面談到「由身來決定自我」，「決定」代表一種比較強烈的立場。而現在所要談到的則是「影響」，影響代表「不是完全限定」的。這裡要提出的是佛洛依德學派（Freudian School）。

佛洛依德提出的三重革命

（一）天文學革命：以哥白尼（Copernicus, 1473-1543）為代表人物，他提出：地球並非宇宙中心。

哥白尼之前的天文學，稱為「托勒密天文學」，基本主張是：地球是宇宙中心，而太陽繞著地球運轉。此即「日動說」。哥白尼則指出，地球並非宇宙的中心，因此應該改為「地動說」。這種說法對舊有的觀點，造成極大的衝擊，但是也讓人類的眼界逐漸放大。從前以為自己是中心，其他一切都是邊緣；現在知道自己是繞著太陽轉的，核心自然就會改變，轉而集中在太陽上，以太陽為出發點來看整個宇宙。

（二）生物學革命：以達爾文為代表，他提出一項假設，就是：人並非由上帝所創造，而是由猿猴演化而來的。這樣的思想對西方而言，衝擊更為巨大。因此這個理論到目前為止，仍然充滿了各種爭議。

生物學革命之後，人的優越地位被取消，成為萬物的後代。如此一來，人類的立場變得很尷尬，其他動物可能都是我們的祖先輩，因為在地球的生物演化史上，絕大多數動物出現的順序，都比人類早得多。

（三）心理學革命：此革命即以佛洛依德本人為代表，他提出：人有潛意識，許多行為由它所決定。

潛意識就是「the Unconscious」，這個詞也可以翻譯成「無意識」，不過由於翻譯成「無意識」容易造成混淆，因此許多人將其翻譯成「潛意識」。中文所說的「無意識」，往往是指「昏倒或失去知覺」，這裡所說的，則是一種「未知覺到」的情況，亦即，我們的「意識」所沒有意識到的部分。

人有潛意識，代表人的心靈有一部分是自己所不知道或無法察覺的。人的生活只是一種表面的行為，但無法從表面去找到某些行為的原因，因為這些原因藏在潛意識裡面。譬如有些精神官能症的患者，會一邊走路一邊自言自語，或是忽然開口罵人，這些行為都必須從潛意識中，找出問題所在。

潛意識指出了人和動物的不同之處。動物的行為，大部分是可以預測的，因為動物的結構並不複雜，然而人卻不一樣，人的內在世界有六分之五，是自己所不了解的部分。那麼這些自己無法了解的部分，是不是人人都一樣呢？佛洛依德主張「每個人的潛意識都一樣」，而這一點是值得爭議的。

佛洛依德的基本主張

（一）本我、自我、超我三分法：這部分在第一部第二章一開始，已經有相當詳細的說明：「本我」是本來的我，是充滿原始欲望、衝動的；「超我」是受到期許的我，必須符合社會規範的要求；「自我」則是本我和超我互相衝突的場域，是充滿矛盾與充滿緊張的，它同時也是我們表現出來，與他人互動的這一面。

（二）本我的原始欲望（Libido）主要是性欲，它從小受到壓抑，遁入潛意識。換言之，人類生命的原始欲望被壓抑後，遁入潛意識裡，在其中掙扎衝突，因此我們的潛意識是一團混亂、一片漆黑，複雜得難以想像。

潛意識可以在夢中得到釋放。當我們的願望無法在實際生活中實現的時候，在夢境中卻能夠實現。夢有很多種，有些是日有所思、夜有所夢；有些是幼兒時期，願望受到壓抑的一種投射；有些甚至可以暗示未來、預測災難。換句話說，人的夢境是一個神祕的世界，是我們的理性所無法了解的。

原始欲望也有可能形成情結，造成精神官能症。每個人或多或少都有精神官能症，只是一般人大多只有輕微的程度，譬如沒有食欲、失眠，或者有一些不自覺的反射動作等，這些都是很普遍的。基本上，只要行為舉止不會妨礙到別人，輕微的精神官能症其實是可以被接受的。

（三）童年的發展階段：一到六歲共分為口腔期、肛門期、性器期三個階段，六歲以後到青春期為止，則稱為潛伏期。

幼兒在襁褓時期需要吃奶，對這個時期的小孩而言，嘴巴所吃到的東西就是一切，因為這是生命滋養的來源。換句話說，他所有的世界，就是嘴巴吃到的東西，因為這對他而言是最實在的，這個階段稱為口腔期。

大約在一至二歲時，幼兒會開始懂得排泄，排泄之後會得到快感，因此就漸漸進入到肛門期。佛洛依德認為，小孩排泄完畢之後，大人通常會給予鼓勵，所以小孩會感覺到高興、自豪，久而久之，就習慣從「排泄物的製造過程」中得到快樂。

小孩大約在四、五歲時，會開始對自己的性器官產生好奇心，這時期稱為性器期。這時候的小孩會去撫觸自己的性器官，而大人看到一定會加以制止，如此一來，小孩的性欲就會受到壓抑，而逐漸遁入潛意識。佛洛依德認為小孩這時候也會開始產生「伊底帕斯情結」（Oedipus Complex）[14]，這是一種愛戀異性雙親、仇視同性雙親的情結，屬於潛意識中的情感。

潛伏期則是從六歲到青春期。潛伏意味著「壓制性欲」，因此在潛伏期，人的性欲是被壓制住的。過了潛伏期，也就是進入青春期以後，人的性欲會開始自然地表現出來。

如果了解佛洛依德的大致思想，就會知道，性幻想是人類潛意識中的基本欲望，因此要以正面的態度去看待它，而不是壓抑它。更重要的是，人類要注意到自己生命的週期性，理解自己什麼時候

---

[14] 此概念來自於希臘悲劇《伊底帕斯王》，是一個弒父娶母的故事。在此劇中，伊底帕斯是一位王子，後來在不知情的情況下，殺死親父，娶了自己的親生母親。

特別脆弱，什麼時候會有特別的念頭或是欲望，並且設法以其他方式來排解，譬如運動、聽音樂等。

（四）享樂原則與現實原則：享樂原則是「直接地滿足需要」；現實原則則是在做一件事之前先思考一下：「我這樣做對嗎？要怎麼做才對？」譬如一個人在森林裡迷路，走著走著肚子餓了。根據享樂原則，這時候應該立刻吃東西，如果沒有東西可以吃，就必須退到現實原則，想辦法覓食。

如果我們做任何事情都堅持享樂原則，到最後可能什麼也得不到。因為當我們無法獲得立即的滿足時，如果不去思考要以什麼方式滿足需求，需求就不會被滿足。反之，如果能夠思考「該如何滿足需求？」將會分散原本對需求的注意力，而專心從事於尋求滿足的過程。換句話說，現實原則可以延遲我們立即的需要，並使它得以昇華。

《EQ》這本書中有一個例子，叫作「糖果實驗」，實驗對象是一群四歲的小孩。首先給小孩兩個選擇：第一個選擇是可以立刻吃一顆糖，這是屬於「立即滿足」；第二個選擇是可以吃兩顆糖，但必須等一位大哥哥出門再回來，而等待的時間是不確定的，這就屬於「延遲滿足」。最後的調查發現，選擇兩顆糖的小孩，長大以後往往比較有成就。這是因為當小孩選擇「延遲滿足」，就必須在等待中學習忍耐，想辦法讓自己轉移注意力，好讓等待的過程不那麼難熬。由此可知，延遲的過程，可以訓練一個人產生高度的EQ（情緒智商），而擁有高度EQ的人，當然能夠把事情處理得比較好[15]。

由此可知，享樂原則要與現實原則配合，才能夠產生昇華的作

⑮ 請同時參考第二部第三章。

用。經由昇華作用，就可以把立即的需要提升，成為一種現實的考量，亦即能夠進一步去思考：「怎麼做才會更好」。

（五）生之本能與死之本能：生的本能包括了享樂原則、性欲的衝動，以及不斷創造與滿足欲望等。一般人以為人只有生的本能，事實上，人還有死的本能，就像鮭魚一樣。鮭魚一定會在自己誕生的地方結束生命，所以牠們會洄游到出生地產卵，產完卵之後就死亡。換句話說，求死的本能對鮭魚而言，就是為了下一代的延續。

生物都有求生的本能，然而生物也都覺察生命最後一定會結束，並且準備孕育新的一代，這就叫作求死本能。因此，求死本能並不是去傷害別人，而是指我們有時候會做一些反常的事，來結束自己的生命。特別是當我們知道自己來日無多，身體又非常不好的時候，求死本能會自然地表現出來。

佛洛依德學派的問題所在

首先，此派理論與行為主義心理學相同，都是一種化約主義。它將人類所有的行為用潛意識來解釋，等於是把人類複雜的行為，全部化約為一個簡單的因素。接著，它又用性欲來解釋潛意識，這顯然更是一種化約主義。人的潛意識充滿了各種愛欲情緒，是非常豐富的，然而佛洛依德卻將其全部化約成一種性欲，因此太過狹隘。

其次，佛洛依德學派本身，在身心之間亦有不同觀點。譬如阿德勒（A. Adler, 1870-1937）和榮格（C.G. Jung, 1875-1961）。此二人原本都是佛洛依德的學生，但最後阿德勒發展出了「個體心理學」理論，而榮格則發展出了「集體潛意識」理論。

最後一點，佛洛依德學派對於文明、宗教、道德的看法都相當值得爭議。它基本上認為，文明發展到最後一定是科學勝利，因此只要科學進步與教育普及，人類就不再需要宗教。佛洛依德對宗教的嚴厲批判，使得所有懂得宗教和信仰宗教的人，都無法苟同他的理論。佛洛依德甚至說：「宗教是人類心理上的枴杖。」也就是說，我的腳如果受傷了，就需要枴杖，而人需要宗教，是因為心理上不健全，所以需要心理上的枴杖。

佛洛依德完全用心理的需求來解釋宗教，因而使得宗教中高尚的情操表現，都被他講得粗俗不堪。任何一個在宗教界中，被頌揚的、慈悲的、救人濟世的事蹟，經過他一番解釋，原意都會被扭曲。因此有人說：「佛洛依德是所有宗教信徒的敵人。」

佛洛依德對於道德的看法，也引發許多爭議。在他眼裡，道德不過是壓抑的結果。壓抑一旦昇華之後就形成道德，一個人之所以會行善，只是因為害怕別人的批評，而不是真心喜歡行善。

諸如此類的解釋，都將人類內在一種無意識或潛意識的驅動力，看得太過強大。事實上，每個人的確都有潛意識，所以有時候會有一些怪異的想像，然而我們未必會去實現這些想像。同時，不去實現這些想像，也不代表我們就是在壓抑，因為人可以調整自己想像的範圍，而不全然是受到原始欲望的影響。

心理防衛機制簡介

心理防衛機制（Mechanism）共分為六種：合理化，投射，認同，反動形式，壓抑，昇華。這六種是心理學上的基本共識。機制意味著：心理的防衛就像機器一樣，會自己運作，並且無論你喜不喜歡，它都存在。以下簡單介紹這六種防衛機制：

（一）合理化（Rationalization）：也就是為自己找藉口。用這些藉口來掩飾錯誤，解釋自己為什麼行為不當，或是使自己的行為具有正當性。譬如有些學生考試考不好，會說是老師教得不好，害他聽不懂。這種合理化的方式是很普遍的，因為一個人若不能使自己的行為合理化，就會陷入不能解釋的困境，而感到相當自責。換言之，適度的合理化是無傷大雅的，但我們仍然要懂得反省，不能過度地自我防衛，否則人會變得完全沒有自主性。

（二）投射（Projection）：投射和認同是相對的概念。投射是把自己的缺點，或令人討厭的部分，投射在別人身上，也就是把責任歸給別人，避免自己受到攻擊。譬如有些人會說：「我長得醜都是父母的錯。」或者說：「我做錯事是因為交了壞朋友。」這些都是典型的投射。

（三）認同（Identification）：把別人的優點轉移到自己身上。青少年的偶像崇拜就是最好的例子。由於對自己缺乏了解與信心，年輕人喜歡認同一些有成就的人物，甚至在服裝與言行上模仿他們。

（四）反動形式（Reaction Formation）：一個人批評某件事情，往往正反應出，他其實很想做這件事情。因為自己不敢做，所以會特別去批評它。譬如，有些人很討厭出版品的檢查制度，一天到晚說：「政府不應該禁書。」然而說這句話的人，有可能本身特別喜歡去檢查別人的書。這就是一種反動形式。

（五）壓抑（Repression）：一般人對於不愉快的事情，往往很容易忘記，這就是一種壓抑。我們想要把不愉快的事情從記憶中抹煞掉，然而記憶是不可能完全被抹去的，傷痕依舊存在，我們只是壓抑自己，不去回想而已。

（六）昇華（Sublimation）：或可稱為「替代」，也就是「用

可以被接受的態度，來表達自己的反社會衝動」。每個人都有些反社會衝動，所以喜歡看拳擊賽、足球賽等，因為透過觀看這些暴力的衝突，以及狂熱的舉動，能夠讓內心的反社會衝動，得到昇華。昇華的防衛機制是比較健康的，因為每個人對社會或多或少都有一些反感，總有些人與事會讓我們看不順眼，這時候就要設法找一些替代品，將自己的情緒昇華，如此一來才不會一直壓抑下去。如果一直壓抑，情緒不能得到紓解，最後就算不去傷害別人，恐怕也會傷害自己。

只要掌握上述六種心理防衛機制，同別人相處就會比較容易，因為我們可以判斷對方正在使用哪一種機制，以及我們應該用哪一種機制來回應。學習的目的之一，在於理解那些已經存在，而自己原先沒有察覺的部分。理解之後，可以應用在生活中。如此一來，就能更主動地掌握自己的言行表現，知道什麼事情將會如何發展，可能產生什麼樣的情況。

人的生命是完整的，因此身體所受的制約自然會在一定程度上影響人的行為。與此連帶而有的潛意識情結，則以神祕難解的方式左右人的表現。這是本章所介紹的兩派心理學，對於我們了解自我，不能說沒有貢獻，但顯然以偏概全。在結尾部分補充的心理防衛機制，提醒我們如何活學活用心理學。

第四章

從心理學看自我（二）

——阿德勒的「個體心理學」與榮格的「集體潛意識」

阿德勒認為，每個人都有其行為模式與生命格調，簡單來說，這就是一個人的個性。

榮格認為，每個人都是在追尋自己生命中的曼陀羅。曼陀羅後來成為一個象徵圓滿的圖案。

阿德勒的「個體心理學」從佛洛依德理論演變而成。個體就是個人，每個人都需要發展自己的某種需求，因此個體心理學基本上是以個體作為一個整體，活在社會中，努力達成一個有意義的目標。

榮格的理論核心是「集體潛意識」，他不認為自我是面對或對立於群體，而強調自我要「通過」群體。他也指出，人類除了個人潛意識之外，還有集體潛意識。

從事任何研究，都要有一條進路（approach），亦即切入的角度。從不同的角度切入，往往會產生不同的觀點與心得。

我們所面對的實在界（Reality）是沒有具體邊界的，它會隨著我們的經驗與觀察而逐漸擴張。當實在界展現得過分龐大時，進路相對地就更加重要了。透過心理學的角度來理解自我，是近代以來相當深刻的一條進路。

人的自我包含了身、心、靈三個部分，而我們對於自我的了解，可以透過群體，也可以透過自然界，當然也可以透過超越界。心理學的進路主要是由群體出發，再通往其他方面。

本章所要介紹的兩位心理學家——阿德勒和榮格，分別代表了佛洛依德（Freud, 1856-1939）之後的兩大派別。他們二人的學說都是奠基於佛洛依德的潛意識理論而發展的。由於佛洛依德在維也納建立其學術根據地，因此後人便將此三大派別統稱作「維也納學派」。

自我面對群體：阿德勒（A. Adler, 1870-1937）

「面對」的原文是Versus（拉丁文），我們一般常用簡寫「VS.」來表示。Versus的意思是針對、面對，代表著一種相互對立的關係。阿德勒的學說從佛洛依德理論演變而成，稱為「個體心理學」（Individual Psychology）。個體就是個人，每個人都需要發展自己的某種需求，因此個體心理學基本上是以個體作為一個整體，活在社會中，努力達成一個有意義的目標。

阿德勒的個體心理學以「權力欲」取代佛洛依德的性欲之說。因為在他看來，權力欲比性欲重要得多，佛洛依德用性欲來解釋一切，太過牽強也太過狹隘。

個體的行為模式與生命格調

阿德勒認為，每個人都有其行為模式與生命格調，簡單來說，這就是一個人的個性。個性是一種行為反應的模式：如何去認識所處的世界，以及如何反應世界所給予的刺激。這種行為模式在童年（四到六歲左右）即已建立，並且終身不易改變。而一個人從小建立的行為模式、與他人互動的方式，就會形成這個人的生命格調，也就是對生命的態度或生命所表現出來的特色。

形成行為模式與生命格調的主軸，是童年時期面對群體的自卑感，由此再力求超越的過程，因此阿德勒的個體心理學又被稱為主張「自卑之超越」。

阿德勒認為自卑是普遍的，每個人童年的時候都必然經過自卑的階段，因為人都是從小開始慢慢成長，所以一開始意識到自己與他人之間的關係時，必然是處於弱勢的情況。兒童無法面對周遭成年人的種種強勢作為，自然會產生無力感與自卑感，覺得自己毫無用處。

因此，人的一生就在設法超越小時候不知不覺中形成的自卑感，為了超越這種自卑感，人會發展出一種權力欲：學習如何支配及控制外在的一切。換言之，人類為了避免自卑，於是設法控制越來越多的人、事、物。

進入心理世界的三條路

這一部分是阿德勒的學說中，較為特別之處。現代人在描述相關的心理狀況時，常常會以他的學說作為參考。以下即將他的三種心理分析的進路稍作解說：

（一）與兄弟姊妹的關係位置（兼及性別問題）：阿德勒在這一部分特別分析了長子、次子、幼子三種角色（現代的家庭很少有超過二個以上的小孩，這種分法已經不太適用了），並且按男女性別分開討論。當時的西方社會仍然是男女不平等，因此對女性的分析需要不同的論述。直到現在，許多關於性別問題的探討，仍然是從阿德勒的論點延伸出來的。

阿德勒認為長子是所有兄弟姊妹中最有權力欲的，因為他一開始就集父母的寵愛於一身。次子出現以後，讓他備感壓力，開始有一些失常的表現。一旦他發現自己可以繼承家業，又會覺得放心與懈怠。所以有些長子的心態發展，終其一生都不夠成熟。然而，長子內心的矛盾特別多，壓力也特別大，因為他必須繼承家業，所以要承受來自長輩的壓力。

次子為了爭取家庭中成員的注意，從小就一直處於競爭狀態，因此次子的表現有時候會超越長子。如果在他之後再加上一個幼子，就會更激發他的競爭性。由此可知，次子往往是兄弟中競爭能力最強的。

幼子則比較特別。首先，他前面有哥哥們頂著，後面也沒有其他人與之爭寵，所以可以很放心地去做任何事，而沒有競爭的壓力。幼子中常常出現天才人物，就是因為他們比較沒有後顧之憂，在選擇發展方向時，能夠順從自己的興趣。然而也正因為如此，幼子在發展自我時，容易與長輩的期許背道而馳。

每個人從小與兄弟姊妹之間的關係，會決定他基本的人生態度。換言之，一個人對人生的理解，以及如何跨出人生的第一步，往往在幼年時期就已經決定了。

（二）童年時期的記憶：許多心理治療都是藉由一個人對童年的回憶，了解過去曾經發生的事情以及他與周遭人物的關係，然後根據這些資料，分析心結產生的原因。

這種理論是一種因果決定論，也就是說：我現在這種情況是結果，造成這種結果一定有它的原因，如果能夠把原因找出來，就可以化解這個結果。然而它並沒有考慮到，現在的結果其實是另一個出發點，由此出發，加以開展，或許可以呈現另一番生命的面貌。換言之，人生的問題非常複雜，未必是用這種因果決定論的方式能夠解釋的。

（三）夢：這一部分是心理分析學派一貫的進路。心理分析的核心概念之一，在於人的作夢代表了潛意識的某種需求。這在上一章已經介紹過，這裡就不再重述了。

自卑感的來源

在阿德勒看來，人的自卑感有三個來源：

（一）器官缺陷：所謂的器官缺陷，包括了體弱多病、面貌醜陋在內，因為體弱多病代表身體功能不彰，而面貌醜陋則常會受人嘲笑。

器官缺陷所產生的自卑感是很明顯的，然而一個人如果能夠超越器官缺陷的自卑感，往往會成為天才人物。根據統計，二十世紀的傑出人物，其中有四分之三是從小生活在困苦環境或問題家庭之中，或是身體殘障者。譬如美國羅斯福總統，以殘障之軀連任兩屆總統之職；貝多芬的耳朵幾乎全聾，卻成為偉大的音樂家；中國古代的著名樂師，也有不少是盲人，因為眼睛看不到的人，音感常會特別敏銳。

由此可知，一個人如果能夠克服某種器官上的缺陷，而去追求創造性的表現，往往會有驚人的成果。反而是一般四肢健全、成長過程順利的人，大多只能做個平凡人。因為一個人如果沒有受過傷害或考驗，就不會決心要去堅苦卓絕地奮鬥。

（二）溺愛：被寵壞或受溺愛的小孩，一般而言比較容易變得貪心及膽怯，需要有人保護，無法獨立生活。這種小孩由於不敢自己面對問題，因此學會欺騙別人，並且有反應過度的傾向。類似這樣的行為特質，也會產生自卑感。

（三）疏忽：由於疏忽而產生的自卑感是很明顯的。一個人受到疏忽，會使他心裡產生委屈或忿恨不平的感覺，因此在心態上，容易出現反社會的傾向。

以上所提的三點，是一個人自卑感的來源。事實上，幾乎沒有人能夠完全避開這三點。換言之，每個人或多或少都牽連了一些自卑感的來源，因此，與其預防所有產生自卑感的可能性，不如了解自己是屬於哪一種情況。人的問題不可能完全被解決，只能盡力去了解它，然後和它一起生存及發展。

個人對社會的整體態度

阿德勒的學說歸結到最後，就是一個原則——社會感。這裡引用一段話來說明「社會感」這個概念：

> 你自己怎麼想或別人怎麼想，都無關緊要；重要的是一個人對人類社會的整體態度，因為每一個人的每項願望、興趣、活動，都由這個態度所決定[16]。

這段話的意思是說，一個人的生命，是由他對人類社會的整體態度所決定的，這就是社會感。「感」這個字著重的是一種「感受」

---

⑯ 請參考《自卑與生活》（*The Science of Living*），葉頌姿譯，志文版，1974年。

（偏重整體的體認），而不僅僅是指一種感覺（訴諸感官上的）。社會感所要強調的是：我們與社會的互動關係是如何表現的。換言之，在阿德勒看來，對一個人價值的評定，要依其對社會的貢獻如何而定。

阿德勒最受人批評的一點在於：他的思想內容雖然相當豐富，能夠對人類生活及成長的細節深入討論，不過他的理論只是由幾個基本概念所組成，再加上幾個個案而已，缺乏一個完整的系統。

自我通過群體：榮格（C. G. Jung, 1875-1961）

榮格的理論核心概念是「集體潛意識」（the Collective Unconscious），因此他不認為自我是「面對或對立於」群體，而強調自我要「通過」（through）群體。

佛洛依德的潛意識是以個人作為一個生物體，強調本能或性欲。榮格則認為這種說法過於狹隘。他指出，人類除了個人潛意識之外，還有集體潛意識。集體潛意識分為很多層面，譬如住在台灣的人，都有共同的記憶，所以有台灣人的集體潛意識；進一步而言，這個世界上的人，也都有共同的記憶，因此有屬於全人類的集體潛意識；甚至再向外擴展到宇宙，則有宇宙性的集體潛意識。集體潛意識可以根據社群大小，不斷地延伸，分成許多層次。

解夢的方法

榮格的分析心理學（Analytic Psychology），以集體潛意識取代佛洛依德的性欲說。在治療病患時，採用自由聯想法與象徵擴展法來解夢。

自由聯想法就是讓病患自己去聯想。譬如病患作了一個夢，夢中有一張桌子。這時候，應該問他：「桌子是什麼做成的？」如果是木頭做成的，就繼續問：「是哪一種木頭？什麼顏色？形狀如何？用途是什麼？你小時候見過哪些桌子？……」榮格這種自由聯想的方式，已經超越佛洛依德的做法，因為能夠解夢的人，應該是作夢者本人，而不是心理醫生。心理醫生只能幫助作夢者解釋夢境，而在解釋之前，首先要透過自由聯想，讓作夢者把所有在日常生活中，所接觸到和夢中有關的人地事物，一一說出來。聯想得越多，解釋就會越準確。換言之，解夢的第一步，就是要把重點還原到作夢者本身。

象徵擴展法則是透過對於符號的解釋[17]，化解病患的心結。譬如一個人夢到蛇，我們就可以告訴他，蛇在埃及是一個重要的象徵，代表生命以及再生的能力。蛇會在蛻皮之後成為一條新生的蛇，就彷彿是死亡之後的重生；同時，蛇可以圍成一個圓圈，而圓形本身也是一個重要的象徵，太陽與月亮都是圓的，圓也帶有圓滿的意思。這就是榮格所使用的象徵擴展法。

榮格對於神話學、宗教學、民俗學，甚至是中國的易經，以及煉金術等，都非常有研究。因此，他對於夢境的解釋，往往會讓病患覺得自己好像進入一片汪洋大海，突破時空的限制，提升到一種人類普遍的層面，甚至更進一步到宇宙的層面。榮格的心理分析突破了既有的、狹隘的限制，成為一種宇宙性的關懷。病患在與他交談之後，會感受到宇宙萬物的合一境界，因此內心世界就容易豁然

---

[17] 行為主義心理學喜歡用「記號」（sign）這個詞。記號是一對一的，一個記號就代表一樣事物，譬如紅燈代表停止，鈴聲代表食物。榮格所講的則是「符號」（symbol），又可翻譯為「象徵」，具有豐富的內涵，譬如國旗代表國家。在這裡，國旗就是一個符號，它代表的是國家的傳統、光榮、歷史等。

開朗。

人最怕的就是離開或失去了根源，因此一旦感受到宇宙萬物的合一，許多問題自然就迎刃而解了。榮格所提供的正是這樣一條管道，讓人類有可能結合為一個整體。

人類共有的集體潛意識

集體潛意識是由「本能」（Instinct）和「原型」（Archetype）所構成，此二者的作用各自不同，但是卻必須互相配合。

本能是一種生物特質，能夠決定人的行動。任何生物都有本能，譬如候鳥會隨著季節南北遷移，然而牠們無論飛得多遠，最後都會回到原來的地方；海龜出生後會離開出生地，然而隔了幾十年之後，牠們仍然會回到出生地產卵。本能是一種天生的能力，人類也具有這種能力。我們的祖先在大自然的法則下，同樣是經過物競天擇後生存下來的產物，若是沒有強烈的本能，是不可能做到這一點的。然而在整個社會的發展過程中，人類已經逐漸淡忘了自己的本能。

原型則比本能還要根本，它是指一個原始的、根本的典型。原型決定了人的認知模式，而人的認知模式，主要是用來規範人的知覺作用。換句話說，當我們認知的時候，必須依靠原型來了解知覺應該如何運作。

集體潛意識是所有人都未察覺，卻一直存在著的東西。它是由本能加上原型所構成的：本能支配我們的行動，原型支配我們的認知模式。此二者合起來，則我們的「知」和「行」都有一定的軌道。

原型的種類

原型可以使個人連結於群體。我們首先要介紹的原型是

「Anima」與「Animus」。此二字都是拉丁文，被榮格拿來引用後，就變成了專門術語。Anima代表靈魂的陰性部分，也就是「陰性靈魂」；Animus則代表靈魂的陽性部分，也就是「陽性靈魂」。每個人都是一個整體的結構，因此都具有陰性靈魂和陽性靈魂。換言之，一個男性的內在，必定存有陰性的部分；同樣的，一個女性的內在，也必定存有陽性的部分。

接下來要提到智慧老人。智慧老人的典故，出自於亞瑟王（King Arthur）尋找聖杯的故事，這個故事中有一位叫作梅林的老人，總是在關鍵時刻指點迷津。榮格認為，自古至今，不分中外，都會有人夢到老人，而老人就是一種原型，代表了智慧。

偉大母親則是最常見的一種原型，至少可以分為四種：第一種是孕育世界的大地之母（Earth Mother）；第二種是能夠包容一切、引導一切的天空之母（Sky Mother）；第三種是能夠生育萬物、肥沃土地的生育女神（Fertility Goddess）；第四種則是會對生命產生限制與威脅的黑暗之母（Dark Mother）。一般如果夢到母親的模樣，大概就屬於這四種之一。

心理治療的方法

這部分要談的是榮格的心理治療方法，大致可以分為以下四點：

（一）把握象徵的意義：假設現在有一個病患向榮格求助，榮格首先會要求病患把自己作的夢敍述一遍，並將夢中出現的東西視為一種象徵（譬如十字架、斧頭、太陽、月亮……），以此為線索，作進一步的聯想。

夢的內容是一種象徵，因為每個人所作的夢是不同的。一個人之所以會作某種夢，必定是夢中的事物對他而言，具有特別的意義。一個從來沒有見過海的人，是不會夢見海的，就算夢見海，他也不會知道那就是海。換言之，一個人夢境中所出現的東西，必然與自己的實際生活經驗有關，而這種經驗可能是在現實中受到壓抑，因此會在夢中得到補償。

所以心理醫生在治療時，要請病患自行聯想夢中象徵的意義，當然，經由聯想所得到的解釋可能相當多，因此心理醫生必須進一步與患者討論：「在聯想的過程中，哪一種事物是你一想到就會覺得特別激動的？」換言之，重點不在於這些事物究竟具有什麼意義，而在於它們對病患的影響性。當病患想到某種使他特別激動的狀況時，會感覺到自己的生命好像有某個部分被喚醒了。這就是一種尋找象徵意義的過程。

（二）產生超越的或治療的功能：超越就是治療。當我們把自己的洞見融入整個原型時，就能夠不受夢境所限制，開始產生治療的功效。譬如我們夢見太陽（象徵），了解到太陽代表生命（原型），於是可以將此解釋為：自己的生命將要重新開始。

我們從一開始到現在，一直不斷地提及生命、重生、再生這些概念，正因為這些都是人類最原始的願望。生命不斷老化，因此許多人一過中年以後，馬上覺得惶恐無依，甚至自暴自棄，認為沒什麼事情值得奮鬥。然而即使在現實生活中放棄自己，作夢時卻有可能夢見自己真正的理想出現重生的象徵，因此我們必須憑藉自己的洞見找出原型，才不會被具體的現實環境所封閉。

（三）進行積極的想像：也就是對夢境中出現的情景，進行「創造性的解釋」，藉此發現心靈的中心點。

所謂「創造性解釋」是指，進行一些創造性的工作，並且從中尋找靈感，譬如雕塑、寫作、欣賞音樂等。這樣的活動能夠讓自己擺脫固定的生活模式，並從其中尋得一些創造性的聯想。也就是說，不要繼續扮演日常生活中所習知的那個自我，而要設法讓自己的生命有重新運作的機會。

接著要問自己：「我生命的真正重心究竟在哪裡？」這是一項艱難的挑戰。我們一天到晚都在關懷身邊的許多事物，但是否有最根本的關懷呢？我們關懷的核心究竟在什麼地方？真正在乎的是什麼樣的事情？什麼樣的人？什麼樣的情況？要了解這一部分，必須配合下一小節。

（四）回歸中心點的過程：藉由聯想和擴展的相互作用，回歸生命的中心點，就如同Mandala的圖形一樣。Mandala一般翻譯為「曼陀羅」，基本架構是由圓形和方形所組成的。最外圍是一個圓型，圓形中有一個方形，方形中又會有圓形，如此一層層地環環相扣，構成一個奇特的圖案。

榮格從小喜歡畫圓圈，每當他遇到問題時，就開始一圈圈地

曼陀羅的基本架構

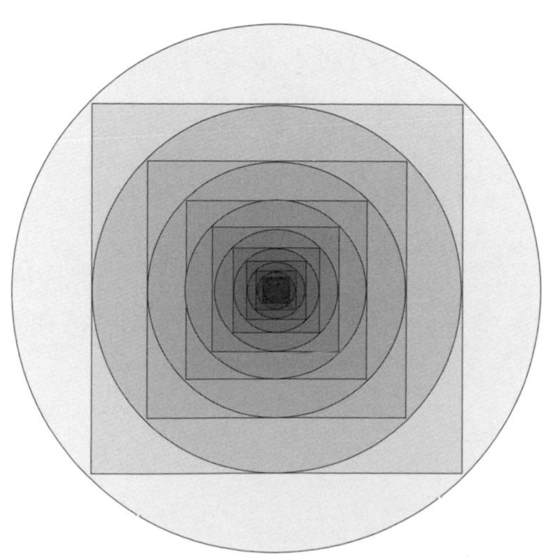

畫。圓圈必然有一個核心，因此他每次畫到最後，就會覺得自己的生命又重新統合起來，而問題也隨之解決了。因此之故，曼陀羅後來成為榮格所強調的一個象徵，他認為每個人都是在追尋自己生命中的曼陀羅。

人常常會感到不圓滿，覺得自己的生命殘缺不全：小時候的夢想窮盡一生都無法實現，和別人的關係也時有缺憾。而曼陀羅這個圖案就是要提醒我們，人生還是有一個圓滿的要求。如果我們願意認真去尋找，終究可以找到內心裡面那個圓滿的圖案。

八種人類心理類型

榮格將人類心理分為八種類型，這八種類型是由兩種態度與四種功能交互組成的。因此首先我們要先介紹這兩種態度和四種功能。

兩種態度指的是外向（Extrovert）和內向（Introvert）。外向是指：從外在取得行為動機。亦即，由外在的因素解釋自己的各種行為。對這種人而言，做一件事的目的，是為了得到別人的鼓勵或實質上的獎勵。相反的，內向則是從內心取得行為動機。也就是說：我去做一件事，是因為自己想做才去做，是發自內心的。總的來說，前者的生命能量是向外擴散，而後者的生命能量是從外向內收斂的。

四種功能指的則是思想（Thinking）、感受（Feeling）、感覺（Sensation）、直覺（Intuition）。思想是依「分析及邏輯」而運作；感受是依「個人價值觀」而運作[18]；感覺是對「具體物質世界」

[18] 價值觀是一個人基本的人生態度，是屬於感受的部分。換言之，我們所感受到的，對於自己生命的願望及要求，都在價值觀的範疇之內。

的體驗；直覺則出於潛能，是對「非物質性的象徵」的體驗。思想和感受可以列為一組，屬於理性的部分；感覺和直覺則可以形成另外一組，屬於非理性或體驗的部分。這裡最大的問題在於：感受和感覺要如何區分？

無論是感覺或是直覺，只要提到「覺」，都是屬於比較直接、訴諸於感官的部分。感受的「受」則與整體有關。德國神學家施萊瑪赫（Schleiermacher, 1768-1834）將「信仰」定義為一種「絕對依賴的感受」（the feeling of absolute dependence）。自此以後，「感受」這個詞就成為一個專業術語。

人在這個世界上的依賴都是相對的，譬如子女依賴父母，但是父母總有一天會老去；許多人熱愛工作，但是工作不可能永遠順利。諸如此類，都是一種相對的依賴。然而，正由於人類所處的這個世界是不可靠的，因此需要有一種絕對的依賴，而這個依賴就是信仰。

譬如，當我們獨自一人時，或者面對宏偉的高山、廣闊的大海時，會感覺自己的生命極其渺小、微不足道，這時內心會產生一種絕對依賴的感受，需要有一個真正的力量來支持，而這就是宗教信仰的開始。這種感受是整體的，來自於我的整個生命，而不只是短暫的感覺而已。

將兩種態度和四種功能結合起來，就形成了八種人類心理的類型。以下分別介紹這八種類型（前面四種類型是屬於比較理性的部分，後面四種類型則偏向非理性的部分）：

（一）外向思想型：向外尋找對象，追求清楚、客觀、真實，具備分析與邏輯能力。科學家、經濟學家即是屬於此一類型。

（二）內向思想型：同樣要求邏輯與分析能力，然而追尋對象是自我內在的存有。這類型的人往往會設法去了解，自己的存在具有什麼樣的特質，因此多屬於哲學家。

（三）外向感受型：追求整個生命潛能的開發，使自己得到成功，是最能夠適應外在環境變化的類型。演員、節目主持人多屬於此類。他們一方面反應很快，能夠將向外的力量完全發揮出來；另一方面則具有非常明確的價值感，能夠掌控整個場面。

（四）內向感受型：感受生命整體的態度，並且向內收斂能量，因此有時候會顯得深不可測。許多宗教界人士、音樂家都屬於此一類型。

（五）外向感覺型：容易對當下具體的事物，產生敏銳的感覺，因此能夠掌握到時代的變化，選擇最有利的投資方向。缺點則是容易沉溺其中，而影響正常生活。商業界的人士多屬於此類。

（六）內向感覺型：喜歡具體，但卻不從外在環境尋找具體的事物，而是由自己的內心直接感覺到「美」。這是屬於比較唯美派的類型。美術鑑賞家、畫家多屬於此類。

（七）外向直覺型：直覺即是出自於潛能。此類型的人對於外在事物比較敏感，可以掌握住未來的風尚。其缺點則在於：經常會更換人生的方向和挑戰的目標，因此不容易穩定下來。探險家、公關人員即屬於此一類型。

（八）內向直覺型：詩人、密契者（mystics）[19]都屬於此一類型。他們在別人眼中，像是愛作白日夢的怪人。而事實上，他們往往有超凡的洞察力，並且自認為內心處於密契經驗的掙扎狀態，是別人無法了解的天才。

⓳ 密契是指：人與其信仰對象合而為一的體驗。密契者是指透過修行，與其信仰對象合而為一的人。這種人由於融入其信仰對象之中，因此心胸非常開闊，而能夠與宇宙萬物所有的一切合而為一。（請見第四部）

以上各類型中所提到的職業，都是只供參考而已。事實上，很少有人是完全屬於某一種類型，一般人多半是介於某兩種或三種類型之間。不過我們還是可以透過分析的方式，找到自己主要屬於哪一種類型，藉此掌握自己生命的主要方向。

對三大學派的評論

在這裡要針對佛洛依德、阿德勒、榮格三大學派，分別做一個簡要的評論。

佛洛依德的心理分析

佛洛依德所處的時代稱為「維多利亞時代」，那時候的社會具有矯揉造作的風氣，既拘謹又好色，由此造成人們內心的壓抑。正因為如此，佛洛依德對人的一切行為都以性欲的壓抑和補償來解釋。換句話說，佛洛依德之所以用性欲的壓抑和補償來解釋一切，乃是因應當時社會情況的需要，因此他的這一論點不具有普遍性，而只是時代制約下的產物。這是我們肯定他的心理學革命所帶來的各項創見時，所必須指出的缺失。

此外，佛洛依德的理論在形式上，是屬於一種機械論的模式[20]。機械論把整個宇宙以及生物，都看作是機械的組合，按照一定的模式運作。然而事實上，宇宙和生物具有無窮的奧祕，是無法用機

---

⑳ 與機械（Mechanism）對立的詞是「機體」（Organism）。生物是一種機體，本身具有調適的功能，若是某部分有缺陷，則可以從其他部分補救或替代。譬如蚯蚓被切成兩段後可以自行再生。機械則是拼湊的，因此不可能自行修復毀壞的部分。佛洛依德當時的宇宙觀，是偏向以機械論為主，一直到愛因斯坦的相對論出現以後，西方的宇宙觀才漸漸轉向機體論。

械論的簡單模式來加以解釋的。

以因果決定論來看待人的問題，也是佛洛依德的問題所在。我們一再強調，心理治療主要是把現在的心理疾病當作結果，並且由此回溯，從過去尋找可能的原因。此派學者認為，找出原因之後，就可以化解結果。而這樣的原則，是沒有考慮到「現在的結果，可以是一個重新出發的起點」。

還有一點，佛洛依德認為，人是受到了壓抑而覺得不快樂。經由作夢的內容暗示，把不快樂的原因找出來之後，就可以減輕緊張的壓力。這裡需要進一步思考：人所追求的，究竟是一種減輕緊張的鬆弛感，或者是依其動機保持某種緊張狀態？

很顯然的，答案應該是後者。人對於自己的生命絕對不能只感覺到鬆弛，因為鬆弛的態度，無法成就有意義的生活。許多人會在生活中設定有意義的目標，藉此激發自己生命的潛能。這麼做雖然會造成一些壓力，帶來一些緊張，然而人正是透過這種過程，讓自己不斷地成長到另一個階段及另一個層面。換言之，一層層地往上走，追求卓越，才是生命的根本要求。

阿德勒的個體心理學

器官缺陷是屬於生物學的範疇，然而從器官缺陷所產生的自卑感及其補償要求，則是屬於社會學的範疇。要從生物學跨過心理學，再進入到社會學，基本上是有困難的。因為人的生命特質，如果是被生物學的論點所決定，那就是將人和一般生物畫上等號。既然一般生物無法發展到社會的範疇，那麼人憑什麼能夠延伸發展到社會學的範疇呢？換句話說，人除了生物層面，是否應該具有另一層、與一般生物不同的心理層面？

由此可知，阿德勒在從生物學跳到社會學的中間，恐怕遺漏了許多需要解釋與釐清的部分。他用生物學和社會學來解釋人的生命特質，然而人的生命特質並不是這二者可以解釋的。相反的，正是因為人有其獨有的生命特質，才使得這二者被連結在一起。

此外，阿德勒的理論原本是個體心理學，然而到最後反而將個人化的因素降低，認為一切都是由社會與群體所決定。也就是說，環境及教育決定了一個人的生命，使他具有某種社會感，並且產生某種自卑感，最後再設法以某種方式來超越，而得到支配與控制的能力。這種解釋忽略了個體獨特的價值，因此也受到許多人批評。

榮格的分析心理學

榮格的分析心理學到最後會淪為一種心理主義：一切皆出於也回歸於人的心理，把潛意識世界無限擴大。換句話說，他認為心理可以解釋所有問題，也可以解決所有問題。心理的範圍被無限擴大了。

一旦淪為心理主義，就好像這個真實存在的世界已經不再重要，重要的只是一個人的心理狀態。若把人的內心比喻為一座冰山，榮格就好像要人忽視海面上的六分之一，而只管尋找海面下的六分之五，因為他認為只有這一部分能夠將人與人連結在一起，而這一部分就是集體潛意識。這種理論忽略了真實世界的重要性，因此也受到不少批評。

並且，榮格將超越性（Transcendence）化約為心理學的內在性（Immanence）[21]，他宣稱：沒有超越界，所有的一切，都是源於心

[21] 內在性是指人的經驗和理性所能掌握的範圍，因此這個世界的一切都是內在的。雖然內在性比較容易被我們所掌握，但是只有內在性本身是不夠的，因為這個世界的人事物，終將有毀滅的一天，因此我們還需要有超越性。宗教所研究的就是超越性的問題。譬如談到死亡，死亡本來是結束，但在宗教信仰中，死亡被解釋為一種通道，透過死亡，我們可以通往另外一個世界，也就是超越界。超越界是無法藉著理性或經驗來掌握的。

理學的內在性。換言之，榮格將所有的一切都解釋為「人類心中的各種原型」。因此之故，超越界的上帝，也變成了一種原型象徵而已。

在榮格的理論中，原型成了新的神，只有與它們相關，生活才得到意義。每個人夢境中的象徵都與某種原型有關，一旦將其意義解釋清楚，人們就會覺得自己的生命好像回到母體一般，重新整合了起來。換言之，取代了宗教之後，「心理」成為各種原型所居住的現代奧林帕斯山[22]。

接著，榮格又把這種內在性與生物性的結構相連，將其定位於腦幹中的曼陀羅象徵（Mandala Symbol）。由於心理不能脫離生物體結構而存在，因此榮格最後把一切都還原到生物學的基礎上。解釋到最後，所有的一切都變成了腦幹中的曼陀羅象徵，似乎只要找到那個內在的核心，人的生命就會變得圓滿。

榮格曾經做過一個實驗，他在動物的腦幹中，注射一些物質，讓牠產生幻覺，以為自己吃飽了。如此一來，動物儘管身體很虛弱，但是卻會有飽足的幻覺。這正說明了，潛意識世界的確是很特別的部分。然而如此一來，就像前面所批評過的，將會完全忽視現實世界，而讓心理世界無限膨脹。

提出上述評論，是基於「身心靈」的整體觀點。凡是局限於身心互動的理論，即使是像佛洛伊德發現了潛意識，或像阿德勒注意到社會因素，甚至像榮格找出人類融合之道，都難免有所不足，因為只要忽視了靈的層次，就無法解釋人的生命之完整潛能，亦即人類的一切過去經驗以及將來可能繼續出現的未來經驗。這方面的詳細討論，將在後續各部中進行。

---

[22] 奧林帕斯山是希臘神話中，眾神所居住的地方。

第五章

從心理學看自我（三）

——佛朗克的「意義治療法」與馬斯洛的「人本主義心理學」

讓自己變成另外一個人。——佛朗克

一個人想要讓自己變得越來越像「人」本來的樣子。——馬斯洛

佛朗克於二次世界大戰被困在集中營的經驗，讓他因此發現活著的意義在於「讓自己變成另外一個人」。他認為，一個人可以一無所有，但不能感覺活得沒有意義，而「意義治療法」就是以尋求生活中的意義，作為治療心理疾病的關鍵。

馬斯洛的「人本主義心理學」，提出了「自我實現」作為最高目標。所謂的自我實現就是：人在成長的過程中會有一種需要，也就是需要變得「真的像一個人」。由此可知，人除了需要身體方面的發育成長以外，還會希望心智方面也慢慢發展成熟，而成為一個「真正的人」。

本章要介紹的是佛朗克（V. Frankl, 1905-1997）和馬斯洛（A. Maslow, 1908-1970）。相較於前面介紹過的心理學家，這二位的理論顯得較為正面、積極，並且完整，因為他們不再只是從人的身心條件來看待自我。

以下分別介紹這兩位心理學家的理論。

自我要求意義：佛朗克（V. Frankl, 1905-1997）

佛朗克的成長背景相當特殊，他是猶太人，在二次大戰期間曾經被關進集中營。他困處在集中營裡，常常思考一個問題：「我們在集中營裡面就是在等死，那麼憑什麼還要活下去？」換言之，當時有六百多萬猶太人被屠殺，還沒有遭毒手的，也心知肚明自己隨時會死。然而，人為了多活一段時間，居然可以忍受那種處於毫無尊嚴，隨時被凌虐、被折磨的痛苦之中。這是為什麼呢？

最後，佛朗克發現，活著的意義在於「讓自己變成另外一個人」。換句話說，承受痛苦的意義，不在於求得別人的諒解，或者希望能夠報復、討回公道，而在於使自己變成另外一個人。人的生命就是在要求自己，讓自己變得與現在不一樣，因為人的特質正在於可以「超越自己」。

因此，佛朗克在僥倖逃出集中營之後，發展出了「意義治療法」（Logo Therapy）[23]。他認為，一個人可以一無所有，但不能感覺活得沒有意義，而意義治療法就是以尋求生活中的意義，作為治

[23] Logo源自於希臘文，英文的Logic（邏輯）這個字就是來自於Logos，Logos是指論述、理性、定義、法則、規律等。

療心理疾病的關鍵。然而什麼叫作意義？又有誰能夠給我們意義？

為何會覺得生活沒有意義？

佛朗克曾經針對美國大學生做過調查，發現自殺占大學生死亡原因中的第二位，並且，有75%以上的大學生，渴望建立一種具有意義的人生觀與世界觀。

一個人會自殺，多半是因為覺得活著沒有意義。在現代化的社會中，憑著科技和商業的發達，人們擁有較多休閒時間，並且衣食無虞，生活不成問題。在這種情況下，許多人為了打發無聊的時間，就會去做一些更無聊的事，到最後卻發現，所有這一切都不是自己想要的。這是現代化社會相當普遍的現象。

因此，我們必須思考另一個層面，也就是「意義」的問題。現代人常常覺得生活沒有意義，這是為什麼呢？佛朗克針對這個問題，提出以下幾點推論：

（一）人異於動物，沒有「本能」告訴人「必須」做什麼。這並不是說人沒有本能，而是說，動物的本能可以引導動物的行為，但是人的本能卻無法引導人的行為，只能給人一些基本的指示而已。

譬如說，動物肚子餓了，會去覓食，吃飽了這一頓，就繼續尋找下一頓。可是人無法這樣，因為人有思考能力，經常會想：「我接下來要做什麼？」也就是說，人有多餘的能量在思想方面，而思想需要有具體的對象，不再局限於本能所控制的範圍。

（二）現代人異於前代人，沒有「傳統」告訴人「應該」做什麼。以前的人有「傳統」告訴他應該做什麼，譬如說，古代的儒家思想，在教育人們時結合了政治與社會結構，因此人們在社會上就知道應該如何行事。然而在現代社會中，傳統已經不再受到重視，舊的價值觀已經瓦解，而新的價值觀尚未建立起來，以致許多人都認為「只要是我喜歡的，有什麼不可以」。

然而，當一切都變成了「只要我喜歡，有什麼不可以」的時候，我們無論做任何選擇，都不再受到限制，因而也就不會產生「非如此不可」的顧慮。如此一來，反而失去了依靠，到最後演變成只剩下兩個選擇：一個是「想要做別人所做的」，也就是追逐流行、崇拜偶像；第二個則是「做別人想要我做的」。一般而言，長輩都會對我們有所期待與要求，這時候我們若沒有自己的想法，往往只能接受這些指示。

現代人最需要的，是生命中有一個能夠激發鬥志的目標。唯有當我們面對挑戰、發揮潛能，一步步邁向目標的當下，生命才是有意義的。

意義是什麼？

（一）意義不能被賦予，而是必須被發現。孩子向父母要求一個玩具是很容易的事，但是要求一個意義，則完全不可能，因為意義是不能被給予的。

孩子會覺得，只要能夠得到自己想要的東西，就有意義。換言之，對青少年而言，意義在於「獲得想要的東西」。這是因為他們的想法很單純，可以很容易找到意義的替代品。然而到了成年以後，意義不再是得到一件東西的滿足，因為這時候我們已經覺悟了，努力獲得一樣東西的過程，往往比得到這樣東西本身更令人快樂。由此可知，意義是不能被給予，而是要自己去發現的[24]。

㉔ 發現不同於發明。發明是自行創造、無中生有；發現則是本來已經存在，只是以前不知道，而現在知道了。

沒有人能夠把自己的人生完全看透，我們僅能看到自己生命中許多不連貫的部分。不過，人類具有完型知覺[25]，因此可以把自己各個零碎的部分，拼湊成一個完整的藍圖。換言之，人活在世界上，不可能立刻發現一個現成而完整的意義，而必須從許多片片斷斷的瑣事中，掌握住整體面貌。

每個人的生命意義都是獨特的、與眾不同的，因為每個人掌握完型的能力，以及掌握到的結果各不相同。即使是再親密的人（譬如家人、朋友……），對於生命意義的掌握也會有所差別。

（二）意義必須被發現，但不能被製造。可以被製造的是「主觀意義」和「無意義」。製造主觀意義就是自我陶醉，活在自己的幻想中。這些人自認為對或錯的事，實際上是與客觀世界有差距的。一般人難免會製造一些主觀意義，但是如果走得太過頭，就會造成與現實世界脫節的情況。

接下來要談到「無意義」。愛爾蘭劇作家貝克特（Samuel Beckett, 1906-1989）在其著名的荒謬劇「等待果陀」（Waiting for Godot）中，便將這種無意義的荒謬發揮得淋漓盡致。在這部劇中，兩個流浪漢在等待果陀的到來，等待的過程既無聊又煩悶，只有兩個主角瑣碎的談話，一直到最後整齣戲結束，果陀都沒有出現。觀眾看完這部戲後會覺得：「這到底有什麼意義呢？簡直是荒謬透了啊！」這就是一種製造出來的無意義。

由此可知，意義不能被製造，而刻意製造出來的，往往變成了無意義。

（三）意義不但必須而且能夠被發現。佛朗克認為，一個人要

---

[25] 完型知覺是指：看到了其中幾個部分，就可以把整體掌握住。人類具有完型知覺，因此可以透過部分掌握住整體。

發現意義，必須進入他的良心之中。那麼，什麼是良心呢？

首先，良心是「探索那隱藏於每一情景中的獨特意義之能力」。人生就是一幕幕的情景。譬如出國旅行是一個情景；拜訪親友是一個情景；在課堂上聽講也是一個情景。

人生就是由這些情景所連繫而成的，情景不斷在變換，每一個情景都具有獨特的意義，要靠良心來發現。由此可知，良心必須是一種高度的自覺：我清楚地知道，是「我」在思考、「我」在體驗……。憑著良心真誠地去生活，並且觀察生活，注意生活中的每一個場景，這即是佛朗克的前提。

其次，良心會「相信自己實現了此一意義」。良心永遠無法確知哪一個是「唯一的意義」。譬如兩個人一起去旅行，遭遇同樣的事情，然而卻各自掌握到不同的意義。在這裡，兩個人都相信自己掌握的意義是正確的，但卻都不能斷言自己所掌握的意義是唯一的。換言之，我們無法確知自己是否真的實現了意義，但我們能夠如此相信，而良心就是這種具有相信能力的狀態。

人往往會合理化自己的行為，讓自己相信已經實現了這個意義，因為這樣才能夠對自己有所交代。蘇格拉底被判死刑的時候，他的朋友與弟子都很惶恐將要失去一位人生導師，然而蘇格拉底對他們說：「你們要和以前一樣，按照你們所知最善的方式去生活。」這其實是一個普遍適用於人類的答案。換言之，人只能夠按照自己所知道、所相信最善的方式去生活，而這樣也就夠了，又還能有什麼更高的要求呢？

最後，由於良心無法確知，所以它具有冒險的成分。有冒險成分，就表示有犯錯的可能性，因此我們要懂得謙卑。每個人看待事物時，都是從自己的角度出發，所以不可能得到一個絕對客觀及全面的事實真相。更何況，任何事情的發生，都不會只有一個原因，我們又怎麼能夠自信滿滿地以為自己什麼都懂呢？因此，人要有謙卑的態度，千萬不要把自己的良心無限擴大，到最後變成用自己的良心取代別人的良心。

一旦以謙卑的態度看待這個世界，就會了解每個人都是有限的。如此一來我們就會對別人的想法與做法，表現更多的寬容，並且在不影響自己的情況之下，儘量尊重別人的決定。

要純化良心，則必須透過教育。一個人在成長過程中，良心免不了會滲入一些雜質，譬如我們的良心在作取捨時，常常會想到各種利害關係，並且難以免除預存的成見。而教育的目的，就是要讓一個人的良心恢復及保持純粹的狀態。如此一來，在發現人生意義的過程中，就比較不會產生偏差。

發現意義的三條路

人可以經由創作、體驗、態度這三條路發現意義。用拉丁文來表示，經由創作的人是「Homo faber」，中文譯為「工作的人」，也就是能夠工作或製造工具的人；經由體驗的人是「Homo amans」，amans這個字源自amare，代表「愛」的意思，而Homo amans就是「情感的人」；經由態度的人則是「Homo patiens」，patiens這個字是「承受」的意思，屬於一種被動的、不得不接受的情況。Homo patiens的中文是「承受的人」。以下即分別介紹這三條路：

（一）經由創作：人是有理智的，所以可以創作。這裡所謂的「創作」並非指狹義的藝術創作，而是指「在做一件事情或創造一樣東西的過程中，發現意義」，甚至包括煮飯燒菜都可以算在內。換言之，每個人都可以創作。

然而，一般談到創作的時候，還是希望能夠製造一些比較持久或有價值的作品，自己的生命力量才能體現在作品之中，長久存續。換言之，做一件事的時候，把自己的生命力投注其中，使它有所改變或被製造出來，這就是「透過創作而產生意義」。

（二）經由體驗：在經歷一件事或愛一個人中，發現意義。經歷並不是指「做一件事」，而是指「經過」，然後體驗這件事情，在體驗時將自己的情感投入其中。這時候我們會覺得自己的生命很有意義。愛一個人即是如此，當我們愛一個人時，會覺得生命很有意義。

（三）經由態度：在獨自面對某種無望的情境中發現意義。這是最困難的一條路。佛朗克在集中營的生活就是一種無望的情境。當一個人困處在集中營時，真的會感覺到毫無希望。在這種情況下，如果要撐下去，就必須設法讓自己展現一種承受的態度。

我常強調一句話：「我不能改變命運，但是我可以改變自己對命運的態度。」命運是無法操控的，它的力量比人類大得太多，因此當命運加在我們身上時，就只能逆來順受。然而，若是能改變自己的態度，並且經由態度的改變，了解其中的意義，那麼對於命運就比較能夠坦然接受，而不再只是怨天尤人。

自我要求實現：馬斯洛（A. Maslow, 1908-1970）

馬斯洛是在美國成長的猶太人，童年時期相當孤獨。他曾說自己是在圖書館的書堆中長大的，幾乎沒有任何朋友。

馬斯洛年輕時研究的是行為主義心理學，一直到他結婚有了小孩之後，他的心理學生涯才開始有所轉變。他曾經說過：「任何有過孩子的人，都不會成為行為主義者。」因為小孩子的生命是如此奧祕、如此奇妙，為人父母者，怎麼可能把自己的孩子當成行為主義的實驗對象呢？

同時，由於馬斯洛本人經歷過第二次世界大戰，所以他常常在想：「為什麼人的社會如此凶殘、充滿殺戮？」他也曾經遠赴加拿大的一個印地安部落，與原始部落的人一起生活。後來他發現這個部落在十五年之內，只發生過五次打架的事件。因此他又開始思考：「人究竟是真的具有攻擊性，抑或是嚮往和平的呢？」

這些體驗促使他後來發展出一套強調人性光明面的心理學，就是相當著名的「人本主義心理學」（Humanist Psychology）。換言之，馬斯洛之所以會發展出人本主義心理學，出發點乃是為了「改善過去各學派過度強調潛意識黑暗面，以及生物性行為的弊端。」

發展潛能，實現自我！

不同於我們前面所介紹過的學派，人本主義心理學的研究對象是精神健全的人，而不是心理病態的人。馬斯洛以社會上的傑出人物作為研究對象，以其自我實現為典範，說明人類心理的正常發展。他後來提出一套「基本需要」的理論，並依此發展成為完整的「需要等級表」。

在馬斯洛的基本需要理論中，提出了「自我實現」作為最高目標。所謂的自我實現就是「一個人讓自己變得越來越像『人』本來的樣子」。換句話說，人在成長的過程中會有一種需要，也就是要變得「真的像一個人」。由此可知，人除了身體方面需要發育成長以外，還會希望心智方面也慢慢發展成熟，而成為一個「真正的人」。

要讓心智趨於成熟，必須不斷地吸收知識，同時使自己能夠具備審美和主動選擇的能力。這一方面逐漸發展成功之後，就要更上一層，往靈的方向發展，讓自己具有豐富的愛心，可以表現出關懷別人、公正無私等高貴的情操。這就是馬斯洛對於自我實現的基本構想。

馬斯洛說：「一個人能夠成為什麼，他就必須成為什麼。」換句話說，一個人是什麼，不再只是從他的過去或潛意識來看，還要從他的能力來看，因為人有潛能需要被實現。一個人如果能夠不斷地發展潛能，他的理想也將永無止境。

以孔子為例，他說自己是「吾十有五而志於學，三十而立，四十而不惑，五十而知天命，六十而順[26]，七十而從心所欲不踰矩。」（論語・為政）換言之，孔子每隔十年，都展示不同層次的進步，這就印證了馬斯洛的主張。一個人活在這個世界上，確實能夠感到「我還有潛能尚未實現，因此只要我活著，就還可以變成不同於現在的樣子。」而這個「不同」是正面的、一層層往上走的。

我們不需要問：「人是什麼？」因為這個問題沒有標準答案。提出這個問題，等於是把人局限在某種情境下靜止不動，然後研究其表面的身體、感官、行為，以及生物性的刺激反應、制約反射，如此而已。我們必須問的是：「人應該成為什麼？」因為這意味著一種潛能，代表著渴望去實現某些正面的目標。

人的基本需要

馬斯洛將人的需要區分為兩種層次：基本需要和發展需要。基本需要是每個人基本上都需要的。馬斯洛提出了五點作為基本需要的判斷標準，以下分別列出：

---

[26] 一般人常講「六十而耳順」，然而根據筆者對於《論語》的研究，「耳」字本身是無意義的，應屬誤植，故此處將「耳」字省略。請參考作者的《傅佩榮・經典講座——孔子》，天下文化出版。

（一）缺少它，引起疾病。最基本的就是生理需求，譬如人不吃飯，就會生病。

（二）有了它，免於疾病。如適度的營養與合宜的生活環境。

（三）恢復它，治療疾病。如健康的運動及生活習慣。

（四）在自由選擇的複雜情況下，喪失它的人會先尋求它。在喪失安全感的情況下，就算擁有再多的選擇（譬如漂亮的車子、良好的人際關係、錦衣玉食……），我們的優先選擇一定仍然是安全感。同樣的，如果一個人現在餓到四肢無力，想必腦子裡除了食物以外不會再有其他的念頭（由此可知，佛洛依德的理論以性欲來解釋一切，的確是有問題的）。

（五）在健康的人身上，它處於靜止的，低潮的，或不起作用的狀態。如果看過「需要等級表」中下方所列的四種基本需要，將可以發現，這些需要在健康的人身上的確是不起作用的。因為我們已經擁有了這些基本需要，自然不會特別渴望，這時候所渴望的反而是「發展需要」，因為人有向上發展的潛能。

解讀馬斯洛的「需要等級表」

馬斯洛的需要等級表分為兩個部分：基本需要和發展需要。我們現在根據下頁圖表將這兩個部分稍作解釋。

（一）基本需要：首先從最底部看起。最底下有一個「**外部環境**」，也就是外在環境，這是滿足需要的先決條件。接著由下往上看，越是下層、接近底部的部分，代表它是越基本的條件。然而下層的需要沒被滿足，不代表上層的需要也一定如此，因為我們對於這些需要的感受是相對的，而不是絕對的。

一個人無法滿足的需要越是基本，反應會越強烈，因此在「**生理需要**」這部分，若一個人連最基本的生理需要都無法滿足，他就

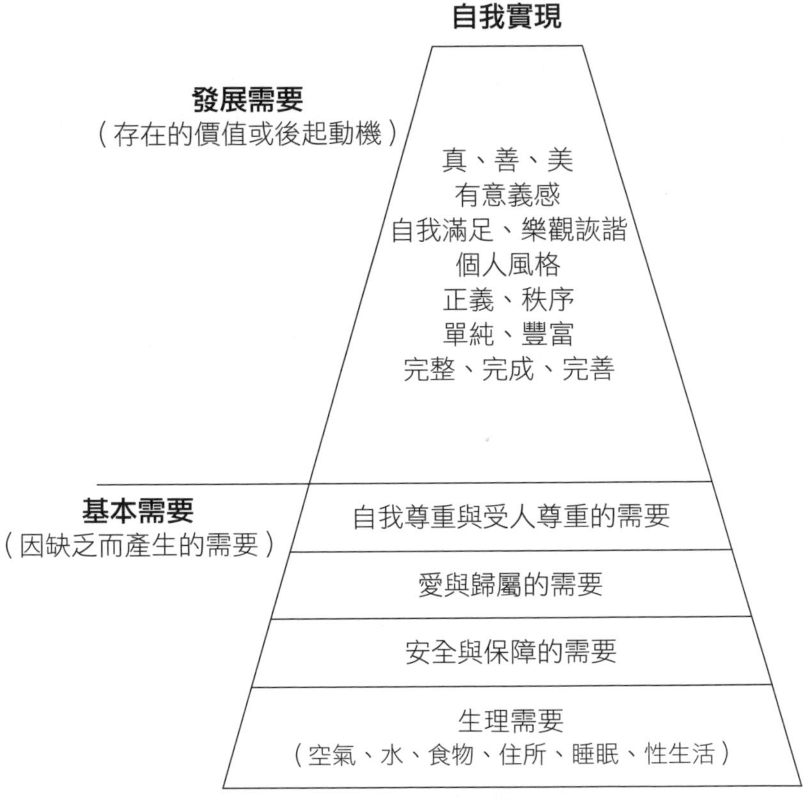
馬斯洛的「需要等級表」
自我實現
發展需要
（存在的價值或後起動機）
真、善、美
有意義感
自我滿足、樂觀詼諧
個人風格
正義、秩序
單純、豐富
完整、完成、完善
基本需要
（因缺乏而產生的需要）
自我尊重與受人尊重的需要
愛與歸屬的需要
安全與保障的需要
生理需要
（空氣、水、食物、住所、睡眠、性生活）
外部環境
【滿足需要之先決條件，如自由、正義、秩序、挑戰】

不可能去思考關於愛、歸屬、尊重的問題。古人所謂的「衣食足，然後知榮辱」，即是此意。有時候一個人的需要表現出來，會變成動機。譬如我們問一個人：「你現在活著的動機為何？」他可能會回答：「我要賺錢餬口。」當他三餐溫飽都沒問題時，可能又會說：「我要生活安全，財產有保障。」這也就是「**安全與保障的需要**」。

接著出現的是「**愛與歸屬的需要**」。有人將愛解釋為一種「深深的理解與接受」，每個人都有被別人理解和接受的需要；相同的，也都需要去理解和接受別人。再往上走，是「**自我尊重與受人尊重的需要**」。「自我尊重」意味著有自信，覺得自己有某種能力，可以肯定自己；「受人尊重」則是指別人對我的言行以及名聲地位能夠賞識。

底部這四種需要就是人的基本需要，是因為缺乏而產生的需要。換言之，這些東西並不是人類與生俱有的，因此必須靠自己一樣一樣去尋找。當這四種需要都滿足以後，人就要再往上走到「自我實現」的部分。

（二）發展需要：也就是「自我實現」的部分，這部分已經不需要再做任何區分，因為它本身就是一個完整的內容。每個人可以根據自己擁有的條件，以及遭遇到的機緣，選擇從其中某一項目入手。

在圖表中，這一部分的左邊寫著「發展需要」，而其下方的解釋則是：存在的價值或後起動機。「存在」這個詞的英文是「being」，意味著「to be」——要成為什麼人。換言之，所謂存在的價值，就是指「我要做什麼樣的人」，或者說「我應該成為什麼樣的人」。如此一來就有了發展的意涵在其中。

人活在世界上，並不是擁有基本需要就感到滿足，還會進一步希望：要做什麼樣的人，展現什麼樣的人生。這就是發展的需要，它是一個後起動機，而不是直接動機。後起動機是在基本需求滿足後才會出現的動機，可以透過教育、學習、觀察來引發。

在「發展需要」這一部分，仍然由下往上看。首先，會看到「**完整、完成、完善**」，我們要知道自己的生活是否完整、完成、完善？每個人到了中年，都應該開始思考這個問題。完整是指：一天的生活，從早到晚沒有被分割。每個人在社會上都扮演多種不同角色，我們必須思考：「我會不會因為這些角色而被分割？如何才能保持完整？」換言之，人是由許多不同部分所組成的，必須設法把這些部分整合起來。亦即，是我們在組成及掌握每一個部分，而不是由這些部分來牽制我們。

聰明的人會設法把握自己的生命，使它能夠連貫起來。有人問過我：「你的工作效率這麼高，原因何在？」我的工作就是教學、研究、寫作、演講。表面看起來好像做了很多事，而事實上，這四件事的工作內容都很接近。無論是教學、研究、寫作或演講，我所寫、所講的都是同一個道理，只是程度深淺有所差別而已。換言之，我所做的其實只是一件完整的事，這樣一來，我的生活也就比較完整了。

有人可能會問：「休閒活動是否會讓人脫離完整的生活？」我們可以將休閒活動視為遊戲。遊戲的本質是設定一個時空範圍、一套規則，讓我們能夠在很短的時間內不斷地重新開始。換句話說，人的生命不可能重新開始，因此需要在遊戲中給自己新的機會，而這種機會是公平的，每個人可以憑藉自己的智力、經驗與機運來競爭。這就是人需要休閒活動的原因。因此休閒本身並無所謂好壞的問題，它純粹是個人在工作之外的調劑。

往上走是「**單純、豐富**」。人在這個階段，會知道單純和豐富是可以並存的。因為一個自我實現的人，可以生活得很單純，但是內容很豐富。換句話說，就是能夠從單純的生活步調中，體會到周遭的人事物之豐富樣貌。

接著是「**正義、秩序**」。這裡所說的正義不同於「外部環境」中的正義。「外部環境」中的正義是指「社會正義」，而這裡的正義則是指：作為一個人，在能力所及的範圍內，有一種正義感與秩序感。譬如在公車上看到老人家，立即讓座，這就是正義。秩序則依個人而定。譬如有些人會在桌面或床上堆放很多東西，旁人看到覺得相當紊亂，但是他自己需要什麼東西，馬上就可以找到，因此對他而言，這就是他自己的秩序。

接著談到「**個人風格**」。在這個層次中，每個人都有自己的步調與生活，不需要去模仿別人。看到一個人很優秀，可以欣賞他或推崇他，但是同時也要了解，他的成就必然是付出了相對的代價才得到的。我們有自己的路要走，沒有必要和他一樣。如此一來，我們就能夠欣賞別人的成就，並且不會迷失自己的方向。

再往上是「**自我滿足、樂觀詼諧**」。自我滿足是肯定自己的努力，了解自己的一切都是經過努力才得到的，如此一來就能夠接受自己。樂觀詼諧則是指一個人要有幽默感。要做到這一點比較不容易。幽默感基本上是一種「對自己生命不完美的接受態度」。換言之，我接受自己是不完美的，所以了解自己可能會做錯事、說錯話。而遇到挫折時，也能夠換一個角度來看，或是告訴自己：「沒關係的，這次過不去，下次再試試。」這些都是以比較幽默、比較輕鬆的心情來面對事情。

接下來是「**有意義感**」，也就是覺得自己的生活很充實、有意義。最後是「**真、善、美**」。這三種價值是人類自古以來所嚮往的。「真」代表活得很真誠，同時也意味著追求真正、真實的東西，也就是知識。我們如果能夠對真實、知識有一種理解，就可以用比較輕鬆的心情去面對生活。「善」是指憑良心做事，以個人力量為別人服務，推廣愛心。「美」是感受生命中令人愉悅的事情，由此產生自在悠閒的趣味。

到達最高層次就是「**自我實現**」。

馬斯洛的學說分為兩個階段，而「基本需要」這部分可以和其他的心理學理論相配合。換言之，馬斯洛思想的優點在於，他不同於前面所談的幾位心理學家，過度強調基本需要。譬如佛洛依德只談性欲，認為這是最重要的，如此一來就淪為一種化約主義了。

馬斯洛除了談到基本需要之外，還繼續往上走，談到發展需要的部分。不過，馬斯洛的學說雖然比較完整，但畢竟不是哲學，因此尚未建立一貫的系統。譬如他在「自我實現」這一部分加了許多項內容，但是哪一項是最重要的？馬斯洛或許會回答：「這些都很重要，要視情況而定。」那麼這些部分有沒有最後的基礎？為何非如此排列不可？並且，如果「自我實現」是人類真正的需要或生命的動機，為什麼很多人都沒有往這個方向走？許多人的生活都只滿足於基本需要，甚至只滿足最底部的兩層需要而已，這又是為什麼？

自我實現者的特色

在馬斯洛看來，自我實現者都是一些心靈健康的人。孟子曾說：「大人者，不失其赤子之心者也。」一個真正偉大的人物，不會失去如孩童一般純真的心，因此他們能夠用詼諧、親切、和善的態度，對待周遭的人事物。相反的，讓人有距離感的大人物，多半是有些問題的。換言之，當一個人開始有了「我現在是一個重要的人」這種念頭時，就已經超出了自我肯定的程度，而變成一種傲慢。

自我實現者具備一些共通的特色，以下分別予以介紹：

（一）有能力洞察生活。自我實現者的EQ很高，因此能夠清楚分辨客觀事實與主觀願望。客觀事實和主觀願望之間必然有距離，譬如一個人在等車時，主觀願望會希望車子快點來，但是在客觀事實方面，車子並不會因此來得比較快。如果我們能夠將客觀事實和主觀願望分開，個人情緒就不會受到影響。譬如當我開始緊張的時候，會問自己：「我為什麼緊張？」當我認清自己所緊張的是一個客觀事實，就會放鬆心情了。因為它並不是針對我個人，而是本來就有的既定模式，不能由我來掌控。

歷史上有一個著名的例子：苻堅率領百萬大軍攻打東晉，其陣容之浩大，投鞭足以斷流。當時謝安為東晉宰相，接到消息後指派他的侄子謝玄負責帶兵應戰，自己則在家中與客人下圍棋。謝安身為宰相，當然知道戰況的緊張，然而他心知肚明，客觀事實與主觀願望不需要混淆。換句話說，緊張與否和戰事最後的結果是沒有關聯的，那麼緊張又有什麼用？由此可知，謝安的個人修養是相當高的，他就是屬於自我實現這一類型的人。

（二）是非分明而態度謙虛。自我實現者可以很清楚地判斷何者為是、何者為非。以子路為例，孔子曾經稱讚他是「片言可以折獄者」。這句話的意思是：子路只要聽到一面之詞，就可以判定誰對誰錯。這是因為子路是一個是非分明、剛正果決的人，所以一般人在他的面前也不敢說假話。

（三）專注於自身的職責。自我實現者因為知道可以藉由工作實現自我，找到生命的意義，因此在工作上的表現往往都很出色。一般人的生命力比較分散，就好像我們看電視的時候，會毫無目的的隨便選台看。但是如果能夠專注於自己的職責，就會根據工作的需要去選擇節目。譬如説，我正在進行一個關於野生動物方面的研究，因此在看電視時，就會選擇有關動物的頻道或節目。

「我的工作是什麼，就應該把這個工作做好，因為這是我的職責所在」，這就是自我實現者面對工作的態度。他們清楚知道自己在社會上的角色定位，需要做些什麼事，因此能夠做什麼像什麼。

（四）表現創造性與自發性。一般而言，要抵達這一步是不容易的，首先必須具備新穎的觀察力，能夠察覺別人看不到的小地方。

我們平常看這個世界，往往會覺得大同小異，這是因為我們忽略了許多細節。其實周遭世界有數不清的美景，以及各種特別的事物，只是一般人無心去看，而自我實現者則因為具有敏鋭而新穎的觀察力，可以注意到這些細節，並由此激發創意或靈感。

自發性則是指：自己能夠尋找生活和工作的動機，因此做起事來就會心甘情願，並且有力量可以堅持下去。如果做一件事是為了某個人，那麼當這個人一離開，動機隨之消失，我們做事的動力也立刻就瓦解了。譬如，很多父母煩惱小孩不唸書，就採用強迫的方式，而事實上，如果小孩自己不能了解唸書的意義，父母再怎麼逼都是沒有用的。

（五）很少自我衝突，生命充滿活力。自我衝突就是「跟自己過不去」。如果我們一直把過去曾經做錯的事放在心上，總是認為自己對不起某些人，內心充滿罪惡感，如此一來生命力就會逐漸被磨損，然後被灼傷，最後消失。

記住一點：不管曾經犯過什麼錯，都要真正原諒自己，然後重新開始，因為終身悔恨是於事無補的。在道教中，一個人如果犯錯，就要「首過」，也就是懺悔的意思。然而只有懺悔是不夠的，除了懺悔之外還必須有一些具體的作為。譬如我破壞了某人的名聲，就要公開登報道歉；讓某人財產受損，就要償還金錢；若某人因我而死，我就應該照顧他的子女，或者將愛心回報給社會。就算我們過去曾經有所缺失，仍然必須以負責的態度繼續向未來開展。

自我實現者很少陷於自我衝突，因為他們深知「人不是完美的」，所以當他們犯錯時，能夠原諒自己，給自己機會重新開始，因而生命充滿了活力。

對佛朗克和馬斯洛理論的評論

在此我們要將佛朗克和馬斯洛的理論作個簡單總結。

意義無所不在

對佛朗克而言，意義無所不在，人生的當下與每一次，都可以展示意義。我們不能把「意義」放在過去與未來，或為它加上種種條件，因為我們的生命「當下」就是充滿意義的。譬如我們參加一系列的講座，分成了好幾堂課或好幾個梯次。如果每次參加講座都在想：「好累啊！才上完其中一堂課而已，以後還有好多堂。」如此一來，人生許多事就會顯得渺小了，好像多上一堂、少上一堂都無所謂。事實上，每一堂課、每一章節都有不同的意義，因此一次就是一次，一章就是一章，並不是要等到整個系列都上完以後才叫作「有意義」。

這個世界的特色在於：人活在時間的過程裡面，沒有任何一件事可以重複。每一個時空，每一件事，都是唯一的，因為每一個剎那都在變化。而每一剎那的我們也都是唯一的，所以我們要感覺自己的生命是充滿意義的，而不是今天和昨天沒什麼兩樣。

如果意義無所不在，那麼痛苦的意義是什麼呢？痛苦的意義在於：自我因它而變成另一個人。所謂「變成另一個人」是指：我真的了解自己生命的容量是什麼。容量是一種承受的能力，人能夠承受生命中的各種苦難和考驗，才有辦法開展和創造未來。換言之，當我們承受了考驗之後，就能夠知道自己的容量有多少、可以撐到什麼程度，然後藉此改變自己，讓自己一次次地進步，一步步地往上走。

如果從小就被父母保護得很好，沒受過什麼苦難，那麼自己就要特別用心，儘量從電影、戲劇、小說之中，去體會各種不同的生活遭遇，並且對別人的苦難要抱著同理心[27]。若是我們無法這樣去體驗，等到有一天遇到相同的狀況時，就會變得非常脆弱。因為年紀越大，承受的能力越差，反而是年輕時受過磨練的人，因為已經激發與錘鍊出自己的潛能，就算遇到再大的考驗，都能夠承受得起。

英雄三部曲

自古以來，所有的英雄都要經過三個階段：退出，考驗，復返。英雄之退出，就好像是一棵樹連根拔起後重新植到新的土壤中，要不就是枯死，要不就是花很久的時間去適應。一旦適應了，生命力就會特別堅強。一個人若要增強自己的生命力，就必須有一段時間的「退出」，離開原來溫暖熟悉的環境，到陌生的地方去接受考驗。在考驗的過程中，個人的潛能將會全部激發出來。「復返」

[27] 同理心與同情心不同。同情心是指：我去憐憫一個人痛苦的遭遇，然而他是他，我是我，我不能體驗到他的痛苦，所以我的生命並沒有因此而增加任何痛苦的因素。同理心則是指：我看到一個人很可憐，於是想：「如果我是他，我會怎麼樣？」換句話說，就是從對方的角度來設想，如此一來才能夠對這些痛苦感同身受。

則是重新回到家鄉。當一個人經過許多考驗，最後回到家鄉時，生命中的能量往往超越了留在當地的人。

一般人所崇拜的英雄，多半都要經過這樣的磨練，譬如李遠哲先生。他之所以受到台灣人崇拜，就是因為他已經離開台灣很久了，然而卻在得到諾貝爾獎之後回來台灣。若是他當初沒有回國，而選擇繼續待在美國柏克萊大學教書，那麼對台灣人的影響，相對地就顯得沒有那麼重要了。

一個人如果能夠想：「我這一生要怎麼發展？該如何一步步地朝目標邁進？」那麼他在某個意義上也就是英雄。如果能夠了解並且發展自己生命的特色，每個人都可以成為某種意義下的英雄。

超越自我的頂峰經驗

馬斯洛的「需要等級表」最後走到自我實現，然而我們還須從自我實現走向自我超越。在這一部分，馬斯洛有一個說法是「Peak Experience」，也就是「頂峰經驗」。頂峰經驗是指：自我在那一剎那，與周圍的一切都很和諧。舉例來說：母親早晨起來為家人準備早餐，忙碌一陣之後，全家人一起在餐桌旁有說有笑地用餐。此時朝陽溫暖地照進房子裡，母親透過金黃色的陽光看著一家人，心中突然感到很平靜、很滿足。這就是一種頂峰經驗。在這一剎那，所有的煩惱、勞累都被拋諸腦後，只剩下眼前美好和諧的畫面。

頂峰經驗是不能刻意強求的，儘管在相同的時間及相同的地點，做相同的事，也不見得能夠得到同樣的經驗。頂峰經驗的出現是突如其來、完全不能預期的。在這一剎那之間，我們會感覺到自我與萬物的和諧（這裡所說的「萬物」並非指宇宙萬物，而是指我們周遭的事物），一切顯得如此美好、如此順暢，彷彿時間就此停止。這一剎那，就是永恆。

當一個人對自己的工作很熟練時，就有可能出現這種渾然忘我的頂峰經驗。這時候無論做任何事，都會覺得完全不受干擾，身體也不會感覺到疲憊，因為這個時候生命力是完全流暢的。換句話說，只要心情調適得恰到好處，無論是任何人，從事任何工作，在任何時間、地點，都有可能感受到頂峰經驗。

XYZ理論

馬斯洛在他過世的前一年，也就是1969年，寫了一篇文章，叫作〈Z理論〉（Theory Z）。這篇文章中強調，他以前所講的「自我實現」可以分為「X理論」和「Y理論」。「X理論」是指基本需要中的「生理需要」、「安全與保障的需要」這二部分；「Y理論」則是指「愛與歸屬的需要」、「自我尊重與受人尊重的需要」，以及「自我實現的發展需要」這幾個部分。而現在，馬斯洛再加上了一個「Z理論」，這部分叫作「自我超越」。可惜他隔年就過世了，因此對於這方面未能提出完整的說明。

但我們仍然可以了解，馬斯洛在他的一生中，對於自身理論的檢視是毫不懈怠的。而我們現在也都知道，只強調「自我實現」的確是有所疏漏的，因為很難去界定「自我」的概念。譬如一個運動員所認為的自我實現，可能是贏得奧運金牌，如此一來就是將自我界定在「身」的層次；而一個學生所認為的自我實現，可能是考上理想中的學校，如此一來則又將自我界定在「心」的層次。這說明了，「自我」本身是一個很特別的概念，如果沒有了解「自我」的開放性，以及「自我認定」的理想型態，那麼「自我」很容易被局限在眼前的現實目標上。

由此可知，有些人把「自我實現」想得太具體，有些人又把它想得太過抽象（譬如頂峰經驗），因此我們不能只談「自我實現」。馬斯洛自己也了解這一點，所以最後才會提出「自我超越」的「Z理論」。一旦超越了「自我」這個層面，就會有無限寬廣的天地。

第六章

從心理學看自我（四）

——超個人心理學與靈的召喚

缺乏超越及超個人的層面，我們會生病，而變得殘暴、空虛，或無望、冷漠。——馬斯洛

從心理學看自我，最後會走到「超自我」的層面。最早期的行為主義心理學把人當作動物來看待。之後慢慢調整，佛洛依德的理論出現後，將人的層面加深到潛意識的部分，而接下來的學派，則是由下往上慢慢發展。到最後，佛朗克與馬斯洛的理論展現出了「超個人心理學」的意涵。

自我包括身、心、靈三個部分，然而以往的人本主義者在談到自我時，多半局限在身和心，譬如一般人常常講「身心安頓」，就是忽略了靈這部分。

近幾十年來，人本主義者漸漸發現，只談論身和心會產生許多問題，因此開始注意到靈的部分。人一旦進入靈的層面，就到了自我超越的領域。這個路線發展到後來，就形成了「超個人心理學」。超個人心理學是人本主義心理學近年來最新的成果。

超個人心理學

超個人心理學（Transpersonal Psychology）又稱作「超人本心理學」、「全人格心理學」。「人本」的英文是Humanist，代表「以人為本」，而「超人本」就是要超越「以人為本」的情況，也就是不再以人為中心，而是以宇宙為中心。如此一來我們的眼光就可以放大、放遠，看到整個宇宙，甚至是宗教中所說的「超越者」（譬如道、上帝、梵……），而不只是局限在人的身上。

強調全人格的全方位發展

根據李安德教授《超個人心理學》（*Transpersonal Psychology*）[28]一書介紹，此派興起的背景可以歸納為七點。以下稍加引伸。

首先，美國在1960年代出現自戀型文化，這是人本心理學強調自我實現又過度忽視人的弱點所造成的誤解，以致於許多人以「活出自己」為藉口而過著放縱的生活。其次，科技發展日新月

[28] 若水譯，桂冠出版，1992年。

異，但是帶來的卻是生態污染、戰爭危機、物質享受等難題，於是越來越多的人轉而探討內心世界，想要找到出路。第三，存在主義思潮，提醒人要走出荒謬與虛無的陷阱，正視人的存在有向上超越的可能性。第四，迷幻藥與嬉皮的年代，促使許多人厭棄主流心理學派的說法，而想在日常清醒狀態與夢境狀態的雙軌之外，找到意識的新領域。第五，馬斯洛所描述的頂峰經驗，引起許多人的共鳴與嚮往。第六，東方文化傳統適時出現，使心理學家眼界大開，一位學者說：「西方學者有意忽略東方的智慧，實在是不可原諒的本位主義。」另一位則承認：「近年來我發覺自己很欣賞佛教、禪宗的法門，尤其是老子的言論。」第七，新物理學的出現，以機體論取代機械論，使人對自我及對自然宇宙，都有了全新的觀點，更容易朝著萬物融通為一個整體的方向發展。

以上七點背景說明，告訴我們心理學只談「身與心」的時代已經過去了，若要適當理解人的行為，必須加進靈的因素，考慮全人格的全方位發展。

「全人格」代表完整的人格。如果要追求全人格，不能把範圍限制在個別的人身上，而是要尋找一種大家所共有，並且可以把每個人連貫起來的部分，就是「靈」。每個人的身體都是各自擁有，心智也是獨立運作，只有靈是沒有分別的。譬如一個人只要有愛心，很容易就可以和別人融洽相處。因為愛心是屬於靈的層次，它超越身體胖瘦、心智高低，只要願意付出，就能夠感覺到共融的快樂。

靈性使人能夠超越自我

完整的「人」除了有生理、情緒、理性三個層面之外，還有靈性層面。生理、情緒、理性這三個層面，就是人本主義所講的部分，也即是馬斯洛X理論和Y理論的內容。在此要補充説明一點，就是在本文的系統中，生理屬於「身」，情緒與理性屬於「心」（我們還可以加上意志）。

超個人心理學等於是在人本心理學上加了「靈性」（Spirituality）這部分。一般講到靈，通常會用「Soul」和「Spirit」這兩個字。Soul翻譯作「靈魂」，比較偏向於實體或真正存在的東西。我們常説人死了以後，靈魂會上天堂或下地獄，這時我們把靈魂當作一個實體；Spirit則翻譯作「精神」，強調一種由人所表現出來，在身心之上的特殊力量或風格。靈性是由靈所帶來的一種精神狀態，因此英文叫作「Spirituality」。

靈性使馬斯洛原來所説的自我實現，有了向上提升的可能性，達到自我超越。當我們談到自我超越時，必須注意其中兩點意涵：第一，人要自我超越，是因為「自我不夠完美」。換言之，人無論如何實現自我都是不夠的，因此需要超越自我；第二，自我超越需要有一個「超越界」來作為自我超越的方向，以及最後的境界。（有關超越界的討論，請參考本書第四部。）

從自我實現到自我超越

自我實現是水平式（horizontal）、平面式的發展，譬如我們做性向測驗，了解到自己在數學方面有潛能，就可以朝數學發展；在體育方面有潛能，就可以朝體育發展。這種發展是屬於身、心方面的，因此可以利用測驗來掌握。

自我超越則是垂直式（vertical）的發展。垂直式發展的特色在於：它基本上不受平面式發展的影響。譬如有些人IQ比較低，不管如何用功唸書都考不上大學，但是他可以發展垂直式的潛能，也就是自我超越。垂直式的潛能發展出來，在靈性方面就會有所成長。每個人都需要提升自己的靈性，若是不去開發靈性的潛能，將一直停留在平面上打轉。

自我實現要從self-actualization到self-realization。actualization的動詞是actualize，意味著「將潛能變成實在的東西」，側重於前面所說水平式的發展，等於獲得某種有形可見的成果。其次，real是指「真實的、真正的自我」，而這正是我們所要強調的重點。只有當我們做一個真正的自我時，才是達到了自我超越。這就是莊子所說的「真君」或「真我」。社會上別人所說的、所認定的、所期望的那個「我」，只是假我或我的表現，真我才是真正屬於自己的生命，無法由別人來評價的那一部分。

自我是「大我」的一部分。大我是指：包含「我」在內，更大的一個整體。超越自我就是要回歸此一更大的整體。當我們回歸到這個整體，會感覺自己不再只是存在於特定時空之中，和其他人或其他事物有所區隔、有所差異的那個主體而已。這時候，會感覺自己與其他人的生命是有共通性、連結性的，並且這個相通的部分遠遠超過了各自的差別及獨立的部分。

往高層的潛能發展

人的潛意識，除了低層的，還有高層的。受到佛洛依德學派的影響，一般人往往以為潛意識都是低層的，事實上，潛意識還有高層的。高層的潛意識是直覺、洞見、靈感、抱負、靈性、超群等動力的來源。我們有時候可以靠直覺知道一個人是善良的；有時候一件事情別人還看不清楚，我們卻有一望即知的洞見；有時候忽然出現靈感；有時候感覺自己有抱負、有一種使命感，這些都是高層的潛能表現。

人有自由意志，另外還有高層意志或普遍性意志。一般談到

「意志」，往往意謂著「我可以自由做任何事」，此即自由意志。人一旦有了自由意志，就必須為自己的選擇與行為負責。而這裡面臨了一個問題：我怎麼知道什麼是對的、什麼是錯的呢？我該如何選擇？這就必須談到高層意志和普遍性意志的部分。

高層意志就是「良知」。良知是一種力量，它會引導我們去做某些事。我們可以選擇不做，但是如此一來就必須承受良知帶來的壓力。

普遍性意志則如同「道」和「天命」。有時候人活在世界上，會覺得整個宇宙好像都在要求自己去做某件事，這就是天命。每個人都有某種天命，所以不必妄自菲薄。或許在某個時間及某個地點，恰好只有你可以做某件事，而這件事可能會對別人以及對這個社會造成很大的影響。換言之，天命可能出現在任何地方或任何情況。

思考你的終極關懷

衡量事物的價值與意義時，必須思考「終極關懷」（the Ultimate Concern）的問題。「終極關懷」這個詞是由德國神學家田立克（Paul Tillich, 1886-1965）所提出的，他用這個詞來定義宗教在人類生活中所扮演的角色。換言之，他認為宗教信仰是一種終極關懷的表現。

人生有許多關懷，但大部分是相對的，因此只是暫時有效。譬如很多人關懷金錢，但如果要在金錢和親情中作選擇，大多數人會選擇親情。對這些人而言，對於金錢的關懷只是有限而相對的。

終極關懷接近於宗教情操，是一種不做其他考慮、不談任何條件，願意為了關懷對象而犧牲生命的情懷。一個人的生命是否有意義、有價值，就必須看他在靈性的層次是否有其終極關懷。一個人如果有終極關懷，整個生命將會煥然一新，和一般人的作為完全不同。因為在他眼裡，人世間許多現實的考量，都無法取代靈性的重要。終極關懷是「屬靈的」（Spiritual），屬於一種高尚的人格與情操。

靈性或超越層次的一些標誌

意識主體的特殊性

自我在知覺及理解時，本身是超越的，因為我們永遠不能知覺到自我，而只能知覺到自我的作用。譬如當我們反省自己時，一定會開始想：「我今天早上做了什麼？上班時做了什麼？」所反省的對象是「我的活動」，而不是「我」本身。因此自我是超越的，不受任何活動所限制。

自我超越了人的理解能力，但它是我們心理生活的基礎。當我們的心理在作用時（譬如思考、感受、快樂、憤怒……），所依賴的基礎就是自我。自我是一個很神祕的東西，它可以使心理運作，但本身卻不能被體驗或者被掌握。自我是超越知覺和理解之外的一個主體。

從生到死的過程中，自我是恆在的、一貫的。自我是一個奧祕（mystery）。奧祕不同於問題（problem）。問題往往預設了一個解答，只要找到正確的答案就可以把問題解決，譬如車子壞了可以修理；身體病了可以治療。奧祕則無法找到答案，因為它本身不是一個問題。譬如人的「自我」，其本身不是問題，而是一個奧祕，若是我們想以對待身體或心智的方式來認識它，是永遠不可能有所領會的。

超越個人的良知

良知（conscience）異於道德意識（moral consciousness）。很多人以為良知會因人而異，譬如張三的良知是這麼指示，而李四的良知所指示的是另外一套。這顯然是一種誤解。因人而異的是道德意識，而非良知。

每個社會都有一套生活規範，因此父母、長輩會告訴下一代「哪些事可以做，哪些事不能做」，而這些具體的內容就變成個人的道德意識。換言之，道德意識是有具體內容，也是相對的，每個時代、社會、宗教、文化，甚至每一個人，都有其自身的道德意識。良知則是普遍的、每個人都有的，因為它只是一種基本要求。良知展現為一種「要求的力量」，它本身是沒有具體內容的。

每個人都生活在特定的社會中，接受社會所給予的道德意識，因此生活在不同社會的人有不同的道德意識。然而不論道德意識如何分歧，人與人之間的良知依舊可以互相溝通，因為良知不同於道德意識。譬如良知會要求人行善避惡，這是具有普遍性的，至於什麼是善、什麼是惡，則是道德意識的問題。

由此可知，良知是超越個人的，所有的「我」都會感覺到良知的要求，知道自己必須負責任。馬斯洛曾說：成熟的人「超越佛洛依德所謂的超我，進入內在的良知，內在的罪惡感，適度而合宜的自責、懊惱、慚愧。」良知裡面包含自責、懊惱、慚愧這些部分，因為人活在世界上，一定會對自己曾經做過的某些錯誤的事，有愧疚感或罪惡感。

馬斯洛原本在談自我實現時，把人描述得相當美好，但是最後發現自我本身是不完美的，於是提出了自我超越的概念。人的確是不完美的，然而正因為如此，才可以有超越的空間，有更進一步的希望。換言之，人的不完美是一種超越的動力。

佛朗克則說：「除非我把良知理解為超越於人的一種現象，否則我便無法成為良知的僕人。良知展示絕對的道德律，其憑藉必然來自超越之境。」做良知的僕人就是做自己的僕人。如此一來，無論做任何事情，內心都會有一個自我約束的力量。這個約束的力量可以讓人往上提升。

很多時候，我們對自己的要求並非來自父母或其他人的壓力，而是一種不知源自何處的要求，讓我們覺得「作為一個人，不能不對自己的生命負責」。換言之，人對自己的生命，總是必須要有一點自我的期許在其中。

人有向上提升的高層需求

在生理及心理需求得到滿足後，人反而會有某種無聊、倦怠、空虛、無意義感。這時候人會不知不覺開始尋求「某種別的東西」，也就是某種具有「意義」的東西。這時候所需要的已經不再是量的增加，而是一種「質」的要求，希望生命能夠有一點向上提升的機會。這種需求就是靈所展現出來的力量。

馬斯洛說：「缺乏超越及超個人的層面，我們會生病，而變得殘暴、空虛，或無望、冷漠。」如果沒有一種超越自我的境界或力量，人就會生病。這種病不是源自於身體上的問題，純粹是因為心靈上的空虛，導致身體變得軟弱無力。由此可知，人除了在身、心方面的需求，還有靈這方面的高層需求。

快樂也可以分為高層的和低層的，然而高層快樂並不排斥低層快樂，反而可以使低層快樂更具有意義。如果只有低層快樂，等於只有量的累積；相反的，有了高層快樂，就不會在意量的問題。以用餐為例，若是只有低層快樂，就無法忍受粗糙的食物，而只有在享用美味的食物時才會感到快樂。但如果有高層快樂，則不會在乎食物的美味與否，因為無論吃什麼都不會影響他快樂的心情。顏淵就是著名的例子，孔子說：「賢哉，回也！一簞食，一瓢飲，在陋巷，人不堪其憂，回也不改其樂。賢哉，回也！」（論語・雍也）

高層快樂能夠使生活具有價值、意義與目標，是一種超個人的體驗。我們會感覺到這種體驗是屬於全人類的，凡是有理智的人都可以品味這樣的快樂。

創造性的經驗

頂峰經驗和高原經驗都是一種創造性經驗。頂峰經驗在上一章已經解釋過，這裡不再多作論述。

高原經驗是指「一生的改變與堅持」。譬如一旦我們有過頂峰經驗之後，會經常提醒自己從事靈性的修養，如此一來就會慢慢放棄許多比較低層的、次要的快樂，而往比較上層的高原發展。這時候靈性會表現在整個人格的提升上，改變了人的言行思想以及與人交往的模式，此即高原經驗。

高原經驗不是偶爾出現、可遇不可求的，而是可以讓人始終處在上面。換言之，我們可以透過自己本身進行規劃，適當安排靈性生活，譬如每天要安靜獨處一段時間，沉思冥想，閱讀經典，品味人生意義。如此一來，在生理上的需求就變得比較不重要了，因為重要的是讓心靈保持在高原狀態上。

這種說法讓我們了解，人格的轉變是有可能的，並且一旦轉變到那個層次之後，自然而然就會展示一定的風格。懷德海（A.N. Whitehead, 1861-1947）曾說：「教育就是風格的培養。」教育的目的不在於讓人變得比較強壯、聰明，而在於讓人往上發展，表現比較高的格調，而不屑於去做那些卑鄙的事。這也就是靈的提升。

靈的召喚

使命感與召喚會出現在靈性的層次。此處所說的召喚，英文是「vocation」，比較生動的說法則是「calling」，就好像接到一通從天上打來的電話，要我們獻身去做某些事。宗教界稱此為「聖召」，也就是神聖的召喚。蒙受聖召的人，可能會成為宗教團體中的角色，譬如神職人員、出家人等。

從心理學看自我，最後會走到「超自我」的層面。最早期的行為主義心理學把人當作動物來看待。之後慢慢調整，佛洛依德的理論出現後，將人的層面深入到潛意識的部分，而接下來的學派，則是由下往上慢慢發展。到最後，佛朗克與馬斯洛的理論展現出了「超個人心理學」的意涵。

超越了人本，則進入宇宙的層次，並且可以再往上連接到與神明有關的「超越界」。人的靈性生命發展起來，可以超越我們存在其中的這個有限實體的世界。靈可以透過有限的空間，進入廣闊無垠的無限，然後再達到一種心靈自由逍遙的境界。而這一部分是可以連結到宗教的，因為宗教所推崇的就是這種合一境界。

第二部

管理自我的潛能

前言

人是「身心靈」的整合體。既然談「合」，就表示三者在功能上是「分」的。身體是一個人的實際存在狀態，最容易受到大家的重視，但是，稍加思索，就知道人生的動靜、出處、進退，全都離不開起心動念，亦即都是心智在運轉。並且，若要力圖振作，往靈性層次提升上去，也需要心智下定決心，找對方向。換言之，心智是生命的樞紐，充滿了潛在的能量。

心智能量有如豐富的礦藏。它異於一般礦藏的是：如果沒有善加開發與利用，它不會消極地等待及認命，而會積極地製造內在的困境，使一個人不得安寧。亦即，心智的特色就是活潑流動，有如行船不進則退，不上則下，稍一不慎就江河日下，甚至萬劫不復。面對與生俱有的這種心智能量，我們難免憂喜參半：憂的是這一生都不可鬆懈，必須時時警惕，要像曾參一樣「戰戰兢兢，如臨深淵，如履薄冰」（論語・泰伯）；喜的是這一生將可以不斷成長，進而抵達孔子所謂的「發憤忘食，樂以忘憂，不知老之將至云爾」（論語・述而）。孔子能夠「忘食，忘憂，忘老」，正是因為他的心智潛能一直在實現之中，並且向著靈性的境界推展。

心智潛能可以大致分為三個方向，就是「知情意」。知是認知，情是情感，意是意志。這三者互動相聯，在作用上循環往復。認知使人明白自己的定位，人我的分際與關係；情感可以孕育情緒與感受，喜怒哀樂盡在不言之中；意志則是選擇及行動的契機所在，由此造成一切變化。我們常說的「開發潛能」，所指的正是心智。

心智潛能現在的流行說法是「IQ、EQ、AQ」。這三者皆屬於「智商」，有如「心智商數」，所對應的就是認知、情緒與意志。IQ是針對學習能力而言，其內容已經從早期的智力測驗，演變為多元智能，包括「身體操作、空間伸展、時間韻律、語文理解、數理邏輯」這五個方面。如果進行教育改革，首先不宜忽略的就是如何兼顧這些能力，並且奠下終身學習的基礎。

其次，情緒智商（EQ）如果提高，將有助於自得其樂，並能改善群體相處時的人際關係。譬如聰明的人缺乏耐性，任意流露當下的情緒，在別人眼中變得不易親近，如此怎能扮演協調溝通的領導角色？換言之，若想在社會上成功，情緒智商將是致勝關鍵。孔子的教育觀提醒我們務必做到「無怨」與「有恥」，這兩點固然屬於道德修養，但是卻離不開情緒的運作範圍。

然後，AQ是指逆境智商，亦即遇到挑戰、挫折與阻礙時，還要不要堅持上進？人到中年階段，各方面都安定下來，好像可以享受前半生奮鬥的成果了，這時為什麼還要努力？努力，是為了持盈保泰，還是為了繼續領先？或者，應該調整方向，由量的累積改變為質的提升，朝著靈性的世界前進？曾任聯合國祕書長的哈馬紹說：「絕不衡量一座山的高度，除非你已抵達山頂。」換成逆境智商的語詞，可以這麼說：只要活著一天，就要期許自己展現更高的人生意境。這種「看似辛勞而其實快樂」的過程，是所有成功者的共同體會。

不願虛度此生，唯有開發潛能。潛能得以實現，自然無愧於心。人生的成敗，正是以此為轉捩點。心智的三種潛能必須均衡發展，否則難免互相牽制。以IQ而言，學無止境；以EQ而言，喜怒哀樂，「發而皆中節」；以AQ而言，能以昂揚的鬥志迎向未來，不斷超越過往的成就，體驗生命日新又新的創意。

我在第二部針對這三種潛能，整理相關資料，形成一套有系統的架構，目的在充分彰顯「心智」的內涵。我的信念是一貫的，就是：除非為自己設限，否則人的潛能可以不停地推展出去；並且，這種推展的方向是：由心走向靈。

第一章

了解IQ與相關能力

吾十有五而志於學，三十而立，四十而不惑，五十而知天命，六十而〔耳〕順，七十而從心所欲不踰矩。

——《論語．為政》

以孔子作為例子，是因為孔子三十歲以後每隔十年就會有所變化，他的生命是一層一層往上走的。古今中外所有聖人的生命，幾乎都有這樣的發展趨勢，這是因為他們都能夠保持自我內向的平衡與外向的動力。

人的潛能是沒有限制的，只要願意努力，許多原先沒有察覺的能力都可以開發出來。身體的潛能有著比較明顯的限制，因為身的發展到了某個年紀就會開始走下坡。然而，這並不代表我們的身體只能被動地接受命運的決定。心智的潛能限制較少，除非受制於身體機能方面的困擾，否則學習的潛能是驚人的。靈的潛能則幾乎可以說是沒有任何限制，反而是年紀越大的人，對這方面的體驗越深刻。

「自我」對人而言是重要的核心概念。人的一生無論是主動或被動、清醒或模糊，都是在自我實現的過程之中。有些人的自我實現不太理想，這是因為他們不了解自己具備哪一方面的潛能，或者對潛能的認識有所偏差。

「自我」本身的結構與指向的領域

自我的結構包含身、心、靈三個層面，心又分為知、情、意三個部分，知的潛能稱為IQ（Intelligence Quotient）[1]，是指一個人在學習、理解、判斷方面的能力；情的潛能稱為EQ（Emotion Quotient），是指一個人了解及主導自己的情緒，以及與他人協調、溝通、互動的能力；意的潛能則稱為AQ（Adversity Quotient），是指一個人面對挫折、逆境時的處理能力。

人的潛能是沒有限制的，只要願意努力，許多原先沒有察覺的能力都可以開發出來。譬如我認為自己不懂繪畫，但是若下定決心不斷練習，還是可以畫出一幅美麗的圖畫；我認為自己不懂音樂，但如果願意認真去學習，還是可以演奏某種樂器。換言之，除非自己放棄，否則潛能可以不斷開發出來。

要在身、心、靈三層面作全方位的發展，顯然是一個很大的挑戰。一般而言，身體的潛能有著比較明顯的限制，因為身的發展到了某個年紀就會開始走下坡。然而，這並不代表我們的身體只能被動地接受命運的決定，譬如有些老年人耳不聰目不明，但卻能夠擁

[1] Quotient中文翻譯為「商數」，因此IQ就是「智力商數」，簡稱智商。在中文使用上，「智商」一詞後來變成術語，因此有情緒智商（EQ）、逆境智商（AQ）等說法。

有非常細膩的觸覺。

心智的潛能限制較少。我們常說「活到老、學到老」，除非受制於身體機能方面的困擾（譬如失憶症），否則學習的潛能是驚人的。靈的潛能則幾乎可以說是沒有任何限制，反而是年紀越大的人，對這方面的體驗越深刻。

人生的四大領域

身、心、靈三種結構所面對的四個領域，是自我、群體、自然界、超越界。換言之，身、心、靈必須在這四個領域中發展。這四個領域是一個完整的分類，人生除了這四個領域，已經不可能再有其他領域了。

首先，以自我來說，我們必須安排獨處的機會，真誠省思：我這一生經歷了什麼事？受過什麼教育？有什麼想法？在社會上有什麼表現？我與別人的關係如何？別人對我有什麼樣的評價？這個「我」就是自我，我們必須學習面對自我、熟悉自我的形象，否則不易向前開展更豐富的人生。

其次，以群體來說，群體是每個人從出生開始就不斷接觸到的領域，因為人是社會性的動物，不可能離開社會的脈絡而生活。人與人之間可以透過彼此的往來互相了解，有時候別人對我的認識可能超過我對自己的認識。每個人都希望在群體中取得某種成就，並且盡到自己的社會責任。

然後，以自然界來說，當我心情不好，對自己不滿意，或者對社會不滿意的時候，可以到山上或海邊走走，欣賞花草樹木、聆聽蟲鳴鳥叫，眺望無邊的大海。這些都是屬於自然界的領域。

最後一個領域是超越界。這部分簡單地說就是宗教信仰的世界，它根本上與自我、群體、大自然都有一點關係，但又不完全有關係。譬如當一個人決定修行或出家時，他可以捨棄世間所有的財富，也可以對大自然沒有任何依戀，甚至可以隱姓埋名、放棄自我，將自己完全空無化，好讓信仰完全充滿他。

每個人在這四大領域的耕耘都有所不同。有些人在自我方面發展得很好，因此內在修養很高，擁有豐富的內涵；有些人在群體方面發展得很好，以致在社會上得到傑出成就；有些人往自然界發展，能夠和大自然保持深刻默契，從自然界獲得許多靈感；至於在超越界方面的發展，則大多數表現於宗教的修行，這個領域的重要人物更是不可勝數。

以下針對這四個領域作進一步的說明：

（一）自我：自我需要具有內向的平衡與外向的動力。內向是指面對自己而言。當我們面對自己時，需要保持知、情、意的平衡。亦即，必須有高度的警覺性，隨時調整自己的各種潛能，使它們在適當的時候扮演適當的角色。譬如上班時要把上班的能力表現出來，然而回家之後就不應該再使用上班的那一套，而應該換另一種表現來扮演好父母、子女或夫妻的角色。這就是內向的平衡。

與此相對的是外向的動力。自我總是需要活下去，為了讓自己有活下去的動力，我們必須時常提醒自己：我現在在什麼地方？做什麼事？處於哪一種群體之中？這種動力是要就自我本身的條件與能力去掌握的。

（二）群體：群體需要自我以「心」的三種潛能去回應及互動，在此以橫向為主。人與人之間有許多的「自我」在互動，每個人都是一個自我，並且對每個自我而言，其他的人都是別人，這就是橫向。橫向的來往以「心」為主，需要透過知、情、意三方面的運作。譬如我看到一個人時，會想：我是否認識這個人（知）？對這個人有沒有感情（情）？然後再決定該用什麼態度對待他（意）。

（三）自然界：自然界可以提供通道，緩和橫向的壓力，啟發縱向的意願。生活在群體之中，往往會感覺到許多壓力，而自然界可以幫助我們調節這些壓力，甚至進一步啟發縱向的意願。

我們欣賞大自然的時候，難免覺得宇宙如此廣闊、如此奧妙，而人的生命相形之下，卻極其渺小而短暫。這時候我們自然會孕生一種敬畏的感覺，覺得宇宙中似乎有一種不可知的力量。這就是對於人類縱向意願的啟發，讓我們體認到，人生除了橫向的側面以外，還有一個縱向的層面。

然而，自然界只是提供一個通道，本身很難作為一個目的。一個人無論如何熱愛大自然，相處久了總難免覺得遺憾。譬如人與動物無法真正的溝通，頂多只能以移情作用，把牠們想像成自己的好朋友。至於這些動物對我們是否有同等對待的心理，則永遠無法確定，因為牠們的心態乃至於本能，都是人類難以理解的。此外，自然界還會出現各種無法預測及預防的災難。

（四）超越界：超越界需要靠自我以「靈」去交往。這個領域是人類生命縱向的目標及最後的安頓。換言之，我們不需要立刻決定如何面對超越界，但是這個挑戰終究會來到，因為每個人最後都要面對生死的問題。能夠說明及解決生死問題的，既不是自我，也不是群體，更不是自然界，而是超越界。

自我的全方位發展

自我若要作全方位的發展，則必須在生命過程中，啟動「身、心、靈」的能量，經營四大領域，逐漸整合為一個具有「本末輕重」的系統。

「本末輕重」這四個字有著相當深刻的意涵。我們從小到大不停學習，就是為了培養本末輕重的區分能力。在我們剛開始學習的階段，擁有的大都只是長輩所提供的「信念」。譬如有些父母會告訴小孩要好好唸書，將來上大學；有些父母要小孩懂得做人處世的道理；也有些父母告訴小孩，只要活得快樂就好。換句話說，長輩總是告訴我們人生應該如何如何，卻很少提供清楚的理由。等到我們慢慢成長，增加了各種資訊與知識，又經歷了各種人生體驗，才發現人生並不像長輩們所說的那麼簡單。

換言之，我們一開始所擁有的，往往只是單純的信念。這些信念需要透過知識來檢證，並且加以增強，才能逐漸形成自己的人生觀。由此可知，學習的目的不是為了累積知識，而是為了提供我們各種思考的途徑與思考的材料。將這些材料提煉之後，才能夠構成自己的想法。

學習是一輩子的事，每個人都必須在生命的成長過程中不斷學習，建構自己的人生觀與價值觀，認清什麼東西對自己而言是最重要的，如此一來才能夠掌握事物的本末輕重，並且在學習及建構的過程中，要常常提醒自己兼顧四個領域。因為如果完全忽略某個領域，一定會產生某些後遺症。

人們最容易忽略的往往是超越界。許多年輕人飆車、吸毒，就是因為完全沒有想到超越界的領域。他們還太年輕，來不及思考這方面的問題，而長輩又沒有機會告訴他們，於是就整日活在同儕群體與次文化裡面。

人往往進入中年階段，開始面對周遭人的生老病死以後，才會注意到超越界的重要意義，並且思考「人生到底是怎麼一回事？」這樣的問題。

孔子形容他自己是「吾十有五而志於學，三十而立，四十而不惑，五十而知天命，六十而〔耳〕順，七十而從心所欲不踰矩」（論語・為政）。十五歲立志求學，代表他的自我開始發展；三十歲懂得各種立身處世的原則，表示能夠在社會上立足；四十歲可以不惑，代表他對於身、心、靈所面對的四大領域都已經很清楚了；五十歲知天命，也就是已經了解自己在靈性層次有何任務；六十歲順從天命，也就是能夠把所知的天命內容加以實踐，這時他周遊列國，有如「天之木鐸」；七十歲能夠做到從心所欲不踰矩，代表他的生命已經進入一種自在的層次，也就是全方位的發展已經成功了。

以孔子作為例子，是因為孔子三十歲以後每隔十年就會有所變化，他的生命是一層一層往上走的。古今中外所有聖賢的生命，幾乎都有類似的發展趨勢，這是因為他們都能夠保持自我內向的平衡與外向的動力。

IQ是怎麼一回事？

IQ源起於1905年，法國學者比內（A. Binet, 1857-1911）負責研究巴黎學校制度下學生的智愚，由此設計出一套測驗。因此，智力主要是指學習過程的能力表現，其範圍是學校的課業，譬如文字的理解、數學的運用、一般推理、找出事物關係等。換言之，它純粹適用於學校課業的範圍，是相當狹隘的，無法涵蓋人類全部的潛能。

Quotient是商數，是指「智力年齡與實際年齡的比例」。先算出全體學生在某一年齡的平均智力，以100來計算（亦即有一半以上的人在90～110之間）。也就是說，當測驗結果為100時，代表智力年齡與實際年齡正好相等。譬如我的實際年齡是十歲，智力年齡也正好十歲，因此我的IQ就是100（十歲的小孩子有一半以上都跟我一樣）。換言之，我的智商和大多數人一樣，處在一個平均值。舉例來說，假如甲、乙二人都是十歲，測驗後發現甲的智力年齡是十二歲，乙的是八歲，則二人的IQ分別是120與80。

智商與工作能力的關係

早期的研究在智商與工作能力之間找出一個簡單的對照，其情況分別列出如下：

（一）75：經營小商店，彈奏一種樂器，完成小學課程。其中最有名的例子就是「阿甘正傳」這部電影。阿甘的智商正好是七十五，所以他小學畢業以後就不能再多唸書了。然而這樣一個人最後卻能夠成功，由此可知，智商不是影響一個人唯一的因素，其他影響因素還包括了情緒智商、逆境智商等。

（二）100：普通程度，可從事半技術性工作。有些需要別人幫忙，有些則是可以自己設法去做的。

（三）110：可完成中學課程，擔任一般技術性工作。

（四）120：可完成大學課程，擔任高度技術性工作。

（五）130：可完成研究所課程，擔任專業、行政、管理的工作。

上述的資料在1960年代適用，現在應該考慮教育普及化與工作多元化，以及有關「智力」概念的新學說。

傳統智力測驗的缺失

傳統智力測驗以為智力由遺傳所決定。事實上，後天的訓練可以大幅提高測驗成績。換句話說，如果在測驗之前讓小孩先接觸類似題目，測驗出來的結果當然就會比較好。譬如住在都市的小孩從小就接觸到各種與智力測驗有關的問題，如電視中的機智問答等，因此測驗出來的結果往往會比住在鄉下的小孩好。由此可知，有時候生活環境的不同，會導致測驗結果的差異。

研究顯示：基因對智商的影響不會超過48%，另外52%是由產前照顧與後天的環境及教育所決定。由此可知，懷孕時必須重視胎教的說法，的確有其道理。小孩的學習能力在很小的時候已經開始表現出來，因為他們的天地很狹隘，所以只要有一點正面的刺激，馬上就會產生效果。

人的因素也會對智力發展產生很大影響。舉例來說：美國有一所醫院對棄嬰做了一項實驗。它把小孩分成兩組，第一組小孩每天都有固定的人照顧，第二組小孩則是每天換人照顧，半年以後發現第一組小孩的智商比第二組小孩高了一倍。這說明了：有固定的人照顧的小孩，由於有充分的安全感，因此智力發展得比較快速，也顯得比較正常；相反的，每天都由不同的人照顧的小孩，由於缺乏安全感，必須隨時擔憂外在的環境，結果無法正常地發展潛能。

另外，傳統智力測驗以語文及數學推理能力[2]，作為評量智力的主要內容，也是有所缺失的。我們的教育從智力測驗到升學，都是以語文和數學兩科為主，而音樂、美術、體育等，一直都被當作副科。這種做法事實上忽略了每個個體不同的潛能，因此現在已經發展出了「多元智能」理論。

嘉納的多元智能理論

嘉納（H.Gardner, 1943-）在1983年的《心智架構：多元智能理論》（*Frames of Mind: The Theory of Multiple Intelligence*）一書中，

[2] 這裡的數學不單是指中學課本所教的數學，還包括了邏輯思考能力、對於數字的敏感程度等。

將「智能」定義為「一種處理訊息的生理心理潛能，這種潛能在某種文化環境之下，會被引發來解決問題，或是創作該文化所重視的作品」。

七種智能

以下簡單介紹嘉納的七種智能：

（一）語言：包括語言、文字，重視理解。

（二）邏輯—數學：此二者在根源上是不可分的，都屬於思考活動，重視推論。

（三）空間：對於圖像或形象的掌握，重視空間的度量，也就是對長、寬、高的敏感度。譬如遠方有一座塔，你是否能分辨出它的形狀。空間感好的人比較會畫圖，能把物件的立體感畫出來。

（四）肢體—動作：也就是身體官能的操作，側重感覺統合。舞蹈家、運動員對於身體的操作都十分靈巧。

（五）音樂：包括音感、節奏、旋律，側重時間或節拍的協調。

（六）人際：與人互動；側重關懷。（接近EQ）

（七）內省：深入自我；側重反思。（接近AQ）

這七種智能並沒有邏輯上的先後順序，因為嘉納畢竟是個心理學家，而不是哲學家，所以在分類上並沒有一定的邏輯方法。

對於七種智能的修正

以下我把這七種智能重新整理，分類為五種，並且把六與七放入EQ和AQ的範圍內，這二者將會在本書稍後談EQ和AQ的部分加以論述。因為這裡加入六、七會使得智力的內容顯得過於複雜、性質不一，因此我們只談論最基本的五種。

（一）身體操作：由自我的「身」出發。這是一個很明確的出發點。每個人都有身體，身體本身雖然只是一個軀體、多種器官，然而它如何運用，卻需要靠智力來掌控。所以由身體的角度出發來談論心智，是有其道理的。

（二）空間伸展：有形之物的領域。從身體看出去，會看到空間遠近的對照，明暗的對比……。這都屬於空間伸展方面的智能。

（三）時間韻律：有空間以後，還有時間的綿延，時間的韻律是指「音樂在流動中完成」。當我們談論音樂時，首先要掌握的便是音感、旋律、節奏等。

（四）語文理解：抽象運思，品味價值，原創性見解。同樣一篇文章，每個人讀起來的心得都會有所不同，因為閱讀本身就是理解與創造的過程。在不同的時間閱讀相同的文章，也會因為生活體驗的增加與改變，而出現不同的感受。這也可以視為一種創造性。

（五）數理邏輯：掌握因果原理，合理推論，批判性思考。當任何一件事發生時，我們要學著去思考：「這種說法是否合理？」一旦養成了這種習慣，本身就會具有批判性，而不只是被動接受別人的說法。

把嘉納的七種智能重新整理成這五種，記憶起來便容易得多，並且也能夠充分掌握住心智的「知」這一部分。換言之，這五種分類已經構成了兒童學習領域中，從身到心的「知」的過程。

針對人腦的正面訊息

每個人都應該對自己有信心，因為每個人的頭腦都是獨一無二的。現存的七十億人，以及歷代以來的一千億人，都是獨特的。即使同卵雙生的雙胞胎，也是有所差異的，其相似度大約只有50%左右。

人腦優於電腦

電腦是由人所設計的，是把人腦設計的結晶集合後輸入進去，使它變成超級式人腦。然而無論是如何超級的電腦，都無法取代一個真人的思考，所以電腦中再複雜的程式，最後都會被人腦破解。換句話説，人腦比任何超級電腦都更靈活、更富於變化。

人的頭腦如果運用得當，可以與時俱近，隨著年齡增長而進步。人腦的容量很大，普通人一生中所使用過的部分，大約只占了總容量的1%。並且，雖然人腦到了中年以後，有一部分會開始慢慢喪失功能，然而一直到死亡為止，喪失功能的部分也不過只占了總容量的1%[3]。因此，只要喪失的不是學習過的1%，其實不會有太大影響。

興趣是學習方面主要的動力，只要有這種動力，頭腦每一秒可以學習七件事。舉例來説，很多小朋友在玩線上遊戲時，一、兩秒鐘立刻可以掌握前後左右、誰是好人、誰是壞人、什麼武器可以用、應該如何瞄準……，這就是因為他們對打電動有興趣。無論學任何東西，只要有興趣就會有效果。然而，就算是這樣的效率，一生學習下來，大腦仍然還有許多未使用的部分。

當我們學會一樣東西，有時候不需要思考，身體和手腳就會有本能的反應。所以，一個人如果學過某項專業技能，再學習其他技能時會比較容易，因為他的身體已經對某些動作留下記憶，不需要從頭學起。譬如一個會游泳的人學習拳擊，可能比一個不會游泳的

❸ 蘇聯曾經做過一項實驗，發現一個正常人在一生中，如果把腦容量的潛能完全發揮，可以輕鬆念完十所大學的課程，學會四十種語言。

人學得快，因為他對某些動作有了直接的反應習慣。由此可知，大腦的運作能力遍及全身的細胞，能夠使心智與身體合而為一。

學校教育如何培養智能？

從前學校教育強調五育並重，其實是一個很好的構想，然而由於在規劃方面，沒有注意到先學什麼、後學什麼的邏輯順序，導致最後不易看到任何重大成效。換句話說，每個學習階段應該有不同的發展重點，這樣才能夠真正達成學習的效果。

五育的邏輯順序

我建議小學階段應該注重體育和美育，因為小學是人生初始的階段，這時候最重要的是身體健康、心理和諧。若是身體健康、心理和諧，就好像火車有了雙軌一般，可以走得既久且遠。

中學六年則應該加強智育和群育兩方面。台灣的中學教育，一向只注重智育，而忽略了群育的發展，導致許多中學生缺少生活規範，不懂得如何與別人相處、尊重別人，由此產生了各種嚴重的社會問題。

至於德育方面，我認為很難透過課堂上的教導來學習。它必須藉由適當的機會（譬如社會上所發生的事件），透過討論的方式，讓學生理解道德的特色及困境。

道德教育只有一個原則，就是「化被動為主動」：讓小孩把原先被長輩要求去做的事，變成自己主動願意去做。譬如以前被強迫要孝順，因為不孝順拿不到零用錢；現在則是自己感覺到要孝順，否則會良心不安。

九年一貫課程的缺失

九年一貫課程包含了七大學習領域和十大基本能力的培養。七大學習領域分別是：語文、數學、健康與體育、藝術與人文、自然與生活科技、社會，以及綜合活動。然而，要讓學生從小學開始，在九年內把這七樣都學到一定程度，事實上是「備多則力分」，到頭來許多科都學不好。

另外，學科測驗只考五科：國文、英文、數學、自然、社會，其中語文占了兩項。換言之，學科測驗只注意到七大學習領域的其中四個，那麼有誰願意去學習其他三個領域呢？如此一來又造成了考試領導教學，以致健康與體育、藝術與人文、綜合活動三項根本形同虛設。

由此可知，七個領域的範圍過於廣泛，因此學生在選擇學習材料時，容易以升學為主要考量，以避免負擔過重。換言之，九年一貫課程所提出的學習領域並不能落實。

根據教育改革委員會的建議，十大基本能力包括了以下所列出的十點：

1. 增進自我了解、發展個人潛能。
2. 培養欣賞、表現、審美及創作能力。
3. 提升生涯規劃與終生學習能力。
4. 培養表達、溝通與分享的智能。
5. 發展尊重他人，關懷社會，增進團隊合作。
6. 促進文化學習與國際了解。
7. 增進規劃、組織與實踐的技能。
8. 運用科技與資訊的能力。

9. 激發主動探索和研究的精神。

10. 培養獨立思考與解決問題的能力。

這十點之中，完全看不出邏輯性或系統性，讓人無法了解這是根據什麼理論所訂定出來的。尤有甚者，這十點連一個成年人都很難做到，更何況是一個國中生？如此華而不實的目標，實在難以具體實踐。

阿德勒的教育設計

目標	學習有系統的知識	發展知性（學習）的技巧	充分了解觀念與價值
方法	老師講授與解答，應用教科書等教材。	示範表演、實際練習與個別指導。	催生法或蘇格拉底式的詢問法，與主動參與。
範圍運作與活動	語言、文學、藝術；數學、自然科學；歷史、地理、社會研究。	讀、寫、說、聽；計算、解決問題、觀察、測量評價；練習作批評性的判斷。	討論（教科書以外的）著作及藝術作品，實際參與藝術活動，如音樂、戲劇、視覺藝術等。

＊以上取材自 Adler，The Paideia Proposal（New York，Macmillan，1982）

以美國為例的教育設計

阿德勒（M.J. Adler, 1902-2001）[4]在1982年，針對美國的十二年義務教育，提出一項教育設計。此處即以這個設計為例，說明一個合宜的課程設計所應具備的條件。（請見上方圖表）

---

[4] 阿德勒本身是哲學博士、大英百科全書總編輯、芝加哥大學哲學教授，因此在作整個設計時，能夠有哲學式的邏輯思維。這整個設計是以「人」為中心，相信每個人都具有學習的潛能。

本設計將目標、方法、範圍運作與活動，各自分為三個部分，顯得簡單明瞭，而不會過於複雜及龐大。以下即針對這三個部分加以說明：

（一）目標：首先，要學習有系統的知識[5]。學校教育是要讓學生學習知識，也就是針對特定範圍的內容，進行系統性的了解。這些知識學會了以後，對於社會上和生活上的一些問題比較能夠應付。譬如學習電機之後，遇到跳電時，能夠輕易知道該如何處理。

其次，則是要發展知性的技巧，也就是學習的技巧。在課堂上的學習是被動的，唯有發展出學習的技巧，才能夠讓學生主動繼續學習。如此一來，一輩子都能夠靠自修學習。

最後一點，是要讓學生充分了解觀念與價值。知識的背後是觀念與價值，如果徒有知識，而無原則與信念，在行動時就容易出現偏差行為，而成為高知識的犯罪者。智慧型犯罪便是最好的例子。

美國在訂定這三個目標時，所考慮到的是：一個人經過十二年義務教育後，就要進入社會，因此必須在有系統的知識方面達到一定水準。同時，具備學習的技巧，才能夠在進入社會之後繼續充實自己。另外，懂得體會不一樣的觀念與價值，才是一個思想成熟的公民。

由此可知，他們在設計課程時，是經過一定的邏輯思考，因此使得整個內容有一個完整的架構。

（二）方法：首先，在學習有系統的知識時，需要由老師來講授與解答，應用教科書等教材。這是沒有人可以例外的，因為在家

---

❺ 知識（knowledge）、資訊（information）、智慧（wisdom）三者須區分清楚。資訊是在我們周遭，經由媒體大量流通的訊息，它是片段的，缺乏道理、規則、系統；知識則具有完整的系統，其範圍是有限的。我們在大學所學的每一科都是知識的學科。知識不同於智慧，智慧是學校教育所無法教導的。

中自修和在課堂上聽課是兩回事。自修是靠自己理解，其中可能會有錯誤，因此需要由老師來講解。如果一開始的起步就理解錯誤，接下來要修改是很困難的。

發展技巧則要透過示範表演、實際練習與個別指導。這在學習語言的過程中最為明顯。學習語言必須經由老師的示範，再透過自己經常練習，才能夠迅速進步。化學實驗和閱讀寫作方面也是如此，都是必須透過實際練習和老師的修正，才能夠從中獲得技巧。

最後，要充分了解觀念與價值，必須透過催生法[6]或蘇格拉底式的詢問法，以及主動參與。蘇格拉底式的詢問法是指：當別人提出一個概念時，就請問他：「這個概念是什麼意思？」如此一層層地抽絲剝繭，把最基本的概念定義清楚。譬如有一個人稱讚別人很聰明，這時就問他：「你所謂的聰明是什麼意思？為什麼這樣叫作聰明？」問到最後，我們可能會發現聰明有很多種，因此下次說話時就會提醒自己把概念定義清楚。

主動參與則是指參加實際的藝術活動，譬如音樂、戲劇、視覺藝術表演等。念戲劇故事和表演戲劇是不一樣的，譬如我們念莎士比亞的著作《哈姆雷特》（*Hamlet*），與實際去演出這部劇的感受是不同的。演出時的過程、投入的情感與其他人之間的互動，以及情緒的表現和磨練等，都是無法從書本中獲得的。

（三）範圍運作與活動：有系統的知識分為三大範疇：第一是語言、文學、藝術；第二是數學、自然科學；第三則是歷史、地理、社會研究。換句話說，美國的基礎教育把學習範圍分為三大

[6] 催生法所指的就是蘇格拉底式的詢問法。蘇格拉底的母親是一位助產士，因此他從小在耳濡目染下就了解到生產的痛苦。他認為智慧就像胎兒，每個人都必須生出自己智慧的胎兒，而這個過程是非常痛苦的。因為要生出智慧，首先必須打破平常的知識，發現自己是無知的。只有把一切的成見和錯誤的觀念都放下後，才能夠從零開始，重新出發，追求真正的智慧。

類。而我們的九年一貫課程分成了七個領域，還不見得能夠兼顧這三大類。

發展知性技巧的範圍運作與活動也分為三部分：第一部分是讀、寫、說、聽。這部分比較偏向語言及文學的技巧，學習語言必須兼顧這四種能力；第二部分是計算、解決問題、觀察、測量評價；第三部分是練習作批評性的判斷。我們讀一本書時，不只要能夠敘述，還要有自己的觀點，可以對書中內容加以評論。

美國的中學生比較有自己的觀點，台灣則是相反，因為台灣的青少年從小就被教導要聽話。現在這種情形已經慢慢改善，父母、老師也知道應該重視小孩的想法，結果很多小孩變成很有意見，但卻沒有定見。這時候長輩的尊重反而變成了一種放縱。

讓小孩隨著情緒起伏來發表看法並不是一件好事。因此小孩發表自己的看法時，我們必須詢問他的判斷標準為何，讓他嘗試把理由說出來，以幫助他訓練反省和批判的能力。

最後，了解觀念與價值時，範圍運作與活動則包括兩部分：第一是討論（教科書以外的）著作及藝術作品，也就是一般所謂的「讀書會」。讀書會能夠讓我們討論、檢討書中的人生觀、價值觀，並且放入生活中加以驗證；第二是實際參與藝術活動，如音樂、戲劇、視覺藝術等。

上述所提到的三項目標，必須貫徹於十二年義務教育中，不可偏廢。換言之，這三項目標是一貫的原則，而教材的深度則可以隨著年齡的增加而慢慢提升。譬如在閱讀方面，小學讀的是童話故事，到了高中則可以讀世界名著。

除了以上三項之外，還需要一貫地注意體育與保健；同時，前幾年可以學習手藝勞作，讓小孩培養靈巧的雙手；最後兩年可以學習認識今日社會的各種職業與事業，為將來的就業作準備。

第二章

認識自己的EQ

《EQ》作者高曼引用了一句話：「任何人都會生氣，這沒有什麼難的，但要能適時適所，以適當的方式對待適當的對象，恰如其分地生氣，可就難上加難了。」

這是「古已有之」的問題，今天似乎可以用「EQ」來解答了。

所謂的情緒智商，就是要認識自己的情緒，並且加以管理。一個人能夠把情緒管理得越好，表示他的情緒智商越高。一個人如果不懂得管理自己的情緒，就容易受到外界環境的影響，而無法穩定朝著既定的目標前進。因此我們要認識及管理情緒，並且運用它來激勵自己達成目標。

何謂情緒？

情緒（Emotion）是指感覺及其相關的身心狀態和行為傾向。「感覺」尚未到達行為的層面，因此只能說是行為傾向。情緒是從感覺開始，使得身心狀態產生某種反應（譬如憤怒、悲傷……）。而感覺對身心所造成的影響，最後可能會促使行動產生，譬如因憤怒而打架，因悲傷而哭泣。

人的情緒是很複雜的，很難將它作細緻的區分。這裡所採用的是《EQ》[7]一書中的分類方式，此書將情緒分為八大類：憤怒、悲傷、恐懼、快樂、愛、驚訝、厭惡、羞恥。然而該書作者也承認情緒的分類沒有一定標準，只能根據每種情緒的強弱程度，設法作出儘量完整的區分。

情緒的八種類型

以下簡單介紹這八種情緒的分類：

（一）憤怒：不平則鳴，從委屈、生氣、敵意到憎恨。憤怒是一種普遍的情感，因為人難免會覺得自己受到不公平的待遇。譬如有時候看到別人順利，而自己卻諸事不順，就會覺得心情很差。

（二）悲傷：顧影自憐，從沮喪、抑鬱、絕望到痛苦。造成悲傷的原因很多，無論是親人、朋友間的生離死別，或者是心愛的東西不見了，都有可能讓一個人傷心很久。

（三）恐懼：束手無策，從緊張、擔心、迷惑到慌亂。恐懼也是一種普遍的情緒，電影的劇情就經常利用人類恐懼的心理來製造效果。電影中的恐懼感是屬於人造的，無論看的人如何投入，仍然

---

[7]《EQ》，丹尼爾・高曼（Daniel Goleman）著，張美惠譯，時報出版。

是處於安全的情況中；日常生活中的恐懼，則有可能造成生理或心理上的失調。譬如許多學生在面臨大考的恐懼時，會出現冒汗、發抖、吃不下飯的症狀。

然而，恐懼也有可能激發一個人的鬥志。換言之，任何一種情緒都會有正面和負面的發展。亦即情緒本身不一定不好，它對於人類的生存具有一定的作用和意義。

（四）快樂：如釋重負，從輕鬆、滿足、得意到興奮。當快樂的情緒出現時，會讓一個人覺得，好像長久以來的壓力與包袱都卸下了。

（五）愛：柔情萬種，從友善、信賴、親密到痴心。愛的內容是很複雜的，而這裡所談的只是愛的初步動向，也就是一種情緒。「柔情萬種」是指，每個人都有各式各樣的情感，而表達出來的方式也各有不同。

（六）驚訝：意想不到，從好奇、有趣、震驚到駭異。這種情緒通常來自突然發生的狀況，譬如生日時，朋友給你一個意外的驚喜。

（七）厭惡：芒刺在背，從不悅、排拒、輕蔑到棄絕。感覺到好像背上有刺、眼中有釘一般，這便是厭惡的情緒。

（八）羞恥：自慚形穢，從懊惱、難堪、自憐到愧疚。

孔子對情緒的看法

所謂的情緒智商，就是要認識自己的情緒，並且加以管理。一個人能夠把情緒管理得越好，表示他的情緒智商越高。

一個人如果不懂得管理自己的情緒，就容易受到外界環境的影響，而無法穩定朝著既定的目標前進。因此我們要認識及管理情緒，並且運用它來激勵自己達成目標。

每個人都會有情緒，但是我們不能讓自己的情緒任意宣洩。人與人之間的相處是互動的，當我們與別人分享共同的時間與空間時，如果隨意發洩自己的情緒，就會影響別人。如果別人必須照顧你的情緒，他就不能不壓抑自己的情緒。如此壓抑久了，最後很可能失去平衡，然後產生更大的問題。換言之，一個不懂得管理情緒的人，不會有良好的人際關係。

孔子在《論語》中常常提到兩種情緒：一是「怨」，一是「恥」❽。這兩個字不只在《論語》中多次出現，並且在表達孔子的觀念上也相當具有特色。這兩種情緒綜合起來的交會點，則在於「惡」❾。以下對此稍作說明。

（一）怨：人生難免有怨。怨就是覺得自己受到委屈，心裡不平衡的顯示。怨的發展有強弱兩個方向，往強的方向發展會產生「厭、慍、怒、惡」的情緒。厭是討厭，慍是生氣，怒是發怒，惡則是厭惡。

往弱的方向發展則會變成「憾、悔、哀、戚」。憾是遺憾，沒有遺憾就不會有怨恨。子路說：「願車馬衣裘，與朋友共敝之而無憾。」（**論語・公冶長**）他願意將車、馬、衣服、棉襖與朋友一起用，就算壞了都不會感到遺憾。這就說明了他不會有任何抱怨。

悔是後悔，我們常說「無怨無悔」，由此可知，悔和怨有其相似之處，然而悔又比怨更為深刻。「無悔」就是在事情發生後，一種接受的態度。哀是悲哀，《論語》中談到哀時，多半與死亡有關。我們常把「哀怨」二字放在一起，事實上，哀的感受也比怨更深刻。戚則是哀戚，譬如「君子坦蕩蕩，小人常戚戚」，小人的心

---

❽ 此部分詳細的論述請參閱第二部第四章「孔子的情緒教育」部分。
❾ 此處作為動詞用，其發音為「ㄨˋ」。

裡常會覺得有點悶，不太愉快。

孔子提出「怨」，是希望大家最終能夠做到「無怨」；而他提出「恥」，則是希望大家最終能夠做到「有恥」。孔子認為，要能夠無怨，最重要的是讀詩，因為詩「可以興、可以觀、可以群、可以怨」。人生很難沒有怨恨，因為人都有理想，當理想無法實現時，難免會怨天尤人。然而多讀詩就可以消解怨恨，因為我們在詩中可以看到更多懷才不遇的人，而了解到自己的際遇並沒有想像中的那麼糟。

（二）恥：以此為核心也可分為強弱兩個發展方向。強的方面是「羞、辱、畏、懼」。羞代表慚愧，當一個人不能堅持德行時，就會感到慚愧；辱是侮辱，通常是上對下（如老闆對員工）或平行（如朋友之間）的關係，因為在古代，下犯上是一件大逆不道的事。畏是害怕，如果一件事是可恥的，我們就會害怕去做這件事；懼則是畏懼，孔子說：「知恥近乎勇。」又說：「勇者不懼。」由此可知，只要有恥，就能夠沒有畏懼。

弱的方向則是「患、憂、疾、惡」。患是擔心，我們所擔心的往往是會讓自己陷於恥辱的事情；憂是憂慮；疾是對某事很不滿意；惡是厭惡，有如惱羞成怒，這一點可以和上述談「怨」時的「惡」連接在一起。

綜合了怨和恥，可以發現孔子對情緒的基本看法。總結來說，「怨」是具有侵略性的，是對別人或對事物的抱怨；「恥」則是收斂性的，以「自己感到羞愧」為起點。孔子認為人必須有恥，只要有羞恥心，就不屑去做不義的事。

由此可知，當我們有抱怨的時候，要想辦法化解怨恨；當我們擔心做某件事會帶來恥辱時，就不要去做。

情緒運作的特色

情緒是一個核心，它的運作模式包括以下四點特色：

（一）先於思考或理智。思考與理智屬於知的方面，也就是人在學習、理解、判斷時所需的能力。情緒的反應遠比思考和理智快速，有時候在急促反應時，會有身不由己的感覺。譬如當一輛車衝向我時，我一定會立即反應，而這個反應是源自緊張、害怕的情緒。我不可能在當下還思考「這輛車是什麼牌子，性能好不好」之類的問題，因為想清楚就已經來不及了。

有時候情緒反應會造成壞的後果，譬如《EQ》中提到一個故事：有一個小女孩提早放學，回到家時父母都不在。她想跟父母開個玩笑，於是躲在衣櫃裡。父母回到家後聽見衣櫃裡有聲音，爸爸就拿了一把槍。當女兒碰一聲從衣櫃裡跳出來時，爸爸以為是壞人，一槍把女兒打死了。這就是一種情緒上的反應。爸爸還來不及作任何思考，已經因為本能上的恐懼而開槍。

（二）反應快速但未必精確。各種情緒是可以互相快速轉換的，譬如原本覺得恐懼的事，發現真相以後感到十分驚訝。或者沒人幫自己過生日，覺得很失望、很難過，回到家以後發現所有人都準備好了要慶祝，原本悲傷的情緒就會突然轉變成喜悅。

思考通常有邏輯、有次序，因此轉變的速度不會太快。情緒的反應則相當快速，卻不一定準確。有時候各種情緒快速轉換，到最後連自己都搞不清楚自己的情緒。這就是因為反應太快，以致於來不及作正確的判斷。

（三）由象徵引發聯想，以記憶取代真實，然後情緒泉湧而出。人擁有聯想力，聯想力的出現不見得依照邏輯順序，有時候是跳耀式的思考。象徵會引發聯想，譬如一個小孩在玩黑色的玩具熊時，被雷聲嚇到，從此以後他看到黑色的玩具熊就會害怕。這是因為黑色玩具熊變成了打雷的象徵，讓這個小孩產生可怕的聯想。

記憶是指對過去發生之事所留下的印象。記憶有時候會取代真實，譬如小時候曾經目睹一個穿紅衣服的人殺人，自此以後，只要看到穿紅衣服的人都會被嚇到，產生很大的恐懼感。這便是以過去的記憶取代真實，使得情緒泉湧而出，立刻表現出來。

（四）難以預測。真實會因時、因地、因對象、因狀況而調整。一般所指的真實是「真正存在的狀況」。不過，真實有時候是需要解釋的，它會因為時間、地方、對象以及狀況的差異而有所調整。地點不同、狀況類似，或者是地點類似、狀況不同，都會產生不同的情緒。譬如上次在某種情況下收到一個禮物，覺得很高興，但是這次在相同的情況下收到禮物，卻不見得會和上次一樣高興。由此可知，情緒的變化是很難預測的。

情緒的外圍成分

前文提過，情緒是一個核心。此核心的外圍是心情（Mood）。心情比情緒更為持久，情緒是當下立即的反應，心情則會維持一段時間，譬如半天或者一天。憂傷、興奮、快樂、恐懼這些感覺，可以是由一件事所造成的情緒，也可以是一種長期的心情狀態。

心情的外圍是性情（Propensity）。性情是「性格與氣質的傾向」。外在環境會影響一個人的性情，譬如成長過程中缺乏安全感的小孩，容易有懷疑、猶豫不決、敏感的性情；在快樂環境中成長的小孩，則常有比較樂觀的性情。

情緒的各種類型也都可以用來形容心情和性情，只是其範圍大小，以及穩定和牢固的狀態不太一樣。一般而言，心情比情緒穩定，而性情又比心情穩定。因此，如果一個人的性情很樂觀，就算在某段時期心情不好，他樂觀的性情終究能夠化解負面的心情。同樣的，一個人如果心情不好，就算遇到了一件能夠讓他快樂的事，這種快樂的情緒也會很快被不好的心情消解掉。

性情再向外擴展，則構成性格（Character）的一個部分。換言之，性格包含性情，性情包含心情，心情包含情緒，如此一層一層，便形成了一個完整的架構。認清了情緒的結構之後，可以進而省思自己屬於什麼樣的性情，應該培養什麼樣的心情，以及情緒應該如何運作。如此一來，就可以有效控制自己的情緒了。

情緒智商

EQ（Emotion Quotient）一詞源自《EQ》一書，該書於1996年在美國出版。自此以後，對於EQ的探討蔚為風潮，而這個詞也廣為大眾所使用。

Quotient這個字本來很難用在這裡的，因為它所指涉的是一種數據。IQ就是設定一個標準數據，藉此將不同的人加以比較。然而情緒不但無法比較，也無法簡化為數據來表示。高曼自己當然也注意到這個問題，所以他的《EQ》一書又稱作《*Emotional Intelligence*》，也就是「情緒方面的IQ」，因此這個名詞簡稱為「EQ」，而中文則翻譯為「情緒智商」。

《EQ》一書的寫作策略

高曼本身並非專業的學者，而是一位關注心理問題的記者。他寫作這本書時，參考了很多資料與個案。由於他的文筆生動靈活，使得本書受到廣大的歡迎。以下即稍加分析高曼的寫作策略：

（一）從生理學與演化論角度，介紹人腦的結構與情緒的優先地位。此部分可歸納為六點。

首先，他指出：人腦重量約三磅，是人的近親靈長類的三倍。大腦的容量大，神經系統就會比較複雜，因此傳遞訊息的能力比較好，而人類的程度已經「跨過反省的門檻」。所有的生物都有意識能力，但是只有跨過反省的門檻才會出現「自我意識」，亦即知道「我是誰，我和別人不同」。沒有自我意識，就只能靠本能的直接反應。而人類因為跨過了這一門檻，所以會思考過去、現在、未來，並且能夠規劃人生。

其次，人腦的原始運作模式是：先接受氣味，加以分辨；再傳遞反射性訊息；然後才是學習與記憶。動物也能夠接受氣味，加以分辨，然後傳遞反射性訊息。反射性是指直接的、不作任何反省的本能反應。先有直接反應，之後才有學習與記憶。因為情緒反應在前，學習與記憶是思考的運作，要比情緒的反應慢。

第三，大腦的新皮質為思考中樞，杏仁核是情緒中樞。因此，書念得好，代表新皮質很發達；情緒穩定，則代表杏仁核很發達。兩套系統之間的互動，是EQ高低的關鍵。換言之，情緒智商就是將情緒加上思考運作。有了思考的作用，才能夠認知與管理情緒。

第四，杏仁核似乎儲存了我們從未意識到的印象與記憶。杏仁核中有些部分是屬於從前的人所留下來的，譬如人類的生物本能。人類的生物本能已經在社會化、都市化的過程中漸漸消失，然而在比較原始的地方，還是可以發現許多人類的生物本能。譬如非洲、南美洲的某些原住民，能夠靠他們的本能，找到治療疾病的藥草。現代人一旦回到原始的環境，大腦杏仁核中儲存的舊記憶也會開始慢慢恢復。在「浩劫重生」這部電影中，男主角（湯姆・漢克斯飾演）在空難之後漂流到荒島上，獨自在該島生活了四年，就是很好的例子。

這部分可以連接到當代有關潛意識的理論。無論是佛洛依德（S. Freud, 1856-1939）或是榮格（C.G. Jung, 1875-1961）的理論[10]，都和杏仁核有些關係。杏仁核中藏著許多祕密，如果好好開發，就會有所發現。

第五，一個人的成就，只有20%由IQ決定，其他80%由別的因素決定，而EQ即為其中之一。

最後，高曼強調情緒的優先性，宣稱：任何事件，若是剔除其情緒意涵，便幾乎不具任何意義，因為情感是人類之所以為人類的最主要特徵[11]。沒有恐懼就不會有喜悅，沒有哀傷就不會有快樂。當一切事情都沒有了喜怒哀樂，活著也就沒什麼樂趣了。

（二）把嘉納七種智能中的第六種（人際智能）列為情緒智商的範圍，再根據沙洛維（P. Salovey）的後續研究，將其擴展為五大問題。

高曼在這本書中的創見並不多，但是他充分利用別人已有的理論架構，再輔以許多案例來作解釋。他提出的五大問題分別如下：

1.認識自己的情緒。了解自身情緒的出沒與起伏，才能成為自己生活的主宰。

2.管理自己的情緒。管理或節制，並非壓抑，而是以謹慎、均衡、明智的方式去生活。

3.激勵自己朝目標前進。成就任何事，都需要情緒的節制與配

---

[10] 有關當代心理學的理論，請參考本書第一部。

[11] 事實上動物也有情感，此處之所以強調人類的情感，只是為了強化整個EQ理論的正當性。這屬於一種寫作策略，不完全具備學術上的客觀性。

合，尤其是凝聚熱忱。因為情緒很容易變化，若是無法掌握情緒，很難成就重大的事。

4. 認識他人的情緒。從培養同理心，到學習基本的人際相處技巧，皆以此為基礎。談EQ不能脫離群體，因為人生活在群體中，自我與他人的情緒往往處在互相影響的狀態中。

5. 管理人際關係。所謂人緣、領導能力、人際和諧程度等，都有賴於此。

情緒智商所要談論的重點就在這五個部分。如果能夠掌握這些重點，就是對知、情、意中的「情」這一部分有了相當程度的理解。

認識自己的情緒

一個人要能夠認識自己的情緒，關鍵在於「自覺」（Self-awareness）。自覺就是要「覺察自己所處的狀態」，譬如當我感到煩惱時，要覺察自己正處在煩惱的狀態；而當我感到快樂時，也要覺察自己正處在快樂的狀態。

以「旁觀的自我」觀察自己

要有自覺，首先必須以「旁觀的自我」觀察自己的內心狀態，光是關注而不作反應。我們平常在說話、行動時，往往十分投入而不自覺，因此要練習在說話時聽自己說話、在行動時看自己行動、在感覺時留意自己的感覺。

這種方法聽來很簡單，但仍需要常常練習。我們可以每天安排一個特定的時段，留意自己的感覺。如此養成習慣後，便可以跳出自己，站在中立客觀的角度觀察自己的情況。如此一來，儘管在情緒紛擾中，仍然可以保持中立而內省的態度，不需要別人提醒，就能夠先覺察自己的情緒狀況。

對情緒有了自覺以後，才能進而分析自己的情緒是如何來、如何去的。這樣一來，就能逐漸體認自己情緒的特色。

把情緒轉化為言語

我們要練習「同時」知覺自己的情緒以及自己對此一情緒的想法，譬如當我憤怒時，同時也要對憤怒有所了解。這樣一來，等於是讓兩種能力同時運作，將人類的潛能充分施展。

最早這樣做的是蘇格拉底（Socrates, 469-399 B.C.）。在柏拉圖（Plato, 427-347 B.C.）的《對話錄》中，蘇格拉底與別人談話時，儘管早就知道答案，也會一再請對方說明。對方在他的激發之下，往往就會努力把自己的想法說出來。

光是在腦子裡想，而沒有用言語表達，那種感覺是很模糊的，無法確實掌握的。換言之，能把感覺轉化為言語，那才是屬於你的感覺。有時候小孩子會因為情緒的困擾（譬如生氣、沮喪、高興……）而無法把話講清楚，這時候我們要鼓勵他把感覺說出來，因為能用言語說出來的感覺才有生命，才有思想的內容，而不只是一種衝動而已。

如果任由自己的情緒變化莫測，那麼就會淪為情緒的奴隸，我們應該反過來成為情緒的主宰。西方有句話說得很好：「上帝創造了有理性的人，但是另外還創造了憤怒和欲望。面對憤怒和欲望時，理性就失效了。」憤怒是所有情緒中最有力量的，當憤怒加上各種欲望，人類的理性就很難成功運作。荷蘭哲學家伊拉斯莫士（Erasmus, 1467-1536）甚至說：情緒和理性這兩種力量的對比是二十四比一。

要把情緒轉化為言語，首先要認清自己最容易出現的情緒。我們可以在前述的八大情緒和其細目中，找出自己最常出現的四、五種。找出來以後，再根據這幾種情緒的出現頻率，排出大致的先後順序。最後針對每一種情緒，考察其出現的時間、地點、狀況、對象、事件，如何開始與如何結束。

如果能夠經常靜下來思考這些問題，我們對自己的情緒就會比較容易了解，也比較能夠掌握。

三種處理情緒的方式

每個人面對情緒時，都有不同的處理方式。大致而言，可以歸納為以下三種類型：

（一）自覺型：這是最合乎標準的類型，也就是對情緒有自我覺察的能力。擔任教職的人很多都屬於這一類型，因為老師在課堂上必須控制自己的情緒，不能隨便對學生發脾氣。

（二）難以自拔型：也就是陷入情緒裡面，在其中浮浮沉沉。譬如對於台灣的經濟，很多人都有過度的恐懼，每天都在想：「股票會不會跌到兩千點？房地產會不會下跌？台幣貶值怎麼辦？」一直深陷在恐懼的情緒中難以自拔。會造成這種情況，是因為缺乏自覺的能力，只能無奈地在情緒中浮沉。這類型的人需要花很多時間擺脫情緒，因此做事效率比較差。

（三）逆來順受型：也就是知道自己的情緒，但是卻選擇承受而不去改變。承受的時候可能會感到愉快，也可能會感到抑鬱。因此這類型的人通常會有習慣性的憂鬱，或者習慣性的興奮。有時候逆來順受到了極端，會變成什麼事都不管，這時候他身邊的親友就辛苦了。

一般人面對自己的情緒時，大約可以分為這三種類型。其中第一種類型的人比較少，因為要有自覺是比較困難的。

管理自己的情緒

任何情緒都有正面價值。就以「憤怒」來說，它有時可以激發很強的生命能量。譬如別人言語上的刺激、批評與侮辱，會讓我們覺得憤怒，而決心振作起來，因為不想讓別人看不起。這種決心可以讓一個人徹底改頭換面。由此可知，人類情緒的轉變是非常神祕又難以預測的。古人告誡我們要結交「良師益友」，因為這些人能夠讓我們的情緒往比較正面的方向發展。若交到的是壞朋友，可能一憤怒起來就吵架、打鬥，造成更大的仇恨。這樣一來情緒的發展就偏差了。

恐懼也不是完全不好，有時候越恐懼才能夠讓我們越謹慎。一旦謹慎，做起任何事情來也比較容易成功，所以孔子說：「暴虎馮河，死而無悔者，吾不與也。必也臨事而懼，好謀而成者也。」（論語・述而）戒慎恐懼比起有勇無謀，實在高明得太多了。

每一種情緒都有正面的作用。換言之，要管理情緒並不是因為情緒本身不好，而是為了調節自己的情緒，使它往正面發展。

保持愉快的心情

當我們困陷於情緒之中，或者覺得情緒帶來負面壓力時，要設法使自己「愉快」，因為愉快是解脫負面情緒最明確的辦法。能夠帶來愉快的本能方式有：自我安慰（譬如自言自語）、休閒一下、作白日夢、找人聊天、睡、吃、看電視、玩線上遊戲等。

然而用本能讓自己愉快的方法，效果是不確定的。有時候不但無效而且會帶來副作用。舉例來說，青少年玩線上遊戲，本來是想讓自己愉快一下。但是玩久了以後反而身陷其中，而產生其他情緒上的問題（譬如受到遊戲輸贏的影響而造成心理壓力）。

由此可知，我們應該用別的方式讓自己愉快。以憤怒為例，感到憤怒時，可以採用三種方式讓自己愉快：第一，檢視引發怒火的原因，從根源產生諒解的心；第二，改變所在的場所，藉轉移注意力以緩和怒氣；第三，換個思考角度，以平息憤怒（這是最理想的方式）。

調控負面情緒的方法

《EQ》中提到了五種普遍適用於調節負面情緒的方法：運動、善待自己、改變觀點、幫助別人、信仰宗教。當然這五種並不能概括全部的方法，因為每個人有其不同的需要。以下簡單介紹這五種方法：

（一）運動：運動時身體的緊張與勞累，可以使人忘記情緒方面的問題。譬如打籃球或踢足球的時候，必須依照規則與其他人互動，如此一來就會產生新的人際互動模式，而不再是先前造成負面情緒的那種情況。慢跑也有類似的作用，一個人在慢跑時需要調控自己的呼吸，因而會忽略原本生氣的情緒。

人是兼具身、心、靈的動物，因此只要改變與情緒息息相關的生理狀態，就可以減少很多情緒上的問題。而運動就是改變生理狀態最好的方式。

（二）善待自己：藉由完成一件小事、修飾外貌、採購東西等方式，讓自己有成就感。完成一件小事有很多例子。譬如我在荷蘭擔任一年的講座教授時，覺得荷蘭人的情緒很穩定。後來發現，荷蘭人每週六早上都習慣把家裡打掃乾淨。窗明几淨，能夠讓一個人感到很清爽，而有愉快的心情。除此之外，我們也可以藉由修飾外貌（譬如理髮、燙髮）、買點小東西，來鼓勵自己、安慰自己，讓自己產生成就感。

（三）改變觀點：這一點是最難做到的。當我們出現負面情緒時，可以換個角度來思考自己的情況，不要鑽牛角尖。譬如可以告訴自己：「比上不足，比下有餘。」這樣一想心情就會比較愉快。

閱讀好書也可以改變情緒。當然這是一種理想的狀態，因為一般人在情緒不佳時，多半沒有心情唸書。

（四）幫助別人：我們可以藉由付出而肯定自己所擁有的。譬如擔任志工、義工等。人通常是在付出時，才能夠肯定自己的擁有，因為在幫助別人的過程中，往往會發現自己有許多尚未發揮的能量。

（五）信仰宗教：當一個人走投無路時，往往會藉由宗教信仰來讓自己平靜，因為宗教中有著寬廣的世界。宗教所關懷的是超越界的問題，一旦進入了超越界的層面，俗世中的聲名利祿、七情六欲都顯得微不足道。因此信仰的力量能夠讓一個人變得寬容，不再計較。

禱告可以調和各種情緒，尤其是沮喪。當我們處於極度沮喪的狀態，無論是旁人的勸解、聽音樂、看好書都無法提振精神時，就必須借助禱告。耶穌說：「一天的苦，夠一天受了。」又說：「太陽下山前，要平息心中的憤怒。」因此基督徒每天晚上睡前都要禱告，把一天累積下來，所有不好的情緒全部化解。

以上五點是《EQ》中所介紹的管理情緒的方法。這五種方式其實是有一定架構的：運動與「身」有關；信仰宗教與「靈」有關；而中間三點則與「心」有關。若再把心分成知、情、意三個部分，則改變觀點與「知」有關；設法幫助別人與「情」有關；善待自己與「意」有關。換言之，大致包含了自我的所有部分。當然，除了這五種以外，還有其他方法，譬如品味音樂。當一個人在聆聽音樂、投入旋律的當下，也會忘記原本的不愉快，而讓情緒隨著音樂的情境起伏。

由此可知，書中提供的五種方法並不是絕對的，因為每個人都有自己化解情緒的特殊方式。我們要先了解書中的內容，掌握住完整的架構，然後再加上自己的心得。

第三章

管理自己的EQ

喜怒哀樂之未發，謂之中；發而皆中節，謂之和。——《中庸》

這裡的「和」就是EQ所追求的境界，我國古人講出了道理，今人則需借助新知來使這種道理落實於生活中。

人的一生都是在面對挑戰及追求目標的過程中，所以訓練及培養自己的EQ，是越早越好的。古人說得好，人必須在「事上磨練」。情緒智商不可能在真空的環境中培養，而是在一次次的經歷中磨練出來的。

上一章介紹了《EQ》五大問題中的前二項 —— 認識自己的情緒與管理自己的情緒。本章要延續這一部分的內容，繼續介紹另外三項。

激勵自己朝目標前進

情緒會影響心智運作，譬如在焦慮、憤怒、沮喪時，學習能力就比較差。在這些情況下，人會弱化或甚至失去「操作記憶」的認知功能。每個人都有記憶，而記憶有一定的材料，必須操作記憶中的材料，才能進行認知活動。譬如人在情緒激動時，會喪失思考能力，這時候記憶就好像被堵住一樣無法運作。舉例來說，我看到一隻鳥，本來想去分辨牠的種類，這時候剛好發現有人拿著槍要射牠，結果我一時緊張而忘記了這種鳥的名稱。

化被動學習為主動學習

人的學習是從小開始的。小孩的學習能力較強，在這個階段學習任何專長，都可以奠下較好的基礎。譬如運動選手想要有所成就，大約要從四歲開始練習；傑出的音樂家，平均從五歲開始彈鋼琴或拉提琴；要成為一個下棋高手，大約要從七歲開始訓練。

以課業的學習效果而言，亞裔小孩的表現通常比較傑出。譬如美國的西屋科學獎，每年都有許多亞裔青少年獲獎，這是因為亞洲人深受儒家思想的影響。儒家重視以教育來栽培子女，並以子女的成就為光宗耀祖的證據，所以父母全力支持與配合子女努力上進。美國人的教育方法是強調適性，也就是包容小孩的缺點、肯定小孩的優點，讓他們隨著自己的個性發展。這樣教育出來的小孩會比較有個性，但卻不見得能夠適應外在充滿競爭的環境。

一般而言，受儒家影響的亞洲人，對小孩的教育方式是：有缺點一定要改，改善的方式則是透過教育。換言之，亞洲人認為好好上學唸書可以改善缺點，將來也會有好的成就，因而對小孩的課業成績相當重視。

然而，小孩不可能一開始就懂得自我要求，因為他們根本不知道自己要往哪個方向及哪個目標努力。這時候需要身旁的大人耳提面命。然而大人的介入也不宜過度，如果幫小孩安排好一切，最後可能造成小孩過度依賴，無法獨立面對人生的挑戰。如此一來，會產生某方面特別傑出，而其他方面則完全低能的情況。

小孩如果從小習慣別人給他壓力，或是接受父母的利誘（譬如考第一名有獎品、努力唸書就是好孩子），便很難自我激勵，因為他缺乏內在動機。台灣教育最大的問題之一是「大學生缺乏唸書的動機」。許多人在國中、高中時十分用功，就是為了要考上大學。然而上了大學之後頓失唸書的動機，每天上網、打牌、翹課、睡覺，甚至想盡辦法選修營養學分，最後造成大學生素質日益低落。

換言之，許多小孩都是從小受到威迫利誘，才產生學習動機。然而這種外在動機總有一天會消失，一旦動機消失，就失去了學習的動力。因此，我們要想辦法把外在動機轉換為內在動機，從被動學習轉變成主動學習。

學習「延遲滿足」

1960年，心理學家米伽爾（Walter Mischel, 1930-）對史丹福大學附設幼稚園的學生進行一項實驗。這實驗一直持續追蹤到學生中學畢業，才完成整個報告。以下即對實驗的流程和結果稍作解說。

米伽爾針對一群四歲的小孩，提供了兩個選擇；第一是立刻吃一顆糖；第二是等一位大哥哥出去後再回來，則有兩顆糖，但不確定他何時回來（總是在下課以前，所以大約一刻鐘）。很多小孩迫不及待，於是選擇立刻吃一顆糖，也就是一有欲望就立刻讓它滿足；有些小朋友則為了得到兩顆糖，而選擇忍耐一段時間。

追蹤的結果發現，選擇等待的小孩有較佳的社會適應能力、人際關係、自信，並且在挫折及壓力下比較不會有退縮或崩潰的情況。這是因為在等待的過程中，必須努力轉移注意力，如唱歌、自言自語、睡覺等。而在此同時，便能夠學會忍耐、堅持、調節自己的緊張，與緩和欲望的需要。不知不覺中，這些小孩內在的力量會不斷成長、擴張，對自己的控制能力也隨之增強。換言之，選擇等待的小孩EQ比較高。

相反的，選擇不等待的小孩，有三分之一缺少上述特質，變得頑固而優柔寡斷、難以承受挫折與壓力、容易羨慕或嫉妒別人、易怒、難相處。

不過另外三分之二的小孩，平均表現雖然不如選擇等待的人，但差距並不明顯。換言之，這項實驗並不是唯一的判準，成長的過程中還是有很多機會可以發展EQ。譬如在班上擔任幹部，接受磨練，也可以提升一個人的情緒智商。

總之，以整體成就來說，是EQ較高的人占優勢。不過EQ較差的人也毋須過度擔心，因為在成長過程中，仍然有許多機會可以訓練自己的EQ，譬如運動、減肥、用功於學業等。

米伽爾在完成這項實驗後，提出了一種說法，稱為「目標導向的自發式延遲滿足」。因為有了目標，所以能夠以自發的態度讓自己延遲滿足欲望。

人一定要學習「延遲滿足」。如果欲望一出現，便希望能夠立刻滿足，那麼人和其他動物也就沒有差別了。所以我們要練習延遲滿足，為了目標而忍耐。唯有學會忍耐，才能夠集中力量達成目標，否則一下想要這樣、一下想要那樣，目標永遠無法達成。

需要靠忍耐來達成的目標，一定是比較困難的。如果只顧著滿足當下的欲望，過一天算一天，就沒有精神再去完成其他目標了。有遠大目標的人必須要能克制欲望，譬如句踐為了復國，每天臥薪嚐膽，替夫差做牛做馬，最後終於完成復國的目標。這就是延遲滿足的例子。

一個人能夠具備某種專長，取得傑出的成就，一定是因為他能夠放棄其他的欲望、娛樂和機會，專心在某一方面下工夫。舉例來說，小老虎伍茲能夠在二十一歲得到美國全國高爾夫球公開賽冠軍，是因為他八歲就開始練習高爾夫球，經由長期的努力、磨練技巧，才能夠有今天的成績。

要讓一個小孩走上自發性的學習，首先必須讓他知道目標在哪裡。以我的女兒為例，她大學讀的是輔大服裝設計學系。事實上她根本不喜歡剪裁，也不夠細心，只是剛好考上就去唸了。大學四年她讀得不太快樂，也不知道自己將來要做什麼。當她大學畢業以後我告訴她，三十歲以前要想清楚自己的未來。有一天她去報名學吉他，半年以後告訴我要出國學音樂，然後自己設法申請了一間美國的學校。她在美國讀書，成績相當理想，沒有人逼她，每天也可以讀書研究十個小時以上。

由此可知，只要動機明確，就能夠進行自發性的學習。我女兒以前唸書大都是被威迫利誘的，效果不佳。現在因為是自己想學，所以就學得很好。換言之，年紀大小其實不是問題，重要的是想清楚自己要做什麼。觀念清楚之後就可以勇敢地面對挑戰，然後設法達成目標。

人的一生都是在面對挑戰及追求目標的過程中，所以訓練及培養自己的EQ，是越早越好的。古人說得好，人必須在「事上磨練」。情緒智商不可能在真空的環境中培養，而是在一次次的經歷中磨練出來的。以下將要說明的是與EQ有關的三個概念：焦慮，樂觀，流暢（Flow）。

適度的焦慮是必要的

焦慮可以使人的心智運作失常，也可以使人更加用心專注，形成輕度躁狂，由此激發潛能與創意。輕度躁狂的英文是「Hypomania」，Hypo是「在……之下」，mania則是發瘋的意思。Hypomania是緊張到有點神經過敏，但還沒到發瘋的程度。輕度躁狂並不是一件壞事，因為遇到問題時，本來就應該緊張擔心。人如果對任何事情都沒有警覺心，遇到危險時就無法全身而退。

由此可知，焦慮不見得不好，而適度的焦慮是必要的。因為焦慮會產生壓力，有了壓力才能夠使人認真做好一件事。譬如某個老師出題特別冷僻，所以我每次快到考試時都會感到焦慮，心想必須加倍努力才能得到好的成績。這就是焦慮的正面助益。然而如果過度焦慮，不停地想著：「題目這麼難，我一定考不好。」那麼就會導致失常的狀況。

樂觀地化大挑戰為小考驗

相信自己可以達成目標，知道如何自我安慰，採取變通辦法，拆解挑戰為小部分，再一一予以克服。

我在美國唸書的時候，常常尋找自我安慰的方法。譬如回憶自己小時候唸書都很順利，然後告訴自己，在美國念完耶魯博士後，回到台灣一定也會很順利，在教書與生活各方面都不會有問題。

有著過去美好的回憶，加上懷抱著對未來的憧憬，才能夠有勇氣面對現在的挑戰。我們要一直告訴自己一切會「苦盡甘來」，現在所受的苦是有盡頭的，再撐一下就過去了。人生最怕痛苦沒有盡頭、沒有希望，但丁（Dante, 1265-1321）《神曲》（*Divina Commedia*）中對於地獄之門的描寫是：「進入此門者，放下你的希望。」沒有希望的地方就如同地獄一般。人一定要有希望，才能夠開發情緒的力量，活出不一樣的人生。

變通的辦法是指：這條路走不通，就換另外一條路走。如果堅持一定要走某條路，再怎麼累都不願意改道，那麼結果往往會事倍功半。

譬如我在美國唸書時，因為學費很貴，所以必須用最少的時間達成最大的效果。如此一來，我在選課時會避開某些艱難的課程，就算老師教得再好也是一樣。如果我執意要跟老師硬碰硬，最後可能要多唸好幾年，這麼一來反而浪費時間。做學問是一輩子的事，不需要執著在某一點上。更何況在國外待得太久，志氣會逐漸消沉，對自己失去信心。如此一來，有再好的本事也施展不開了。

至於我在寫博士論文時，則充分運用了最後一點 —— 拆解挑戰為小部分，再一一予以克服。我一到美國時就告訴自己，不能浪費任何一篇報告，要使每篇報告的內容能與將來寫的論文題目儘量相關。換句話說，我把論文當作是一個整體，然後把它拆解開來，利用每一篇報告去組合。結果到了最後，我是全班十五個人中第一個畢業的，一點時間都沒浪費。這是因為我有很強的動機，也知道如何控制時間，把大的挑戰拆解成小考驗，然後一一克服。這就好像是組裝機械前，已經將零件全部做好，最後只需要拼裝便完成了。如此一來，速度當然會比別人快。

在樂趣中表現高效率

全神貫注於眼前的事，並且讓這件事的難度略高於自己的能力。如果一個人做的事都在能力範圍之內，久了之後就會感到厭煩，覺得缺少挑戰性，因此我們要試著去做一些難度比較高的事。譬如我對孔子稍有研究，因此對我而言，向學生講授孔子是一件很簡單的事。然而如果每次都只講孔子，久了也會覺得很無聊，因此我就要尋找一些新的題材。講授新題材對我來說是一種學習，因為每次上課前都必須準備很多資料。然而這樣的工作比較有挑戰性，也能夠讓我有所進步。譬如我在2002年完成的《莊子解讀》(立緒出版)，以及本書的「身心靈」探討，都為我帶來極大的樂趣與成就感。

選擇做一件事時，要儘量選擇自己有興趣並且有能力完成的事，這樣才能夠在樂趣中表現出最高的效率。如此一來，做任何事都能夠行雲流水，不但自己做得開心，別人看到也會覺得愉快。

認識他人的情緒

藉由言語表達情緒，常常會出現言不由衷或詞不達意的情況。譬如我說：「我今天很高興。」這句話並無法表達出我高興的程度。或者，當我向別人說：「我覺得很痛苦。」聽到「痛苦」二字，別人頂多只能想到他自己痛苦的經驗，而不能真正體會我的痛苦。換言之，使用言語來表達情緒時，一定要突顯某種主體的特色。若是缺乏主體特色，那麼聽者所聽到的就只是情緒的名詞，如快樂、痛苦、緊張、憤怒。如此一來，他所能想到的就只有自己類似的經驗，因而會與說者原來想表達的情緒有所落差。

非言語式的情緒表達

一般人的情緒有90%是語調、口氣、表情、手勢方面的「非言語式」表達。換句話說，可以用言語說出來的情緒只占10%，其餘的90%則包括了說話時的語調、口氣、表情與手勢。由此可知，我們在聽一個人說話時，也會特別注意聽他的語調與口氣，看他的表情與手勢。因為這些會流露出一個人說話時當下的情緒狀態。

孔子對於非言語的表達也有一些描述。他說：「巧言令色，鮮矣仁。」（論語・學而）巧言是故意挑動聽的話說，令色則是刻意裝出討好的臉色。孔子認為這樣的人很少是真誠的。一般人很難做到發自內心的巧言令色。巧言令色卻又真誠，大概只有慈善家、宗教家能夠做得到吧！

此外，子夏問孔子什麼是孝順時，孔子回答：「色難。」（論語・為政）保持臉色和悅是最困難的。子女有時候儘管順從父母的意思，但是臉色卻很難看。這樣一來，父母看臉色也知道子女內心的不悅。同樣的，與別人交談時，看到別人臉色越來越僵，要懂得適可而止。

手勢也很重要，尤其在語言不通時更為重要。自古以來，揮手代表友善，手張開代表手上沒有武器，一直到現在仍是如此。到了一個語言不通的地方，只要揮揮手、微笑一下，大家都會知道你是善意的。這種情緒的表達完全不需要言語。

情緒的感染力

根據研究，小孩出生後八個月，即有與人情緒互動之需要。譬如《EQ》中提到一個九個月大的小孩，看到另一個小孩因為跌倒而哭了，自己也跟著哭了起來。另外，小孩大約在十五個月，可以自己走動時，看到別的小孩哭，會拉自己的媽媽過去，希望媽媽可以幫他的忙，就算那位小孩的媽媽在旁邊也是一樣。由此可知，人類從小就有同理心的表現，這是十分自然的，因為情緒有感染的力量。

有一位美軍曾經記錄了一個越戰時的故事：有一天美軍和越共在稻田中作戰，正當打得不可開交時，突然出現六位和尚。這六位和尚從田埂中間走過去，完全不受戰事影響。本來在交戰的雙方，看到和尚出現之後自動停火，休兵一天。這是因為六位和尚對眼前互相殘殺的戰爭，完全視而不見，一直保持著平靜的心情從中間走過。這種和平的氣氛影響到了正在作戰的雙方，使得他們沒有心情繼續作戰。這就是情緒的感染性。

人的情緒是有延續性的，《論語》上說：「子於是日哭，則不歌。」（論語・述而）孔子在這一天哭了，就不唱歌。這說明情緒是有連貫性的。然而不能陷入相同的情緒太久，因為每一天都是新的一天，我們要能夠讓自己有新的開始。換句話說，我們要儘量讓自己的情緒每天消化一次，恢復平衡狀態。

人從小就有情緒互動的需要，如果情緒在這個時候失去平衡，便會漸漸產生一些問題。然而每個人最後還是會各自發展出自己的情緒機制（Mechanism）[12]。以孔子來說，他三歲時父親過世，十七歲時母親過世，從小的成長環境十分窮困。有些人遇到這種命運，會變得憤世嫉俗、情緒不穩定，覺得自己倒楣、委屈。然而孔

⑫「機制」是一個術語，是指像機械的組合一樣，有固定的運作模式。譬如有人對我微笑，我就對他微笑；有人對我皺眉頭，我也對他皺眉頭。這是一種不需要思考的的本能反應，好像機械一樣。每個人都有自己的情緒機制，也就是遇到某種情況會有某種反應。每個人都有能力調節自己所發展出來的機制，所以最壞的環境也可能培養出最好的人品。

子卻在這其中學會了高度的情緒智商，知道如何收斂自己、委屈求全、保持內心溫和的狀態。

同理心與同情心

同理心的英文是Empathy，「pathy」是從Pathos這個字轉化而來的，為「情緒」之意，「Em-」這個字首則代表「投入」的意思。因此Empathy就是「進入到別人的情緒之中」。同情心的英文是Sympathy，「Sym-」這個字首是「同時、共同」之意。同情心就是「與別人有共同的情緒」。要與別人有共同的情緒當然比進入別人的情緒容易。換言之，我們要與別人一起快樂、一起難過，這是很容易的。但是如果要和別人有一樣的快樂、一樣的難過，就困難多了。因為這等於是要離開自己的情緒，進入到對方的情緒之中。

同理心是理解別人的主觀經驗之能力。要理解別人的主觀經驗是很困難的，因為我們就算知道別人很痛苦，往往也只能以自己的痛苦加以對照，而無法真正了解別人的痛苦。同情心則比較容易，因為它只是一種情感的抒發。情感的抒發並不需要透過理解，直接就可以當下發洩出來。

同理心是讓自己透過理解進入一種情況，這種情況能夠使一個沒有實際遭遇的人，形成類似的經驗。換句話說，同理心是一種「感同身受」，而這正是它與同情心最大的差別。舉個例子來說，台灣大學前面的地下道經常有殘障者在要錢，許多人看到以後產生同情心，就會丟錢到盆子裡。然而在這種情況下，他是他，我是我，給錢純粹只是一個動作，給完錢後也不會去多想。有同理心的人則會想：「如果我是他，坐在這邊，會希望別人如何對待我？」如此一來，可能就會蹲下來把錢輕輕地放在他的盆子裡，讓對方有受到尊重的感覺。這便是同理心的表現。

一個人越能「自覺」自己的情緒，就越能準確理解別人的感受。相反的，一個人如果對自己的情緒都不清楚，又怎麼可能了解別人的感受？譬如有些人比較麻木，不開心時一醉解千愁，從來不曾有過真正悲傷的感受。這樣的人看到別人悲傷時，不容易理解，覺得他們是在自尋煩惱。這就是因為這些人不了解自己，所以也無法了解別人的情緒。

一個有同理心的人，會常常想到人間的苦難與悲慘，因此整個人會慢慢轉變。然而，也不能讓自己的同理心過於氾濫。因為情緒有很大的感染力，一旦氾濫開來會承受不了。譬如我們常看到「醫者父母心」這句話。一般人總希望醫生用父母親的心態來對待病人，然而醫生每天要看許多人出生、死亡，如果讓自己的情緒氾濫，早就受不了了。這時候便要增加「靈」的力量，讓自己經常保持心情的平靜，或者藉由聖經、佛經來讓自己感覺到慈悲博愛。換言之，從事醫護行業的人，必須特別注重自己的靈修生活，否則會承受不了。承受不了以後就會麻木不仁，對於別人的受苦受難失去了感受能力。

儒家對於同理心的見解

孟子說：「今人乍見孺子將入於井，皆有怵惕惻隱之心。非所以內交於孺子之父母也，非所以要譽於鄉黨朋友也，非惡其聲而然也。」（孟子・公孫丑上）他的意思是，很多人看到小孩爬向水井，快要掉進去時，都會覺得不忍心。人之所以會緊張難過，不是因為想跟小孩的父母做朋友，也不是因為想在朋友間求取聲譽，更不是因為不喜歡聽小孩的哭聲。換言之，孟子認為只要是人，都會覺得不忍心。

「不忍」就是同理心的基礎。由此可知，儒家認為同理心不是訓練的結果，而是一個出發點。

前面提過，小孩九個月大時就開始有同理心。很多人長大以後變得只顧自己，是因為在成長過程中遭遇到各種利害衝突。譬如在幼稚園、小學時，同學之間會互相計較老師喜歡誰、誰比較聰明、誰家比較有錢等。如此一來，同理心會慢慢喪失，喪失之後要再恢復就比較困難了。

道德需要同理心。儒家強調「恕」，就是要我們「己所不欲，勿施於人」。《大學》中也提到所謂的「絜矩之道」：「所惡於上，無以使下；所惡於下，毋以事上；所惡於前，毋以先後；所惡於後，毋以從前；所惡於右，毋以交於左，所惡於左，毋以交於右。」意思是：我討厭在上位者（如老闆）對待我的某些方式，就不要用這種方式對待在下位者（如下屬）；我討厭在下位者某些做事的態度，就不要用這種態度來面對在上位者；我不喜歡前輩（如學長）的某些行為，就不要用這種行為對待後輩（如學弟）；我不喜歡後輩對待我的某些態度，就不要用這種態度對待前輩；我不喜歡右邊的人與我交往的方式，就不要用這種方式與左邊的人交往（如座位的左右）；我不喜歡左邊的人與我交往的方式，就不要用這種方式與右邊的人交往。

以上是儒家思想中，非常簡明扼要的一段話。儒家認為，我們要找到一個最恰當的行為方式，而這個方式就是「恕道」——己所不欲，勿施於人。恕道的內涵則是「絜矩之道」。能夠身體力行這一部分的內容，人際關係就不會有太大的問題。因為一個人的言語、行為，會產生一種發動的作用。我們為別人設想，別人自然也會有所回應，然後產生一種良性的循環。

缺乏同理心的危害

當一個人動念要去搶錢時，如果能夠想：「被我搶的人實在很可憐。反過來是我被搶，我會怎樣？」如此一來，就會打消搶錢的念頭了。同樣的，電視上經常報導被倒會的新聞。如果倒會的人能夠想：「假使是我的錢被別人倒了，一定會很難過吧！」如此一來，也就不忍心去倒別人的會了。

由此可知，會去做傷害別人的事，是因為缺乏同理心。當然，很多人不做壞事並不是因為他有同理心，而是因為沒膽量做壞事。許多做壞事的人都是年輕氣盛、膽大妄為，凡事沒有考慮到後果。其實膽量可以用在很多地方，如果這些人能夠把膽量用在別的地方，或許也能有一番作為。

管理人際關係

這一部分所要說明的是比較具體的做法。我們由此可以了解，在與別人交往時，要用什麼樣的方式來應對，才是比較恰當的。大原則是：要妥善處理人際關係，首先必須管理好自己。

藉社交禮儀安排情緒

社交禮儀就是以規則來安排情緒，以維持人際之間的和諧。以日本人為例，他們說話時，無論是使用的語詞或是面部的表情，都有一定的規矩。

一般人表達情緒，大約有三種方式：第一是抑制或壓抑，通常有長輩在場的時候，比較不能夠任意表達自己的情緒，因此會傾向於壓抑。第二是誇張，長輩不在場時，我們表達情緒可以比較自在一點，盡情表現自己的喜怒哀樂。第三是替代，講直接一點就是虛偽。譬如有人找我幫忙，我明明幫不上忙，但是因為不願讓對方失望，只好委婉地說：「我儘量試試看。」這種情況在人際交往中其實經常出現。當我們聽到別人這麼說時，要了解這是禮貌性的推卻，才不會強人所難。

上述是常見的社交禮儀所涉及的情緒，這在社交上確實有一定的關係。人與人來往是需要禮儀的，否則不容易掌握其中的分寸。

掌控情緒的能力

一個社交場合的整體情緒，通常是由EQ高的人來主導。因為EQ高的人可以讓自己的情緒收放自如，對周遭的人產生強大的感染力。

前美國總統柯林頓就是一個EQ很高的人。我記得有一次在電視上看到一則新聞：美軍的飛機在義大利撞到纜車，造成很多人的傷亡。在美國向義大利人道歉的會場上，柯林頓才講不到三句話，便開始眼眶泛紅、掉下眼淚。義大利人看到這種情況，當然不忍心繼續苛責他，而其他人也都覺得他很有愛心。但是流完眼淚後，他馬上恢復情緒，回答其他的問題。這就說明了，柯林頓相當善於使用情緒的感染力。

身為公眾人物的確需要有這種掌控情緒的能力，因為他們必須讓自己的情緒產生最大的感染作用。但是如果只知一味地把自己真誠的情緒表現出來，得到的效果恐怕很有限。

事實上，公眾人物好比演員一樣，期待他們在鏡頭前能有真誠的表現，實在是太過一廂情願的想法。能夠了解這一點，就不會把媒體的報導看得太認真。如果太專注於新聞媒體的報導，反而會和自己的內在真實世界脫節。我們真正要關心的，應該是那些普遍存在於周遭、看似平凡的事物。

基本的社交智能

（一）組織能力：能夠把個別的人組織起來，讓每個人依自身的才幹去做事。為了做到這一點，必須要有目標、有架構，並且因才任事。

在此又以目標最為重要。我這一生很少組合什麼群體，只有在大學時組織過一個合唱團，唱了整整三年，成果相當不錯，我的領導能力也是由此培養出來的。有些同學擔心參加合唱團無法兼顧功課，於是每次考試前我就會幫他們作複習、抓重點。這樣一來，大家平時可以練習合唱，考試時也不用擔心。那時候同學們相處很快樂，主要就是因為有明確的目標。

（二）協調能力：大家有糾紛時，要能夠善於仲裁與排難解紛。只要是人群聚在一起，就不可能沒有糾紛，因為每個人都有自己的個性及意見。因此除了要讓團體有架構與目標之外，還要在運作發生問題時表現協調的能力。

（三）聯繫能力：在此特別是指與人個別來往。在一個團體之中，我們可以和每個成員保持個別的聯繫。要能夠和別人保持良好的聯繫，就要善解人意。有些人對待朋友很用心，會記得每個人的生日以及特別的日子，這種人常讓別人覺得特別貼心；有些人則是粗枝大葉，什麼都記不得，這種人就比較不容易有良好的人際關係。

人不可能記得很多細節，所以要懂得掌握關鍵時刻，表達自己的心意。我有幾位年紀比我大的朋友，他們的子女這幾年之內先後結婚了。有些人參加了太多婚禮，到最後包禮金變成只是一種固定的形式。我在這方面特別用心，有些和我交情比較好的朋友，他們的孩子結婚時我會多包一些禮金。如此一來，他們就會知道我對他們的重視。

有時候人際關係靠的就是這種關鍵時刻。我們平常沒什麼機會表示對別人的善意，所以在這種時候絕對不能忽略。

（四）分析能力：和別人相處時，要敏於測知別人的動機與情緒。有些人在別人有困難時可以立刻察覺，甚至立刻對問題加以分析（譬如該從哪些方面著手、該如何去理解等）。這種人在團體中的社交智能當然比較高。

社交時的禁忌

社交時要注意，不要讓自己當變色龍，也不要成為社交低能兒。不做變色龍就是要保持忠於自我與社交技巧之間的平衡。如果一味地講究社交技巧，見人說人話、見鬼說鬼話，那就和變色龍一樣。這種人長袖善舞，在任何地方關係都不錯，然而卻很難有真正的朋友。因為他沒有付出真正的情感，說話時言不由衷。我們實在沒有必要讓自己變成這樣的人。

然而，也不能讓自己成為社交低能兒，而要有基本的社交能力：知道什麼時候該說什麼話、何時要改變話題、何時該結束。魯迅寫過一篇文章，大意是：有個人生了一個兒子，很多朋友去道賀。第一個朋友說：「這個小孩將來一定會做大官。」主人聽了很開心，馬上請他入座；第二個朋友說：「這個小孩將來一定發大財。」主人聽了也很開心，又馬上請他入座；第三個朋友說：「這個小孩將來一定會死掉。」主人聽了很生氣，請他立即離開，還要找人教訓他。這個人說：「你幹嘛氣我呢？我說的是真話啊！沒有人知道這個小孩以後會不會做大官、發大財，但是他以後一定會死啊！」

這種人就是社交低能兒。他講的雖然是真話，然而在那樣的場合講這種話是很不適當的。我們要懂得在適當的場合講適當的話。除此之外，也要懂得何時該轉換語言或話題。譬如有兩個人在用台灣話交談，來了一個聽不懂台灣話的人，這時候就要調整一下。在適當的時候結束話題也很重要。有些人話匣子一打開停不了，講到最後大家都聽不下去了。所以我們要懂得控制自己。

社交最大的禁忌在於：急於取得領導地位，以致與別人格格不入。參加一個團體，最忌諱的就是一進去立刻想要掌握領導權，這樣一來很容易引起別人的反感。另外，無論是在服裝、觀念等各方面，都儘量不要讓自己和別人格格不入。

總之，社交場合雖然重視約定俗成的禮儀，但是也不能忽略誠心、細心、耐心，如此才是走向成功的坦途。

第四章

發展自己的EQ

子溫而厲，威而不猛，恭而安。——《論語・述而》

孔子看起來溫和而嚴肅，威嚴但不剛猛，謙恭卻也能安定自己。這說明了，孔子能夠把兩種對立的神情調和得恰到好處，可以作為培養EQ的參考。

我常說：「一個人只有知道自己的限制，才能發揮自己的能力。」坦白承認自己不懂的部分，才能夠全力做好自己擅長的部分。如果群體中每個人都有此覺悟，能夠讓自己適才適所，那麼做事的效率就會提高。每個人都應該要有企圖心，做事要有效率感。能夠有「這件事只要交給我做，我一定可以做好」的信念，就會產生達成目標的動力。

《EQ》這本書為了強調EQ的重要性，涵蓋了許多相關的部分，這其中有些並不完全屬於EQ的範圍。譬如「激勵自己朝目標奮鬥」這一部分，其實已經談到了逆境智商的問題。由此可知，每個人在發表自己的研究心得時，為了讓它受到重視，難免會有所強調及誇大。

學習時能夠學到多少與體驗多少，要看個人的造化。然而知識本身應該有一個清楚明晰的系統架構。因此學習EQ時，首先要充分了解前二章所談論的五個步驟。掌握了方法以後，我們才知道應該如何應用。

古代人與現代人一樣，都需要情緒教育，因此本章在介紹《EQ》一書的相關內容之後，特別將筆者近年研究孔子的心得稍加鋪陳，以收古今對照、相互輝映之效。

青少年的EQ基礎

青少年是人生的第一個階段，這個階段若沒有在情緒智商上建立基礎，將來要再建立就很困難。從一個人小時候的表現，可以預測他以後的發展，尤其是在情緒方面，因為情緒牽涉到行為傾向。同樣的一句話，不同的人聽到會產生不同的反應，這是因為每個人情緒智商發展的方向與程度有別。

我們不可能找到一種完美的方法，讓小孩在情緒上化解所有的問題，事實上也沒有這種必要。如果父母給子女太好的照顧，而未能在他情緒衝動時想辦法減弱、情緒低潮時想辦法增強，那麼只會使得子女變得毫無抵抗力，無法暴露在烈日強風下。如此一來，他們一旦離開了家庭的保護，將會很難適應社會的挑戰。

二十世紀時，有人對四百位最成功的人作過一項研究，結果發現這些人當中有四分之三曾經遭遇過艱難的考驗。譬如從小家庭破碎、身體殘障、幼時失學、失業到走投無路等。由此可知，有時挫折可以在情緒上培養出特別的能力，使一個人能夠面對挑戰，然後在成就上反而超越了一般人。

談到青少年的EQ，最理想的就是能夠具備以下七點。這七點構成了青少年EQ的基礎，以下分別介紹：

建構自信

所謂的自信，就是自己覺得能掌握身體、言行與周遭世界；相信只要努力，即可成功；並且相信別人會適時提供協助。

人生最重要的就是自信。自信就是「相信自己」── 相信自己有能力可以面對挑戰，相信自己可以掌握相關的條件，譬如身體。青少年對於身體的控制程度及調節能力，通常比較有自信，所以運動時很容易掌握到祕訣。在言行舉止上也一樣，只要有人教導，很快就可以學會。

周遭世界則是指自己和身邊的人所構成的世界。換句話說，每個人的世界都不一樣。社會學中有一個概念叫作「意義之網」，它就好像一張蜘蛛網。每個人都像蜘蛛一樣地掛在網上，這張網四通八達，其中有很多交叉、聯繫的地方。蜘蛛只要一離開網，就會缺乏安全感，也無法長期存活下去。人也是一樣，每個人都有自己的網，這張網由周遭的世界所構成，我們可以藉由電話、手機與其他人聯繫。若是一個人離開了這張網，就會頓失依靠。因此我們需要認識及掌握自己的網，也就是周遭世界。

人在年輕時要開始培養自信，第一步就建立在對自己身體、言行、周遭世界的掌握方面。接下來則是要相信自己只要努力，就可以成功。譬如相信自己只要用功讀書，就會得到好的成績。

我有一位朋友，是個大學教授，他的兒子唸小學一年級時，每天都過得很快樂，在班上也很受歡迎。但是每次考試他都是全班最後一名。這位教授於是想出了一個辦法，對兒子說要一起玩一個遊戲，就是每天回家後，爸爸把老師教的課程再教一遍。他兒子覺得很有趣，每天回家就告訴爸爸當天的上課進度，讓爸爸把所有內容再教一遍，結果後來段考考了全班第一名。老師、同學和他自己都嚇了一跳。這時，爸爸再告訴兒子，這樣做的原因，是要讓他知道，只要用功就會有好的成績，因此一定要對自己有自信。這位朋友並沒有因為小孩考了第一名，就要求他每次都要考第一名，反而認為只要過得快樂，考最後一名也無所謂。

由此可見，這位朋友實在很明智。他讓兒子從小知道要對自己有自信。後來這個小孩真的在小學玩了六年，但是上了國中以後，卻主動告訴爸爸，他要好好讀書，後來的成績表現也很好。換言之，讓小孩自動自發地唸書，才會有長遠的效果，父母的角色應該是適時地提供協助。然而，一般的父母因為害怕放手後會收不回來，往往不敢讓小孩有產生自發性動機的機會。

培養好奇心

好奇心就是喜歡探索未知之物，並由此得到樂趣。古希臘哲學家說：「哲學起源於驚奇。」一個人要有好奇心，才會對事物加以探索。探索時可以增加了解並產生樂趣。換言之，「好奇、了解、快樂」是一個連串起來的效應。對事物的了解越多，會發現世間有越多不一樣的人，以及不一樣的生活模式。

扎根自制力

要培養與年齡相稱的自我控制能力並不容易。上一章所提過的「糖果實驗」即與自制有關。

一個人的自我控制能力應該與年齡相稱。我們不可能要一個小孩和大人一樣地控制自己，因此有時候對小孩要有多一點的體諒和寬容。我女兒在高三時很崇拜一位香港歌手。有一次那位歌手正好要來台灣演唱，女兒想去聽她的演唱會。那時候距離大學聯考只剩兩個月，我說：「妳怎麼可以去呢？」她一氣之下就回答：「你不讓我去，我就不考聯考了！」我當下決定幫她去買票。因為如果不答應她，她會跟你鬧情緒一個星期；相反的，答應她，可能只會耽誤一個晚上。

當時我也沒有所謂情緒智商的觀念，只是覺得不能和她硬碰硬，要不然就沒完沒了。當然，也不能完全放縱小孩，否則會變得沒有規矩、為所欲為。有些事可以放鬆一點，但有些事還是要逼緊一點。

如果父母對孩子的行為，只是一味地阻止、批評，他們有事時就不會與父母商量。這也是為什麼很多青少年都比較喜歡同儕團體，而不喜歡父母的原因了。很多時候，父母應該放下自己的立場，並且衡量小孩的自制能力，再採取適當的作為。我們不能完全由大人的眼光去要求青少年，因為每個年齡都有不同的自我約束程度，不能以自己的標準來評斷他們的行為。

事實上，父母與孩子的溝通也是在經驗中學習。要和孩子相處得好，必須抓住關鍵時刻，譬如當孩子出問題，所有人都在批評他時，做父母的就應該站在孩子的立場支持他。很多時候，子女不會記得父母平時對他的好，但是在關鍵時刻的關懷，卻會讓他相當感動。

自我約束是很難訓練的，有時候連大人也很難控制自己，而有賭博、酗酒等各種問題。誘惑更是對自我約束的一大考驗，許多人往往在禁不起誘惑的情況下，誤入歧途。因此我們一定要在青少年時期打下基礎，並且在以後的成長經驗中，不斷設法改善。

發揮意向

意向也可以稱為「企圖心」，由於「企圖心」這個詞給人的感覺比較強烈，所以此處用「意向」比較恰當。這是指人生要有一個目標、一個方向；亦即，要有發揮影響的意願、能力與毅力。每個人都希望能夠在社會上發生影響力，在團體中取得一定的位置。一個人在團體中所處的位置，最好要配合自身的才華，以及自己與他人的相對關係。

我二十二歲大學剛畢業時，就當了先知出版社社長。當時沒錢也沒經驗，只是因為很多老師與同學出錢辦出版社，所以坐上了這個位置。那時候讀書風氣很差，我們參加書展時，看到有些人都只是翻一翻書，捨不得花錢買，我就乾脆送他一本。結果到最後出版社倒閉了。

事實上，我一路走來接觸過許多事情。一開始擔任助教，後來辦過出版社、雜誌社……在這些經歷中也學到了一點經驗，了解到自己應該要懂得收斂。我常說：「一個人只有知道自己的限制，才能發揮自己的能力。」坦白承認自己不懂的部分，才能夠全力做好自己擅長的部分。如果群體中每個人都有此覺悟，能夠讓自己適才適所，那麼做事的效率就會提高。

每個人都應該有企圖心，做事要有效率感。能夠有「這件事只要交給我做，我一定可以做好」的信念，就會產生達成目標的動力。

加強溝通能力

所謂溝通能力是指可以與人溝通自己的感受與觀念，可以信任別人，並且覺得愉快。一般而言，女生比較容易和別人交換感受與觀念，因為女生對於語言比較敏感。我們可以看到，大學中唸文科的一向以女生占多數，理工科則以男生特別多。這說明了，女生從小就對語言文字比較有親切感，能夠有耐心去閱讀詩詞文章，欣賞、體驗其中的美，以及含蓄的情感；男生則偏重理性思維，喜歡明確精準的東西，不喜歡模糊的張力。

從這方面來看，似乎是女性比較重視人際關係，而男性則重視獨立自主[13]。因此，女性通常能夠早一點開始培養溝通能力。

建立良好人際關係

人際關係是透過與人互相了解而建立。換言之，這個部分是上一點的延伸。有良好的溝通能力，才能與別人建立良好的人際關係。不過，如果為了人際關係而放棄自己的原則，就得不償失了。我不可能讓團體中的每一個人都喜歡我，但我要努力使我喜歡的人也喜歡我。

合作的藝術

合作的真義是，在個人需求與團體活動之間取得平衡。參加一

[13] 根據早期西方心理學的說法，男性喜歡獨立自主，因此害怕被綁住；女性比較無法忍受一個人的孤單，因此害怕被拋棄。現代心理學則認為，每個人都同時擁有男女兩性的成分，或多或少則因人而異。大致而言，仍會受生理性別所影響。

個團體之後，通常個人有個人的需求，團體有團體的活動。個人需求容易傷害團體活動，團體活動亦容易抹煞個人需求。換言之，只要是在一個團體之中，就必然有所得、有所失。當個人的特定需求與團體的共同活動之間出現衝突時，一般而言應該設法協調個人的部分，儘量配合團體的運作。這就是合作的藝術。

以上七點是青少年的EQ基礎。當我們面對青少年，或是自己家中有青少年時，就必須檢視他或她欠缺了這其中的哪幾點。有時候父母要給予子女適度的自由，讓他們作主去選擇並且負責，但也不能完全採取放任方式，好像什麼事都不管了。大人必須適時提供適當的協助，想辦法開導青少年，引導他們認識人生之道的大致情況。

這七點當中，最重要的是自信，其次是自制。人生要有明確的目標與意圖。有了值得奮鬥的目標後，才能夠激發出一個人的生命力。

新世紀必須面對的挑戰

這一部分是針對美國的社會背景來說的。當然，對我們還是有一定的參考價值。美國社會往往是台灣社會的先驅，他們現在的問題，很可能就是台灣未來所要面對的挑戰。

大約在1984年左右，我剛從美國回來，還記得那時候美國有十二年義務教育，但卻有30%的青少年無法完成高中學業。造成這個現象的三大原因是吸毒、酗酒、性氾濫。當時台灣幾乎沒有人重視這些問題，因為那時的社會風氣相當淳樸而封閉，一般人認為這種情形不可能發生在台灣。然而，這些問題在現今的台灣社會一一浮現，已經成為這一代青少年成長過程中最大的隱憂。

因此，這裡所提出來的美國社會所面臨的挑戰，是值得作為借鏡的。

個人主義抬頭

個人主義基本上不是壞事，因為生命本來就是自己的，應該由自己負責。但是個人主義很容易將利己與自私混淆。利己沒有什麼不對，做事有自己的主張，吃飯時要吃飽，注意自己的身體健康，這些都屬於利己。利己是在尊重別人的前提下對自己好。自私則不一樣，自私是只顧自己而忽略別人。

混淆利己與自私，也就忽略了自主負責與我行我素的差別。個人主義希望每個人為自己負責，但是卻往往變成我行我素。每個人都認為「只要我喜歡，有什麼不可以」，卻沒有想到「我的喜歡」可能會傷害別人。這樣到了最後，就變成人與人之間互相傷害，整個社會找不到一個規則，而容易陷入次文化和小團體的迷思中。

我看過一部電影，印象非常深刻，就是「暗潮洶湧」(The Contender)。電影中描寫：美國總統要委任一位女性參議員出任副總統，反對黨因此想盡辦法挖掘這位參議員的醜聞。其中提到她十八歲進大學時，為了參加姊妹會，曾經與兄弟會的男生雜交。當時這位參議員並沒有為自己辯護，只強調這是個人隱私，沒有必要回答。結果發現，這個醜聞根本是虛構的。而她也順利當上了副總統。

這位參議員腦袋清楚而態度堅定。她認為只要她為自己辯護，就表示「女性做這件事是不對的」。然而，如果男性做這些事不會被責怪，為什麼女性做這些事就必須被責怪呢？因此她不為自己辯護，堅持自己只需要對自己負責，不需要對八卦新聞負責。由此可知，這位參議員不但具有兩性平權的思想，也具有個人主義的思想。

由上述可知，個人主義的問題，可以往好的方向走，也可以往壞的方向走。如果只是陷在小團體和次文化當中，生命就會缺乏遠見和理想，而變得只顧慮到眼前的需要和利益。

家庭功能式微

在現代社會中，核心家庭逐漸受到腐蝕。隨著這種問題而出現的，是雙職、單親、隔代、獨身的情況逐漸增加。

現在很多家庭都是父母各有各的工作，有了工作就無法照顧小孩，只好請菲傭照顧。這樣一來，小孩對父母的情感越來越淡薄。有些父母則是把孩子交給祖父母照顧（隔代），這種情況下，小孩與祖父母的感情會比較好，與父母反而沒有那麼親密。

單親的問題也很嚴重。美國在1990年代的離婚率是67%，1970年代的離婚率是50%。由此可知，他們已經很習慣離婚這種事情。如果你離過一次婚，大家會覺得那是很平常的事。但是如果超過三次以上，他們就比較不能接受，會覺得你怎麼沒學到教訓呢？

父母離婚甚至家庭重組，對小孩而言都是很大的壓力。但是從另外一個角度來看，社會的趨勢就是這樣，我們也找不出什麼對策。美國是一個崇尚個人主義的國家，主張追求個人生命的價值，因此如果結婚後發現彼此無法適應，也不願太過勉強。

台灣其實也是一樣，在早期的大家庭中，結婚是家族的結合，即使彼此不合，還是可以勉強過下去。但是對於現在的小家庭而言，小孩長大以後就離開父母，有了自己的生活。因此每個人到最後都要為自己負責，要知道自己以後該如何生活下去。在這種情況下，不容易再去勉強維持一個不適合的婚姻。

每個人都像是一個圓，結婚的兩個人，圓心都在彼此的圓中，可以互相關懷、互相交流。一旦兩人有了各自的事業，交集會越來越少。子女又是另外一個圓，這個圓如果是一股拉力，就可以拉住父母親。但很多時候子女卻有可能是推力（譬如子女不成材，讓父母感到失望），這時候婚姻就可能產生問題。

另外，如果夫妻之中有一人不斷在進修、成長，而另一人卻停滯不前，也有可能因為心靈不能溝通而分開。我們不能要求一個人為了維持家庭而犧牲個人成長，這是不合理的。換言之，兩個人要在一起一輩子是很困難的，有時候必須承受很大的委屈和壓力，而這種壓力到底值不值得，則需要自己去判斷。

家庭的支撐功能在於情感和信念。我們從小和家人一起長大，當然會有深厚的情感。有時候小孩在外面受到挫折，父母稍微安慰一下就沒事了。信念則是一個家庭的信仰。父母如果有相同的信仰，對小孩而言是很大的幫助，能夠讓他們不管遇到任何挫折，都不會感到絕望；然而，在核心家庭受到腐蝕的情況下，這些家庭功能也漸趨瓦解了。

焦慮與憂鬱

焦慮是指自我認同的基礎流失，一遇挫折就產生幻滅感受。自我認同的基礎在於家庭和信仰。一個人的家庭狀況會影響他的自我認同，因為人往往會認同自己的父母、長輩、兄弟姊妹。信仰對自我認同的影響也很大。一個人有了信仰，生命就不會落空。換言之，信仰對人生而言，具有重大的意義，因為它能夠提供一種超越的力量。

憂鬱則是覺得人生缺少值得追求的理想，對生命覺得悲觀。一個人會罹患憂鬱症，主要是因為他覺得人生沒有值得奮鬥的理想，做任何事都提不起精神。之所以會有這種感覺，有時候是因為目標訂得太高，無論如何努力都達不到，由此產生了無力感。

情緒與疾病

情緒與身體健康也有很大的關係。負面情緒（如憤怒、憂愁、沮喪、寂寞）將會干擾自主神經系統，再削弱免疫系統，嚴重影響健康。近幾年來，「身心醫學」漸漸受到重視。醫學本來是研究身體方面的學科，身心醫學則把「心」的部分帶入醫學領域，認為身心之間會互相影響。譬如我們如果常常認為自己身體有問題，到最後身體真的會有問題；相反的，如果告訴自己絕對不能生病，就比較不會生病。

我在美國讀書的時候，天天告訴自己不能生病。因為在那裡人生地不熟，生病了也沒人照顧。所以四年下來，從來沒有生過病，即使有幾次小感冒，也是睡一覺就沒事了。這種情況一方面與意志力有關，另一方面則與情緒的調節有關。

另外，我當時在讀書過程中，內心是抱著希望的。雖然每天要唸一百多頁的英文，常覺得很苦很累，但是每次唸完以及吸收了解以後，又會感到很幸福、很充實，因為知道自己又成長了一些。這種情緒就會造成正面的效應。

孔子的情緒教育

在此我要以孔子為例說明。或許有人會懷疑，EQ這麼現代的名詞，怎麼會與孔子連上關係？其實，自古至今，人類所面對的問題是大同小異的，只是名詞有些差別而已。

《論語》中許多資料充分顯示，孔子是非常重視情緒的。光是《論語》的第一篇第一章，就已經講到了情緒。孔子說：「學而時習之，不亦說乎？有朋自遠方來，不亦樂乎？人不知而不慍，不亦君子乎？」（論語・學而）其中的「說」（悅）、「樂」、「慍」都是情緒。由此可知，一個人不可能沒有情緒。

情緒本身有正面的也有負面的作用，我們要特別注意負面情緒。上一章曾經介紹過，孔子描寫情緒最重要的兩個字是「怨」和「恥」。而這兩個字還可以用其他相關的字來表達，我分別列出八個。換言之，《論語》中至少有十八個字是和情緒有關的。

從「怨」到「無怨」（發散的情緒）

「怨」是一種發散的情緒，對別人具有侵犯性，因為我們往往是對別人抱怨。事實上，「怨」可以分為兩種：一種是別人對我的怨，另一種則是我對別人的怨。

我們常會抱怨別人，但是不要忘記，別人也會抱怨我們。人的社會本來就充滿了互相的抱怨，所以「怨」這個字在《論語》中出現多達二十次。別人對我有所抱怨，可能有以下三種原因：

（一）爭利：子曰：「放於利而行，多怨。」（論語・里仁）孔子說過：如果任何事情都以利益為考量，會產生很多怨恨。這個社會上的利益很少，但是大家都想要，所以凡事考量利益，一定會產生怨恨。譬如軍中的黑函文化之所以這麼盛行，就是因為很多人都想要升官。每次只要有將領出缺，就開始出現黑函。任何可能出任空缺的人，都無可避免會被抹黑。這個現象說明了，當有利益時，大家常會開始互相抱怨。

（二）口舌：子曰：「御人以口給，屢憎於人。」（論語・公冶長）孔子有個學生，名叫仲弓，德行很好，但是口才比較差。於是有人對孔子說：你這個學生德行不錯，但口才不怎麼好。孔子回答說：口才好有什麼用！口才太好的人，說話容易引起別人的抱怨及憎恨。事實上，伶牙利齒本來是一件好事，但是我們與一個人交談，怎麼說都說不過他，這時候便會生氣，從而產生抱怨。

（三）小人：子曰：「唯女子與小人為難養也，近之則不孫，遠之則怨[14]。」（論語・陽貨）在現代這種環境中，應該將其改成「唯小人為難養也」較為適當。小人不分男女。凡是沒有立志，只憑本能去生活的，都叫作小人。

君子與小人不同。君子的特色在於「立定志向」。《論語》中只要看到「君子」二字，就代表這個人有志向，準備去實現自我的潛能。小人則是「飽食終日，無所用心」（論語・陽貨），「群居終日，言不及義，好行小慧」（論語・衛靈公）。由此可知，小人並不是指壞人，而是指沒有立定志向的普通人。這種小人會抱怨是在所難免的。換言之，小人的抱怨不一定都是故意的，因此重點在於要懂得化解。

怨從何來？

化解的方式，是要「嚴以律己，寬以待人」。如果我們對自己要求得很嚴格，但是對別人要求得比較寬鬆，就不會招致什麼抱怨了。很多時候，每個人都有他們各自的觀點、各自的情況，所以千萬避免以同一種標準來要求所有的人。如果我們對自己要求十分，

---

⑭ 這句話常被許多人誤解，認為孔子不尊重女性。事實上，孔子這段描述是針對當時的社會背景而言。古時候的女子沒有受教育的機會，因此潛能無法開發。沒有開發潛能，不但對很多事理無法了解，同時在經濟上也無法獨立。不懂事理加上經濟無法獨立，自然會產生「近之則不孫，遠之則怨」的情況。

那麼對別人大概要求六分就夠了。

孔子說：「伯夷、叔齊，不念舊惡，怨是用希。」（論語．公冶長）伯夷和叔齊這兩位古代的聖人，不會去記得別人過去所犯的錯，因此很少招致抱怨。每個人都不喜歡被別人揭開舊瘡疤或從前做過的壞事，所以不要去記得別人曾經犯過的錯。人都有做錯事的時候，「現在」才是最重要的。我們要看的是一個人的現在，而不是過去。除此之外，還要能夠做到「己所不欲，勿施於人」（論語．顏淵），也就是恕道。能夠做到這一點，別人的抱怨自然會減少。

至於我們對別人的怨，則包括了對父母、朋友、長官，以及天的抱怨。孔子在《論語》中提到：「事父母幾諫，見志不從，又敬不違，勞而不怨。」（論語．里仁）父母如果做錯事，子女要委婉勸阻。如果父母不聽，子女仍應該繼續孝順他們，內心憂愁而不要抱怨。

子女對父母抱怨是很普遍的事，因為父母也是人，也會有做錯事的時候。但是我們要想，將來自己做父母的時候，也有可能做錯事。能夠這樣想，就比較不會去責怪父母的錯誤了。

朋友之間的怨也很多，孔子的建議只有一個原則，就是不可以「匿怨而友其人」（論語．公冶長）。明明對一個人有怨恨，卻把怨恨藏起來，反而與這個人做朋友。孔子認為這種行為是不恰當的。對朋友要真誠直爽，有怨恨就說出來。因為朋友之間本來就應該互相規過與責善，這樣才稱得上是真正的朋友。

我們對長官、老闆，有時候也會有所抱怨，對天的抱怨則更多。一般人很容易怨天尤人。天所指的是「世間一切不能理解之事的最後來源」。當一個人諸事不順，卻又找不到別人可以抱怨時，就會怨天。

除此之外，我們還有可能抱怨一般人以及自己的遭遇。譬如我們有時候會抱怨別人不了解自己的能力、才華，覺得受到忽視。子貢有一次問孔子：一個人「貧而無諂」好不好？孔子回答：如果能夠「貧而樂道」則更好（論語・學而）。貧窮時不去諂媚有錢人，是一件很不容易的事，但這畢竟只是消極的做法。如果一個人貧窮時還能夠以道為樂，追求人生的理想，這才是積極的作為。換言之，一般人際遇不好時，總是容易抱怨、感嘆，但是智者卻不會以時運不佳為苦，甚至能夠以此為樂。

學詩可以解怨

孔子對於「如何化解怨」的建議是學詩[15]，因為詩「可以興，可以觀，可以群，可以怨」(論語・陽貨）。興是引發真誠的情感。每一首詩的寫作都是出自於作者的真情，因此它會引發讀者真誠的感受。興也有開始、振作、出發的意思，這些都是要從真誠開始。

觀是指察覺到自己的志向。我們很容易忘記自己的志向，譬如許多人到了中年，早就已經忘記了年輕時的理想與抱負。讀詩則可以讓人重新照明這些理想。

群是感通群眾的情感，體諒別人的痛苦。我們平常不太會去關懷別人，通常只有在共同的命運出現時，比較能夠有所關懷。譬如突然發生災難時，受難者就會覺得彼此之間的關係很密切。詩可以群，因為讀詩能夠讓我們發現，人類社會其實承受著一樣的命運。

怨是抒解自己的怨恨。人的情緒需要定期發洩，而讀詩可以發洩情緒，因為詩中有不少是描寫懷才不遇、悲慘命運。我們看到別

[15] 詩在今天的時代，可以用來指稱各種文學體裁及電影等藝文創作。

人所受的委屈，再想想自己，就不會有那麼多抱怨了。

與怨相關的情緒

與怨相關的情緒共有八種：厭、慍、怒、惡、憾、悔、哀、戚。這八種情緒又可分成兩組。我們首先看到「厭、慍、怒、惡」這一組。厭是討厭，只要做任何事情都很恰當，就不會招致別人的討厭。譬如該說話時才說話；該拿錢時才拿錢；該得意時才歡笑。如果不能把握適當時機，則說話時會被人討厭；拿錢時會被人討厭；得意時也會被人討厭。

慍是生悶氣，前面提過：「人不知而不慍，不亦君子乎。」怒則是發脾氣。孔子描寫顏淵時，稱讚他能夠「不遷怒，不貳過」（論語・雍也），由此可見顏淵的修養相當好。當我們對一個人發脾氣後，不把這個怒氣轉移到另一個人身上，這就是不遷怒。一個人容易遷怒，表示他的修養很差。

惡是厭惡。當一個人對某件事感到厭惡，覺得不該做時，就出現了判斷標準。「應不應該」是一個理性思考的層面，我們在情緒上覺得不能忍受時，就要冷靜思考。藉由思考找出一些線索，用來幫助自己了解自身的價值觀，釐清什麼是善、什麼是惡。一旦出現了判斷的標準，就進入理性的世界，而不再只是任由情緒變化而已。

另外一組是「憾、悔、哀、戚」。憾是遺憾。子路說：「願車馬衣裘，與朋友共敝之而無憾。」（論語・公冶長）沒有遺憾就不會有抱怨。

悔是後悔。「怨」有時候會導致後悔。哀則是哀戚，《論語》中出現的這個字，通常和死亡有關。哀之中也有怨的成分，譬如顏淵很年輕就死了，孔子覺得很難過。難過中便帶有怨，埋怨老天為何不讓他活久一點。

孔子說：「君子坦蕩蕩，小人長戚戚。」（論語・述而）小人經常愁眉苦臉，好像準備要抱怨什麼事情似的。這就是戚。

從「恥」到「有恥」（收斂的情緒）

「恥」是收斂性的情緒，正好和「怨」相對。因為「恥」往往是對自己的一種自覺，「怨」則是對別人的抱怨。換言之，「怨」具有傷害性；「恥」則是自己覺得不好意思而慚愧。

恥可以分為兩種：一種是缺乏真誠的恥，另一種是名不副實的恥。孔子認為缺乏真誠是可恥的，例子包括了巧言、令色、足恭；交友心口不一；言行落差等。

巧言是花言巧語；令色是裝出討好熱絡的表情；足恭是態度過分恭順；交朋友心口不一，則是前面說過的「匿怨而友其人」；最後，言行落差是指說一套做一套。孔子認為這些都是缺乏真誠的表現，是可恥的。

名不副實的恥，則包括了志向、身分、遭遇這三個部分。孔子曾說：「士志於道，而恥惡衣惡食者，未足與議也。」（論語・里仁）一個追求人生理想的讀書人，不應該在乎物質條件。如果一個人常想著自己待遇太少、住的地方太差，就不是讀書人了。所謂「君子謀道不謀食，憂道不憂貧」（論語・衛靈公），君子所擔心的是志向沒有實現，而不是貧窮的生活。

立身首重「有恥」。用德與禮教導百姓，百姓就會有恥。讀書人的自我要求，首先也是要有羞恥心。一個人有羞恥心，會不屑於去做某些事情。這也就是所謂的「狷者有所不為」（論語・子路）。人生有很多事情不是不能做或不敢做，而是不屑於去做。一個人受過教育的特色，就在這裡。

與恥相關的情緒

與恥相關的情緒有八種：羞、辱、畏、懼、憂、患、疾、惡。這八種也可以分為兩組。先看「羞、辱、畏、懼」這一組。羞是慚愧，一個人如果沒有恆心，不能有所堅持，就難免覺得慚愧。辱是羞辱，與老闆或長官相處時，說話要得體，否則會自取其辱。

畏則比較特別。孔子說：「君子有三畏：畏天命，畏大人，畏聖人之言。」（論語・季氏）如果無法敬畏這三者，就不符合君子的條件。懼是恐懼。孔子說：「知恥近乎勇。」又說：「勇者不懼。」（論語・子罕）所謂的勇敢，不是指好勇鬥狠那種勇，而是指「我知道什麼是慚愧，哪些事不該做」。如此一來，才有力量去拒絕做那些事。換句話說，勇敢是對自己的克制，對自己的要求。這種人因為不做慚愧的事，所以能夠無所畏懼。

接下來看「憂、患、疾、惡」這一組。憂是憂慮，孔子說：「德之不修，學之不講，聞義不能徙，不善不能改，是吾憂也。」（論語・述而）德行沒有修養好；學問沒有研究好；聽到該做的事不能馬上去做；自己有不對的事不能改過。這是孔子對自己的四大憂慮。事實上，一般人所應該憂慮的，也就是這四點。

患是害怕，孔子說：「不患人之不己知，患不知人也。」（論語・學而）我們不需要害怕別人不了解自己，而應該擔心自己不了解別人。疾是對某事很在意到不能忍受的程度。惡則可以和「怨」這部分的惡連接在一起。換言之，怨和恥連接的地方就在於「惡」。

孔子的示範

（一）情緒表現：《論語》中許多地方都記載了孔子的情緒表現，譬如無隱[16]（述而）；哭與歌（述而）；哭之慟（先進）；怒責季氏（八佾），批判言行不一（顏淵，陽貨），鄉愿（陽貨）；惡佞者[17]（先進），三惡（陽貨），四惡（陽貨）等。另外亦有正面情緒，譬如有朋自遠方來，不亦樂乎。由此可知，孔子的情緒表現非常自然，絕對不會只有其中一方面的情緒。

（二）修養方法：孔子的修養方法是「約」與「恕」。恕是「己所不欲，勿施於人」，約則比較複雜。我在這裡舉五個例子，來說明孔子對自我的約束。

「子絕四：毋意，毋必，毋固，毋我。」（子罕）——孔子完全避免四件事情：他不任意猜測，不堅持己見，不頑固不化，不自我膨脹。這說明了孔子很有彈性，與人相處時不會執著，也不會勉強別人。

「子罕言利與命與仁[18]。」（子罕）——孔子很少主動談起利益、命運和行仁。談到利益時，大家都會爭著搶奪；談命運顯得太過神祕而不合理性；談行仁則滿口仁義道德，反而忽略了個人的修養工夫。談到仁的問題時，必須因材施教，針對個別的對象給予解答，而不是用一個普遍的原則來界定仁的意義。

「子不語：怪、力、亂、神。」（述而）——孔子不與人討論反常的、暴力的、叛亂的及靈異的事件。

「子之所慎：齊、戰、疾。」（述而）——孔子對於齋戒、戰爭、疾病這三件事特別謹慎。

「知天命」（為政），「畏天命」（季氏）——孔子能夠知道並且敬畏天命。

---

[16] 亦即情緒表現十分坦然，沒有任何隱瞞。以下直接引出論語的篇名。

[17] 佞者是指口才很好，但是沒有真心誠意的人。

[18] 在《論語》中，「言」和「語」的用法不同。言代表自己主動去談，語則代表與別人討論。

（三）所達境界：對於孔子修養所達到的境界，可以從五個部分來看：

1. 可以參考《論語．鄉黨》。這其中記載了孔子日常生活的具體表現。

2.「子之燕居，申申如也，夭夭如也。」（述而）—— 孔子在閒暇的時候，態度安穩、神情舒緩，絲毫不受當時春秋時代混亂的社會環境所影響。

3.「夫子溫、良、恭、儉、讓以得之」（學而）—— 這五點都是情緒溫和的表現。

4.「子溫而厲，威而不猛，恭而安。」（述而）—— 孔子看起來溫和而嚴肅，威嚴但不剛猛，謙恭卻也能安定自己。這說明了，孔子能夠把兩種對立的神情調和得恰到好處。

5. 君子「和而不同」（子路）—— 與別人相處和諧，而不會要求一致；「周而不比」（為政）—— 普遍地愛護每個人，而不會偏好同黨；「泰而不驕」（子路）—— 神情舒泰自然，而不會驕傲；「矜而不爭，群而不黨」（衛靈公）—— 莊重矜持而不與人爭鬥，合群而不結黨營私。到了最後，就是君子所表現的「坦蕩蕩」（述而）。

第五章

開發自己的AQ

千里之行，始於足下。——《老子》

無論再怎麼遠的路，都是從自己的腳下開始出發。如果不肯邁出第一步，就永遠無法抵達目的地。古代的《尚書》已經出現「為山九仞，終虧一簣」的說法。九仞不過六十三尺，並不算太高，但是只要缺少了一畚箕的泥土，無論如何也達不到九仞的高度。

人生有逆境是很正常的事。我們要了解，即使逆境的產生是由外在環境所造成的，但最重要的是自己的感受，以及面對逆境時的態度。一個從小受過各種痛苦與折磨的人，在面對逆境時比較能夠坦然接受。

俗話說：「人生不如意，十常八九。」好像活在這個世界上，心想而事不成是司空見慣，很平常的事；至於心想事成，就成為一種奢望了。所以我們每逢過年過節的時候，都喜歡互相祝福「心想事成」。

前面幾章介紹了IQ和EQ。IQ是由「知」的潛能所發展出來的；EQ是由「情」的潛能所孕育而成的。本章所要介紹的AQ，則是針對「意」的潛能所作的深入探討。所謂「逆境智商」，就是指一個人在面對不如意時的回應能力。

AQ是什麼？

《AQ》（*Adversity Quotient*）一書是由史托茲（Paul G. Stoltz）所著，1997年在美國出版[19]。史托茲在這本書中，蒐集了豐富而新穎的研究資料和相關證據，用以論述AQ的存在與價值。

AQ主要在探討「人的潛能」與「成功之道」兩者之間的第三項因素。亦即，它是繼IQ與EQ之後，針對「意志」部分所作的研究。這個概念出現之後，使得人類心智「知、情、意」三種潛能的發展，形成了一個完整的系統。

AQ就是所謂的逆境智商，主要與一個人意志所表現的能力有關。它是一個人處於困難處境中，能否保持希望、持續奮鬥的決定因素。換言之，認識AQ，將使一個人知道自己能否發揮潛能、克服障礙、堅持到底。

[19] 中譯本《AQ》，莊安祺譯，時報文化出版。

《AQ》這本書等於是為IQ、EQ作了一個總結，因為IQ和EQ主要側重於「坐而言」的階段，AQ則是到了「起而行」的時候了。一個人就算IQ很高，如果不能下定決心用功讀書，再聰明也只是枉然；同樣的道理，一個人即使EQ很高、個性溫和，如果無法集中情緒能量，朝著目標邁進，也沒有成功的希望。如何將情緒轉化為一種動力，使自己堅定不移地克服各種困難，並且抵達目標，那就和一個人的AQ有關係了。

三種人生態度

《AQ》這本書以登山比喻人生，認為人生就好像登山一樣，要一步一步地往上走。所謂「千里之行，始於足下」，無論再怎麼遠的路，都是從自己的腳下開始出發。如果不肯邁出第一步，就永遠無法抵達目的地。古代的《尚書》已經出現「為山九仞，終虧一簣」的說法。九仞不過六十三尺，並不算太高，但是只要缺少了一畚箕的泥土，無論如何也達不到九仞的高度。

本書將人生分為三種態度，代表三個類型的人：放棄者、中輟者、攀登者。這種分法雖然相當簡略，但可以將它視為如同光譜一般：有些人在第二個領域中，但可能正慢慢接近第三個領域；有些人則可能剛進入第三個領域，正要開始起步而已。這樣一來，就可以避免陷入黑白二分，或者是嚴格三分法的缺失。

只要是與人有關的一切，都要從「趨勢」來看，因為人是活的、有生命的。佛學中常說：「起心動念。」人的心念經常轉個不停，久而久之，就會產生一種行動的力量。所有的言行思想，都會朝著念頭指示的方向走。因此，我們要有動態的人生觀。

止步不前的放棄者

有些人因為看到山很高，就忽視、隱藏或放棄自己向上奮鬥的願望。如果我們在一個小孩剛進小學的時候，清楚地告訴他，將來所要面對的學習生涯會有重重考驗，可能會讓小孩感到恐懼，而產生放棄的念頭。

放棄有各種不同的模式。這裡所謂的放棄，並不是指老莊思想由於智慧覺悟所展現的逍遙態度，而是一種覺得人生太累，不想努力的失敗者心態。我記得有一次在前往新竹交通大學演講的回程中，與計程車司機在車上聊了起來。這位司機是交通大學的碩士班研究生，平常有空就開計程車賺取生活費用。他談到他的姊姊。他姊姊在國中的時候，成績相當優異，但是到了國三時，因為接觸到老莊思想，就放棄參加聯考，並且從此以後再也不升學了，無論家人、師長、朋友如何規勸，都無法改變她的心意。

事實上，她所接觸到的只是老莊哲學的一小部分而已，談不上是正確而完整的理解。不過，一般家長與老師無法應付這種情況，對於她的疑問也沒辦法提供正確而有效的解答，因此才會造成這種無法彌補的後果。其實像這樣一個聰明的孩子，如果當時獲得了適當的教導，而認識道家思想的正反兩面，未來將有不平凡的人生。

老子與莊子的思想，呈現了一種透徹的智慧。一個人若是年紀太輕就接觸這樣的思想，往往會因為缺乏真實生活的經驗，而使得理論與現實無法配合。研究老莊最好在中年以後，因為人一過了四十歲，自我的心靈抵達向上提升的關口。如果這時候不懂得老莊思想，會因為過於執著而相當辛苦。換言之，有了豐富的人生經驗，卻沒有老莊的智慧，就很難知道什麼事情該覺悟，什麼時候該放開，好像雙腳黏在地上飛不起來一般。

失敗者常用的口語包括：不行、沒辦法、別管它、不值得、以前都這樣、我太老……等。換言之，放棄者往往會找理由，讓自己停留在原地，不再發展各方面的潛能。這種人通常看起來都很安分，也不會對別人造成太大的威脅。

其實，重點不在於每個人命中注定都要奮鬥，而在於人如果不奮鬥便無法開發潛能。潛能一旦荒廢，就像原地踏步，內在將產生一種壓力，這樣的壓力長久累積下來，會使一個人變得麻木不仁，對生命失去熱情，對自己也逐漸失望。

熱情對人而言非常重要。當一個人懷有熱情時，整個人的感覺、心態都會充滿活力。愛迪生（Thomas Edison, 1847-1931）在發明電池之前，經歷了五萬次的失敗。周圍所有的人都勸他放棄這項實驗，認為五萬次的研究都沒有成果，根本不可能成功了。可是愛迪生本人卻不這麼認為，他認為自己已經發現了五萬種失敗的方法，怎麼能說是沒有成果？換言之，每次的失敗，都是一個經驗。經驗的累積，就是成功的基石。由此可見，對於科學的熱情，讓愛迪生能夠站在與別人不同的角度，去看待一件相同的事情。

放棄者的人際關係方面，有一個特色：他可以找到一起放棄的人，但二人之間不會有深厚交情。

結交朋友時，首先要了解彼此的價值觀。如果兩人所認定的人生最重要的三件事之中，沒有一件是相同的，那麼即使相處在一起，也沒有共同關心的話題。一般而言，價值觀很難作好壞的區別，每個人都有選擇自身價值觀的權利，不過最重要的是真誠相待。如果為了某種目的而說出違心之論，那麼所結交的朋友就不容易持久。

放棄者在結交朋友時，也會尋找和他有類似心態的人，因為這樣彼此之間才不會有壓力。雙方都以放棄者的心態在交往，就不會用心去探索對方的內在世界。如此一來，當然無法培養深厚的交情。

放棄者處於馬斯洛（Abraham Maslow, 1908-1970）「需求理論」中的最低二層，也就是生理需求與安全需求的層次。生理需求是要滿足吃飽喝足的欲望，安全需求則是指「免於恐懼的自由」。這種安全是消極的，而不是積極的。所謂積極，是指能夠主動去創造安全的環境，並謀求進一步的發展。

事實上，在日常生活中很難找到一個完全的放棄者。就算一個人出現放棄者的心態，但是基於現實條件的考量，仍然必須打起精神繼續工作。

半途而廢的中輟者

這種人好像是登山到了一半的時候，已經心滿意足，於是就在半山腰紮營，為自己建造舒適的「監牢」。這一部分特別是針對中年人而言的。我們常看到「如何在三十歲以前賺到人生的第一個一百萬」、「如何在四十歲以前退休」這一類的廣告。它說明了，許多人都希望過一種屬於個人的、可由自己安排的生活，而不願意隨著整個社會一起發展，因為與社會同步前進的壓力實在很大。

能夠在四十歲退休，當然是憑藉自己有基本的存款或經濟來源，可以讓退休的日子沒有後顧之憂。換言之，也就是在人生的前半輩子努力工作，奮鬥到了中年，發現這半山腰的環境還不錯，便在這裡紮營了。這就是中輟者的特色。

中輟者常用的口語包括：這樣夠好了，做到最低限度了，事情可能變得更糟，以及各種不要繼續上進的理由。

「事情可能變得更糟。」（It could have been worse.）這句話在西方常常聽到，它有正反兩種意思。反面是指：目前狀況還不錯，所以出現了「不需要繼續努力」的念頭；正面則是指：遇到災難時，事情沒有變得太糟，因此懂得「珍惜剩下的一切」。中輟者在說這句話時，所抱持的是反面的心態。

中輟者與別人的關係通常是：得過且過、勉強忍耐、不願成長、不願冒險。家庭中特別容易出現這種現象。譬如家人相處時，往往會覺得彼此的習性已經沒辦法再改善，所以睜一隻眼、閉一隻眼，勉強忍耐下去就算了。這便是一種中輟者的心態，覺得只要維持一個還算穩定的關係就夠了。事實上，人與人的相處不應該停止於此。

中輟者處於需求理論的中間二層，也就是「愛與歸屬」的需求和「尊重」需求。換言之，他可以達到初步的成就，但是無法進入自我實現的階段。能夠進入自我實現階段的，是最後一種人，也就是所謂的攀登者。

永不退縮的攀登者

這種人的字典中沒有「退出」二字。換言之，人生像是一場比賽，而攀登者絕對不會在中途放棄。

我的女兒在美國唸書時，暑假還繼續參加暑修班，正式上課修習學分。遇到課程最困難的時候，她會抱怨說，為什麼別人都在放假，她卻要這麼辛苦。這時候我會對她說：「別人放假休息，那是他們的選擇。可是妳將來要競爭的對手，就是現在和妳一起學習的人。妳不要去管以前的人怎麼樣、以後的人怎麼樣，而是要努力走出一條自己的人生道路。」

如果我當時說：「既然這麼辛苦，那就不要繼續下去算了。」這樣一來，等於是給了孩子一個後退的藉口。我們應該把握這種機會鼓勵孩子，因為年輕的時候有機會接受考驗，是一件幸福的事。

能夠突破當下最困難的這一關，未來才有可能成功。

一個人是否能夠堅持下去，往往在於他的觀念與信念。攀登者終其一生，直到離開這個世界的那一刻，都不會有停下來的時候[20]。

攀登者常用的口語包括：可以做到什麼，該怎麼做。換言之，他所談的是「行動」，而不是理由。同樣一個問題，由不同的人來解釋，會有不同的理由。可是如果僅止於尋找理由，對於解決問題是毫無幫助的，只有透過積極的行動才有可能解決問題。攀登者以行動來面對問題，而他採取行動的時機，就是「現在」。

他與別人的關係是：肯經營，願意探險，使關係不斷成長。這是一種非常健康的關係。由於攀登者每天都在改變、一直在進步之中，他們可以經常和別人分享新的想法與感受，並且互相討論、彼此交流。如此一來，他與別人的關係將不斷地成長及提升。

攀登者處於需求理論中的最高層，也就是要從自我實現走向自我超越。一個人只有自我實現是不夠的，還必須朝著自我超越去努力。馬斯洛晚年的最後想法，就是主張在自我實現之上，再加一個自我超越的目標。

成功之樹

《AQ》一書中提出了「成功之樹」的概念，值得我們參考。以下略加說明成功之樹的結構。

---

[20] 這裡所指的並不是對社會上財富、成就的追求，而是指對於自身修養、境界的不斷提升。換言之，一個人年紀越大，就要越懂得朝向靈的層次去努力。

成功之樹

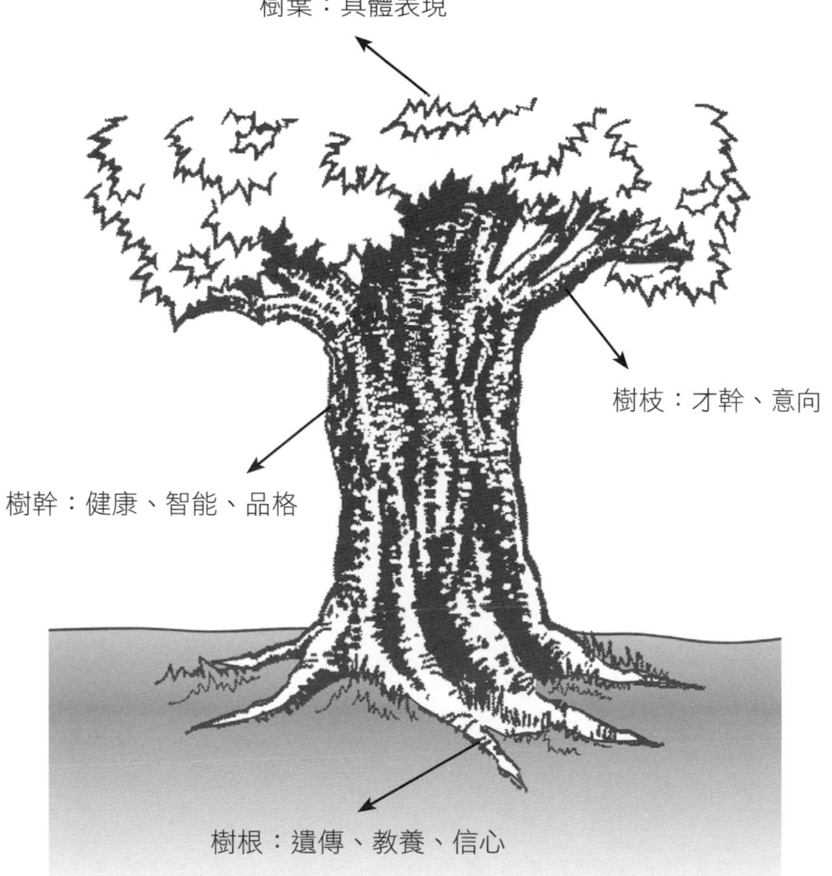
樹葉：具體表現
樹枝：才幹、意向
樹幹：健康、智能、品格
樹根：遺傳、教養、信心

樹根

樹根指的是一個人出生時所具有的條件，以及生命早期所培養出來的特色。樹根包括遺傳、教養與信心。這是埋在地底下，不易為人所知的部分。

有些人對於遺傳的了解，有過度誇張之嫌，以為遺傳決定了一切。許多律師在為罪犯辯護時，也常以這一點作為理由。事實上，遺傳對一個人的影響，最多50%左右。

教養與一個人最初的成長經驗有關，譬如幼稚園和小學的階段。這時候小孩會受到父母及老師言教、身教上的影響，而養成性格的基本特質。

信心就是所謂的自信。我們一再強調自信的重要，因為它是從小對自己所建立的基本信念。譬如我活著，就一定有活著的理由；只要努力做下去，一定有別人來幫我；真有困難的時候，我不會一個人落單。

樹幹

樹幹包括了健康、智能[21]、品格。健康是人生一切成就的基礎，但並不是人生最重要的部分。換言之，健康是人類生命的必要條件，但不是充分條件[22]，所以人生的價值不能用健康與否來衡量。有時候我們甚至會為了實現自我，而犧牲小部分的健康（譬如為了唸書而眼睛近視）。這不僅無可厚非，還是非常合理的。

㉑ 可參考第二部第一章「嘉納的多元智能理論」部分。

㉒ 必要條件是指一個事物存在的基本因素，若沒有該項條件，則此物無法存在。充分條件則是指具備必要條件後，使得一個事物彰顯其存在價值的條件。譬如人活著的必要條件是生理需求，然而充分條件則是自我實現，也就是充分發揮身、心、靈的潛能。

品格則比較接近充分條件。在斯邁爾斯（Samuel Smiles, 1812-1904）所著的《品格的力量》（*Character*）[23]一書中，列出了公正、誠實、仁慈、勇氣、慷慨這些品格。這些品格都只是程度上的多寡，而非「有」或「沒有」的問題。換言之，我們不可能一開始就完全具備這些品格，而是要期許自己在程度上不斷地提升。

樹枝

樹枝是指履歷表而言，就像樹枝是從樹幹延伸出來的。樹枝所代表的是才幹與意向。

我們在應徵工作時，履歷表上寫著自己的才幹與意向。才幹是自身已經擁有的條件，譬如從什麼學校畢業、讀哪個系、有什麼經歷等；意向則是對未來的期許與企圖，代表一個人的動機、熱情和野心。

樹葉

樹葉是一個人的具體表現，他在各方面成就的總體，譬如人際關係、收入、工作成績、別人的評價等。樹葉越茂盛，表示成就越可觀。

AQ

AQ是樹根下的泥土，代表了成功的基礎，它決定一個人的態度，以及如何在世界上施展能力。

這裡等於是藉由「成功之樹」的象徵，來突顯逆境智商的重要

㉓ 中譯本由劉曙光、宋景堂、劉志明譯，立緒出版。

性。涵養樹木的土壤本身，就是逆境智商，提供了樹木成長所需要的養分。

現代人的三大逆境

所謂現代人，在此是以美國作為例子。我們平常對美國的印象，大多是從電影中獲得的。電影中所描寫的美國人，似乎都過著多采多姿的生活，並且生活內容非常先進，在各方面領導著全球。事實上，美國社會也有許多複雜的問題，譬如青少年的學校教育問題。換言之，一般人對美國的了解，大多數只停留在表面印象。

我三十多年前剛到美國耶魯大學唸書時，原本以為這種一流大學，在安全方面應該沒什麼問題，結果第一天到學校報到時，就被校園的治安情況嚇了一跳。那天註冊完後，學校發給每位同學一張校區地圖，地圖上有許多密密麻麻的黑點，旁邊還注明，凡是有黑點的地方，表示去年在該處曾經發生過犯罪事件。除此之外，地圖上面還提醒學生在晚間七點之後，儘量不要出門。

相較於電影中所呈現的美好形象，美國社會問題的嚴重，實在是我們難以想像的。史托茲在《AQ》這本書中，也提出了美國人所面臨的三種逆境：社會逆境、工作逆境、個人逆境。

社會逆境

在社會逆境方面，本書分別探討了犯罪率、家庭功能、教育界三方面的問題。探討問題時，可以採取兩種態度：「說明客觀事實」和「表達批評立場」。一般在從事研究時，不會採用第二種態度，因為如果只是批評，對分析及解決問題是毫無幫助的。換言之，進行批判以前，首先必須了解「問題為什麼會發生，它的前因後果又是什麼？」如此一來，對於改善現狀才會有所幫助。

以下針對這三方面的問題，分別加以說明：

（一）犯罪率：十名美國人中，有八名可能成為暴力犯罪的受害者；20%的高中生攜帶武器上學，其中包括十萬支手槍。由此可知，美國整個社會都充斥著明顯的暴戾風氣，並且青少年嚴重缺乏安全感。

犯罪率高的原因很多，其中之一是美國人非常重視個人主義。一個盛行個人主義的社會，團體規範的約束會相對降低。換言之，一個人只要覺得某件事是對的，他就去做，而不太考慮社會、家庭，或其他人的看法。在他們看來，一切規範都是對個人的壓制，使得個人特色無法發揮。

個人主義當然也有優點。它能夠尊重一個人的自主性，讓他為自己的言行負責，並且充分發揮個人潛能。然而，美國的個人主義還結合了享樂主義。如此一來，就造成了嚴重的問題。享樂主義不考慮後果與未來，只重視現在的快樂。然而，我們都知道，人的生命是有延續性的。如果完全不考慮後果，只顧當下的享樂，到最後會一發不可收拾。一旦到了不可收拾的情況，可能就必須以犯罪、害人害己的結果來收場。

相形之下，華人社會比較注重人際關係的網絡。每個人在群體中所扮演的角色，都有一定的規範和約束，因此在行為上不至於偏離得太過分。這些規範有時會帶來壓力，讓我們覺得好像無法發揮個人特色，然而，以長久的眼光來看，它所提供相對穩定的網絡，對於個人特質的發展其實是比較有利的。當然，凡事過與不及都不好，如果約束得太過分，的確是會壓制個人的生命潛力。

（二）家庭功能：60%的家庭離婚或分居；1996年有五十萬未

成年少女懷孕生子；自1960年以來，青少年自殺人數增加三倍；三分之二的青年不再相信十誡[24]或任何對錯法則。

一般而言，西方人受基督宗教的影響很深，都會相信十誡，然而現在的美國年輕人已經不再相信十誡，甚至不相信任何對錯法則。換言之，現在的美國是一個標準的後現代社會。後現代社會有三點特色：第一，價值歸零，亦即所有的價值回到原點，從前的是非善惡全部不算，而要重新找到衡量標準；第二，一切生活都是拼湊的，食衣住行沒有一定規則，可以依個人喜好任意組合；第三，只相信自己所經驗的一切。正如李歐塔（Jean-Francois Lyotard, 1924-1998）所云：「所有已被接受的，都要加以質疑。」

台灣對於家庭功能的維護，比起美國要好多了。我常告訴台灣做父母的人，孩子只要每天願意上學，下課也可以準時回家，就應該感到很安慰了。如果要求過於嚴苛，對孩子或對父母都不好。有些父母求好心切，給孩子帶來過多的壓力，效果往往不理想。

（三）教育界：抵不過電視的影響力。學齡前兒童每天看電視四小時；青少年每週讀書1.8小時，寫功課5.6小時，看電視二十一小時，與父親相處五分鐘，與母親相處二十分鐘。一個孩子小學畢業時，已經由電視看到了一萬個暴行。30%的大學畢業生所從事的工作，是不需要大學學歷的。

每個人從小學開始，幾乎要花十幾年的時間接受教育。然而，從上面的數據可以發現，教育界的作用已經越來越薄弱了，甚至比不過電視的影響力。一個小孩即使能從課本中學到許多美德，但

---

[24] 即天主教中的十誡：一、要信仰唯一的上帝；二、不可隨意以上帝之名發誓；三、週日要上教堂；四、孝順父母；五、不可殺人；六、不可犯邪淫之罪；七、不可偷盜；八、不可作假見證；九、不可貪戀別人的妻子；十、不可貪求別人的財物。

又怎麼抵得過從電視上所接收到的各種暴行？換言之，小孩從學校裡學到的，只剩下聽、說、讀、寫的部分，價值判斷、直覺反應、生活習慣的建立，則大多是經由電視而學習的。而電視所提供的訊息，往往只能讓我們走向放棄者或成為失敗主義者。

有30%的美國大學畢業生，從事的工作不需要大學文憑。台灣現在也有類似的情況。譬如每次招考清潔隊員，都會有很多大學畢業生參加；公務人員的初等考試，也不乏有碩士學歷的考生。這些工作並不是不好，而是不需要高學歷。一個人讀了這麼多年的書，卻不能學以致用，這不但是浪費自己的時間，也是浪費教育資源。

教育的功能和角色不斷萎縮，到最後似乎只是一條人人必經的道路而已。許多學生一路唸書補習考上大學，上了大學以後，也沒花什麼心思在課業上。教授們覺得無奈，對學生也無法要求太多，只能盡自己的本分把書教好。這就是現在大學教育的處境。

事實上，現在台灣整個社會都處於逆境之中，傳播媒體則是造成這種情況最主要的推手。許多新聞所呈現的內容與論調，實在讓人感到悲觀失望與無能為力。然而，這正好也是一個機會，提醒我們去思考如何提高逆境智商。

工作逆境

1990年代有一句職場名言是：「在這裡，不變的，只是持續的變化。」這句話其實可以推源於古希臘哲學家赫拉克利特（Heraclitus，約540-480 B.C.）的概念。

赫拉克利特認為，宇宙中只有變化是永恆的。換句話說，這個世界從來沒有靜止過。在工作場所中流傳這樣的話，代表了一種不安全、不確定的感覺。

定期支票、長期聘僱、社會安全感、養老退休金等，所有原本以為很可靠的，都有可能出現變化。台灣目前的中年失業就是最好的例子。原本以為自己的工作很有保障，最後卻被裁員的人，實在是不計其數；就連號稱鐵飯碗的公務員，都面臨了政府部門人事縮編的問題，這些都是社會變化所造成的工作逆境。工作方面的逆境會讓一個人產生強烈的焦慮感受，對前途深感不安。

個人逆境

在個人逆境方面，有些共同的情況，也有明顯的個別差異。以共同情況來說，譬如六歲的小孩平均每天笑三百次，成年人則是十七次。笑基本上代表開心、快樂，或者是理解問題、想通道理時的自然表現，可以讓一個人鬆弛緊張的情緒，減輕壓力。個人逆境的轉捩點在於：知道自己面對逆境，進而思考這一切是怎麼發生的？如何改變它？

人生有逆境是很正常的事。我們要了解，即使逆境的產生是由外在環境所造成的，但最重要的是自己的感受，以及面對逆境時的態度。

一個從小受過各種痛苦、折磨的人，在面對逆境時比較能夠坦然接受。譬如許多與我年紀相近的朋友，看到現在台灣社會所面臨的困境，會覺得沒有那麼嚴重。這是因為我們在成長過程中，曾經遭遇過不少困難與考驗。

面對逆境時，擔心是沒有用的，重要的是設法冷靜面對問題，找出問題的癥結所在，並且分辨清楚：哪些部分是別人造成的，哪些部分是自己可以改善的。如此一來，才有可能釐清與化解問題。

四條危險的岔路

當一個人遭遇逆境時，可能有誤入歧途的危險。《AQ》這本書列舉了四條應該避開的岔路：由攀登者轉變為中輟者、過度依賴科技、需要不停打強心針、無助與無望。

由攀登者轉變為中輟者

原本是積極的攀登者，卻發現暴風雨實在太大了，於是在山腰止步，想先紮個營等待暴風雨過去，再繼續攀登。然而這樣待久了以後，可能會漸漸習慣那個環境，最後不想再繼續往前走了。尤其是人到中年以後，身心各方面的能力都已經有些局限，因此特別容易發生這種情況。

我在台大教書超過三十年，看到有些同事，十年不寫一篇論文、不做任何研究。這就是典型的中輟者。這些人在前半輩子努力工作，才能夠成為大學教授，但是後來呢？我們可以有所選擇，將生命的過程分為不同階段，但是絕不能停下來。因為一旦停下來，往往就會失去繼續上進的動力。

過度依賴科技

現代人很容易把對人類能力的信心，轉移為對科技的期待，於是喪失對自己生命的掌控力。以環保問題為例，數十年前剛開始成立地球日時，大家所想的是靠著人類的努力，來改善環保問題。如今卻期待靠著新科技的發展（譬如太陽能發電）來解決能源問題或環保問題。如此一來，反而造成大多數人不再身體力行推動環保工作。

當人們開始依賴科技，就會對控制自己的生命喪失信心。譬如當一個人罹患疾病時，如果知道某一國家發明了新的藥品可以治療，便很可能選擇接受該藥物的治療，而不再運動、不再復健。換言之，過度依賴科技使得現代人遇到逆境時，不再願意靠自己的努力去解決問題。

必須了解的是，不管有再好的辦法，我們都必須從自己出發，去尋找解決問題的途徑，而不能完全依賴科技。

需要不停打強心針

過去十幾年，台灣社會也像美國一樣，經常邀請一些「潛能開發及訓練」方面的大師，專門激勵人心，為人們打氣。基本思想就是希望能夠助人找到活下去的動機。

由於大多數人需要不斷增加能量，獲得動力，因而使得勵志書籍與演講大受歡迎，有如早餐時的咖啡，喝下去可以使人消除疲勞、提神醒腦，如此一再反覆循環。在美國，這種勵志產業，每年產值大約有兩百四十億美元。

這樣的激勵沒有什麼不好，但是卻不夠，還是必須從根本之處著手復原。譬如卡內基這一類的課程，通常是針對一個人的職業需求來培養潛力，將人生問題一個個地解決。這種方式可能在短期內產生可觀的效果，換言之，它也許能夠治標，卻未必可以治本。

我們應該學習的，是一套完整而根本的人生哲學。它能夠對人的心智有所啟發，助人學會思考的方法和組織架構的能力。如此一來，不管遇到任何問題，才有辦法掌握。

一般所謂的勵志作品，往往既不完整也不夠根本，因為它只是針對某部分的需求來設法解決問題，而未能觸碰到生命的最後意義。

無助與無望

無助與無望，這二者會形成惡性循環，一旦陷於這種惡性循環中，就會對自己的人生與未來，甚至人類的遠景，都感到絕望。

無助與無望的含意不同。無助是發現自己得不到幫助，覺得自己勢單力薄，沒有任何救援，最後只好失望；無望則是陷於絕望。換言之，無助是一種掙扎，希望得到別人的幫助；無望則是在內心已經產生了放棄的念頭，不再抱著希望了。

當一個人處在逆境時，就有可能陷入這四條岔路之中。一旦陷進去之後，逆境智商會越來越差，最後成為放棄者。要想改變這種情況，就須提高逆境智商。提高的方法將在下一章再作介紹。

第六章

強化自己的AQ

古語有云：「吃得苦中苦，方為人上人。」

吃苦倒不是為了勝過別人，而是為了迎向生命的真實面貌，因為在苦難中，生命沒有任何遮蔽，可以展示其深度、廣度與高度。

測量自己的逆境智商，就是要在逆境發生時，問自己以下幾個問題：

1. 我有多少控制能力？這個逆境的發生與我有沒有關係？

2. 逆境的原因是什麼？是長久以來的原因，還是最近的原因？責任又該歸咎於誰？

3. 逆境的影響範圍有多廣（空間）？

4. 逆境會持續多久（時間）？

人生的歷程中，存在著各種逆境。而現代社會裡，人們所遭遇的逆境更是變本加厲。在這樣的情況下，一個人的逆境智商就顯得更為重要了。

構成AQ的三種學術根據

要提出一套理論來說服人們，需要有一些學術根據，逆境智商當然也不例外。《AQ》的作者史托茲，就在書中提出了三種學術根據。這三種根據簡單說來，是三門相當現代化的學科，也就是：認知心理學、神經生理學、精神神經免疫學。

認知心理學

認知心理學這門學科原本是在研究「兒童在成長過程中，如何認識外界事物以及認識自己」。藉由此一學科豐富的研究成果，我們現在可以知道，人們如何理解與建構周圍的環境。換言之，每個人在成長的過程中，都會養成某些基本的能力，形成一種特定的模式來接受訊息、加以判斷，並且進行反應。認知心理學即是針對這些部分進行研究，而其研究成果則可以用於逆境智商的理論中。

認知心理學的研究發現：凡是認為挫折都是無法控制、源於自己、範圍廣大、時間持久的人，特別容易受到逆境的折磨；相反的，認為挫折只是一時不順、影響有限、源自外在原因、只要努力便可加以控制的人，可以很快就繼續往前邁進。

「無法控制」代表自己的能力不足以應付挫折；「源於自己」代表自己即是挫折的來源，不能怪別人。譬如因為自己太矮，所以打籃球老是輸；「範圍廣大」是指到任何地方都無法改善、無法逃離此一挫折；「時間持久」則是指此一挫折影響自己的時間會很久，甚至好像一生都無法逃離。

如果一個人在遭逢逆境的時候，存著以上四種心態，就會越陷越深，飽受折磨。相反的，如果一個人認為挫折是一時不順、影響有限、源自外在原因、只要努力便可加以控制，他就能夠迅速擺脫壓力。大家都知道，一塊錢的銅板很小，但是把它放在眼珠前面，照樣會遮住所有的光線；反之，如果放得遠一點，就算是一百或一千元的鈔票，都不會對我們的視野有太大影響。由此可知，同樣一件事情，從不同的角度去看，心態上就會有很大的差異。

對逆境的反應，將左右一個人的效率、表現與成功。一個人對逆境的反應如果是正面的，做事就會比較積極，能夠表現較佳，並且最後可以克服逆境達到成功。換言之，一個人認識自己面對逆境時的反應模式，是人生中重要的功課。

人以持續的潛意識反應模式，來回應逆境。所謂「潛意識反應模式」，是指一個人在不知不覺中所形成的、個人特有的反應模式。譬如由於捷運站的氣氛很緊張，所以人們身在其中，會不知不覺地越走越快。這就是一種潛意識反應模式，有時候可能連自己也不知道，為什麼會有這樣的反應。

我們與別人來往時，也會出現這種情況，有時候不知不覺就會使用某種語氣、態度去回應別人。要跳脫這種反應模式，必須認真訓練AQ。換言之，我們必須了解，自己的心理狀況是如何運作的。如果不主動進行調整，這些模式一生都不會改變。

不被「無能為力」絆住

活在世界上，人有能力做到許多事情，但是對於另外一些事情，則沒有能力去完成。譬如人沒有翅膀，所以不能飛翔。這種無能為力，並不會造成任何挫折感。有些無能為力則會帶來挫折感，譬如有些人的理解力有限，與其他同學一起學習數學時總是跟不上進度，這時候會產生無能為力的感覺。這就是心理學中所謂「學來的無能為力」。如果任由這種感覺操縱自己，它就會慢慢擴延，影響到其他方面。

心理學家曾做過一個實驗：將三隻狗分別關在不同的籠子裡。第一隻狗被施予電擊。當牠觸碰到籠子裡的按鈕時，電擊就會停止；第二隻狗同樣也被施予電擊，但卻沒有提供任何按鈕。因此狗只能待在籠子裡遭受電擊，而沒有任何反抗能力；第三隻狗則是沒有被施予任何電擊。

隔一陣子之後，再把這三隻狗放進籠子裡。這次每隻狗都被施予電擊，籠子裡則有能讓電擊停止的踏板。實驗的結果發現，第一隻狗因為有過觸碰按鈕的經驗，因此很快就會去嘗試踩踏板；第三隻狗因為未曾遭受電擊，因此也能在第二次實驗中嘗試學習，以避免繼續遭到電擊；第二隻狗則由於上次的電擊讓牠毫無反抗能力，因此沒有做任何嘗試，只是拚命地哀鳴。這就代表一種學來的無能為力。

人也是一樣的。我們可以把人分為兩組，分別給他們不同的拼圖：第一組人給的是很難的拼圖；第二組人給的則是錯誤的拼圖。如此一來，第二組人無論再怎麼努力，都無法把拼圖完成，因此就會感到無能為力。換言之，當我們無論如何努力，都無法改變現狀時，就會學到一種無能為力。

一般人在學習的過程中，常常會出現這種情況。譬如在唸書時有某一科特別差，從此以後對那一科就感到無能為力。其實，一個人學習的時候，一定會出現某一部分的盲點，所以在成長過程中，首先就要了解，自己會有學習而來的無能為力，使自信遭受挫折。

因此必須避免讓這種無能為力擴散。因為它一旦擴散，就會讓生命蒙上一層陰影，而對所有的逆境感到束手無策。

要建立自信，就必須掌握自己的優點。沒有人是全能全才的，人不可能所有事情都很擅長，更沒有必要拿自己的弱點與別人的優點相比，而應該趁早發現自己最有把握的部分，藉此建立自信。

神經生理學

人腦有理想的結構，能夠形成習慣。人類的神經系統是所有生物中最複雜的。生物的演化方向是越來越複雜，其複雜性表現在身體結構上，而身體結構的複雜性又顯示在神經系統中。人類大腦的容量較其他生物大得多，因此神經系統的複雜程度，遠遠超過其他脊椎類及靈長類的動物。

神經系統可以讓我們為了適應環境的挑戰，而形成特定的習慣。西方有些研究指出：形成一種習慣，需要花二十一天的時間，例如教導小孩刷牙、訓練說話的詞句……等。但事實上並非必然如此，譬如小孩只要一碰到火，覺得很燙，以後就不會再去玩火。所以後來也有人說：要學會習慣，只需0.1秒。

事實上，形成習慣的時間長短，有時候與遭遇的強度、震撼的狀態有關。然而，大人往往不願意讓小孩親自去體驗，而希望藉由言教讓小孩養成良好的習慣。這種效果其實是相當有限的。

習慣可以立即被打斷，並加以改變。舉個例子來說，男生在當兵時，不管原來有哪些習慣，一旦到了軍隊中，就必須服從軍隊的規矩，毫不留情。由此可知，習慣並不是改不了的，有時候只是自己不能下定決心去改而已。

個人對逆境的反應習慣，可以汰舊換新。譬如一個人遇到挫折時拚命吃零食或到處買東西，後來經過朋友指點，改成一遇到挫折就去慢跑，不但效果更佳，而且有益健康。

精神神經免疫學

免疫學所強調的是：一個人如何回應挫折，與他的身心健康有直接關係。它會影響免疫功能、手術後的恢復能力，以及罹患重病的機率。

回應挫折的能力越高，身心[25]會越健康，因為挫折對身心所構成的威脅被大幅降低了；反之，如果回應挫折的能力很低，一碰到挫折就焦慮緊張，那麼身心免疫力當然比較差。

手術後的恢復能力也和AQ有關。AQ高的人充滿信心，常想著還有很多事等著自己去完成，因此康復的情形會比較快。

AQ高的人比較不容易罹患重病，因為一個人如何看待病情，對於病情的本身會有相當的影響。如果一個人常想自己的病情會越來越嚴重，那真的就會越來越嚴重。事實上，對於有同樣病情的病人，有時連醫生都很難判斷誰會先痊癒，因為這跟病人本身的心態有關。

控制力是健康長壽之道。曾經有人在養老院做過一項實驗：讓其中某些老人每個人照顧一盆花；另外一些老人則沒讓他們做任何事。結果發現，有負責照顧花的老人，大都活得比較久。這是因為他們每天都要關心花的狀況，有了這個目標，感覺到自己的生命比較踏實，因而增加了免疫功能。相反的，另外一些老人，雖然表面上看起來好像很幸福，什麼事都不用做，但由於他們對任何事情都

[25] 此處必須留意，把身心二者連在一起，才能夠看得更完整。譬如有時候在動機很強烈時，身體就可以撐下去；然而一旦鬆懈下來，則會開始生病。當然，身體仍然有其一定的限制，而不可能完全由心智來掌控。

沒有控制力，也就失去了生活的方向和目標。如此一來，免疫功能就會相對的比較差。

以我的母親來說，她五十歲以後因病而半身不遂。我們做孩子的當然希望母親能夠好好休養，什麼事都不要操心，有問題交給我們處理就可以了。可是我後來發現這樣做似乎不太對，因為老人家有事情可以關心，才會覺得自己有用。當她有一個對象可以控制、可以抱怨時，生命力才會有明確的方向。一旦什麼事都不管，反而會讓她感覺到生活失去重心。

逆境的消極反應模式會造成沮喪。我們常聽人說「逆來順受」，這是難得的修養境界。但是，如果光是消極而被動地承受考驗，久而久之，很可能會扼殺奮鬥的勇氣，陷於沮喪的、甚至憂鬱的心境。

測量AQ的方法：CORE

Core這個字本來是指「核心、精華」的意思，而C、O、R、E這四個字母又分別有其不同的內涵：C是Control，「控制」；O是Origin或Ownership。Origin是指「起因」，Ownership則是「責任歸屬」；R是Reach，也就是「影響範圍」；E是Endurance，亦即「持續多久」的意思。

我對挫折有多少控制能力？

這裡所要強調的，不是一個人實際上對挫折的控制能力，而是他「覺得」自己對挫折有多大的控制能力。換言之，當一件事發生時，我們不必急著去問這件事到底是何種情況，而要先知道自己對這件事的感覺如何。因為同樣一件事情，在不同的人看來，就會引發不同的感覺。許多時候，我們無法精確衡量事情本身，因為衡量需要充分的資訊與標準，但是自己的感覺，則是自己可以掌握的。

舉個例子來說，當我們遇到考試挫敗時，就要問自己：「我對挫折有多大的控制能力？」AQ越高的人，越能控制挫折。這次考得不理想，就要求自己下次要考得比較好。記得我在美國求學時，有一次參加基督徒的聚會，看到十幾位基督徒坐在一起禱告。有一位同學說：「感謝神，我這次物理考試考了A。」他還沒說完，旁邊的人就哭著說：「神啊，我到底做錯了什麼，為什麼只考到B呢？」

一個人把考試成績不好的原因怪在神的身上，表示他的AQ不夠高，所以不能控制自己的挫折。這樣一來，也就很難改善了。換言之，他到底是應該加倍祈禱，還是加倍用功呢？

挫折的起因和責任歸屬

起因和責任歸屬不同。起因是Origin（or），這是屬於比較客觀的了解，是找出一種因果關係；責任歸屬則是Ownership（ow），是跟「我」有關的。亦即，「我對挫折應該負多大的責任」。

舉個例子來說，我坐上一輛公車，結果車子在路上拋錨。這個逆境產生的原因當然與我無關，它可能是司機沒有好好保養車子所造成的。然而，責任歸屬與我還是有關係的，因為是我自己選擇坐上這班車，所以這是我要負的責任。

分辨起因和責任歸屬時，要留意的是，起因是比較客觀的，不需要帶進任何個人情感上的因素。我們只須詢問：「這個挫折是誰造成的？如何造成的？」然而在談到責任歸屬時，就要把自己考慮進去，仔細思考：「為什麼這個挫折沒有發生在別人身上，而只發生在我身上？我是否也有一些責任？」不過，我們要把責任的大小衡量清楚，而不是全數攬在自己身上。

挫折對我的影響有多大？

Reach是「影響範圍」，它和Range的意思有些相近。然而Reach比較有活潑、動態的感覺，因為它可以當動詞用；Range的感覺則比較靜態。

當我們在某件事情上碰到挫折後，如果一味地將它擴大（譬如認為自己是不祥之人、自己一生都很倒楣等），後果是相當可怕的，彷彿天空布滿了烏雲。

有時候挫折的發生，只是一件很小的事，但如果將它的範圍擴大，就會衍生出種種負面情緒。所以，遇到挫折的時候，要能夠分辨清楚、就事論事，不要牽扯到其他不相干的事情或情緒，以致擴大了挫折的範圍。

挫折對我的影響有多久？

Endurance是「持續」的意思，也就是指：這個挫折會持續多久？我們不該讓挫折所產生的影響持續太久，譬如一次考試失敗，最多只是一學期、一門課的影響，不要就此認定自己以後的考試都會失敗。如果讓挫折的影響一直持續，甚至帶到下一個階段，就很難再產生昂揚的鬥志。

總的來說，要測量自己的逆境智商，就是要在逆境發生時，問自己以下幾個問題：

1. 我有多少控制能力？這個逆境的發生與我有沒有關係？

2.逆境的原因是什麼？是長久以來的原因，還是最近的原因？責任又該歸咎於誰？

3.逆境的影響範圍有多廣（空間）？

4.逆境會持續多久（時間）？

AQ比起EQ，比較好的一點在於：AQ可以測量，也可以改善。EQ則很難進行測量和改善，因為情緒的問題通常都有針對性。譬如我對張三的態度特別差，容易發脾氣，但是對李四和路上的行人則不會如此。

我們不大可能調整情緒智商到一種境界，讓自己對任何人都不發怒，因為這樣一來就變得沒有情緒了。一個人沒有了情緒，也就沒有了個性。逆境智商則比較沒有針對性，往往與一個人所處的困境或劣勢有關。

增進AQ的方法：LEAD

增進AQ的方法稱為LEAD。Lead的原意是「領導」，而這四個字母也各自有其特殊的意義：L是Listen，就是「聆聽」；E是Explore，就是「探索」；A是Analyze，也就是「分析」；D則是Do，是「行動」的意思。

聆聽自己對逆境的反應（Listen）

碰上逆境時，首先要判斷，自己的反應是屬於高AQ還是低AQ。如果反應是驚慌失措，就表示自己的AQ比較低；如果反應是雖然緊張，但還能夠對自己有點信心，就表示AQ還算高。

在這個世界上，任何地方都會出現逆境。一個人即使避開了某個逆境，也有可能會遭遇另外一個逆境。所以，碰到逆境時，首先不妨慶幸自己避開了另一個逆境，這才是比較正面的態度。一個人不可能同時遇上所有的逆境，但是很多時候，我們的注意力集中在一個焦點上，當注意的焦點放在眼前所遭遇的逆境時，往往就會忽略了其他值得珍惜與感恩的事情。

此外，還要注意聆聽[26]：自己AQ最高與AQ最低的反應，分別出現在哪一個領域？每個人的生命都有不同的領域，有些領域裡會出現高AQ，有些領域裡則會出現低AQ。譬如有人在讀書方面的AQ很高，考試就算遇到挫折，還是能夠一而再、再而三的努力；但是在戀愛方面的AQ卻很低，只要失敗一次，就終身不敢再談戀愛。

探索自己和逆境的關係（Explore）

這部分是要了解Origin和Ownership。亦即，「造成挫折的原因可能是什麼？這些原因中，有哪些是我造成的？我該負哪些責任？哪些責任不屬於我？」

在探索時，要把原因與責任分辨清楚。自己該負責的部分，就要勇於承擔；不是自己該負責的部分，則要加以澄清。

由此可知，想提高逆境智商，要有冷靜思考的習慣。

分析找出的證據（Analyze）

分析比探索更進一步，就是要分析證據。譬如哪些證據證明我

[26] 這是一種象徵的表達方式，主要是希望每個人在遇到逆境時，都能夠先停下來看一看自己的反應如何。

無能為力？哪些證據證明這個逆境會影響我生活的其他領域？哪些證據證明這個逆境會比必要的時間持續得更久？

任何逆境都會延續一段時間，否則稱不上是逆境，然而必要的時間是多久，則需要分析證據。如果證據顯示出來，逆境的範圍不應該這麼廣，時間也不應該延續這麼長，那麼我們就不應該繼續處在逆境之中。

以行動改善挫折（Do）

這一部分是最重要的關鍵。上一章提過，作為一個攀登者，最重要的是行動，而行動的時機就是現在。換言之，要作一個放棄者、中輟者，還是攀登者，由能否付諸行動來決定。

採取行動時，首先要思考：我還需要哪些別的條件？我能做什麼來控制挫折？如何限制逆境範圍，縮短逆境影響我目前狀況的時間？

年輕人常會說：「我有很高的理想，但是現實條件都不能配合。」這時候只有兩個辦法：一是降低目標，二是提高實力。降低目標就不會有太大的壓力，譬如原本想要唸台大法律系，但是發現自己實力不夠，於是把目標調整為東吳法律系；增加實力則要認清自己的條件與客觀形勢，譬如如果自己的文科比理科好，就應該選擇第一類組。如果選擇理工組，再如何努力，恐怕也是事倍功半。

當我們從山腳往山頂看，會覺得自己不可能爬得上去。但是一步一步慢慢往上走時，就會發現其實沒有這麼困難。前聯合國祕書長哈馬紹（Dag Hammarskjod, 1905-1961）曾經說過：「絕不要衡量一座山的高度，除非你已經到了山頂。到那時候你就會發現，山有多低。」換言之，碰到逆境時，不要只是站在山腳下看山頂，而是要行動！往上爬！

要增進逆境智商，可以使用這四種方法。舉例來說，當我們在工作場所遇到困境時，首先要知道：老闆這樣的性格、同事這樣的作風，似乎都是我無法控制的，因此我只能改善自己，不能要求別人。其次，要去探討：碰到這種困境的原因是什麼？是因為我的工作效率不好，還是他們對我有過多的期許？而這個原因又是誰造成的？責任歸屬何在？是我實力不夠，還是辦事不能配合他們的要求？最後要評估：這樣的狀況會持續多久？我是否該把它的範圍縮小？

一般而言，工作上的壓力留在工作場所就好了，不需要把它帶回家。尤其是週末假日時，應該讓自己完全放鬆。這就是控制逆境的範圍。我們千萬要避免把一個地方的逆境擴散到別的地方。如果因為上班情緒不好，而影響了休閒時的情緒，就是忽略了「範圍」這一點。

要知道自己是否把上班的壓力帶入別的生活範圍，就要分析證據：我在假日時是否還想著工作的事？晚上如何用最快的方式忘記白天的各種煩惱？分析完以後，就針對需要控制的部分採取行動：我還需要哪些條件？能做什麼來控制挫折？如何限制逆境範圍、縮短逆境影響的時間？

我們要從每次的逆境中學到教訓，才能夠在碰到新的情況時，有更高的AQ可以面對挑戰。換句話說，跌倒了沒關係，但是不要兩手空空地站起來，一定要學會與記取可貴的教訓。

從觀念上正視逆境

這一部分主要是提供一些面對逆境的方法，可以作為AQ的補充說明。一個人在遭遇逆境時，可以用四個方法來面對：第一，讓自己喘一口氣；第二，凡事有因必有果；第三，從局外人看問題；第四，一切復歸於平淡。

讓自己喘一口氣

我在荷蘭教書時，看到外國人碰到逆境時，經常會說：「It could have been worse.」這句話的意思是：情況可能變得更壞，現在還好並沒有如此。記得有一次朋友發生車禍，我去探視時，他向我抱怨自己的遭遇。我告訴他：「情況可能變得更壞啊！還好你沒斷一條腿。」這雖然是一句玩笑話，但是這種想法至少能夠讓逆境有個範圍，可以讓自己喘一口氣。

無論遭遇什麼樣的逆境，都要先停下來，讓自己喘一口氣，想一想究竟發生了什麼事。當我們能夠去思考的時候，就會發現，總還是有一些資源掌握在自己手中。尤其當一個人年紀越大的時候，越要用這種心態去看待人生。不要老是緬懷已經逝去的歲月，而要認真掌握未來還有的日子。

凡事有因必有果

前面所提到的「O」，就涉及了因果關係。眼前的這個困境是結果，必須尋找造成它的原因。如果遭遇挫折而沒有找到原因，那麼同樣的挫折很可能會再度出現。一再受到同樣的挫折，生命將會不堪折磨。所以，一旦出現逆境，要找到原因，這樣將來才不會再發生類似的逆境；即使再度發生，也能以更好的方法去面對，讓挫折持續的時間更短、影響的範圍更小。如此一來，就可以逐漸把挫折局限在一個部分，而不至於產生過大的傷害。

人生的許多小逆境可以幫助我們學習，學到的東西越多，越有能力控制自己的生命。如此一來，許多煩惱也就化解於無形了。人生有些煩惱是不必要的，這些煩惱有的是因為自己疏忽而陷於困境，有的則是自己主動找來的。如果一個人每天都要為這些事情操心，那麼生命的能量就分散了。把這些問題全部去掉之後，才有辦法集中力量走向更大的目標。

人生有時候就像在兩把槍之間作選擇：一把是散彈槍，一把是獵槍。散彈槍射擊的範圍很廣，隨便一發射，都會打到幾隻鳥或一隻兔子，但它的威力比較弱，很難打死獅子或老虎；獵槍則是一次只能發射一顆子彈，但是能量卻很集中，只要瞄準目標，就能夠一槍打死獅子。那麼，要選擇哪一枝槍呢？

每個人對自己的人生可以作不同的選擇及安排，我的想法是：人生必須要有重心，亦即不能什麼都要。集中力量做一件事，成功的可能性才會提高。但是無論如何努力都無法成功時，就應該試著調整自己的目標。

從局外人看問題

看問題時，要設法保持客觀。我們可能都有類似的經驗，就是平常在電視上看到許多悲慘的新聞，久而久之，同情心漸漸喪失了，彷彿那些悲慘的事情距離我們很遙遠，與自己毫無關係。那麼，是否可以倒過來想：當自己發生災難時，在別人眼中，也是顯得事不關己啊！換言之，別人看自己，和當初自己在新聞中看到災難的心態是一樣的。如果能夠這樣想，就比較不會陷於自憐的情緒。

許多時候，一個人所受到的傷害，並非來自於他真正遭受的傷痛，而是來自於自怨自艾的情緒。如果能夠從局外人的角度，看待自己所面臨的困境，就不會太過於自憐或自憫了。因為類似的苦難，自古以來實在有太多人遭遇過了。換言之，從局外人看問題，可以讓自己的心態變得比較正常、比較客觀。如此一來，才能夠從逆境中找出有益的教訓。

一切復歸於平淡

處於逆境的時候，如果能夠對自己說：「一切復歸於平淡，最後都會結束的。」這樣一來，就比較容易克服負面的情緒，進而能夠掌握整個情況，讓考驗的時間縮短、範圍縮小。

每個人的生命都有結束的一天，當生命結束時，失敗者會比成功者容易放得開。因為既然失敗，走了豈不是解脫？所以，當我們想到一切復歸於平淡時，逆境的壓力就會降低了。譬如當我處在逆境時，覺得自己很倒楣。但是如果我能夠想：「反正人最後都要離開，也沒什麼了不起。」這樣一來，逆境就會變得比較好過。

一切復歸於平淡之後，我們就不再受到干擾，而能夠以剩餘的條件重新出發、迎向未來。

從知情意轉向靈的層面

前面所探討的IQ、EQ、AQ，分別屬於知、情、意，也就是「心」的三個部分。我們一再強調，人有身、心、靈三個層次。由心的層次往上走，就抵達靈的層次。然而，到了靈的層次，並不表示身與心的部分不再重要。事實上，靈正是讓身心活動得到意義的基礎！

靈是很神妙的，雖然每個人都有靈，但是它的作用不一定會展現出來，有時候被遮蔽住了。一個人的靈被遮蔽後，會變得很執著，譬如一定要這樣，一定要那樣；得到就高興，失去就悲哀。如此一來，自然無法控制自己的情緒。因此，我們要設法開發靈的世界。

要從知情意轉向靈的層面，必須把握兩個重點：第一是整體性，第二是根本性。哲學作為一門學問，最大的特色就在於：對任何事情的看法，都會從「整體」和「根本」這兩個角度出發。整體和根本擺在一起，就與「智慧」有關。靈和哲學都是跟智慧有關的事，因為哲學（Philosophy）的原意就是愛好智慧，而智慧則是「屬靈的」（Spiritual）。

生命的整體性

整體性代表著全面、完整、有機的結構。全面是指兼顧生命的每一個方面；完整是指生命的每個部分可以結合起來；有機的結構則是指，生命不可以用機械式的方式來劃分，譬如人的生命不能截然劃分為少年、中年、老年，因為小時候所遭遇的事件，往往一輩子都會在潛意識裡發生作用。

生命是一個整體，是完整的、有機的。因此，假設一個朋友遇到逆境，安慰他的時候，要考慮他的性格，而不只是單就問題本身來著手。我們可以勸他改變自己的性格，或是改變自己的觀點。也可以告訴他，過去無論遭遇何種失敗，未來都還有機會找到正面因素。事實上，許多人從前也遭遇過相同的問題，但是一樣可以快樂地活下去。

總而言之，「心隨念轉」，人的念頭一旦轉變，他在看待世界時，對同樣一件事，也會呈現不同的意義。重要的不是發生了什麼事，而是你「覺得」發生了什麼事，以及這件事對你而言所代表的意義。

我們聽到「整體」，有時候會覺得無從著力：奮鬥的重點到底在哪裡？哪些是精采的部分？因此，人生很多時候要「偏執有取」，如此才能「突顯精采」。有取不同於無取，無取是什麼都不掌握、不執著；有取則是執著於一點。譬如一個運動員，可能會把生命的精采放在「得到奧運金牌」這一點上。這個目標雖然不見得能夠達成，但他的精采在於所偏執的事，成為一種專業，對於自我形成了一種認同，而使生命發出光輝。

我們不必苛求自己做到非常了不起的成就，但至少要就自己的生活範圍，找到生命的重點，以此為目標充分發揮生命力。

自在安頓的根本性

根本性是指有始有終、至深的關懷。哲學家談到根本性的時候，就會詢問：「你最深的關懷（亦即終極關懷）是什麼？」如此一來，就能夠對自己這一生有一個定見，然後可以解脫超越[27]，自在安頓。

自在安頓是指：一個人無論在任何時候、任何地方、做任何事，不管是健康、生病、得意、失意，和群眾在一起或者是孤單一人，都沒有任何差別。一個人如果做到真正的自在安頓，那麼他一定可以解脫超越。解脫超越是指：此生不管做成或做不成什麼事情，都可以看得開，放得下。

由此可知，談到整體性時，要有「精采」，也就是要完成自己此生主要的目標；談到根本性時，則是要「放開」，才能夠自在安頓。亦即，整體性是要一個人能夠執著，如此一來，才能夠為自己的生命負責；根本性則是要一個人不執著，因為生命到了最後，終究還是要放開的。

---

[27]「解脫」一詞偏向於佛教的用法；「超越」一詞則比較接近西方哲學及道家思想的用法。

第三部

探索生命的價值

前言

提起「柏拉圖、笛卡兒、康德、尼采」這些人名，已經不必附加原文了，因為大家都知道他們是哲學家。關於哲學家的特殊地位，懷德海在《科學與現代世界》的結語中，清楚指出：

> 理智的力量是偉大的，它對人類生活具有決定性的影響。偉大的征服者從亞歷山大到凱撒，從凱撒到拿破崙，對後世的生活都有深刻的影響。但是，從泰利斯到現代一系列的思想家，能夠移風易俗，改革思想原則。前者比起後者，又顯得微不足道了。這些思想家個別看來是無能為力的，但最後卻是世界的主宰。

我們學習哲學，是為了愛好智慧，最後能否成為哲學家，或成為世界的主宰，可以暫且不論，但是無論如何，我們要努力成為自己的主宰。人「在什麼意義上」可以主導自己的人生？我們的存在是由「身、心、靈」所組成，其中又以「心」居於樞紐地位；心的潛能有「知、情、意」三者，彼此之間有時可以協調合作，但是更常見的情況則是對峙、衝突、爭持不下、內耗殆盡。

因此，學習哲學，最簡單的理由就是要服下一顆「定心丸」，從完整而根本的角度思索人的生命是怎麼回事、該往何處邁進？至於將來能否抵達預期的目標，則在未定之天。人生是一個奧祕，正是因為結局未定，才使我們懷著驚訝與敬畏之心，踏出自己的每一步。哲學是不可或缺的準備工夫。我的老師方東美先生很欣賞羅馬文豪西塞羅的一句名言；依方先生的譯文，這句話是：「哲學，人生之導師，至善之良友，罪惡之勁敵，如果沒有你，人生又值得什麼？」

在此所謂的哲學，並非某一派特定的哲學，而是指「愛好智慧」的基本心態。那麼，如何塑成這樣的心態呢？依我研習哲學多年的心得，可以綜合為以下四點建議。

首先，要培養思考習慣。人有理智，可以思考，而思考除了細膩用心之外，還需要注意運作的規則，否則效率有限，並且思考的成果不易獲得共識。即使不談哲學，我們的思考也要合乎邏輯，否則如何與人溝通？哲學作為一門學問，表面看來是在一堆抽象概念中打轉，好像非常不切實際；但是，如果排斥這個層次，我們的認知能力可以走出經驗範圍多遠呢？我們能夠在變化生滅的具體事象中，免於「茫茫然地跟著旋轉」的困境嗎？

其次，要掌握整體觀點。翻開任何一本介紹哲學家的書，映入眼簾的都是某某「主義」或某某「論」，並且這些「主義」總是處於百家爭鳴的狀況，這又是怎麼回事？這正是哲學的特色所在。既然聲稱愛好智慧，又如何可能定於一尊？但是，要想成立一家之言，必須統合「經驗、理性、理想」，歸結為一個原理，並且貫穿過去、現在、未來的一切事象，再奠基於究竟真實之上。

接著，要確立價值取向。哲學由此轉向具體的人生行誼。價值是主觀的還是客觀的？人生的各種價值之間如何排出優先順序？哲學理論不管怎麼精采，終究必須落實於生活中，成為人們具體言行的指南。若非如此，智慧何益？

最後，要力求知行合一。歐美目前發展的「哲學治療法」，試圖在化解現代人的心理困境方面，提供具體的幫助。哲學，與其說是治療，不如說是引領，就是要積極地帶人走向合宜的發展路線。簡而言之，就是提醒人們要「由心走向靈」。在知行合一的實踐過程中，靈的世界不再遙不可及，人的視野也將日益開闊。

第三部「探索生命的價值」所談的內容是「哲學入門」。書中資料側重西方哲學，這是因為在「澄清概念，設定判準，建構系統」方面，它有值得我們學習之處。由此反觀中國哲學，更能清楚覺察儒家與道家的勝義何在。愛好智慧，可以使人成為自己的主宰，並且懷著信心與勇氣，繼續往靈性境界前進。

第一章

培養思考習慣（一）

——理解邏輯的概念與判斷

我思故我在。——笛卡兒

「我思故我在。」這句話在今天聽來好像沒什麼了不起，但是在當時來說，卻是令人震撼的，因為當時仍是一個宗教當權的時代，而笛卡兒卻能夠不靠神學與聖經，而靠理性為人類知識找到基礎。笛卡兒把「思」提出來，則含括了一切關於「心」的運作。思包括了思想、懷疑等一切心靈上的活動，無論高興、悲傷、快樂、難過，都與思有關。

邏輯就是思考的規則，可以分為兩大派：一為傳統邏輯（亞氏邏輯），一為數理邏輯（符號邏輯）。傳統邏輯是屬於亞里斯多德的系統，這套邏輯從希臘時代就已經開始發展了。傳統邏輯是從日常生活的經驗出發，訓練我們在生活中如何使用概念，以及如何思考和判斷。

「哲學」一詞的英文是Philosophy，源於希臘文，原意為「愛好智慧」。主要作用是希望一個人能夠逐漸擺脫外在客觀的有形限制，減少身體、衝動、欲望、情緒等等干擾，然後往他應該走的方向去發展。由此可知，西方早在希臘時代就有一種理想：有些人追求知識不是為了知識的用處，也不是為了自己的某種需要，而純粹是為了感受到生命往上提升的快樂。

我在前兩部「釐清自我的真相」、「管理自我的潛能」，談到了「身」和「心」，現在則準備從「心」進入到「靈」。從心到靈的這條通路，只有用哲學去開發是最適合的。並不是每個人都喜歡探討有關哲學的問題，然而只要經過哲學的訓練就會發現，想接觸靈的世界，的確需要經由這一條特別的路。

哲學從一開始就是很少人會選擇的路，不過走到最後會體認：這條看似最難走的路，其實卻是最容易的，因為無論從哪裡出發，最後都會通往同一個方向。其他的路則是看起來比較好走，實際上卻迂迴曲折，有時候甚至臨到生命的終點，還無法辨明人生真正的價值何在。

處於現今的資訊時代，生活中充滿了各種資訊。因此，如何從這些資訊中取得知識，再從知識中提煉出智慧，就是一個很大的挑戰。換言之，現代人對於哲學的需求可以說是一種根本的需求。

每個人偶爾都會問自己：「我活得這麼辛苦，到底有沒有意義？」這就是一個哲學問題。以前的人比較不會想到這種問題，因為許多人辛苦賺錢就是為了養育子女，希望子女將來會孝順自己。但是，在現代社會中，子女長大後不見得會孝順父母。因此，我們不能把自己的生命意義放在別人的作為上，而要問自己：「我這個生命有沒有意義？」

希臘哲學的第一課就是「認識你自己」。我們要懂得自我反省，做任何事情都要想：「我為什麼這樣做？理由何在？做的標準何在？我是一貫地這樣做，還是只有今天這樣做？我是只有對某些人這樣做，還是對所有人都這樣做？」如此一來，才能夠在每一次作選擇時，都非常真誠而實在。一個人能夠用心思考、省察自己的每一個當下，生命就會有密度、有質感，進而能夠活得更精采。

從「我思故我在」談起

我要從一句大家非常熟悉的格言切入主題，也就是近代哲學之父笛卡兒（R. Descartes, 1596-1650）所說的：「我思故我在。」這句話我們從小聽到大，許多人以為它就是在強調，作為一個人要多去思考。這種想法基本上並沒有錯，然而，如果它的意思真的只是這麼表面，也就不可能成為哲學史上重要的轉捩點了。

西方哲學的發展

西方哲學發展最輝煌的時期是古希臘時代，此時期產生了蘇格拉底（Socrates, 469 ～ 399 B.C.）、柏拉圖（Plato, 427 ～ 347 B.C.）、亞里斯多德（Aristotle, 384 ～ 322 B.C.）三大哲學家，他們為整個西方哲學奠定了最重要的理論基礎。然而，也正因為如此，在往後的一段時期，哲學便很難有創新的發展。

接下來經過了一千多年的中世紀，也就是一般所謂的黑暗時代❶。此一時期的人不太關心「人的意義」，就算對這方面有所疑問，也

❶ 黑暗時代是相對於其後的文藝復興一路至啟蒙運動而言，而非真的如同一般人所想像的那麼黑暗。

是將它置於宗教領域[2]來思考。換言之，中世紀的人不太喜歡談論理性，更遑論是去思考及懷疑關於人的問題。

十五、十六世紀以後，西方開始了人文主義運動，這也就是一般所稱的文藝復興時期。這時期人們的關懷重心，從原來的「以神為主」轉變為「以人為主」，也就是要重新恢復希臘時代的精神[3]。對中世紀的西方人而言，知識大部分是以宗教信仰為基礎，那麼在揚棄了宗教以後，又該如何找到知識的基礎？

用「心」懷疑一切

笛卡兒被稱為西方近代哲學之父，就是因為他回答了一個問題：人類的知識到底有沒有基礎？

笛卡兒說：「我思故我在。」這句話在今天聽來好像沒什麼了不起，但是在當時來說，卻是令人震撼的，因為當時仍是一個宗教當權的時代，而笛卡兒卻能夠不靠神學與聖經，而靠理性為人類知識找到基礎。

理性有一個特色，就是它會懷疑所有的一切，而理性本身得到的知識內容也可以被懷疑。每個人在一生中，至少要有一次，徹底而充分地懷疑所有能夠被懷疑的東西。「所有能夠被懷疑的」代表了一種可能性，譬如看到一支筷子放在水裡變成彎的，就會懷疑這其中一定有問題，它可能是一種折射作用，這種懷疑是合理的。空氣也和水一樣有折射作用，所以有時候在沙漠中會看到海市蜃樓、在夏天會看到彩虹，這些都是一種折射作用。由此可知，感覺所帶

❷ 當時主要的宗教是天主教，我們現在所熟知的基督教則要到十六世紀以後才會出現。

❸ 希臘時代的人文精神非常昂揚，雖然雅典城邦不過幾十萬人，但是文明卻遠遠高於其他城邦。雅典人所關心的是文學、藝術、宗教方面的話題，屬於「心」的層次；其他民族（如腓尼基人）則著重於身體的鍛鍊或世間的享樂，因此雅典人稱他們為「野蠻人」（Barbarians）。

給我們的一切都可能有問題，亦即，我們可以懷疑所有由感覺得到的東西，無論是看到的、聽到的、觸及的、聞到的等。

笛卡兒的懷疑在今天這個時代，仍然有其價值。現在有所謂的虛擬實境，電影中也有許多這種劇情，譬如一個人在你面前，你開槍射他，但是他卻不見了，因為他根本不在你面前，只是你感覺到他在你面前而已；或者是戴上一個頭罩，立即讓你好像親臨戰場一般，所有的緊張及恐怖完全一樣。在這種情況下，重要的不再是發生了什麼，而是你感覺到了什麼。也就是說，一件事情如果沒有被你感覺到，那麼無論它實際發生的程度有多麼強烈，都與你無關。這就是今天這個時代的特色，因此我們要去懷疑一切可以感覺到的事物。

那麼，能不能懷疑知識呢？事實上，這個社會所建構的一切知識都可以被懷疑，因為它們都缺乏基礎。知識的來源是依靠感覺進行觀察，再把觀察所得到的印象加以整理而成。人們把知識分門別類為各種學科，而每一種學科的知識都是有限的，因此才有所謂的進步。換言之，所有經由科學驗證所得到的理論，都只是到目前為止有效的，而非永久不變。

舉例來說，現在的物理系學生，已經不會再去鑽研牛頓（I. Newton, 1642-1727）的《自然哲學的數學原理》（*Philosophiae Naturalis Principia Mathematica*）這本書，因為書裡面大部分的科學命題與基本假設，都已經被超越了。科學需要有一個基礎，以牛頓來說，他的物理學理論假設了機械論的宇宙觀，以及絕對的時間和空間，這一套觀念被稱作古典物理學。然而，在二十世紀愛因斯坦（Albert Einstein, 1879-1955）提出了「相對論」之後，古典物理學受到質疑，而轉變為現代物理學。由此可見，知識的背後有一套信念，而它只對某個特定時空裡的人群是有效的。

笛卡兒提醒我們要懷疑一切，那麼，當感覺和科學知識都不再可靠時，到底還有什麼是可靠的？

現在所發生的一切都是不可靠的，因為我們不知道自己是不是在做夢。有時候夢中的情境，會比清醒時所發生的一切更逼真。有一句成語叫作「恍如隔世」，夢中醒來就會有類似的感受。這句話不僅是一個比擬，更在某個程度上表達了一種不確定感，亦即，我們對於人生的一切都無法把握。

笛卡兒懷疑了一切以後，最後發現：當我在懷疑一切時，那個「正在懷疑的我」，是不能被懷疑的。換言之，如果懷疑那個正在懷疑的我，那麼是誰在懷疑呢？因此，「我在懷疑」這個作用是一定存在的。如此一來，懷疑的問題在此處被消解了，而笛卡兒的思想也從此處展開。

笛卡兒的這句名言並不是無中生有、從零冒出來的，而是受到了中世紀哲學家奧古斯丁（Augustine, 354-430）的啟發。當時的奧古斯丁，也經常覺得自我不太可靠，而想要了解「我」到底存不存在。最後，他講了一句話：「Si fallor, sum.」這句話是拉丁文，翻成英文是「If I am deceived , then I am.」亦即：「如果我上當受騙，那麼我就存在。」當我以為自己存在時，可能會產生兩種狀況：第一是我真的存在，第二是我被騙了。如果是第一種狀況，那麼就無需證明了；如果是我被騙了，那麼至少也要有個「我」的存在，才能被騙，否則是誰被騙呢？換言之，我的受騙，正好肯定了我的存在。

笛卡兒就根據奧古斯丁這句話，提出了：「Cogito, ergo sum.」亦即：「我思，故我在。」笛卡兒說的這句話，仍然有其獨到的見解。

從前奧古斯丁只是說：「如果我受騙上當，我就存在。」沒有提到思想方面的問題。笛卡兒把「思」提出來，則含括了一切關於「心」的運作。思包括了思想、懷疑等一切心靈上的活動，無論高興、悲傷、快樂、難過，都與思有關。

笛卡兒的四種思想方法

笛卡兒提到，要找到知識的基礎有四種方法：自明律、分析律、綜合律、枚舉律。以下分別介紹這四種方法：

（一）自明律：這是最根本的，也就是要懷疑一切可被懷疑之物，直到把握清晰（Clear）與明白（Distinct）的觀念為止。懷疑到最後會發現，正在懷疑一切的「我」是不可被懷疑的。亦即，這個「我」就是一個清晰、明白的觀念，「我」是存在的。

（二）分析律：化繁為簡，把握單純性質。以物體來說，物體的單純性質就是形狀、廣延[4]、運動。亦即，當我們說一樣東西是物體時，它就必須具備這三種性質。心靈的單純性質則包括思想、意志、懷疑。而物體和心靈二者共有的單純性質則為存在、統一和持續。

任何一個東西，不管是物體或者是心靈，它都必須存在，而存在時必須統一，因為不統一就會分裂，分裂等於原來的東西不存在了。譬如一張桌子分裂成兩半，就不再是桌子了。

要了解複雜的東西，必須先分析到它最基本的因素。舉例來說，如果要了解大學教育的問題，就必須先分析：大學的圖書設備如何？教授水準如何？學生的情況如何？整個學校的風氣又是如何？把構成大學的因素化繁為簡，再一一去分析。否則光是問一

---

❹ 廣延是指長、寬、高三個向度（dimension）。也就是說，一個物體必然要具有長度、寬度和高度，否則就無法稱作是一個物體。

句：「大學教育有什麼問題？」有誰能夠回答？

一位教授說，把一塊錢任意丟到一片草地上，然後叫學生去找出來，如果毫無章法四處亂找，不容易找到。相反的，如果能夠把這塊草地像井田制度一樣分成九分，每個人負責找一個區塊，那麼就很容易找到了。由此可知，無論做任何事，都要有方法，把複雜的事物分析成簡單的成分，然後從這些成分入手。如此一來，才可達成目的。

（三）綜合律：把複雜的事物分析為簡單的成分後，就要由簡入繁，循序形成複雜的知識。譬如一個人能夠擁有豐富的哲學知識，必然是從最基礎、最根本的概念開始學起。

許多哲學家的理論聽起來好像很有道理又很難懂，事實上這些理論的背後都有一些根據，我們應該了解的就是這些根據。這就好像一棵樹長滿了美味可口的果子，然而人不應該被它的外表所迷惑，而要去了解這棵樹的根是怎麼扎的，它是一棵什麼樣的樹。

（四）枚舉律：應用例證，作周詳而全面的檢查。當我們成立一套知識的時候，必須列舉各種例子，以證實它是否能夠涵蓋相關的一切。譬如我們發現台灣的大學生好像不太用功。要能夠確實肯定這種說法，就必須找出很多材料作為例證。

如何理解「我思故我在」？

笛卡兒對於「我思故我在」的解釋，事實上和一般人所想的不太一樣。接下來我就要針對這句話加以說明。

首先，這句話不是一個假設。假設是指「如果我思考，那麼我就存在」（If...then...）。這句話不是一個假設命題，因為當我們在說「如果我思考，我就存在」時，我們已經在思考了。換言之，它不是一個前後條件的關係：並不是因為我們思考，所以存在就出現了。

其次，這句話也不是一個推論。推論是指「我思考了很久，終於讓我發現了我的存在」。如此一來，這句話既不是假設，也不是推論。那麼它到底是什麼呢？

事實上，**「我思故我在」是指：我思等於我在（我思＝我在）。由此可知，「我思」和「我在」並不是一個前後關係，而是一個對等關係。除此之外，還有第二步，即：我等於思（我＝思）。換言之，「我」就是「我的思想」。**

既然「我」就是「我的思想」，那麼「我的身體」又是什麼呢？「我的身體」算不算是「我」呢？笛卡兒的理論是一種身心二元論[5]，他不但認為人的身和心可以分開，並且把人的身體當作機械來看待。

也就是說，一個人就算少了一隻手、一條腿，都還是人。當然，身體各部分的重要性有所不同，譬如一個人沒有了頭，就不算是人了。眼睛被稱為靈魂之窗，就是因為人的臉和頭是生命力及思想的表現。如果沒有了這個部分，根本無法想像「我」是個什麼東西。

既然笛卡兒在當時提出了「思想」這個概念，就必須為它尋找一個定位。思想是無形的，儘管把一個人解剖開來，也無法找到思想在哪裡。因此，笛卡兒就把一個人的頭和臉視為思想之所在，他認為思想存在於人類腦部的松果腺（Pineal gland）之中。笛卡兒突顯了身體某一部位的重要性，而此重要性則是以思想作為判斷的根據。

---

❺ 由於身體屬於物質世界，因此他的觀點又可稱為心物二元論。

身心二元論的貢獻與缺失

自笛卡兒之後，身心二元論形成一股新的思潮。事實上，這種理論有時也是出於無奈，因為在分析律之下，若不把一件事物分析清楚，就無法進行研究。譬如醫生要解剖一個人的身體時，不能帶有任何情感，而必須把身體當成機械一般的物體。若是把身體視為一個人，解剖時就無法完全客觀或完全不帶感情。

由此可知，要研究科學，必須把身體看作物質，把物質看作一個機械化的東西。研究自然世界也是如此，如果研究時帶有個人情感，很難獲得任何成果。因為一旦投入自己的情感，便無法完全客觀，而科學最重要的條件就在於客觀。

笛卡兒將身和心一分為二，把物質世界當作機械來看待。與此同時，西方的科學界大放異采，數學、物理學、天文學等各方面的發展一日千里。然而，這也產生了很多問題，譬如後來的行為主義心理學就把人當成動物來研究，只看到人類的動物本能，而完全忽略了人性。

人類除了基本需求以外，還有很多其他的需求。換言之，人除了生存的必要條件之外，還有很多充分條件必須去開發，這才是人類的生命特色所在。如果單純以機械論來看待人的行為，當然有所不足。

但是無論如何，笛卡兒的正面貢獻還是相當大的。當時西方剛走出宗教的世界，笛卡兒把身、心分成兩半，等於提供了一條新路，讓整個知識的發展有一個新的開始。

我在故上帝在

笛卡兒說完「我思故我在」之後，接著又說「我在故上帝在」。為什麼「我在故上帝在」？這個推論是這樣的：第一，我了解「至善」是什麼；第二，我是有限的；第三，所以，至善必然存在。

至善就是完美，只有上帝是完美的，因此至善指的就是上帝。我本身是有限的與不完美的，但是我卻能夠了解什麼是至善，也能夠在心中勾勒出至善的典型，由此可知，一定有一個至善的存在告訴我什麼是至善。換句話說，一個不是至善的人，不可能憑著自身去了解至善，因此，一定是有另外一個來源把至善表現給我看，讓我了解。

以信仰佛教的人為例，讀到佛陀的偉大時，一般人都能夠有些了解。然而，人自身並沒有像佛陀那麼偉大，又如何了解佛陀的偉大？這是因為佛陀本身展現出這種偉大，我們才能夠了解。否則，在釋迦牟尼尚未出現之時，人是無法想像佛陀的偉大的，因為根本沒有這樣的境界存在。再以近代西方人信仰的上帝來說，上帝是完美的。不完美的人之所以能夠了解完美的上帝，正是因為上帝啟示了我們。由此可知，上帝必然存在。

這種推論看起來好像有點奇怪，但是如果從另一方面來想，就會覺得它一點都不奇怪：我說「我在」，然而，我的生命有開始也有結束。對於這樣一個短暫的生命，我憑什麼說「我在」呢？換言之，我很有可能是不在的。那麼，是什麼保證我現在真的在呢？是上帝。因為上帝在，所以我在。說得更明白一些，人類短暫的生命之所以能夠存在，一定要有一個基礎，而這個基礎就是上帝[6]。這

---

[6] 哲學中所談論的上帝，與宗教中談論上帝的情況不太一樣。在哲學的領域中，每當碰到無法解釋的問題時，許多哲學家都會提出上帝來解圍，這是屬於哲學性的思考。宗教中談論到上帝時則是相當嚴肅的，要根據聖經來解說。

就是「我在故上帝在」。

上帝保障世界存在

因為「我思故我在」，所以我只能把握到我的存在，也就是我的思想。那麼，怎麼知道世界是不是存在？我們無法知道世界是不是存在，所以必須讓上帝來保障世界的存在。

我不是世界，所以我不可能了解世界。譬如我現在看到一朵花很漂亮，可是我並不了解這朵花，我無法掌握它的感受或心情。由此可知，當我們把生命局限在自己的思想與感情裡面時，就不可能跨出這個範圍去了解任何其他的東西，甚至不能肯定他們是否存在，因此要靠上帝來保障。

信仰上帝，等於是透過上帝來肯定這個世界。如此一來，我們可以透過思想去理解世界，以及世界和我們之間的關係。根據清晰而明瞭的原則去思想，就能夠得到正確的知識，因為上帝不會欺騙我們。好好把握思想的原則 —— 自明律、分析律、綜合律、枚舉律，知識便會有一個基礎，因為上帝保障世界存在。整個西方近代的知識系統就是如此建構起來的。

邏輯思考的規則

邏輯就是思考的規則，可以分為兩大派：一為傳統邏輯（亞氏邏輯），一為數理邏輯（符號邏輯）。傳統邏輯是屬於亞里斯多德的系統，這套邏輯從希臘時代就已經開始發展了。傳統邏輯是從日常生活的經驗出發，訓練我們在生活中如何使用概念，以及如何判斷與推論。

數理邏輯則是從近代的英美系統所發展出來的，使用的都是一些高度抽象的符號和數學公式。用數學公式來代表思想的方式有一定的道理，因為邏輯是思想的規則，而規則本來就應該是公式。然而這套邏輯發展到後來越趨專業，變成只有少數專門研究這方面的人看得懂。並且由於數理邏輯是純粹理性思考的產物，容易造成與現實生活脫節的情況。

舉例來說，以日本首相是否應該參拜靖國神社作為命題，一個教數理邏輯的人可能會說：日本首相是日本人，日本人去參拜靖國神社當然是合理的，因此沒有反對的理由。這種邏輯聽起來好像有道理，然而卻忽略了現實情境：靖國神社所祭拜的是東條英機這些一級戰犯，他們侵略亞洲、侵略中國，如果去參拜，很可能影響不同民族之間的感情。因此，作邏輯判斷時，不能完全超越種族與世界，而只做純粹抽象的思考。

數理邏輯偏重演算的技巧，因而忽略了傳統邏輯中的現實情境。邏輯如果不能應用在實際生活上，那麼充其量只是一種裝飾品，無法對生活有所助益。以下所要介紹的是傳統邏輯，就是希望每個人學了之後，都能夠應用在日常生活中。

邏輯的概念

「概念」的英文是Concept，它與Idea有些不同。Idea通常翻譯為觀念或想法，是屬於比較一般性的用法，使用範圍也較為廣泛。Concept則是一個術語，因此在使用上較為嚴謹。

要討論邏輯，首先必須知道概念，因為所有的名詞都是概念，譬如太陽、月亮、房子、車子、馬路等，都是一些概念。概念的來源是感官的印象，加上理智的抽象作用。舉例來說，一個人要有桌子的概念，首先要有感官的印象，也就是說，他一定要先見過桌子。否則，就算別人形容得再詳細，他還是不清楚什麼是桌子。

有了感官的印象之後，就要進行理智的抽象作用。概念是抽象的結果，亦即，談到概念時，所重視的並不是具體的東西，而是被抽繹出來屬於本質的部分。譬如談到桌子，立刻可以聯想到全世界所有的桌子。儘管它們在形狀、材料、用途等各方面都有所差異，還是一律稱作桌子。這種抽象叫做物理抽象。物理抽象是指：對某一物，不看其具體性與特殊性，而只看其本質，也就是適合於一切同類之物者。

抽象的三種類型

抽象可以分為三種：物理抽象、數學抽象、形上抽象。

（一）物理抽象：如前段所述，要理解「桌子」這個概念，不是要問桌子的具體性和個別性（譬如多高、多長、什麼形狀……），而是要問「桌子之所以為桌子」的本質為何。這就是一種抽象 —— 把物體的物理特性去掉。

物理抽象的能力是人類的本能，一個人如果沒有這種能力就無法認知，甚至無法開口講話。我們從小的學習便需要用到這種能力，譬如一個小孩只要看過獅子的圖片，那麼他在動物園看到真的獅子時，很快就能夠認得那是一隻獅子。事實上，這個小孩原先只看過圖片上的獅子，而圖片上的獅子與真正的獅子是有差距的，那麼他為什麼能夠一眼認出呢？這就是因為人類有物理抽象的能力。

（二）數學抽象：它比物理抽象的層次要高。數學上使用的許多概念，都是透過數學抽象來掌握的，譬如加減乘除的運算、各種形狀（如長方形、圓形……）、直線、平面等。以圓形來說，這個世界上並沒有真正的圓形，所有我們以為是圓形的東西，都只是接近圓形而已。但是我們心中卻能夠有圓形的概念，這就是因為人類有數學的抽象能力。長方形、三角形、平面、直線等也是一樣，人都是透過數學抽象能力在掌握這些概念。

事實上，點和線都是不占空間的，不占空間就沒有辦法描畫，但我們還是把它畫出來了。我們所畫的並不是概念本身，但是可以透過這些畫出來的東西，去掌握概念。所以當一個人畫三角形時，我們會知道他畫的是三角形，這就是人類的數學抽象能力。

數學運算也是一樣，小學老師若要教一加一等於二，可能會舉例說：一個蘋果加一個蘋果等於兩個蘋果；或者是：一棵樹加一棵樹等於兩棵樹。其實，「一加一等於二」和「一個蘋果加一個蘋果等於兩個蘋果」是不同的，但是當我們在聽到「一個蘋果加一個蘋果等於兩個蘋果」這個例子時，很快就能夠了解一加一等於二，並且知道「一加一等於二」可以應用在任何東西上面。這就是因為人類有數學抽象的能力。

柏拉圖四十歲時辦了一所學院，門上掛了一個牌子，上面寫著「不懂幾何學的人，勿入此門」，幾何學就是抽象的學問。換句話說，要學哲學必須先懂得什麼是抽象，才能夠超出具體的、個別的限制。舉例來說，有人問「都市比較好，還是鄉村比較好」時，我們首先要了解人類如何形成都市、如何保留鄉村。再者，如果覺得鄉村比較好，就要把理由說出來，才能進行討論。如果一聽到這個問題，馬上就想到自己在某個鄉村或某個都市的生活情況，就無法再進行哲學上的討論了。

換言之，思考哲學問題時，不能帶入個人主觀的情感。哲學最基本的要求，就是要一個人隨時能夠進行抽象思考，也就是要擺脫具體個別的狀況，單純就概念來把握它的意義。

（三）形上抽象：它又比數學抽象的層次更高。它的問題只有一個：是有還是無？舉例來說，當我們問：「這朵花是有還是無？」

有人會回答：「有，它在我前面啊！」那麼再問：「這杯水是有還是無？」有人還是會回答：「有，它也在我前面啊！」如此一來，這朵花和這杯水都是有，因此這朵花就等於這杯水。聽懂這段話的人，表示已經懂得形上抽象；聽不懂的人，則是因為仍然執著於花和水的差異。事實上，不需要去管花和水的差異，因為這裡問的是「有與無」。

能夠懂這個道理，就可以了解莊子的智慧。莊子說過：「天地與我並生，而萬物與我為一。」（齊物論）能夠說出這種話，表示他具有形上抽象的能力，是一位真正的哲學家。

「天地與我並生」是指：天地和我是一起存在的。因為當我們說「天地存在」時，是針對「我」而言的。換言之，如果沒有我的話，天地也就沒有意義了。「萬物與我為一」這句話更是高明，萬物都是「有」：花是有、水是有、房子是有、我也是有。既然都是有，當然就是合一的了，因為從「有」來看，和它不同的就只有「無」，而「無」是不存在的，因此萬物當然合一。

如果能夠把自己的抽象能力一層層提升上去，從物理抽象到數學抽象，最後再到形上抽象，心靈就能夠整個向上提升，和宇宙萬物相通，而不再執著於彼此的界線了。

概念的內涵與外延

概念有它的內涵和外延。內涵是構成一個概念要素之總和，事實上也就是指一個概念的定義；外延則是一個概念所代表的個體和群體之總和。舉例來說，要成為台北市居民，必須有身分證、戶籍，還要正式納稅，以及住在台北市。這就是台北市居民的內涵。至於台北市居民的外延，則是指擁有以上條件的總人口數，目前大約是兩百多萬人。由此可知，內涵不能改變，而外延則是可多可少的。

任何概念都有內涵和外延，內涵就等於是它的定義。要定義一個概念，首先必須把它的本質找出來，才可以透過它去建構知識。外延則是概念應用的範圍，有的名詞只有一個外延，譬如太陽。姓名的外延通常也只有一個，譬如我們說張三這個人，他的內涵包括了：今年幾歲、長得如何、有怎樣的性格等；而外延就是張三這個人。

內涵和外延成反比，亦即，內涵越小，則外延越大；內涵越大，則外延越小。這裡引用《荀子・王制》的一段話作為例子：

> 水火有氣而無生，草木有生而無知，禽獸有知而無義。人，有氣、有生、有知，亦且有義，故最為天下貴。

「水火有氣而無生」，氣代表一種流動的力量。水在流、火在燒，這都是一種氣，但是它們沒有生命；「草木有生而無知」，知代表意識能力。花草樹木有生命，所以能夠成長，但是它們沒有意識能力；「禽獸有知而無義」，義是指一種「應不應該」的選擇。一般的動物能夠有知覺，但卻無法作道義上的分辨。

人有時會把自己的想法加在動物身上，這其實是不必要的，譬如許多人小時候讀過「烏鴉反哺」、「羔羊跪乳」的故事，覺得這些動物真是孝順。事實上，動物怎麼會知道要孝順呢？既然有孝順的行為，就有可能出現不孝順的行為。因此，如果一種行為是普遍存在的話，根本無所謂孝不孝順的問題，因為它沒有選擇性。換句話說，任何道德行為，都必須具備一個前提，就是要有自我意識和自由意志。如此一來，才能有選擇的自由。一個沒有選擇的行為，是與價值無關的，因為這只不過是本能而已。

最後，「人，有氣、有生、有知，亦且有義，故最為天下貴。」人的內涵是最多的，具備了氣、生、知、義，因此是萬物中最珍貴、最難得的。

從這段話可以知道，當說到「有氣」時，水火、草木、禽獸、人都包括在內；說到「有氣且有生」時，水火被排除在外，只剩下草木、禽獸和人；說到「有氣、有生且有知」時，只剩下禽獸和人；最後，說到「有氣、有生、有知且有義」時，就只剩下人了。由此可知，內涵越少時，外延就會越多；而內涵越多時，外延則會越少。

邏輯判斷的四種基本式

「判斷」的英文是Judgment，它是由兩個概念所組成的：其一是主詞（Subject），簡稱S；其一是謂詞（Predicate，亦可稱為述詞），簡稱P。此二者之間要再加上繫詞（Copula），以表示二者之關係（是或不是）。舉例來說，在「張三是謙虛的」這個判斷中，「張三」是主詞，「謙虛的」是謂詞。謂詞是用來形容、敘述主詞的，它可以對主詞構成一個限制。事實上，「張三」和「謙虛的」此二者之間原本沒有任何關係，但是把它們連在一起，就構成一個判斷。而把它們連在一起的，就是繫詞「是」。

判斷又稱作命題（Proposition），因為判斷是思想上的運作，一旦把它表達出來，就變成一個客觀的命題，可以讓別人看到、聽到，進而可以研究它的真假。

人隨時都在作判斷，只是通常沒有把這些判斷說出來，並且加以分析。因此，我們要訓練自己把話講得完整。也就是說，作任何一個判斷時，都要把它還原成最基本的主謂詞形式。譬如我今天去搭乘捷運，看到車來時，心裡在想：「這輛車廂怎麼這麼空？」這時可以把這句話改成「這輛車廂是很空的」。這種方法聽起來雖然笨拙，但是一旦習慣了以後，講話就會很有條理、層次分明，即使與陌生人講話，也能夠達到良好的溝通效果。

判斷有四個基本式：

1. A：全稱肯定命題（一切S是P）
2. I：特稱肯定命題（有些S是P）
3. E：全稱否定命題（一切S不是P）
4. O：特稱否定命題（有些S不是P）

A、I、E、O四個字母來自於拉丁文的Affirmo和Nego。Affirmo是「肯定」的意思，因此用A代表全稱肯定命題，用I代表特稱肯定命題；Nego則是「否定」的意思，因此用E代表全稱否定命題，用O代表特稱否定命題。

所謂的全稱和特稱，是針對主詞而言。全稱包含了主詞的全部在內；特稱則代表只有包含主詞的一部分。舉例來說，以「台大學生」作為主詞，則：

全稱命題是：所有台大學生（一切台大學生、每一個台大學生）；
特稱命題是：有些台大學生（部分台大學生）；
全稱肯定命題是：所有台大學生都是好學生；
特稱肯定命題是：有些台大學生是好學生；
全稱否定命題是：所有台大學生都不是好學生；
特稱否定命題則是：有些台大學生不是好學生。

這四個基本命題，一般人在日常生活中都常常用到。使用全稱命題時要非常小心，因為全稱包含了所有的個體。換言之，只要其中有一個例外，就代表你說的話有問題。譬如我有一個朋友到義大利旅行三次，三次都被扒手扒了錢，回來以後很生氣，便說所有義大利人都是小偷。旁人聽到這種話當然覺得太誇張了，怎麼可能所有的義大利人都是小偷？因此平常說話時要謹慎，最好能夠保留一點彈性（**譬如使用大概、或許、好像、可能這類的語詞**），才能夠減少說錯話的機會。

四種基本式的互換

一般而言，謂詞的涵蓋範圍較廣。譬如在「天花板是白色的」這個判斷語句中，「天花板」是主詞，它的涵蓋範圍較窄；「白色的」是謂詞，它的涵蓋範圍較廣。因為天花板是白色的，並不代表白色的東西就一定是天花板，它有可能是其他東西。又如在「張三是勇敢的人」這個語句中，「張三」的涵蓋範圍較窄，而「勇敢的人」涵蓋範圍較廣，因為勇敢的人不一定只有張三。

由此可知，思考一個語句時，不能夠任意更換主謂詞的位置，一旦把主謂詞位置互換，就必須注意到是否周延[7]的問題。舉例來說，如果要把「張三是勇敢的人」這個語句的主謂詞互換，則必須將其改成「有一個勇敢的人是張三」，而不能說「勇敢的人是張三」。又如要把「孝順就是善」這個語句的主謂詞互換，則必須改成「有一種善是孝順」，而不能說「善就是孝順」。再舉個例子來說，我們不能把「台大學生都是好學生」改成「好學生都是台大學

---

❼ 周延是涵蓋全部的意思。如果我們說一個名詞是周延的，表示它涵蓋了指涉對象的全部；相反的，如果說這個名詞不周延，表示它只涵蓋了指涉對象的一部分。

生」，而必須改成「有些好學生是台大學生」。因為好學生的涵蓋範圍很廣，而台大學生只是其中的一部分而已。

「有些」、「有一種」、「有一個」等，都是特稱的用法，由此可知，若是將A命題（全稱肯定）的主謂詞互換，則會變成I命題（特稱肯定）。

E命題（全稱否定）則可以直接轉換成E命題，因為否定語句會使主謂詞兩邊一樣周延。譬如「所有台大學生都不是好學生」這個語句可以直接轉換成「所有好學生都不是台大學生」。

I命題也可以直接轉換成I命題，譬如「有些台大學生是好學生」可以直接轉換成「有些好學生是台大學生」。O命題（特稱否定）則無法直接轉換成O命題。若我們將「有些台大學生不是好學生」轉換成「有些好學生不是台大學生」，看起來似乎是很合理，但是再舉另外一個例子，就會發現這樣的轉換是有問題的。譬如把「有些人不是美國人」轉換成「有些美國人不是人」，這一看就知道是有問題的。因此O命題就不能轉換為O命題[8]。

總而言之，對於這四種基本式的互換，可以做出以下的結論：A命題可以轉換為I命題；I命題還是轉換為I命題；E命題可以轉換為E命題；而O命題不能轉換為O命題。

分析命題和綜合命題

依主詞是否包含謂詞，可以將命題分為二類：分析命題和綜合命題。分析命題又可稱為先驗命題或必然命題，它是指：主詞的內涵中，已經包含了謂詞。譬如「人是理性的動物」，這句話就是

❽ 在邏輯的規則中，只要能夠舉出一個例子使其不成立，那麼這個規則就是有問題的，因為規則必須適用於所有的情況。

一個分析命題。因為「理性的動物」是人的定義，因此，我只要分析人，就可以知道何謂理性的動物。這個命題是必然成立的。又如「外星人是來自外太空的人」，這句話也是一個分析命題，因為謂詞所敍述的就是主詞的內涵，而沒有增加任何新的知識。

這些命題看起來似乎毫無用處，甚至有點像廢話，但是不可以小看，因為這些命題是絕對正確、不會錯的。有時候這些命題還可以延伸作別的意思，譬如外國人常講：「Business is business.」這句話當然不是廢話，而是表達了一種公事公辦、就事論事的態度。又如有時候外國人看到中國人在公眾場所大聲說話，可能會說：「Chinese is Chinese.」這就帶有一種批評的意味了。

綜合命題則比較常用，又稱為後驗命題或偶有命題。綜合命題是指：必須經由經驗才知道主詞與謂詞的關連。譬如我說：「美國人是打過越戰的」，這句話就是一個綜合命題，需要透過經驗來了解。如果在越戰之前說這句話，那麼這個命題就不能成立，因為當時根本還沒發生這件事。

綜合命題可以增加知識的範圍，但不具有普遍性，因為它必須從人類的實際經驗中得到內容，而經驗本身是沒有普遍性的。譬如「美國人是打過越戰的」這句話並不適用於所有的美國人，因為對於活在越戰之前的美國人而言，這句話是無效的。由此可知，綜合命題必然有所限制。

總之，分析命題和綜合命題各有其優缺點：分析命題絕對正確，卻無法提供任何新的知識內容；綜合命題可以提供新的知識內容，但它不具有普遍性，而必然有所限制。

定言命題、假言命題、選言命題

依照組織方式，可以將命題分為三類：定言命題、假言命題、選言命題。言是指「說話時的表達」。定言命題是直接敘述，也就是主詞＋繫詞＋謂詞。譬如，張三是好人，李四是大學生。這些都是定言命題。假言命題則是一種假設，以「如果⋯⋯，則⋯⋯」（if...then...）來表達。譬如，若你要去美國，則你要把英文唸好；如果你想出人頭地，則要好好下工夫。這些都是假言命題。選言命題則是非此即彼，不是這樣就是那樣，以「或是⋯⋯，或是⋯⋯」（either...or...；neither...nor...）來表達。譬如你或是去唸書，或是去工作；你或是孝順，或是不孝順。這些都屬於選言命題。

哲學常使用定言命題，因為必須把概念定義清楚，才能夠從事哲學探討。無論是任何學派，第一步就是定義「人」這個概念，因為只有在定義了人的本質、了解人性為何之後，才能夠建構合理的社會理論。

心理學則是使用假言命題，因為心理學所研究的是對人的制約[9]，制約就是一種條件，而條件的命題就是假言命題。譬如，假如你要別人喜歡你，則你要先對別人好；假如你要過得快樂，則你應該對別人友善。

選言命題則是日常生活中常常會用到的，要在兩個選擇中作決定時，就必須使用選言命題。

這些命題都有一定的使用規則以及檢證方法。若要明白邏輯的應用，就要從本章所談的概念與判斷，進展到下一章所談的推論。

---

❾ 心理學所談的是人類心理和外在世界的互動，以及人類行為的表現，並且找出一個固定的模式。「固定的模式」就是一種制約。換言之，在心理學的範疇之中，如果離開了制約的情況，則根本無法了解什麼是人。

第二章

培養思考習慣（二）

—— 邏輯推論的訓練

名不正，則言不順；言不順，則事不成；事不成，則禮樂不興；禮樂不興，則刑罰不中；刑罰不中，則民無所措手足。——《論語．子路》

人們在「使用」概念時，要求「名實相符」，否則無法思考及談論。但是，在人的社會生活中，還須進一步要求「名分相符」，亦即「君君，臣臣，父父，子子」，然後才能明白孔子這番話的用心。邏輯推論不能脫離人生，亦由此可見其要旨。

如果能有好的邏輯訓練，在思考和表達方面就會有一個較扎實的基礎。如此一來，無論是說話、寫作或閱讀，或者將來要從事其他方面的進修，都比較容易進入問題的核心，掌握住關鍵，而不會浪費時間在外圍打轉。

推論之形成

思考習慣在學術上來講就是應用思想的方法，而思想的方法就是邏輯。若要進行有效率的思考，邏輯是首先要學習的課題。換言之，想在日常對話中正確地掌握客觀事實、精準地表達有效的知識命題，必須經過嚴格的邏輯訓練。

邏輯訓練的第一步是要界說概念，有了概念之後則要進行判斷。單靠概念並無法構成知識，知識一定是由判斷所形成的。譬如「人是有理性的動物」，這句話就是一個標準的判斷 —— 主詞和謂詞之間以繫詞（是或不是）來聯繫。

上一章已經介紹過邏輯的概念和判斷，這一章則要進入邏輯的核心部分，也就是邏輯推論。我在這裡參考的資料是錢志純教授的《理則學》[10]。如果能夠完全理解這一章所講的內容，就表示在基本邏輯方面已經入門了。

與其他事物一樣，推論的形成也要有「質料」和「形式」。換言之，看到一樣東西時，首先要去思考：「它的質料是什麼？形式又是什麼？」

亞里斯多德的四因說

亞里斯多德曾經提出相當著名的「四因說」，亦即，任何東西的存在都需要具備四個原因：質料因、形式因、動力因、目的因。譬如一張桌子的質料是木頭；形式是桌子；動力是將木頭做成桌子的木匠；目的則是桌子的用途。

形式是不可或缺的，我們必須透過形式來理解一件事物，因為

---

[10] 本書由輔仁大學出版社發行。

形式幾乎等於本質。以木頭來說，它可以做成很多東西，如門板、天花板、架子、椅子等，因此形式便成了一個關鍵。如果木頭被做成桌子，那麼「桌子」就是被我們理解的部分。換言之，我們透過「桌子」這個形式去理解這個東西。這也就是柏拉圖所謂的「理型」。

然而，在所有事物中未必都能找到上述四因。以人來說，人的質料是血肉；形式是人的樣子和理性能力。至於人的動力則很難講得清楚，我們通常說人是父母所生的，但是如果以這種方式來解釋人的動力，似乎顯得太過簡單而且粗糙。人的目的也很難清楚表達，因為人的目的不是外在所給予，而是內在本來就具有的。換言之，人本身就具有生命力，因此會自己成長。如此一來，要明確地指出人的目的，就會產生很大的困難。

由此可知，對於這四因的掌握和解釋，會因為無生物（譬如人工製品）和有生命的個體之不同，而產生很大的差別。然而，亞里斯多德所要強調的是：這四個原因是完整的。就算無法完全掌握這四因，也絕對不能忽略前二因 —— 質料和形式，因為形式有時包含了動力和目的在內。

舉例來說，當橡樹還是種籽時，和其他樹木的種籽看起來似乎差不多。然而，如果把橡樹的種籽埋到泥土裡，將來它會長成橡樹，而不是其他的樹，這是因為橡樹的種籽已經包含了它的形式、動力和目的。換句話說，一粒種籽看起來好像只是質料而已，事實上，質料中已經包含了某種形式在裡面，而形式中又有動力，動力則帶著它的目的。因為如此，所以這棵樹不會無限制地成長，而會有一個最終的極限。

形式不單是指外形，還指涉了如何處理質料的方式。這就好比燒菜，一盤燒好的菜包含了材料和形式，材料就是質料。同樣的材料，隨著每個人的手法不同，可以燒成不同的菜，譬如湘菜、川菜、粵菜、台菜等，而各種燒菜的方法，就稱作形式。每個人的手法不同，所以形式也就不同。

推論的質料

推論的質料包括「三名詞」和「三命題」。

（一）三名詞所指的是：中詞（Middle，簡稱M）、大詞（Predicate，簡稱P）、小詞（Subject，簡稱S）。大詞是指結論中的謂詞，其外延大於主詞；小詞是指結論中的主詞；而中詞則是指聯繫大詞與小詞的名詞。由此可知，大詞和小詞都會出現在結論中，而中詞則是聯繫的部分[11]。

作判斷時，一定要使用到大詞、中詞、小詞這三個名詞，而這三個名詞的大小則是由結論來決定的：結論中的謂詞是大詞、主詞是小詞。

（二）三命題則是指：大前提、小前提、結論。這也就是邏輯推論中最基本的「三段論法」。三段論法就是把推論分為三段，譬如夏天很熱（大前提）→現在是夏天（小前提）→所以現在很熱（結論）。

大前提是包含大詞的命題；小前提是包含小詞的命題；結論則是同時包含小詞和大詞的命題。譬如凡人（M）皆會死（P）→張三（S）是人（M）→所以張三（S）會死（P）。這個推論的形式是M—P；S—M；S—P。由此可知，S和P本來沒有連在一起，但是把M去掉以後，S和P就連在一起了。M—P包含了P，所以是大

[11] 中詞與上一章所介紹的繫詞不同，它是除了大詞和小詞之外的另一個名詞。本章接下來所舉的例子，會讓讀者對此概念更為清楚。

前提；S—M包含了S，所以是小前提；而S—P同時包含了S和P，因此是結論。結論是最重要的部分，它必須把大詞和小詞連在一起。

推論的形式

推論形式是邏輯最重要的部分，它是三名詞與三命題之間的關係，由此必然產生結論。形式就是關係，當這種關係出現時就會產生結論。換言之，形式即是一個運作的過程。

質料涉及命題之真假，必須符合事實；形式涉及推論之正誤，必須合乎思想規則。使用一個名詞時，其質料必須符合事實，否則命題本身就會有問題。舉例來說，如果我們說：「義大利人都是小偷」，那麼首先就要知道：所謂的小偷是指怎樣的行為？義大利人指的又是誰？這些概念都必須先界定清楚，使其符合事實，命題才不會產生問題。

形式必須合乎思想規則。接著將介紹八條定言三段論證的規則，也就是所謂的思想規則。

定言三段論證的規則

這一部分要介紹八條定言三段論證的規則。事實上，這八條中並非每一項都重要，但為了求其完備而不至有所缺漏，還是將這八條逐一介紹。

第一規：名詞只能有三個，即：大詞、小詞、中詞

名詞如果有四個，則沒有中詞，也就是沒有媒介作用，沒有二

名詞間的共同聯繫。犯四名詞的規則，有兩種情形：一是實際上有四個名詞；一是名詞代用的謬誤，成為詭辯。譬如下面這句推論。

★一切植物皆有生命。一切石頭是礦物。所以一切石頭皆有生命。

這裡有四個名詞：植物、生命、石頭、礦物，因此結論推不出來。無論我們說「一切石頭都不是植物」、「一切石頭皆有生命」，或者「一切礦物都不是植物」，都沒有任何意義。

儘管有些命題在表面上看起來並沒有錯，但由於它們不是經由推論所得到的，因此在邏輯上是無效的。換言之，這四個名詞各管各的，完全沒有連結在一起的作用。又如：

★黃牛吃草。張三是黃牛。所以張三吃草。

我們常說「循名責實」，我們要能夠根據名來考核其實際對應的對象。在這個例子中，「黃牛吃草」的「黃牛」是一頭真的黃牛；而「張三是黃牛」的「黃牛」則是一種口語上的習慣性綽號，它實際上所指涉的對象與吃草的黃牛並不相同。因此，「黃牛吃草」這個命題是對的；「張三是黃牛」這個命題也是對的；然而「張三吃草」這個結論卻是有問題的。

由此可知，相同的名詞，可能會指涉不同的對象。會產生這種情況，是因為名詞的歧義[12]所造成的。名詞的歧義性是很常見的，

[12] 歧義的英文是ambiguous，是指一個名詞本身具有不同的涵意，其意義是模糊的。

因此在邏輯推論時必須小心，不可以讓同一個名詞有兩種意思。一個名詞有兩種意思，就等於實際上有四個名詞，因此無法產生聯結而推出結論。

第二規：在結論中周延的名詞，在前提中也必須周延

結論中周延的名詞，在前提中卻不周延，則結論斷言過多。不周延代表名詞本身受到了限制，因此，如果前提不周延，而結論卻周延，就變成結論超過了前提所提供的材料，涵蓋範圍有問題。

從推論方面說，特稱命題為真，未必全稱命題亦真；故結論的名詞若其周延大於前提，便未必為真。上一章說過：A命題可以換成I命題，但是I命題不能換成A命題。譬如「有些台大學生是好學生」是I命題，我們不能因此認為「所有台大學生都是好學生」。

犯此條規則最常見的情形是，一個前提中肯定句的謂詞，成為結論中否定句的謂詞。肯定句的謂詞和否定句的謂詞差別在於：肯定句的謂詞不周延；否定句的謂詞周延。舉個例子來說，「台大學生都不是好學生」是否定句，在這個句子中「台大學生」和「好學生」各不相干，因此二者都是周延的：台大學生指涉所有的台大學生，好學生也指涉所有的好學生；然而，在「台大學生都是好學生」這個句子中，「台大學生」是周延的，指涉了所有台大學生，但是「好學生」卻是不周延的，因為台大學生只是好學生之中的一部分，而不是全部。

由此可知，當我們說「是」時，謂詞就會不夠周延。再舉個例子來說：在「張三是勇敢的人」這個句子中，「勇敢的人」是不周延的，因為張三只是勇敢的人的其中一個，而不是全部；相反的，在「張三不是勇敢的人」這個句子中，因為所有勇敢的人都不是張三，所以「勇敢的人」就周延了。

總的來説，主詞是否周延，要看是全稱或特稱：全稱就周延，特稱就不周延；謂詞是否周延，則要看是否定句還是肯定句：否定句就周延，肯定句則不周延。

以下再舉兩個例子説明錯誤的情形，雖然在這兩個例子中，可以直接從表面的意思看出結論的錯誤，然而，邏輯所注重的不是表面的意思，而是推論形式的正確與否。

★一切人是動物。牛不是人。所以牛不是動物。

在這個例子中，結論中的「動物」是周延的，然而前提中「一切人是動物」的「動物」則是不周延的。由此可知，結論超過了前提所提供的材料，因此這個推論是錯誤的。

★一切鳥是會飛的。一切鳥是動物。所以一切動物是會飛的。

在這個例子中，「一切鳥是動物」中的「動物」是不周延的，然而在結論中，「一切動物」卻是周延的主詞。由此可知，結論超過前提所提供的材料，因此這個推論也是錯誤的。

第三規：結論裡不可以有中詞

中詞是媒介，所以不能在結論中出現。下面所舉例的三段論證，即犯了此條規則：

★有的圖形是方形。有的圖形是圓形。所以有的圖形是方形與圓形。

結論應該設法將前提中的「方形」和「圓形」聯繫在一起，但這裡卻把中詞（圓形）放在結論中，因此是錯誤的。除此之外，這個推論其實還有一個錯誤，就是它的前提有問題。

這兩個前提的中詞都是特稱，換言之，中詞完全沒有周延過。在一個推論中，中詞至少要周延一次，這是論證形式的第四條規則。

第四規：中詞至少周延一次

中詞至少要周延一次，這樣才算是盡到媒介的責任。譬如在「所有的人都會死；張三是人；所以張三會死」這個推論中，「人」是中詞。第一句中的「人」是周延的，而第二句中的「人」則是不周延的。如此一來，中詞至少已經周延一次，因此就盡到媒介的責任了。

中詞如果都是不周延，則沒有盡到媒介之責，兩前提沒有聯繫。犯這條規則經常見到的情形是：中詞兩次皆為肯定命題的謂詞。以下即舉例說明：

★一切人都是會死的。一切黑人都是會死的。所以一切人都是黑人。

在這個例子中，兩個前提中的「會死的」都不周延，因此這個推論是錯誤的。

★一切人都是會死的。有些會死的是魚。所以有些魚是人。

在這個例子中，第一句的「會死的」是肯定命題的謂詞，所以不周延。第二句中的「會死的」則是特稱命題的主詞，因此也不周延。兩個中詞都不周延，因此推論是錯誤的。

第五規：兩前提皆為否定，沒有結論

如果兩前提皆為否定，則大詞和小詞皆未與中詞產生關連，故亦無法斷定它們之間的關係。下面的例子即犯此規：

★沒有動物是石頭。沒有花崗石是動物。所以沒有花崗石是石頭。

如果要讓形式比較明確，可以將「沒有動物是石頭」改成「所有動物都不是石頭」；將「沒有花崗石是動物」改成「所有花崗石都不是動物」；將「沒有花崗石是石頭」改成「所有花崗石都不是石頭」。如此一來就變成了很清楚的全稱否定命題。

這個推論是錯誤的，因為在兩個前提都是否定的情況下，根本無法使結論中的兩個名詞產生關連。

★人不是牛。馬不是人。故馬不是牛。

同樣的，在這個例子中，兩個前提都是否定命題，因此無法產生推論的效果。

第六規：兩前提皆為肯定，結論肯定

此條規則的根據並不複雜。兩個肯定的前提裡，當兩個名詞皆與另一詞相聯，其結論不能是此二詞相斥，而是相聯。下面的例子便是犯了此規：

★一切烏鴉都是黑的。有些鳥是烏鴉。所以有些鳥不是黑的。

在這個例子中，兩個前提皆為肯定，但結論卻是否定的，因此推論錯誤。

第七規：結論隨較弱的前提

如果前提中的命題一是肯定，另一是否定，則結論應是否定；如果前提中的命題一是全稱，一是特稱，則結論應是特稱。由此可知，「較弱的」是指否定命題與特稱命題。

此條規則之形式部分，是根據相異律而來的。相異律即：二物與第三物，一是相同，一是不相同，則結論是它們彼此不同，即結論是否定的。譬如A＝B；B≠C；所以A≠C，這就是相異律。A和C二物與第三物B，一是相同，一是不相同，故結論彼此不同，所以是否定的。

再就此規則的質料部分，可以說明如下：

1. 假設前提皆為肯定命題，一為全稱，一為特稱，則有二主詞，一為周延，一為不周延，有二謂詞皆為不周延。唯一周延的主詞，應為中詞，否則犯第四規，所以在結論中沒有它。剩下在結論中的，皆為不周延的名詞；故結論必為特稱命題。

2. 假設前提中的命題，一是肯定，一是否定，一為全稱，一為特稱，則有一主詞是周延，一主詞是不周延，有一謂詞是周延，一謂詞是不周延。照第四規，有一周延名詞當中詞，所以剩下的兩個不周延名詞和一個周延名詞。然而結論應當是否定的，它要求一個周延名詞為其謂詞，故剩下的兩個名詞皆為不周延；以致結論的主詞必不周延。所以，結論必為特稱命題。

下面是犯此規的三個例子：

★中國人是黃種人。日本人不是中國人。故有些黃種人是日本人。（應為否定，即：有些黃種人不是日本人）

★有些動物是人。凡人皆是有理智的。故凡有理智的皆是動物。（應為特稱，即：有些有理智的是動物）

★白人不是黑人。有些黑人是人。故人不是白人。（應為特稱，即：有些人不是白人）

前面提過，結論應隨較弱的前提，也就是否定命題和特稱命題。因此，當前提中有否定命題時，結論就必須使用否定命題；當前提中有特稱命題時，結論就必須使用特稱命題。

第八規：兩前提皆為特稱，沒有結論

此規則有兩個證明的方法：

1. 如果兩前提為肯定命題，則我們有兩個主詞和謂詞皆為不周延。由於第四規（中詞必須周延一次）故無正確結論。譬如下面這句。

★有些人是上海人。有些中國人是人。故有些中國人是上海人。

在這個例子中，「人」是中詞。在大前提中，特稱命題使得作為主詞的「人」變得不周延；而在小前提中，肯定命題使得作為謂詞的「人」變得不周延。由此可知，在這個推論中，二前提的中詞都不周延，因此違反了第四規。

★有些馬是黑馬。有些白馬是馬。故有些白馬是黑馬。

在這個例子中，「馬」是中詞。在大前提中，特稱命題使得作為主詞的「馬」變得不周延；而在小前提中，肯定命題使得作為謂詞的「馬」變得不周延。由此可知，此推論與上例的推論相同，都違反了第四規。

2. 如果前提中的兩個命題，一為肯定，一為否定，則有兩個主詞是不周延的，而其謂詞則一個是周延的，一個是不周延的。照第四規，中詞至少周延一次；據此，則唯一周延名詞應保留為中詞，如此剩下的是兩個不周延名詞。但結論應為否定。它要求一個周延名詞為其謂詞。但前提中已不再有周延名詞，所以結論不能成立，否則犯第二規。例如下句。

★有些有理性的動物是會死的。有些生物不是有理性的動物。所以有些生物是不會死的（可改成：有些生物不是會死的）。

在這個例子中，中詞是「理性的動物」。在大前提中，「理性的動物」是特稱命題，因此是不周延的；而在小前提中，「理性的動物」是否定命題，因此是周延的。此部分沒有問題。

根據第七規，結論隨較弱的前提，因此應為否定命題。然而，當結論為否定命題時，謂詞「會死的」是周延的，但前提中的「會死的」卻是不周延的。如此一來，即是犯了第二規，亦即結論斷言過多。故此推論無效。

★有些科學家不是美國人。有些中國人是科學家。所以有些中國人不是美國人。

在這個例子中，「科學家」是中詞。在二前提中，中詞都不周延，因此犯了第四規。故此論證亦為無效。

以上八條規則，對三段論證的連結性是不可或缺的。如果前提為真，又遵守了以上八規，其結論必定為真。而若違反了任一規則，其結論亦可能為真；但此一真並非由演繹推論而來，因為這樣的論證，在邏輯上不正確。

練習題

以下舉了八個錯誤的三段論證作為例子，現在即指出這些推論所犯的規則：

★凡大道理都是難懂的。康德的哲學是難懂的。所以康德的哲學是大道理。

中詞「難懂的」在二前提中皆為不周延，因此違背第四規：中詞至少周延一次。

★儒者是哲學家。儒者是中國人。所以中國人是哲學家。

結論中的「中國人」是周延的，但小前提中的「中國人」因為是肯定命題中的謂詞，所以是不周延的。此例違背第二規：在結論裡周延的名詞，在前提裡也必須周延。

★有些中國哲學家是好哲學家。儒者是中國哲學家。所以儒者是好哲學家。

此例違背第七規：結論隨較弱的前提。較弱的前提是指特稱命題或否定命題，因此結論應該改成「有些儒者是好哲學家」。（此例同時也違背了第四規。）

★所有宗教家是唯心論者。所有宗教家是狂熱的。所以所有宗教家是狂熱的唯心論者。

此例在結論中加進了中詞，因此違背了第三規：結論裡不可以有中詞。此例的結論應改成「有些狂熱的人是唯心論者」或「有些唯心論者是狂熱的人」。

★有些政客是狡滑的。有些強盜是政客。故有些強盜是狡滑的。

違背第八規：兩前提皆為特稱，沒有結論。

★牛不是馬。狗不是牛。故狗不是馬。

違背第五規：兩前提皆為否定，沒有結論。

★有些膽大是德。無恥是膽大。故無恥是德。

違背第七規：結論隨較弱的前提。（也違背了第四規。）

★心理學家是科學家。商人皆為心理學家。故商人是科學家。

二前提中的「心理學家」是歧義的，所以此例等於出現了四個名詞，因此違背第一規：名詞只能有三個。

定言三段論證是最基本的推論結構，這個結構可以變得非常複雜。譬如在「天氣好是讓人心情愉快的」這個命題中，我們可以再加上「沒有戰爭」、「經濟繁榮」等，將這個命題變成「天氣好並且沒有戰爭，而經濟又繁榮的時候，是讓人心情愉快的」。無論多麼複雜的句子，照樣都可以還原到最基本的命題。

這也就是說，「S是P」是最基本的命題，但是我們可以加上其他條件，譬如英文中的五個W和一個H：When、Where、Who、What、Why、How。這些都可以加入基本命題中，讓它變成複雜的句子。最重要的是，我們必須知道問題關鍵在哪裡，如此才能夠進行精確的思考。

雙刀論證

雙刀論證（Dilemma）是指一個論證提出來後，正反兩邊的立場都可以找到有效的理由。這種論證有如益智遊戲，可以用來訓練辯論技巧。以下即作進一步解釋。

雙刀論證的結構

1. 大前提：選言命題（either...or...；neither...nor...）。
2. 小前提：兩個條件命題；各取大前提的一項為前項。
3. 結論：定言命題。

光是看解釋的文字很難確實了解雙刀論證的結構，因此在下一部分會舉出實例作為說明。

雙刀論證的規則

1.選言命題的對立，應該是完全的（對立應為矛盾、缺失或關係）。以下二例為誤：

★我或富或窮。若富，憂愁失去財富；若窮，憂愁生活開銷。所以，我常憂愁。

大前提「我或富或窮」是一個選言命題（或……，或……）；小前提「若富，憂愁失去財富；若窮，憂愁生活開銷」則是兩個條件命題（若……，則……）。選言命題會有兩個項目，因此我們可以看到，在小前提的兩個條件命題中，各取了大前提的一項「若富」或「若窮」作為前項。

這個推論之所以有誤，是因為：一個人可以不窮也不富。換言之，天下並不是只有富人和窮人這兩種，事實上，大多數的人是介於此二者中間的，因此「我常憂愁」這個結論是有問題的。

由此可知，把「窮」和「富」一分為二，在根本上就是有問題的。亦即，這兩個概念並不是完全對立的，還有中間的可能性。

那麼要如何才是一個有效的雙刀論證呢？舉例來說，「人或生病或不生病。生病，擔心病不好；不生病，擔心生病。所以不管生不生病都很擔心。」這就是一個有效的雙刀論證，因為人要不就生病，要不就不生病，不可能介於生病和不生病之間。換言之，「生病」和「不生病」這兩個概念是完全對立的。

★我結婚，或娶美女或娶醜女。若娶美女，難伺候；若娶醜女，難消受。所以，我不結婚。

此例所犯的錯誤和上述相同：一個人可以不醜也不美。美醜是兩個極端，而大多數人都介於二者之間，因此這個推論是有問題的。

2.條件命題的前後項，應有涵蘊關係[13]。以下二例即為錯誤示範：

★病，或可治或不可治。若可治，不吃藥亦可治；若不可治，吃藥亦不可治。所以，不必吃藥。

此例的問題即出在條件命題的前後項沒有涵蘊關係：「若可治」是要吃藥才可治，因此不能說「若可治，不吃藥亦可治」。換言之，「可以治療」和「不需治療自己就會好」並非相同的概念，而是分別屬於不同的論點。

★從政，或正義或不正義。若正義，則被惡人恨；若不正義，則被善人恨。所以，從政，被人恨。

這個例子很容易化解，我們可以將條件命題改成「若正義，則被善人愛；若不正義，則被惡人愛。所以，從政，被人愛。」

對於這種雙刀論證，必須特別注意它的形式，前面是個選言命題「或是正義，或是不正義」，接著就是兩個條件命題「如果正義，會……；如果不正義，會……」。如果正反立場皆可成立，就流於詭辯了。

3.不應予人反駁之餘地（後項應為前項之必然效果）。以下舉

⓭ 涵蘊是指前項為後項之因，從前項可以導出後項。

三個例子來說明：

（一）亞歷山卓圖書館的書與可蘭經：亞歷山卓（Alexandria）是北非一個很大的城市，城中有一座很大的圖書館。據說伊斯蘭教徒攻占了亞歷山卓之後，想要把圖書館的書燒掉，因此提出了一個論證：「圖書館有很多書，或是合乎可蘭經，或是不合乎可蘭經。如果合乎可蘭經，由於已經有可蘭經了，所以可以把它燒掉；如果不合乎可蘭經，那麼就是異端邪說，因此更應該燒掉。所以結論就是要把圖書館燒掉。」

秦始皇焚書時，也想到類似的論證。問題有二：第一，許多圖書與宗教經典或當政者的意識型態無關，所以不必燒掉。第二，如何證明自己的經典是真理？

由現代人的眼光看來，美國有些基督徒焚燒《哈利波特》（*Harry Potter*），也是出於類似的想法。

（二）普羅塔哥拉斯（Protagoras）與他的學生歐拉杜斯（Eulathus）：普羅塔哥拉斯（生平在公元前第六至第五世紀）是希臘時代著名的哲學家，與蘇格拉底分屬不同系統，為辯士學派（Sophists）[14]的代表人物。

有一天普羅塔哥拉斯碰到歐拉杜斯，覺得這個年輕人非常聰明，因此希望他能夠跟著自己學習。不巧的是，當時歐拉杜斯沒有錢繳學費，於是普羅塔哥拉斯同他達成一項協議：等到歐拉杜斯學成辯論術後，替別人打官司，如果打贏了，就必須繳學費；如果打

[14] Sophist源自於希臘文Sophia，Sophia是「智慧」之意，因此Sophist代表「有智慧的人」。故此學派一般翻譯為「智者學派」，然由於此派擅長以辯論表達其思想，因此又可稱為「辯士學派」或「詭辯學派」。「詭辯」一詞較具有批評性。

輸了，就免繳學費。

結果歐拉杜斯學成之後變得很有名，替別人打官司都是贏的，但是卻不再理老師了，也照樣不付學費。最後普羅塔哥拉斯對歐拉杜斯說：「我現在要去告你違背我們以前的協議，沒有付給我學費。如果法官判你輸，你就要付我學費；如果法官判你贏，那麼按照我們的協議（**打贏官司必須付學費**），你還是要付我學費。因此無論法官判你贏或輸，你都必須付我學費。」

然而歐拉杜斯卻說：「老師到法院告我，如果法官判老師贏，就代表我輸了。根據我們的協議，如果我打輸了官司，就不用付學費；如果法官判我贏，那麼按照法官的判決，我還是不用付學費。因此無論法官判我輸或贏，我都不用付學費。」由此可知，歐拉杜斯真是相當聰明，能夠找到普羅塔哥拉斯論證的破綻。

（三）漢武帝與東方朔：漢武帝找人煉製長生不死丹，當丹藥煉成後，東方朔就拿過來一口吞下去。漢武帝很生氣，於是說：「你把我的長生不死丹吃掉了，我要殺你！」東方朔卻說：「如果我吃的真的是長生不死丹，那麼你殺不了我；如果你可以把我給殺了，那就代表我吃的不是長生不死丹，因此我就無罪。或是你殺不了我，或是我無罪，所以你不應該殺我。」漢武帝聽了以後無話可說。換言之，東方朔巧妙應用了雙刀論證，保存自己的性命，並且為漢武帝上了一課。

邏輯的東西其實是相當嚴謹枯燥的，然而只要在日常生活中，時常認真地想：「這個論證周不周延？大詞、中詞、小詞應該如何？」把每一項規則都弄清楚，就會慢慢養成習慣。然後，與別人談論問題，或者自己思考時，就會注意到每一句話的周延性。

一個人的思想是否合乎邏輯，就要看他對周延性的概念是否清楚。如果一定要將不周延的部分講成周延，事實上是站不住腳的，很快就會讓別人發現漏洞，而無法自圓其說。

總而言之，如果能有基本的邏輯訓練，在思考和表達方面就會有一個較扎實的基礎。如此一來，無論是說話、寫作或閱讀，或者將來要從事其他方面的進修，都比較容易進入問題的核心，掌握住關鍵，而不會浪費時間在外圍打轉。

第三章

掌握整體觀點（一）

——哲學的質料、運作、內涵與目的

哲學就是愛好智慧。

希望大家可以透過哲學知識的管道，自己生出智慧。如此一來就能夠從完整而根本的角度來衡量人生的問題，並且對許多事情的判斷保持開放的心靈。這些都是愛好智慧所顯現出來的效果。

哲學始於「經驗」，以「經驗」作為質料；而其運作與內涵，則是以「理性」為形式；最後，哲學的目的在於展示和諧的人生「理想」。

培養思考習慣之後，接著要掌握整體觀點，因為哲學不能局限在思考規則中打轉，還需要突破此一範圍，以思考作為方法，掌握所有的一切。

掌握整體觀點，簡單說來，較接近形上學的目標。形上學所追求的是「最後的真實」。真實之外只有虛無，因此，真實是一個整體。我們在第三部第一章曾經提及物理抽象、數學抽象、形上抽象。形上抽象聽起來似乎很美，「天地與我並生，而萬物與我為一」。然而，如果沒有經過分析的階段，就立刻尋求合一的話，會顯得既籠統又模糊，因此首先要認識各種不同的存在領域。

掌握整體觀點之後，接著就須確立價值取向（詳見第三部第五章）。有了價值取向，才能夠知道什麼是最重要、次重要的事，什麼又是比較不重要的事。如此一來，價值有了先後順序，做人處世就不容易迷惑。孔子之所以能夠「四十而不惑」，就是因為他擁有明確的價值取向。

最後一步則是要力求知行合一（詳見第三部第六章），因為「知」通常是很快見效的，譬如談到哲學，介紹了許多哲學家的思想，但是知道之後是否能夠實踐，則是另一回事，因為這需要年齡、經驗以及各方面條件的配合。

哲學始於「經驗」，以「經驗」為其質料

哲學的質料是經驗。意思是說，哲學可以從任何一點出發，一個人只要有經驗，就可以學習哲學。哲學始於經驗，但不能終於經驗。譬如我們現在談論哲學，可以從日常經驗的生老病死、喜怒哀樂談起，但不能講到最後還是在談生老病死、喜怒哀樂，而應該要

談到生老病死的規則、喜怒哀樂的原理。換言之，最後討論出來的結果是要能夠超越經驗的。

實際生活經驗無法告訴我們原理原則，只能讓人看到事實，因此我們要進行反省。這些經驗事實提供的是思考材料，藉由這些材料，進一步反省其前因後果為何。掌握住因果條件，就可以得到原理原則。如此一來，才不會被經驗所限制，而能夠超越苦樂。

「經驗」的範圍

經驗的範圍以自我覺知為核心，向外擴展，所涵蓋的是自我、其他自我（構成大大小小的群體）、自然界、超越界四個範疇[15]。

自我覺知的英文是Self-awareness。aware這個字的使用範圍很廣，無論是清楚看到，或者只是感覺到，都可以使用aware。我們就將它翻作「覺知」——感覺和認知。

自我是內在各種潛能的互動，以及這些潛能與外界的關係。自我的內在潛能相當複雜，包括了知情意的運作，欲望、衝動，以及各種莫名其妙的潛意識。這些潛能是互動的。譬如我看了一場悲傷的電影，心裡覺得很難過。然而，在遇到了一位朋友之後，難過的情緒又變得愉快了。由此可知，有時候人生就是喜怒哀樂、酸甜苦辣混雜在一起，而沒有一個清楚的界線。

其他人也和我一樣，是一個自我，我有什麼問題，他就可能有什麼問題。當然，他所面臨的問題，我也有可能會面臨。因此，這些自我稱為「其他自我」。換言之，「其他自我」和我具備一樣的

---

⑮ 自我、其他自我、自然界、超越界，是人生的四個層面。自我和其他自我構成群體，因此人生的四個層面也可以說是自我、群體、自然界、超越界。人的經驗範圍無論如何都離不開這四個領域。可同時參考第二部第一章中所述。

條件，但是由於各種不同的因緣際會，因此有著不同的發展，並出現不同的結果。

「其他自我」（亦稱為群體）對我們而言，是一個很好的對照，可以激發我們生命的能量，讓生活變得多采多姿。當我們看到別人有所成就，就要肯定自己也具有相同的潛能，但是不必羨慕別人的成就，而要珍惜自己的潛能。因為羨慕別人的時候，就會忽略了其實自己也有許多別人羨慕的地方。

許多人喜歡看電影，就是因為可以看到電影中的角色，替我們體驗自己不曾經歷過的狀況。人生中有許多事情，是我們渴望經歷，但又無法親自去體驗的，而電影正好提供了一個自我投射的空間。譬如一個人生長在貧窮的環境中，不知道有錢人如何過日子。然後，在電影中他可以看到有錢人的生活，進而引發他的想像，對自己的未來產生一個憧憬，使得生活不再那麼平淡。

我看過一部描述美國開拓西部的電影，對其中的一段情節印象深刻：有一個小男孩的父親是農夫，常常受到強盜威脅。電影中的男主角是一位神槍手，能夠替農夫主持正義，把強盜趕走。小男孩很崇拜這位神槍手，因此對他說：「像你這樣，活著才有意義、才偉大，不像我父親只是個農夫。」神槍手聽了以後回答：「如果沒有你父親這樣的人，我們也就無法到處行俠仗義。你父親才是真正和土地結合的人，我們羨慕都來不及了。像我們這種生活，永遠不知道明天會如何。」

上面這個例子提醒我們實在毋須羨慕別人。當小男孩羨慕神槍手的時候，神槍手反而羨慕那老老實實耕田的農夫！

自然界和超越界也都屬於經驗的範圍。風、草、貓、狗都屬於自然界，這些和人類是不一樣的。其他的人叫作「其他自我」，可以從「我」去推，由此產生同理心。然而別的生物則是屬於自然界的範圍，它們有自己的規則，是人所無法理解的。

自然界有自己的規律，人類如果想去干預，會產生各種後遺症。現在許多專家在研究生物科技，想要改變生物本身成長發展的過程，結果會製造很多難題。以複製人的問題來說，複製羊失敗了兩百七十七次才成功，若是把人拿來實驗，後果簡直難以想像。

另外，很多人都有關於超越界的經驗。最明顯的例子是宗教信仰[16]。

自我的結構因素

自我的結構包括身、心、靈三個層次；在「心」的層次，則有知、情、意三個部分[17]。因此，談到人的問題時，必須思考這些題材。

身體的機能會隨著年齡慢慢退化，心則不會。相反的，心的能力有時候反而會隨著年齡而增強。譬如在「知」方面，年紀越大，學習和理解的能力會越強，許多年輕時聽不懂的話，年紀大一點就懂了；在「情」方面，年輕人往往比較重視自己的感覺，然而隨著年紀越大，越能夠體諒、同情別人；「意」也是一樣，年輕時所順從的大多是別人的意志（譬如父母、法律），年紀越大則越能夠掌控自己的意志。

身和靈分別處於兩個極端。身就是身體，是屬於有形可見[18]的部分；靈則比較抽象，一般來說不太容易想像。人的身體和其他生

[16] 我們將在本書第四部討論靈性的時候，詳加說明。

[17] 請同時參考本書第一部。

[18] 有形可見就是Physical。Physical在字典上的解釋是「物理的」，然而其在希臘文中最原始的意思是「有形可見」和「不斷變化」之意，一般可以翻譯為「形體的」。自然界的生物都是屬於Physical的範圍，人的生命中也有Physical的部分，就是「身」。Physical所涵蓋的範圍較Body廣闊，Body指的就是身體，是比較靜態的；Physical有時則超過身體的範圍，包括了一些動態的實踐行為。

物的身體在本質上是類似的，譬如我們吃飯時，和其他動物吃飯時是一樣的。換言之，吃飯顯不出人格特質。因此在這個時候，餐桌禮儀相對的就顯得重要了。如果一個人吃飯時沒有餐桌禮儀，那就和其他動物沒什麼兩樣。餐桌禮儀屬於「文化」的部分，是由人的知、情、意所安排出來的，因此，這是人類所獨具而其他生物沒有的。

自我的「身」，屬於自然界，由固定規律所控制；自我的「靈」，則可以連接超越界，是人生的提升力量。西方認為「自然」等於「必然」，因為自然界有一定的規律，而規律就代表必然，它可以決定一切如何變化。和自然相反的則是「自由」。自由是只有人才有的，因為人可以設定規律，也可以突破規律。

人的身體需要有規律，譬如我規定自己一定要在早上七點醒來，因此每天早上一到七點、鬧鐘一響，我就立刻起床。如此形成一種習慣之後，對生活規律很有幫助，而生活也會變得很有效率。

康德（Immanuel Kant, 1724-1804）每天下午三點半一定要去散步，不管颳風下雨都不例外，這就是一種生活規律。生活有了規律之後，一切都有秩序，容易成就偉大的事情，否則會淪於隨心所欲，做任何事情都是五分鐘熱度，到最後一事無成。

規律是有必要的，但是如果人的生命只有規律，那也太過於無聊了。康德相當明智，他知道人的身體屬於自然界，因此用嚴格的規律來要求身體。但他也知道，人除了身之外，還有心和靈的部分，而心和靈是可以不受限制、自由發展的。譬如我規定自己每天到了某個時候一定要唸書，這是我給自己身體的要求。然而，思想可以「上窮碧落下黃泉」，創意是不受身體限制的。

在羅洛・梅（Rollo May）所著的《創造的勇氣》（*The Courage to Create*）[19]一書中曾提到：人一定要有某些限制，如同河流一定要有兩岸。兩岸是河流的限制，因為有了兩岸，河水才不會四處流竄，而能夠源遠流長。如果沒有了兩岸，河水遍地流散，太陽一曬什麼都沒有了。人也和河流一樣，需要有某種限制，而這種限制必須放在身的部分。能夠控制身體以後，才能夠自由地發展心和靈的部分。

其他自我（別人）在結構因素方面，與我相同；但在發展及互動過程中，造成多采多姿、千變萬化的大千世界。其他人和我一樣，具有知情意、身心靈的部分，因此彼此之間能夠產生類似的感受。然而，由於每個人的發展和互動都不同，最後會產生不同的結果。換言之，雖然每個人有相同的結構因素，但發展方向難免有所差別，譬如有些人發展知性方面、有些人發展情感方面、有些人發展身體方面，也有人專門發展靈的方面。

從「人」的角度設想

哲學思考可以從任何一點切入。假設我們有形上抽象的能力，看到杯子，知道它是有；看到面紙，也知道它是有，因此可以知道，杯子等於面紙。當然，人不能用面紙來喝水。喝水是身體層次的需求，因此這時候就要回到現實的物質世界。然而，如果是單純的抽象思考，則杯子和面紙屬於同一個層次，都是存有之物。

如果我們從人的角度出發，心胸就會比較開闊。譬如搭乘捷運時看到很多人，這時候出現在眼前的，沒有黑人和白人的分別，沒有日本人和韓國人的分別，全都跟我一樣，都是「人」。這些人都是我的同類。能夠這樣想，自然就不會有太多計較。

---

⑲ 本書由傅佩榮譯為中文，立緒出版。此書的作者羅洛・梅是一位心理學家，擁有豐富的西方文化和神話方面的涵養，因此在許多見解上，超越心理學家。

通常我們在讓座時，讓座給黃種人會比讓座給黑人容易；讓座給台灣人會比讓座給日本人容易；讓座給認識的人會比讓座給不認識的人容易。這是因為我們對於和自己比較相似的人，會有一種親切感，因此給予時不會那麼計較。由此可知，如果把所有的人都看作是自己的同類，在付出的同時就會比較情願。

形上抽象的能力其實不只是一種抽象，更可以讓我們落實到最真實的生命層次，也才會有「人」的味道。中國人喜歡講「人情味」，人情味就是從人的角度去設想。想到每個人都是人的時候，就不會在乎別人占了自己的便宜。因為別人占了便宜覺得快樂，我也會感到快樂。這樣一來，等於是整個生命都擴充出去，而不只是局限在自己身上。

哲學的運作與內涵，以「理性」為其形式

形式所指的，基本上是一種運作過程，所以有時也包含了動力和目的。形式所憑藉的是理性。相同的質料，經過不同的形式處理，就會產生不同的結果。這也就是為什麼同樣關於「人」的問題，卻會出現社會學、心理學、哲學這些不同領域的學科。

理性為心中之知

理性位於自我之「心」的層次，是「心」中之「知」。我們常說「人是理性的動物」，這裡的理性是廣義的說法，涵蓋了「心」的所有範圍。心包括了知、情、意，而我們所要強調的理性，則是屬於「知」的部分。如果只考量「情」，等於大家都在套交情，好像沒有交情的人就不需要來往了。如此一來，圈子會變得很狹窄。

要讓圈子擴大，就必須經由理性的思考，而不是只談情而已。同樣的，只談「意」也是不行的，因為意志是行動的出發點，而行動本身需要合乎理性。因此，無論如何，理性都是不能被撇在一邊的。

哲學就是「愛好智慧」，「愛好」這兩個字聽起來好像是一種感情、一種情緒的表現。然而，當愛好的對象是智慧時，就不是如此了。愛好智慧是把動態的過程放在一邊，讓理性產生光明。當然，人的生命不可能只有理性的光明，所以《創造的勇氣》一書在描寫希臘人時就提到：希臘人除了有理性，還有熱情。

希臘神話中，阿波羅（Apollo）代表理性之神——太陽。太陽象徵光天化日、朗朗乾坤，一切事物清清楚楚、明明白白。然而，除了理性之神外，還有一個酒神，名為狄奧尼索斯（Dionysus）。酒神代表熱情，因為一般人喝了酒之後，生命力會比較奔放。由此可知，阿波羅和狄奧尼索斯分別代表了形式（**理性**）和熱情，而此二者配合起來，就構成了人的生命特質。

理性即合乎邏輯的言說

首先，要把言說、言語、語言這三個概念區分清楚。言說是動態的，即說話、表達思想；言語比較偏向靜態，是指我們平常所說的話；語言則是指一套系統，像是名詞、動詞的運作等，譬如中文和英文是不同的語言。

理性是指合乎邏輯的言說。換言之，理性是要被說出來、表達出來的。一個人如果不用說話來表達理性，別人就不會知道你有理性。所以，和別人接觸時，首先就是要講話，如果講出來的話沒有前後矛盾，表示這個人是有理性的；相反的，如果講話顛三倒四、自相矛盾，則表示這個人沒有理性。對於沒有理性的人，沒有必要跟他講道理，因為這種人根本不可理喻、不能溝通。

合乎邏輯的言說是指：經由抽象，得到概念；再以概念形成判斷，藉以表象（represent）一切經驗。represent這個字在哲學上相當重要，它是由present這個字所衍伸出來的。present一般翻譯為呈現、現場或臨現，也就是指「某樣東西的出現」。所有東西的存在都是一種呈現，然而這種呈現不可能是永遠的，而是一種「在當下」的出現。換言之，沒有一個人可以永遠看到所有現場。譬如我說：「昨天我看到路上有一條狗。」我不可能再回到與這個陳述相同的場景，因為昨天已經過去了。

當我說「昨天我看到路上有一條狗」時，所運用的是represent的能力。「re-」這個字首有「重複」之意，因此represent就是重新呈現、再現。人的思想能力正在於：能夠重新呈現過去曾經真實存在的東西。

人的生命在時間的過程中生滅變化，每一剎那都不相同，如果想要追逐每個剎那，根本無法過日子。因此，需要使用再現的能力。人的思想都是從再現出發的，譬如當我們說話時，所說的內容一定是過去曾經在經驗中出現的。在出現的當下是present，而在思考時的重新呈現就是represent。換言之，所有我們能夠掌握的東西，都是在當時的那一剎那曾經出現過的，因此能夠在思想中重新呈現出來。

哲學上通常將represent翻譯為「表象」，因為在重新呈現時，所呈現出來的不是曾經出現過的東西本身，而是抽象思考所掌握到的部分。因此，談到表象，要知道它是「用理性來重新掌握曾經有過的經驗」，而這些就構成了我們的概念領域。

人的知識是由概念、判斷、推論所架構成的表象世界。我們所擁有的知識系統，都是經由表象而來的。通過表象構成一個獨立的世界，就是知識的世界。人的世界除了我們所處的經驗世界之外，還有一個概念世界。概念世界比經驗世界還要豐富，因為經驗世界只有現在或當下，沒有過去和未來；概念世界則可以有過去，也可以有未來。譬如書本中的文字就是在概念世界之中，它可以重現許多過去曾經發生的事情，也可以設想未來的美景。

理性的運作

理性的運作分為三個階段：澄清概念、設定判準、建構系統[20]。以下分別介紹：

（一）澄清概念：準確把握經驗。事實上我們到目前為止，已經努力從事這項工作了。譬如以前我們談起「人」的概念，可能會覺得解釋起來很複雜也很困難，但是現在一提到「人」，就知道人有身心靈、知情意這些部分。有了這樣的概念之後，才可以進一步探討人的問題。

前面說過，人生領域包括了自我、其他自我、自然界、超越界四個層次。因此，我們在日常生活中所使用的概念，當然也涵蓋了這幾個層次。

這四個層次的概念，掌握起來難易各有不同，其中以自然界的概念最容易著手。每一種植物、動物都有名稱，而名稱就是概念，因此只要能夠掌握住名稱，就不會有太大的問題。換言之，只要請教這方面的專家如何分門別類，就不會有概念含混的問題。

其他自我所構成的是各種社會現象與集體行為，這一方面也不難掌握。譬如許多人認為現在經濟不景氣。如果想知道何謂經濟不景氣，可以請經濟學家來澄清這個概念，如此一來就可以明確掌握其內涵，而人與人之間的溝通也能達到一種共識。

---

[20] 請同時參考本書第一部。

自我層次的概念則比較難掌握，因為自我本身是一個主體。主體能作自由的選擇，而選擇之後則會呈現某種價值，這種價值是因人而異的。舉例來說，我認為自己是一個慷慨的人，當我看到乞丐在路邊要錢時，會掏出一百元給他。可是這個乞丐不見得認為這樣叫作慷慨，或許他覺得給一千元才是慷慨。如此一來，我們兩人對「慷慨」這個概念沒有共識，因此很難溝通。

由上述可知，人與人之間要能夠溝通，首先要澄清概念，如果連概念都沒有澄清，等於是各說各話，完全沒有交集，如此一來是很浪費時間的。哲學是一種思想上的經濟學，經濟就是效率，也就是要用很少的話來表達豐富的意思。要讓自己的生命更符合經濟原則，必須養成澄清概念的習慣。

（二）設定判準：判斷及推論的標準問題。標準的設定是很困難的，以「好人」這個概念來說，可以把「好人」界定為「做好事的人」，但是好事和壞事的判斷標準在哪裡？是以內在動機為標準，還是以外在行為為標準？另外，又是以誰認為的好為標準？一件事很難為所有的人帶來好處，通常對某些人而言是好的事，對另外一些人而言可能是件壞事。那麼，應該以什麼作為判準？

舉凡真假、好壞、美醜等，只要是關於價值判斷的標準都很難界定，因為這些標準的界定，通常來自風俗習慣，或者是大家的集體共識。擁有革命性格的人，就會設法顛覆這些既定的價值標準，不以別人所認為的善為善，不以別人所認為的惡為惡，因此往往成為社會的改革者。

（三）建構系統：把經驗之四大領域合而為一。這樣的建構系統顯然更困難了。一個人如果能夠建構系統，就可以成為偉大的哲學家。建構系統一定要有一個核心觀念，把整個系統連貫為一個整體。這就叫作「一以貫之」。

哲學的目的：展示合宜的人生「理想」

有了豐富的人生經驗之後，就能夠以這些經驗作為起點，用理性去思考其中的涵意，直到充分理解。然而，所有的經驗都是過去的事，只有未來是新的、尚未經驗過的。因此，無論學習任何東西，最終的目的就是為了讓它在未來有用處。

學習哲學當然也不例外。哲學不是沒有用處的，它能夠為人生提供一個定位：我是誰？現在在哪裡？未來該往哪裡走？這些都清楚掌握之後，作選擇時，就知道標準何在：什麼是好、什麼是壞；什麼應該做、什麼不應該做。如此一來，等於是未來掌握在我的手上，我可以自己作出選擇了。

人對於未來往往是比較被動的，因為我們永遠不知道未來會發生什麼事。譬如人有身體，因此都受到物理條件的限制，只要別人一刀砍過來，我可能就活不成了。這就是身體的特色。這說明了，人活在這個世界上，有很多事情是命定的，唯一能做的，就是「盡人事、聽天命」，以及「樂天知命」。

對於未來，哲學能夠提供一個合宜的人生理想。所謂「合宜的」，是因為隨著個人的差異，人生理想也會不同。美國哲學家威廉・詹姆斯（William James, 1842-1910）把人分為兩種：一種是硬心腸的，一種是軟心腸的。硬心腸的人比較偏向經驗主義、唯物論，所重視的是實事求是。因此，凡是未經證明之事，一概不予承認；軟心腸的人則偏向理想主義、唯心論，喜歡談一些幻想、無形無相的東西。

當然，這種分法是相當粗糙的。事實上，人的生命是一個整體，具備了各方面的潛能，只是每個人所開發的層面有所不同而已。

智慧具備完整性與根本性

哲學就是「愛好智慧」，智慧具備完整性和根本性。完整性是指：涵蓋「經驗」之全部內容、結構及歷程。內容是指所有經驗到的具體事物，通常透過結構和歷程的合作，就可以完整地表達這樣的內容。歷程牽涉到時間，凡是論及過去、現在和未來的，都叫作歷程；結構則是屬於空間性的理解。任何一個生命體，都有其結構和歷程。因此，思考一件事時，要習慣去詢問它的結構為何、歷程為何，才能獲得比較完整的理解。

舉例來說，有一位三十歲的年輕人，做生意失敗了，因此覺得自己這一生都是失敗的。這種理解就是不夠完整。一個人三十歲做生意失敗，並不代表這一生都是失敗的，因為他還有未來。事實上，能夠在年輕時嘗過失敗的滋味，對未來反而比較好，因為將來還有很多機會可以振作起來。一個人若是六、七十歲才失敗，要再振作起來就很不容易，因為身體方面的條件已經越來越差了。

根本性是指：界定基礎，找出什麼是最重要的，通常與生死有關。哲學家常會提到生死方面的問題。的確，人生最重要的就是生死問題，因為其他的一切來來去去，都是相對的，只有生和死是絕對的，活著就是有命，不活就是沒命。所以哲學所要探討的最根本問題就是：人是為何而活，又能夠為何而死？

尼采（Nietzsche, 1844-1900）曾說：「一個人知道自己為了什麼而活，他就能夠忍受任何一種生活。」一個人如果清楚自己為何而活，代表他的人生有一個明確的目標，知道自己的生命有何意義，因此可以忍受任何一種生活。顏淵之所以能夠「一簞食、一瓢飲，在陋巷」而不改其樂，就是因為他知道自己為了什麼而活，所以能夠忍受這種生活。

許多哲學家往往會說一些關於生死的話。譬如柏拉圖說：「哲學就是對死亡的練習。」這裡的死亡指的是身體的死亡。柏拉圖之所以會這樣說，是因為哲學的本意是愛好智慧，而智慧是屬靈的。身體死亡代表一個人可以不受身體的干擾，除卻所有欲望、衝動、情感，漸漸往靈的方向走。換言之，練習使身體死亡，就是練習讓自己不要受到情緒的干擾，不要受到欲望和衝動的影響，而變得越來越純粹，往上提升到靈的層面。有些人把這句話誤解為支持自殺，實際上是對柏拉圖的思想理解得不夠透徹。

愛好智慧＝追求真理＝印證價值

智慧和真理是一體的兩面，追求真理的時候，就逐漸孕生出智慧。智慧是要自己生出來的，不能由別人給你。關於這方面，最有名的例子就是蘇格拉底。蘇格拉底的母親是一位助產士，而他則認為自己是智慧的助產士，專門幫別人生出智慧的胎兒。由此可知，就算是蘇格拉底，也只能夠幫助別人孕生智慧，而不能給予別人智慧。

能夠給予的是知識，獲得知識之後，必須靠自己去思考、去覺得困惑，再從澄清概念一步步上來，最後透過覺悟而得到智慧。換言之，智慧是具有個體性及主體性的。這裡所談論的也都是關於哲學的知識，目的就是希望大家可以透過這個知識的管道，自己生出智慧。如此一來，就能夠從完整而根本的角度來衡量人生的問題，並且對許多事情的判斷保持開放的心態。這些都是愛好智慧所顯現出來的效果。

真理是以「真實」作為基礎。一般人聽到「真理」這兩個字，會覺得好像很神聖、很抽象，事實上，它是指建立在真實之上所做的理解。一般將真理翻譯為Truth，而將真實翻譯為Reality。Truth

比較局限在認知方面；Reality則是指真實之物，亦即不是虛幻、虛無的，有時又翻譯為「實在界」或「實在性」。

Truth要建立在Reality之上，也就是真理要建立在真實之上。真理或真實這個詞在希臘文中叫作alḗtheia。alḗtheia就是discovery，中文翻譯作揭開、發現。我們所見到的世界，就好像是用一個蓋子所蓋起來的，有時候是世界本身被蓋上了蓋子，有時候則是人自己戴著有色眼鏡去看世界。要看到世界真正的樣子，必須把這個蓋子揭開，去發現其中真實的樣態。

愛好智慧是一個追求真理的過程，而追求真理也就是要印證價值。印證價值是指：把所學到的東西，用行為表現出來，使它體現在自己身上。人終究是要活在這個世界上，如果無法把所學表現出來、應用在生活中，那麼學了再多又有什麼用？我們可以推崇許多人生理想，然而，講得再好聽，都不如親身去實踐。讀書的目的是要「改變自己」，改變自己就是要去印證、去實踐所學到的東西，讓自己不停地往上走。換言之，我自己的生命才是學習最後要印證的重點。

總的來說，哲學始於「經驗」，以「經驗」作為質料；而其運作與內涵，則是以「理性」為形式；最後，哲學的目的，在於展示合宜的人生「理想」。這就是亞理斯多德「四因說」之中的質料、形式和目的。這裡沒有提到動力，是因為動力需要由每個人自己去決定。一個人要不要思考、要不要學習，是無法由外人代為決定的。

整體觀點與各種學派

哲學上的學派為了建構系統，常「以一概全」或「一以貫之」。此處即列出八個名詞來說明：物活論、理型論、有神論、理性論、經驗論、唯心論、唯物論、存在主義。

一個字的最後以「-ism」結尾，就代表著一種立場，也就是要以這個字來總括一切。中文通常將它翻譯為「論」或「主義」。

（一）物活論：又稱為「萬物有生論」，英文是Hylozoism。Hylozoism是由hyle和zoe兩個希臘文合在一起的，hyle代表物質，而zoe則代表生命。這兩個字合在一起，即意味著萬物都是有生命的。

希臘時代最早的思想是物活論。西方哲學的第一句話，是西方哲學之父泰利斯（Thales, 624-547B.C.）所說的：「宇宙的起源是水。」接下來的一句則是：「一切都充滿了神明。」宇宙的起源是水，水是一種物質。然而，一切都充滿神明，因此物質也是有生命的，它有神明在其中。這就是物活論。

（二）理型論：為了避免與唯心論（Idealism）混淆，因此我們將理型論稱作Theory of Ideas。理型論就是以理型作為基準所建構的整套理論，又可稱為「柏拉圖主義」（Platonism）。柏拉圖的名字後面也可以加上-ism，使其變成一種主義。柏拉圖主義就是以柏拉圖的思想來解釋一切。

（三）有神論：英文是Theism，源自於希臘文中的theos這個字。希臘文中的theos[21]是「神」的意思。有神論中最主要的代表是多瑪斯主義（Thomism）。多瑪斯（St. Thomas Aquinas, 1225-1274）是一位中世紀的思想家，有自己的一套理論系統，因此後來變成了一個學派，有許多人發揮他的思想。

---

[21] 這個字可以衍生出許多字，如有神論、多神論、汎神論、無神論等。只要是與神有關的，多半是從這個字衍生出來的。

（四）理性論（唯理論）：英文是Rationalism。理性論和下一點所要談的經驗論，是近代以來最重要的兩大學派。理性論是自笛卡兒以降，歐洲大陸的主流學說；經驗論則主要在英國發展。換言之，英倫三島和歐洲大陸的學術發展是分道揚鑣的。歐洲大陸偏向理性論，屬於軟心腸，因此人文的浪漫味道比較重；英國偏向經驗論，屬於硬心腸，因此顯得比較一板一眼、枯燥生硬。

（五）經驗論：英文是Empiricism。經驗是可以感覺到的，所以經驗主義較重視感覺：從感覺得到印象，再由印象組成觀念。因此，對經驗論者而言，觀念是否有效與經驗的強弱程度有很大的關係。

（六）唯心論：英文是Idealism。唯心論以德國的系統最為著名，從康德一直到黑格爾（Hegel, 1770-1831），都是屬於唯心論者。

（七）唯物論：英文是Materialism，最具代表性的就是馬克思主義（Marxism）。

（八）存在主義：英文為Existentialism，是近代以來（1950年前後）最有影響力的哲學理論。

這些名詞在西方的哲學書上都經常出現，每一個名詞都掌握了一個整體觀點，代表著一套明確的建構系統，因此可以自圓其說。雖然這些派別基於立場的不同，會互相衝突、互相爭論，但是由於其理論本身的內部是一個完整的系統，所以自然值得學習以及了解。至於分辨各家各派的是非曲直，則是專業研究者的工作了。

第四章

掌握整體觀點（二）

——哲學家的思考模式：「以一統多」

絕對者就是精神，這是絕對者的最高定義。發現這個定義，並且理解其意義及內容，可以說是一切教化與哲學之絕對目標，一切宗教與科學都渴望達到這一點；只有從這種渴望出發，世界史才可以理解。

——黑格爾

黑格爾哲學是有史以來最龐大的系統，這整段話是整體觀點的最好代表，因為它認為一切的教化和哲學的目標，就是為了要發現絕對者，也就是精神。

掌握整體觀點，可以由任何一個層次入手，然後經由思考，把握一個焦點，視之為真正的「真實」。確定真實之後，須就真實「如何」衍生（或推演）其他一切，以及其他一切「如何」化約為真實，作雙向說明。最後，對這些作充分的說明，達成系統內部之圓融，並且可以應用於實際人生中，就算是成功了。

要談論這一部分是比較困難的，因為整體觀點往往是在一個哲學家的研究有了具體成果，成為一家之言後，才能夠表現得比較明確。

譬如孔子作為一位哲學家，強調「吾道一以貫之」，意思就是他的思想並非零碎片段，而是具有中心思想，可以把所有的知識連繫成為一個整體的系統。因此，若想了解孔子，就不能只看他的教育觀與政治觀，還要看他的人性觀以及天道觀，最後還可以歸結為一個「仁」的概念。

整體觀點：以「一」統「多」

整體觀點簡單而言，就是「以一統多」。上一章曾經說過，西方哲學的第一句話是泰利斯所說的：「宇宙的起源是水。」起源代表宇宙開始之初，最根本的東西。換句話說，我們現在所看到的一切，包括人類的生命都和水有關係，都是從水演變出來的。也就是說，水是「一」，而萬物則是「多」── 多樣性。

「多」至少包括了地（土）、水、火、風（氣）四個元素，也就是印度哲學中所謂的「四大」。一般認為宇宙是由這四大元素所構成的。在泰利斯之後，赫拉克利特（Heraclitus, 544-483B.C.）則提出了「火」作為宇宙的根源。另外也有哲學家主張宇宙的起源是「氣」。總而言之，這些哲學家都是企圖以「一」來統「多」。

人有追尋根源的需求

「起源」的希臘文是Archē，事實上這個字還有「底基」的意涵。底基是指最根本的基礎。如果光是講起源，很容易讓人以為只是在講「原因」，就像亞里斯多德的四因說。但是底基並不包含在四因之中，在此要特別強調這個部分。泰利斯說「所有的一切都是水變成的」，譬如水結冰會變成固體，固體和土相近；水燒開則會變成氣（水蒸氣）。至於水要如何變成火，則比較難以想像，因為水火似乎是不能相容的。

然而，我們所要關心的不是這些哲學家的主張，而是他們的思考模式。他們知道要用「一」來代替「多」，也就是用一個原理原則，來代表每個人所經驗到的宇宙萬物。經驗世界是多樣的：別人和我不同；其他動物和人不同；山河大地也都各不相同。普通人所能見到的就是這些多樣性，而哲學家則能夠把這些多樣性統合為「一」。

或許有人會問：「一個人為什麼會想成為哲學家呢？做個普通人不是也很好嗎？」人會去探尋宇宙萬物最後的真實，是因為人有理性。人有理性，所以想要知道多樣性的背後是什麼，想要以一個不變的原理原則去統合及解釋一切。掌握了最後的真實之後，人就知道自己從何而來，未來該走向何處。如此一來，才能夠面對自己的生命。

探尋到最後，我們會發現多樣性其實是一個變化的過程：萬物在初始時，都是一樣的東西；到了最後，又會回歸到一樣的東西；而在這過程之中，則會產生出豐富多樣的面貌。道家也有類似的思想，老子說：「道生一，一生二，二生三，三生萬物。」（四十二章）萬物由道所生，最後也會回歸於道之中。

如果不想探討這些問題，又希望自己的生命不要落空，唯一的方法就是信仰宗教。信仰宗教是一個簡單的解決方法，這種方法可以不需要經過思考，就知道人從何處來、該往何處去，因為宗教對這些問題都有相當明確的答案。然而，信仰宗教就必須接受整套的教義、儀式，而不能有自己的想法，因此到最後可能變成有點接近迷信的狀態。這也是為什麼許多宗教信徒的言行帶有迷信色彩的原因了。

如果還不想信仰宗教，就必須靠自己去思考：「我從何處來，又往何處去？」人類與其他生物最大的不同，就在於人會思考。人會思考，所以有哲學問題，其他生物則沒有這種問題。思考可以突破當下的狀況，突破時間、空間的限制，而了解到過去和未來。突破這些限制之後，就要問：「這些看似多樣而不同的東西，有沒有一個共同的解釋？」要求一個共同的解釋，是人類非常自然的願望，因為這正是理性的特色。

許多小孩都喜歡問：「這是怎麼回事？那是怎麼回事？為什麼這個和那個不一樣？」這些問題都與哲學有關。由此可知，人類生來就有這種探尋根源的需要，只是許多父母不把這些問題當成一回事，也沒想到這些是哲學問題。大人常常覺得許多事情都是理所當然，沒什麼好解釋的。事實上，這個世界上沒有任何東西或任何狀況是理所當然的。

對於「一」的不同詮釋

每個哲學家在尋找這個「一」時，都有不同的切入點。這裡舉出四種對「一」的不同詮釋：將「一」視為來源；將「一」視為底基；將「一」視為價值；將「一」視為特定趨力。

以下先分別舉例說明，然後再針對這四個部分詳細解說。

(一)「一」指來源：如果能夠找到共同的來源，宇宙萬物的多樣性就可以得到解釋，因為這個來源可以作為萬物的出發點和歸結點。

一般講到來源時，往往會偏向有神論，或者說是神本主義。

「神本」就是以神為主、以神為根本之意。我們較常使用「有神論」這個名詞，因為「神本主義」聽起來壓力很大。「神本」代表不是「人本」，也就是忽略了人的內在價值，而把人當作榮耀神的工具。如此一來，人的理性作用只是為了服務宗教。西方中世紀就是一個神本主義的時代，因此被後人稱為黑暗時代。

（二）「一」指底基：底基是指底部的基礎。如果宇宙萬物有一個底基，等於是肯定了我們所見的一切不過只是現象。現象充滿了變化，因此必須另外尋找最後的基礎。

這方面的主張有唯物論、唯心論、唯生論（Vitalism）[22]等。「唯」是指唯一的，上述所說神本主義其實也就是唯神論，只是翻譯的方式不同而已。

（三）「一」指價值：人本主義（Humanism）和存在主義屬於這一類理論。「人本」就是以人為本，這裡所強調的是價值，亦即：人是一切價值的重點所在，所有的一切都是為了人而存在的。這就是以價值來統合一切。此處所強調的並非來源或底基，因為我們不可能說宇宙萬物是由人所創造出來的，也不可能說所有的一切都是由人造成的[23]。

存在主義是當代的學說，它所強調的是：個人的存在是所有一切的價值所在。換言之，如果離開了個人的存在，其他一切根本就無所謂價值問題。

（四）「一」指特定趨力：意志主義（Voluntarianism）即是以特定趨力來統合一切。Voluntary就是自願、意志之意。

---

[22] 生即是「生命」之意。

[23] 若說一切是由人造成的，最多只能從人的認識能力來說。亦即，一切都是由人的心和認識作用所造成的。如此一來，則變成了唯心論。

了解這四種觀點之後，可以分析自己大概傾向於支持哪一派，然後嘗試提出一套完整的解釋。要做到完整的解釋是很困難的，因為如此一來，我們必須遷就一個核心的概念，而選擇去重視某些事，以及忽略某些事。而這種要求是讓人為難的。

然而，如果不這麼做，又無法符合哲學的要求，以致不能建構系統。系統沒有建構起來，難免會把許多東西拼湊在一起，然後產生內部的矛盾。舉例來說，我一方面是個無神論者，不相信有報應；但另一方面，我又主張必須愛護別人。這就是一種矛盾的情況。

因此，不管怎麼說，我們仍然必須對生命提出一個完整的解釋，否則生活就是割裂的。生活一旦被割裂，活著就會缺乏安全感。例如大多數的宗教系統，原本都沒有涵蓋外星人的問題，然而現代的宗教面臨這個挑戰了。許多人都在問：「外星人到底是怎麼一回事？」會提這種問題，就是因為人都需要一個整體的解釋。這時候宗教家可能會說：「外星人也是上帝造的。」如此一來，就等於是把外星人的問題也包含在原來的系統之中了。

以「來源」論

以來源論，一般是指有神論。神是指最初、最終、永恆的真實（Reality）。我們在講最初和最終時，常會用 α（阿爾發）、Ω（奧米茄）來代表，因為 α 是希臘文中的第一個字母，代表開始；而 Ω 是希臘文中的最後一個字母，代表結束。神是 α 也是 Ω，因為神是永恆的。宇宙萬物都只是在這始與終之間生滅變化，既不是真正的開始，也不是真正的結束。只有神是唯一的實體，是真正的底基。

哲學上往往描述神為「causa sui」。這是拉丁文，「causa」代表「原因」，「sui」則是指「自己的」。用英文來說，就是「cause of itself」，翻譯成中文，則是「自因」，亦即，自己是自己的原因。神存在的原因就是祂自己，換言之，其存在不需要依靠其他任何東西。

神創造宇宙與人類

如果只有神是最初和最終的真實，我們就必須知道何謂創造，因為宇宙萬物都是由神所創造的。神從虛無中創造萬物，用拉丁文來說，就是Creatio ex nihilo。ex是from；nihilo是nothingness，因此翻譯成英文就是Creation from nothingness。唯一不是由神所創造的，就是神的本身，因為祂是自因的。

基督徒認為上帝創造世界、創造萬物，一般人聽到這樣的話，常會覺得不太習慣、不太理解。其實這種說法的確是經過思考，有它的背景。如果世界不是上帝創造的，那麼它是怎麼來的呢？這個問題很難回答，最多只能說：「世界是本來就有的。」然而，如果世界所指的是我們生活的星球，那麼很明顯的，它絕對不是本來就有的，因為它將來有可能消失。流星就是星球消失的證據。就連我們看到天上的星星在發亮時，其所屬的那顆星球也可能早已不在了。因為星星的光亮必須經過幾百光年，才能夠通過宇宙，而這一刻，原來的星星可能早已消失了。

這些說明了，整個宇宙都不是自因的。中國古代也有類似的想法，將宇宙萬物的原因歸結到「天」，所以常會說「天生的」、「天造的」，就是這個道理。中國人所謂的「天」，其實就是西方人所說的上帝，祂們是屬於同一個位階。《詩經》中說「天生烝民」、

「天作高山」，就是因為萬物都需要一個最後的原因，因此就用「天」來解釋。這種想法和西方其實沒有什麼差別。

宇宙展現了神的「觀念」

神有觀念，所以祂不需要其他物質作為材料，就可以從虛無中創造出物質。因此，從人類的角度來看，神創造世界是一件非常神祕的事。

神可以解釋為一個精神體 —— 無限的超級精神，這個精神體有思考能力，而祂的思考能力表現在「一想到什麼，什麼就出現」。換言之，這個世界上所有的一切，都是由神的觀念所展現出來的。展現出來之後，就變成了具體的東西，因此這個宇宙充滿了秩序、目的以及美感。

科學家常說一句話：「自然界不跳躍。」亦即，自然界是很充實、很完滿，而沒有任何真空的地方。沒有真空，就不會有斷裂。因此，地球上沒有任何地方是斷裂的。古時候的人不見得知道空間的連續性，但至少都會知道地球上不可能有真空，因為自然界所有的一切都是連續的。

由於自然界的一切都是連續的，因此任何事情的發生必然有其原因。《左傳》中有一句話：「六鷁退飛過宋都。」意思是說：有六隻鳥退著飛過宋國的首都。鳥飛時一定是頭在前、向前飛的，可是這六隻鳥卻一面拚命地飛，一面往後退。經過宋國首都時，大家看到這種異象，都認為這個首都一定會出問題，後來才知道原來是因為風太大了。如果風速比鳥飛的速度還要強，就算鳥拚命地飛，風還是會把牠們吹得向後退。這例子說明了自然界是不會跳躍的，任何現象的發生，一定都有它的原因，只是我們有時尚未發現而已。

宇宙中的一切都是有秩序、有目的，並且有美感的。換言之，宇宙中沒有任何東西是醜陋的，醜陋只是人的判斷，其實所有的一切都值得被欣賞。目的也是一樣，宇宙中的一切都有目的，所以不要小看任何東西。

就拿樹葉來說，一棵樹如果少了樹葉，就無法成為一棵樹。樹葉的掉落是一種自然現象，它該落時自然就會落，不該落時則不會落。如果用人為的方式把一棵樹的樹葉摘掉，就會對樹造成某種影響。這種影響或許不是立即的，但將來必然會出現。

有一個理論是這樣的：北京一隻蝴蝶不知為何多拍了兩下翅膀，加勒比海就會發生颶風。這並不是誇張的說法，因為蝴蝶拍翅膀，會使氣流從北京開始振動，一路上越來越大，到了加勒比海就會發生颶風。這個理論正說明了，地球是個整體，有些看似不相關的事情，其實都有著很深的聯繫。

再舉個例子來說，如果我們這邊講話的聲音很大，那就代表有很多地方都沒有聲音，這樣才能夠維持平衡的狀態。假設全世界的人同時發聲，地球就會產生某種變化，因為這等於是超過了地球的容量。

簡言之，應該要對宇宙有一種理解：宇宙是被上帝所創造出來的，因此必定是經過某種設計、某種安排，使它能夠保持平衡。這和一般所講的生態平衡是類似的意思。

人活著的目的

既然主張有神論，就必須在各方面維持一貫的、整體的觀點，包括對於人的觀點在內。換言之，如果一切都是神造的，那麼人生的目的當然就必須回歸於神，因為人也是神造的。如果能夠設法了解神的用意，並且努力按照這個用意去安排生活，那麼這一生就會非常安全，因為不管發生任何事，都有神的保護。因此，人生的目的在於認識及崇拜神，以求回歸於神。凡是不合乎此一目的者，皆為惡。

想要對這方面了解多一點，可以去請教基督徒，因為基督徒正是在這個系統之下，衍生出來實際的生活形態。對基督徒而言，活著的目的就是為了要認識神、崇拜神，以求最後能夠回歸神。他們認為只要這樣做，就能夠受到神的照顧。

基督徒甚至認為，生活中遭受的種種苦難和挫折，也是來自神的訓示。譬如我本來一心一意只想賺錢，但是發生車禍之後，讓我注意到更多人生的問題，而了解到原來錢不是最重要的東西。這是神給我的啟示，我藉由這次的經驗得到了教訓，因此應該感謝神。這就是神本的立場。

一旦確立了神本的立場，無論在想法上和做法上，都要能夠連貫起來，否則就會產生矛盾。如果一方面信仰神，一方面又為了賺錢而不擇手段，與別人勾心鬥角，就等於同時追求精神境界和物質享受，兩者根本是背道而馳，必然會產生矛盾。

神本思想對西方的影響

神本主義在西方盛行了一千多年，許多西方人一生下來就接受洗禮，洗清了原罪之後開始接受教育。教育的內容就是聖經，以「敬天愛人」四個字貫穿整套系統。星期天上教堂參加宗教的儀式，結婚也在教堂中舉行，生了孩子以後再帶去受洗。如此一代接著一代，到臨死前還有一個禮儀（終傅），讓他可以平安地離開世界，回到天國。

這樣的生活讓人生變得很平穩，每個人只需老老實實地各司其職，而不必擔心其他的問題，因為星期天到了教堂，在神的面前大家都是平等的。如此一來，心靈得到了撫慰，讓每個人定期回歸原點。這就是宗教在西方一千多年來的作用。

這些作用所造成的結果是相當驚人的，連西方的民主思想也是從這裡孕育出來的。

在西方的宗教觀念中，每個人都是神的子女，在神的面前都是平等的。這種觀念推演到社會上，變成了人人平等，最後就出現了民主的觀念。西方人之所以能夠嚴格遵守法律，也是因為他們相信人有原罪，所以需要靠法律來約束。然後就法律而言，一個人在尚未被查到有罪之前，是不應該被定罪的。這些觀念都和西方的宗教背景有關。

聖經裡有一段話說得很好：「野地裡的百合花，怎麼長起來，它不勞苦，也不紡線，然而我告訴你們，就是所羅門王極榮華的時候，他所穿戴的，還不如這花中的一朵呢！」這意思是說，人手所造出來的東西，再怎麼精巧也沒有自然萬物那麼美。換言之，我們應該讓自然界的一切來彰顯神的美。

抱持這樣的信念過日子，是相當愉快的。因為，這就等於肯定地球是宇宙的中心，而人是萬物之靈，是上帝按照自己的形像所造的。然而，西方的歷史發展到後來，發現地球根本不是宇宙的中心，而不過是太陽系裡的一顆行星。這種理論剛提出來時，被視為異端邪說，因為這個論點一旦成立，就必須重新調整整體觀點，建構出另外一套系統。進化論剛被提出來時，同樣也被斥為異端邪說。這都是因為人們已經習慣了神本思想，當另一種思想出現時，自然難以接受。

然而，當人類的理性發展成熟以後，會發現神本主義的確無法解釋許多現象。換言之，人類的生命一直在往前開展，等到理性啟蒙以後，就不再需要仰賴神作為最終的解釋，而能夠提出人類自己的解釋了。

以「底基」論

如果不談神，又該如何解釋人類和宇宙呢？這裡分別要介紹唯物論、唯生論以及唯心論的觀點。

唯物論的觀點

唯物論主張物質為真實（Reality）之底基，其他一切（如生命、意識、精神）皆為其衍生物，在根本上受其限定。換言之，生命、意識、精神都只是物質的作用。人的生命是從「人具有身體」這個客觀事實所展現出來；人能夠思考、能夠有意識，是因為腦波在運動；而當我們說一位畫家或音樂家很偉大時，這個偉大的價值也是從物質條件反應出來的。

簡言之，唯物論就是認為「一切都是物質」，就算不是物質，也是物質的延伸、物質的演變，或是由物質來決定的。亦即，一切變化皆為物理及化學變化。

唯物論認為，人的文化現象只是經濟（指具體生活內容）條件之後果或附帶影響。這其實就是馬克思（Karl Marx, 1818-1883）的思想。馬克思認為人類文化只是經濟條件的反應。譬如農業社會的經濟是農耕，自然會受到這種生活方式的影響，而在文化上表現出來。

這種唯物論觀點所造成的結果，認為人生必須重視感覺、享受物欲、力求長壽。唯物論會重視感覺是很自然的，因為感覺是人和物質接觸的唯一方式，思想只不過是一種腦波分泌。近代以來有些哲學家主張，人類的思想是經由人腦中松果腺的活動所產生的。這就是受到唯物論觀點的影響。

如果一個人主張唯物論，卻又強調某種精神上的情操，那麼在內部觀點上就會產生矛盾。唯物論所謂的愛，恐怕應該是生理條件上的反應。換言之，一個人之所以會對另外一個人有好感，是因為荷爾蒙的分泌失調，而不是因為心靈上的契合。這種解釋就是為了符合整體觀點。如果不這樣解釋，反而會引發很多問題。

由此可知，唯物論發展到最後，會演變成一種化約主義（Reductionism）[24]，把一些原本複雜的事情，簡化為簡單的概念。如此一來，對很多事情就沒有辦法解釋。

唯生論的觀點

唯生論主張生命為真實之底基，一切都是生命力在運作。唯生論與唯物論的差別在於：唯物論偏向機械論（Mechanism）；而唯生論則偏向機體論（Organism）。對機械論者而言，一切都只是外在的拼湊，各部分沒有內在的關係，因此可以隨意拆解和組合。譬如把一個機器人的手拿掉，它還是一個機器人的樣子。機體論則不然，它認為只要有一部分改變，整體都會受到影響。譬如把一棵樹的某一部分砍掉，那麼整棵樹都會受到影響。

機械是沒有生命的，其動力往往來自於外在。汽車就是機械的組合，因此加了油可以發動；沒加油就無法發動。機體則是有生

---

[24] 化約主義並不是一種整體觀點，而是指一種立場。其實以「一」統「多」就是一種化約主義的立場——把多樣性化約為一個最根本的因素。哲學與化約主義不同之處在於：哲學找到「一」之後，還會有一個還原的步驟，重新用「一」來解釋「多」。解釋通了，就變成了一套完整的系統；化約主義則只有單向的化約，也就是把「多」變成「一」。這樣是不夠的。唯物論即出現這個毛病，因為把一切化約為物質之後，就很難用物質來解釋一切了。

命的，動物都是機體，其動力來自於內在。譬如駱駝即使一天不喝水，儘管牠又累又渴，還是可以繼續往前走。

對唯生論而言，「宇宙是生命大化流行之場所」。《易經》中常使用「旁通」、「大生」、「廣生」這一類辭彙。的確，如果跳開來看宇宙，會感覺到整個宇宙好像充滿生機，一股生命之流在其中澎湃洋溢。它流經任何一個地方，那個地方就會出現活潑的力量。進一步說，宇宙本身就是一個生命的有機體。整個宇宙是一個大的生命，所以當我們看山、看海時，會覺得它們好像都有生命，可以與我們的生命互相呼應。

我看過一本小說，是知名大陸作家鍾阿城所著的《棋王・樹王・孩子王》。在「樹王」這一段中描寫：在一座山上，有一棵很大的樹。當時大陸土法煉鋼需要木材當柴火，因此就把這棵樹砍下來。他們原本認為，只是一棵樹而已，砍掉應該不會造成什麼影響，沒想到這棵樹被砍掉之後，整座山的生態因而改變了。這就說明了，整個宇宙是一個生命，因此會互相影響。可能有些影響很細微，所以我們沒有察覺。通常當我們開始留意到這些變化時，往往已經一發不可收拾了。

台灣的土石流也是這樣來的。台灣的山原本林木繁茂，因此在砍第一棵樹時，大家都覺得沒有什麼關係；砍第二棵樹時，也還是覺得沒有太大的影響。事實上，砍了第一棵樹時，生態已經開始改變了，只是我們無法預料臨界點在砍了多少棵樹。

探討人生問題時，也可以由這種觀點來思考。譬如，看到一個壞人時，應該知道沒有人會突然變壞。《易經坤卦・初六》說：「履霜，堅冰至。」走在霜降的地面，就知道結冰的季節即將來到。換言之，一定要先結霜，然後才會結成堅硬的冰塊，不可能突然結成冰塊。這就說明了，所有的一切都是漸漸變化的，不會有突然的狀況出現。

唯生論者認為，人生應該由生命之活潑、生動、變化的一面去理解。也就是說，不要讓自己的生命感覺被關閉或被封鎖了。看到任何一樣東西時，都要想到，它是整個生命體的一部分，和我們之間是沒有隔閡的。這種思想一路發展下來，可以使個人生命和宇宙生命相連、互動、合一，因此這種學說又稱為生命哲學，其最高境界是密契主義（Mysticism）[25]。

唯心論的觀點

唯心論對西方的影響相當大，它主張：真實是由人的意識能力所呈現、規定或創造的。由此可知，唯心的「心」指的就是人的意識能力，宇宙萬物都是透過這種能力來呈現的。換言之，在唯心論的觀點中，人的能力被無限地擴大了。

「呈現」或「再現」的英文是represent，要掌握一件事物，就必須透過意識能力的呈現（亦即再現）。譬如，當我們看到一朵玫瑰，並且知道那是一朵玫瑰的剎那，已經透過了意識的呈現，因為「看到」本身並不能「知道」。可以「知道」，是因為透過意識的能力，掌握到了概念。

事實上，玫瑰本來不過是眾花的其中一種而已，哪裡有什麼名字？所以西方人常說：「玫瑰就算換成別的名字，還是一樣那麼芬芳。」為不同的東西取名，是為了和別人溝通，讓我們在看到一個東西時，能夠對其加以了解、加以限定。這就是意識的作用。

「規定」的英文是regulate，關於這一方面，最有名的就是康德

---

[25] 密契主義通常是放在宗教的領域中談論，主張此說的代表人物有法國哲學家柏格森（Henri Bergson, 1859-1941）。此部分在第四部第六章中會有詳細介紹。

的說法。康德認為：任何東西能夠被我們了解，一定要經過我們的認知結構。我們是人，因此就有人的認知結構，這個結構和其他生物的結構是不一樣的。譬如讓一隻貓、一隻狗或是一個人來認識相同的一張桌子，不可能會產生相同的結果。當貓在理解一張桌子時，或許會想「這是不是一個能夠讓我跳上去的平台」；至於狗，可能會想「這需不需要我看守」；人則會想「這張桌子有什麼用途」。這正說明了，人類在認識一樣東西時，是按照人類主體本身所具備的能力結構來掌握這樣東西，而這樣東西的本身是永遠不可能被知道的。

結識朋友也是一樣的。我們認識一個朋友，一定是從自己的角度出發去認識。譬如我在一個朋友五十歲時認識他，另外一個人則在這個朋友十五歲時認識他。如此一來，我們兩人對這個朋友的認識一定有所不同，因為我們各自都從自己的角度去認識他。

再舉個例子來說，我們所認識的宇宙，只是被人類認識的宇宙。至於其他生物或者外星人所認識的宇宙，則不見得和我們認識的相同。就以顏色來說，我們只能看到光譜中的紅橙黃綠藍靛紫，但是有些動物卻可以看到紅外線和紫外線。聲音也是一樣，人類無法聽到太低或太高頻率的聲音，因此有些聲音是貓、狗可以聽到，人類卻聽不到的。由此可知，我們只能以人類的結構去認識這個世界。

接下來談到創造（create）。這裡所說的創造，和前面說的「從虛無中創造」不同，這裡指的是像寫文章、繪畫、創作樂曲這種創造。這種創造是意識的作用，是透過既有條件，進行創新的可能性。由此可知，一個人只要承認藝術創作的可能性，就代表他較偏向唯心論。

黑格爾是一位絕對唯心論者[26]，他主張：

> 絕對者就是精神，這是絕對者的最高定義。發現這個定義，並且理解其意義及內容，可以說是一切教化與哲學之絕對目標，一切宗教與科學都渴望達到這一點；只有從這種渴望出發，世界史才可以理解。（黑格爾，《哲學全書》第三部分）

絕對者就是無限（the Infinite）、絕對（the Absolute），也就是我們常說的上帝。絕對者的反面語詞是相對者（the Relative）。經驗世界中的一切都是相對的，因此是有限者（the Finite）。簡言之，宇宙和人類的存在都是相對的，因此需要靠絕對者作為真正的底基。

黑格爾認為「絕對者就是精神」，換言之，宇宙中作為基礎的、最根本的就是精神，而精神就是心靈。然而，我們所看到的明明是一個物質的世界！花草樹木、山河大地，不都是物質嗎？怎麼會說是精神？因此，黑格爾告訴我們要去「發現這個定義」。亦即，要去發現宇宙中所有的一切其實都只是相對的，背後有一個絕對的東西，而這個絕對者就是精神。

因此，看到花草樹木時，要了解它不只是物質，而是精神的表現。舉個簡單的例子來說：當我們看到一幅畫時，會知道這幅畫不只是一張紙而已，而是畫家心靈的創意表現，它展現出畫家所體認的某種境界。相同的道理，我們看到的任何物質，都要知道那是精神的表現。

要想看到物質世界所表現出的精神內涵，是很困難的，而人活在世界上的目的，就是要看出所有的一切都是精神的表現。譬如一

㉖ 黑格爾認為整個宇宙是一個絕對精神，物質世界不過是精神表現的一個場合而已。換言之，宇宙萬物整個說起來就是一個純粹的精神。因此他的學說被稱作絕對唯心論。

位真正高明的工匠看到一塊玉時，馬上知道該怎麼雕刻。就好像故宮博物院裡的翠玉白菜，它原本只是一塊璞玉，雕刻的人卻知道它能夠被刻成那樣的一棵白菜。這就是因為他能夠穿透璞玉物質的表面，看到內在的精神。

發現定義，並且理解其意義及內容，是一切教化與哲學之絕對目標。一切宗教與科學都渴望達到這一點。換言之，人之所以受教育，並且培養文化素質，都是為了要從世界上有形可見的一切，看到背後無形可見的精神力量。整個宇宙從開始到結束，都是這個精神力量的演變。

科學也是如此，雖然它本來是研究物質世界的，但最終目的也是希望能夠從其中掌握到精神力量。我曾看過一篇評論文章，其中提到愛因斯坦的一些見解：他認為科學其實非常幼稚，不過在人類看來已經是最珍貴的東西了。然而，人活在世界上不能只靠科學，必須要有人文的素養。由此可知，連科學也在渴望追求精神層面，以作為人類生活的指標。

唯有從這種渴望出發，世界史才可以被理解。因為，自有人類以來，甚至在人類出現之前，整個宇宙的演化都是從這種渴望出發的。換言之，整個宇宙的出現，就是為了要回歸到絕對的精神。由此觀之，人生的目的在於以個人作為「有限精神」的角色，去回應及回歸「無限精神」。

這整段話是整體觀點的最好代表，因為它認為一切的教化和哲學的目標，是為了要發現絕對者，也就是精神。這個理論是相當完整的。事實上，黑格爾哲學是有史以來最龐大的系統，因為他把所有的東西全部涵蓋進去，因此可說是一個整體觀點的代表。

以「價值」論

這部分要介紹兩種思想：人本主義和存在主義。

人本主義的觀點

人本主義主張人的生命位於真實之核心地位，是其他萬物的價值歸趨（亦即，其他萬物的價值，全都以人為其權衡）。這並不是說人的生命是唯一的真實，因為人畢竟不能夠創造宇宙，但是宇宙萬物要以人作為價值的歸趨。換言之，我們要以人的價值來掌握宇宙萬物的存在。

人本主義通常不會遭到太大的反對，因為我們都是人。反對人本主義就等於是反對自己。然而，重要的是，我們必須了解人本主義的內涵究竟何所指。

與人本主義相關的立場，在中文翻譯為人文主義（側重人的教化）和人道主義（側重人的愛心）。人文主義一般所指的就是西方人文主義的傳統。西方在十四、十五世紀的文藝復興，就是要恢復希臘時代的人文精神[27]，這基本上是一種以人來負責，由人來思考的態度，也就是以理性取代神話或信仰來解釋一切。

人文主義偏重教化，強調啟蒙的重要性，要讓一個人從無知變成有知，注意到人的生命特質，追求自我實現；人本主義則具有排他性，因為它所強調的立場就是「人本」。既然是人本，那麼就排除了物本（唯物論）、神本（有神論）等非人本的理論；人道主義則偏重人的愛心，其英文Humanitarianism有宗教中博愛的含義，

[27] 希臘時代雖然相信有神論，但那些神有著與人相似的特質，因此會有嫉妒、猜疑、勾心鬥角，以及各種欲望。換言之，希臘時代的神並非真正的屬靈的神。

亦即愛人如己。救濟非洲災民就是一種人道主義，因為這是一種愛的表現。

人本主義最大的問題在於分辨：個人與群體（推及人類），誰才是人本主義所謂的「人」？若指的是個人，則個人與個人之間的歧異如何化解？換言之，當人與人之間產生問題或差異時，該由誰來決定是非？能夠為了一個人的權益而犧牲另一個人的權益嗎？然而，若指的是人類，則內容又會流於空泛，因為人類實際上是不存在的，只是集合許多個人所構成的一個類，是一個集合名詞。更何況，談到人類時，該由誰來訂定標準呢？這些問題到目前為止還是很難解決。

其實人類許多角色都是相互配合而成的，不可能單獨存在。舉例來說，有些人提倡人本教育，強調辦教育要以學生為主體，然而，如果只注意到學生的權益，那麼老師的權益何在？事實上，二分法的思維模式本身就是有問題的。沒有學生，就不會有老師；同樣的，沒有老師，學生也不能稱為學生。換言之，老師和學生的概念是相反相成的，這兩個概念應該互為主體。

主人和奴隸的概念也是相同，西方作品中常會提到這一類的問題。許多人提到奴隸制度時，都會覺得主人罪大惡極。事實上，主人和奴隸的概念是連貫在一起的，若是沒有奴隸，主人又怎麼會變成主人？同樣的，若是沒有主人，奴隸就算想做奴隸也無從做起。換言之，不應該把這兩個概念分開來看。

人本主義有封閉與開放之分。封閉的人文主義強調以人為最尊貴的價值，如此一來，人很容易變得狂妄及目空一切，而不知謙卑；開放的人文主義則認為：人雖然偉大，但卻不是完美的。換言之，人還有機會超越自己。開放的意義就在於「超越我自己，讓現在的我不同於過去的我」。不斷地自我超越，就能夠朝向完美的目標前進。人活在世界上，就是要不斷地追求完美，成為聖賢，而這條路是永無止境的。由此可知，在開放的人文主義中，人是謙虛的、敬畏的，並且能夠不斷地努力奮鬥、積極進取。

開放的人文主義不會否定，甚至承認有超越界存在。這一點很重要。由於人類終究無法解決死亡的問題，因此還是應該保留超越界的可能性。

存在主義的觀點

存在主義主張個人的自由抉擇是他存在與否的關鍵。「存在」這個詞只能用在個人身上，其他動物則無所謂存不存在的問題，因為牠們沒有自由選擇的可能性。個人可以作自由選擇，所謂自由選擇是指「選擇成為自己」。這必須以真誠為前提，如此才可躍入真實之境。

如果我選擇做一件事，是按照別人的意思，那麼我就成為一個工具。這樣等於是做一件事做了半天，卻不是自己真正想要做的，我就無法在做這件事時，表現出生命的特質。

舉例來說，我的工作是教書，如果我認為在學校教書就是準時上下課，然後領薪水，那麼這不過是一種虛偽的存在。換言之，我只是行禮如儀地去上課，讓學生可以取得學分，我也可以領到薪水，這樣是不夠真誠的。所謂的真誠是指：我活在這個時空裡，可以自由抉擇要不要上課。然而，我明明已經拿了聘書，怎麼可能不去上課呢？因此這時候我就要想：「上課是我真正想要做的事情。」如此一來，上課這件事情在表面上看來，雖然是個規定、是被動的，但實際上卻是主動的，是我自己作的抉擇。

這樣一來形成了兩種態度：一種態度是準時來準時走，反正只要把上課時該講的講完就算了；另一種態度則是，把上課講的內容當成是自己生命真誠的表白，能夠加入自己的心得、體驗，並且以認真的態度面對學生的問題。這兩種態度之間有很大的不同，第一種態度會使一個人的生命變得虛偽，第二種態度則能夠讓生命顯得更真實。

存在主義在當代群體化與世俗化的浪潮中，特別引人注意，這一學派亦有封閉與開放之分。封閉的存在主義認為個人的抉擇就是唯一的價值所在；開放的存在主義則能夠看到個人的限制，亦即，無論人再怎麼真誠，也不能保證這個真誠是絕對的或徹底的，或是可以永遠堅持下去的。因此，必須保持開放的態度。

以「特定趨力」論

這一部分要介紹的是意志主義。首先解釋何謂「特定趨力」。這裡以叔本華（Schopenhauer, 1788-1860）為例，他主張真實之底基為「求生存的意志」，以意志為一種趨力狀態。「求生存的意志」英文稱為the will to live，叔本華的哲學就是以the will to live作為宇宙萬物最後的基礎。我們不將它歸類於底基論，因為「求生存的意志」本身是一種動作狀態，所以稱它為特定趨力。

心可以分為知、情、意三部分。意志主義是屬於「意」這一部分；「知」則較為偏向唯心論，即一般所謂的認識能力；至於「情」這一部分，往往是放在美學領域，而非形上學領域來探討。因為情感是一個充滿變化的狀態，一旦離開了感覺的能力，就無法落實。因此用情感來解釋一切是有困難的。

最容易成為系統的是「知」，因為系統本來就需要知識來建構，使它變成有層次、有內容的一個整體。「意」到後來也變成哲學中一個重要系統，叔本華和尼采都是以意志來作為決定因素。尼采的思想較叔本華晚一些，他最有名的說法就是the will to power——求權力的意志。Power這個字在德文裡是Macht，是指一種生命力量的擴張性。尼采認為整個宇宙就是一個求權力擴張的意志。

意志永不滿足

生物都有求生存的意志，因為任何生命都是從保存自己開始的。換言之，求生是所有生物的本能。叔本華把這種概念擴張開來，將整個宇宙視為一個大的意志。意志（Will）必處於有所要求（to want）的狀態，亦即永不滿足。因為意志是一種「我要……」的狀態，它本身不可能圓滿，一定有「所要的對象」。換言之，意志是一種動作狀態。

原有的要求一旦滿足，又會產生新的要求，所以永遠陷於「不足」、「缺乏」或「痛苦」的處境。只要意志存在，就會持續地有所要求，若是沒有了要求，等於是離開了這個世界，不再存在了。也就是說，如果你的本質是意志，代表你永遠處在要求裡面，所有的滿足只是暫時的滿足，人生的快樂只在於欲望的暫時消解而已。由此可見，叔本華的哲學是一種悲觀主義。

快樂可以分為消極的和積極的，消極的快樂是免除痛苦；積極的快樂則是得到幸福。在叔本華看來，快樂永遠不可能積極，它永遠都只是在免除痛苦而已。因為欲望一直都存在，如果得到一樣東西，可以免除欲望的痛苦；如果沒有得到，則始終處於不滿足、不能安頓的情況。

一旦接受了叔本華的哲學，就會覺得人生似乎沒有真正的快樂，最多只能免除痛苦，因為活著就是處在「有所要求」的狀態。

既然有所要求，那麼就不是真正的快樂。無窮的欲望，就是人生痛苦的來源。

叔本華的說法有一定的道理。我們在成長的歷程中，很多時候以為自己將要發現人生的真相了，然而，一旦達到了原本所追求的目標，卻又覺得不如想像中美好。就以求學過程來說，小學的時候，以為上了國中會更好，等到真的上了國中，才知道原來這麼辛苦；高中生拚命地唸書，以為只要上了大學就海闊天空，等到真的唸了大學，才發現自己還是乏善可陳。

叔本華的哲學讓很多人有所感觸，因為它表現了那種在時間之中追尋，永遠不能滿足的狀態。很多人一輩子的願望就是要買一棟房子，以為這一生只要這樣便很幸福了。然而，等到真正買了房子，卻發現自己又有其他的欲望。欲望是永遠存在的，一個人只要活著，就會有欲望。

我早期演講很喜歡引述王爾德（Oscar Wilde, 1854-1900）的一句話：「世界上只有兩種悲劇：一種是得不到自己想要的；另一種是得到了。」這句話雖然具有反諷性，但是聽到的人真是點滴在心頭，覺得這句話的確有道理。這種說法其實就帶有叔本華哲學的色彩，認為人生永遠都無法滿足。

化解煩惱的方式

叔本華這種哲學也是一種整體觀點的表現，因為如果整個宇宙是一個求生存的意志，那麼整套系統建構下來，一定是悲觀的。如果一方面認為宇宙整體是求生存的意志，另一方面卻又認為人生可以活得很愉快，那就產生矛盾了。

叔本華認為，人生最多只能減少煩惱，而減少煩惱的方法有二：其一是審美的觀望態度；其二是覺悟的宗教智慧。所謂審美的觀望態度是指：審美時要保持距離。因為保持距離就不會介入，也不會有個人的利害關係牽涉在其中。

從另一個角度來看，藝術的審美基本上是一種假的東西，所以「小說」在西方叫作fiction，意思是「虛構的內容」。每個人都需要有寫小說的能力，讓自己活在一個自己虛構的世界裡，才能夠避免被叔本華所謂的生存意志給摧毀。這就是一種保護自己的方式。

另外一個方法則是覺悟的宗教智慧。一個人如果有宗教的智慧，便可以不再受意志所帶來的欲望所控制，這就是一種覺悟。覺悟等於是把面紗揭掉，把假相放在一旁。

叔本華曾經說過：「最高的道德就是自殺。」因此許多人批評叔本華，認為他會帶來自殺的風潮。其實，叔本華之所以這麼說，是因為自殺可以把那個追求生存的意志給消滅掉，如此一來就不會再有欲望，也不會再傷害別人了。

不過，叔本華雖然這麼說，但他自己並沒有這麼做，因為這只是代表一個過渡階段。由此可知，研究一套理論，不能夠只了解一半。如果把叔本華的理論通盤了解，就會知道他主張靠審美的觀望和宗教的覺悟來化解欲望。

掌握整體觀點之考量

首先，掌握整體觀點可以由任何一個層次入手。我們可以從客觀存在的「物質、生命、意識、精神」入手。譬如唯物論（物質）、唯生論（生命）、唯心論（意識）、有神論（精神）等。也可以從個人主觀所界定的「心」（與意識相連）之中的「知、情、意」來入手。

其次，我們要經由思考，把握一個焦點，視之為真正的「真實」。前面所介紹的，無論是來源論、價值論、底基論或是特定趨力論，都是把握一個焦點，以它為真正的真實。

我們在實際生活上，一定會接觸到許多不同的點。因此，如果不去思考應該以哪一點作為基礎，就無法建構出一套價值觀。許多人沒有這樣的一個基礎，生活於是變得毫無原則，如何取捨完全要視情況而定。如此一來，往往浪費了許多時間在反覆抉擇上。孔子之所以能夠四十而不惑，就是因為他透過對整體觀點的了解，建立了一套一貫的價值觀。這樣一來，作選擇時有一個先後順序，能夠了解孰輕孰重，因此就不再疑惑了。

第三，確定真實之後，須就真實「如何」衍生（**或推演**）其他一切，以及其他一切「如何」化約為真實，作雙向說明。舉例來說，黑格爾認為絕對精神是唯一的真實，因此他必須說明，絕對精神如何演變出所有的一切，而所有的一切又要如何化約回歸絕對精神。

黑格爾的確做到了這一點，他在掌握精神之後，就說宇宙萬物所有的一切都只是相對的，只有絕對精神是無限的、唯一的、永恆的。同時，他也詳細說明了無限是如何衍生出相對的、有限的這一切。因此黑格爾的哲學是一套相當龐大的系統。

最後，如果對這些都可以充分說明，達成系統內部之圓融，並且可以應用於實際人生中，就算是成功了。在此分為兩個階段：第一是系統內部的圓融，第二是應用於實際人生中。以叔本華來說，他用求生存的意志來解釋所有的一切，因此能夠讓系統內部達到圓融。然而，他的理論一旦應用在實際人生中，會使人生變得勞累不堪。但為了維持理論的完整性，他還是必須這麼解釋，因此最後提出審美和宗教的觀念來化解。如此仍可算是一個成功的整體觀點。

第五章

確立價值取向

凡物皆有可觀。苟有可觀，皆有可樂，非必怪奇偉麗者也。——蘇軾

任何東西都有值得欣賞之處。只要是能夠讓我欣賞的，都能夠讓我感到快樂，並不一定非要找那些很特別、很奇異、雄偉瑰麗的事物。價值的關鍵在於呈現，而呈現的關鍵在於選擇。一個事物只要有人選擇，它的價值就會呈現出來。

所謂「確立價值取向」，首先就須認清有關價值的觀念，然後肯定人生是一系列選擇的過程。當價值獲得實現及提升時，生命也將隨之日益充實。

談到哲學，用三句話來形容，就是「培養智慧、發現真理、印證價值」。培養智慧是要排除感覺和成見，因為這些都是相對的，無法透過它們來掌握真實。在培養智慧的過程中，也能夠逐漸發現真理，亦即真實本身。對真實產生某種理解之後，接下來就要付諸行動。人的生命一直在行動之中，如果要讓行動從被動變成主動，首先必須理解自己的生活是怎麼回事。理解之後就可以依自己想要的模式去生活，進而達到「無怨無悔」的境界。這就是印證價值的部分。

人的智慧分為「知」和「行」兩方面。必須透過行動，才會知道自己所知的是不是可靠。很多時候，我們學得了知識，卻無法在生活中實踐；或是學了之後，發現那根本是做不到的，因為它違背人性。這類的知識脫離了經驗的基礎，往往只能流於空談。

我們要從經驗走向理性，再走向理想。理想針對未來而言，而未來是要以行動去達成的目標。因此，首先要掌握真實，掌握了真實，就能夠在未來的行動中加以實踐。行動有了根據，就可以由自己來安排，而不再輕易受外界影響。如此一來，可以更為接近生命的核心，進而表現出「人之所以為人」應有的言行。

價值是什麼？

價值（Value）來自於選擇，沒有選擇就沒有價值可言。我們常說：「這個東西很有價值。」正是因為有人選擇它。由此可知，如果這個世界上沒有人類，那麼一切東西也就沒有價值高低的分別。

《莊子．齊物論》中提到：「毛嬙、麗姬，人之所美也；魚見之深入，鳥見之高飛，麋鹿見之決驟。」毛嬙和麗姬是一般人眼中的美女，然而魚看到卻嚇得潛入水裡；鳥看到嚇得飛上天空；麋鹿看到嚇得迅速奔走。這說明了，其他動物並沒有和人類相同的審美觀點，因此如果人類不存在，這個世界上就沒有價值問題，而只有事實問題。

人類按照自己的好惡來改造世界，就是一種價值選擇。譬如人類會特別去保存某種樹木與某種動物，因為人類認為這些樹木與動物是稀有的、珍貴的。換句話說，人類以自身的標準來衡量什麼比較實用、什麼比較美、什麼比較具有正面的效益等。

然而，這樣一來就出現了問題：究竟何謂「價值」？它是否有一個客觀的標準？或者，只要一時一地的人都認為好的就是好的？換言之，價值問題是很難取得共識的。

價值與事實不同

事實是指已經出現的與已經發生的。已經出現的就好比自然界，在人類存在之前，山河大地、日月星辰早已存在了；已經發生的則是像歷史事件或個人過去的經驗。在這個世界上，所有過去發生的事件與過去的經驗，都屬於事實，因為它們都不能改變了。因此，對於已經發生過的事情，就算是後悔也沒有用。

舉例來說，我買股票虧了錢，這已經是不能改變的事實，因此沒有必要一直處於懊悔的情緒中。更何況，這個事實之所以出現，也是肇因於自己當時的選擇。既然作了選擇，就要承擔風險，並且坦然接受最後的結果。即使結果是不好的，也要願賭服輸，然後在經驗中學得教訓。這便是將事實與價值分開。換言之，我們今天所作的選擇，在完成選擇之後，就變成事實了。一旦變成事實，後悔也沒有用，只有靠未來新的選擇，讓生命得到改變的機會。

價值隨評價活動展現

價值會隨著評價活動而不斷展現。評價活動包括評估、抉擇、行動與結果。舉例來說，朋友的生日快到了，我正在考慮送什麼禮物。這時候首先就要評估，評估後再作抉擇，然後行動，行動之後則會產生結果。

評價活動出來之後，會使評價者獲得（享受、擁有、品味或增益）某種價值，（並且／或者）使受評價之物產生某種價值。這裡用「並且／或者」是因為對於評價活動，有兩派不同的說法：一派認為它會同時讓評價者和受評價之物獲得價值；另一派則認為，它只能讓評價者或受評價之物的其中一方獲得價值。

對於第一派學者而言，他們認為評價不但能夠讓評價者在主觀上獲得某種價值，也能夠使受評價之物產生某種價值。譬如我想要買一朵花，最後選擇了玫瑰，有了玫瑰之後，我的心情感覺很愉快，因為我的周圍增加了美的氣氛。這就是我所獲得的價值。另外，由於我選擇了這朵玫瑰，使得一朵原本無人聞問的花被捧在手心上，受到眾人欣賞。這也使得玫瑰產生了某種價值。

主張第二派的學者，則有兩種觀點。第一種觀點認為：評價行為只是使評價者獲得價值，而受評價之物則沒有產生任何價值，因為它只不過是一個被利用的工具而已。第二種觀點則認為：評價者本身並沒有獲得價值，反而是受評價之物本身很有價值。譬如有一幅畫的藝術價值很高，但是買這幅畫的人卻不見得能夠從中獲得價值。很多人以為價值等於價格，把畫當作商品來看待，反而抹煞了這幅畫的藝術價值。

總的來說，談到價值，要注意兩個部分：一是選擇的人；一是被選擇的東西。此二者為價值的構成條件。舉例來說，一盒面紙本身看起來沒什麼價值，但是如果有人用了這盒面紙，面紙就會因為被使用而顯示出它的價值。再舉一例來說，我們平常都不覺得水有什麼價值，然而一旦遇到乾旱，或是身處沙漠之中，就會迫切感受到水的重要性。由此可知，價值會因時、因地、因人的不同而改變。

被選擇的東西有時候是只有個人想要，有時候則是大家都想要的，一般認為這是價值的主客觀之分。主觀價值是指：因為我喜歡，所以它變得有價值；客觀價值則是指：無論我喜不喜歡，它本身有其一定的價值，譬如鑽石。鑽石是在正常情況下，每個人都會想要的，所以它在社會上的價值就比較高。

這種分法基本上是有問題的，因為它將主客分開看待，變成兩個完全不同的領域。思考問題時，除了要懂得分，還要懂得合。如果只有分而沒有合，會讓人覺得不知所云。如果我們說「價值都是主觀的」，就變成人人的價值觀都不一樣，那麼這個社會豈不是要分崩離析嗎？如果說「價值都是客觀的」，那也是很奇怪。在空無一人的教室裡，講台有什麼價值？麥克風有什麼價值？換言之，如果沒有人使用這些東西，它們的價值就無法被感受到。

價值的三個特色

構成價值的三個特色是：非實在性、兩極性、層級性。以下分別加以介紹：

（一）非實在性：價值並不像桌子、椅子一樣是客觀實在的物體，它是某些經驗的性質。譬如我今天在車上讓座給一位老太太，這是一個經驗。這個經驗有一種性質，因而就有價值。換句話說，價值是在行為選擇之後所出現的一種性質。這個性質並不能獨立存在，譬如我不會因為在心裡想著要去幫助某人，就此產生了價值。

因為沒有實際去行動，就沒有形成經驗，沒有經驗則價值無所依靠，因此無法呈現出來。由此可知，價值的非實在性並非指價值不存在，而是指價值不能夠完全抽象 —— 它不能離開經驗而出現。

（二）兩極性：任何價值一定有正反兩端，不可能有中立立場。譬如有善必有惡、有美必有醜等。這都說明了價值的評斷必有兩極性。一般習慣將價值做正負的區分，因為如果價值沒有正負的區分，就等於作任何選擇都沒有壓力，因為根本沒什麼太大的差別。譬如與孝相對的就是不孝，不可能有人既孝順又不孝順，如此將無法讓人理解。

在價值的領域裡沒有中間地帶。這就好比與人交往，如果某人和我完全沒有利害關係，那麼他對我而言就如同一個幻影，是否存在根本無所謂；相反的，如果我們之間有某種關係，我就會開始想：「這個人對我好不好？我是喜歡他還是討厭他？」這就是價值的兩極性。如果無所謂喜不喜歡的感覺，則表示我根本不在乎這個人，他對我而言是不存在的。

（三）層級性：價值有優劣、好壞的先後順序，就像爬樓梯一樣。譬如好之上有更好，更好之上還有最好；美也是一樣，美之上有更美，更美之上還有最美。這就是價值的層級性。

人生是實現價值的歷程

每個人的生命都是由一連串的選擇（內含評價）所構成，所以人生即是實現價值的歷程。我們所有的選擇，都只會在生命中出現一次，也就是選擇的此時此刻。一旦作了選擇，生命就會有所改變，因為這個選擇介入生命的內容。由此可知，持續不斷地作某些選擇，這些選擇就會構成生命所遵循的方向。

古人常說「讀書是為了變化氣質」，由此可知，氣質不是突然變化，而是潛移默化的。如果經常接觸某些人、某些環境、某些想法，久而久之，自然會朝這個方向走，這也就是為什麼可以說「習慣是第二天性」的道理了。一個人的習慣，會使得別人以及自己都感覺到一種特定的生命品質。這是因為人生是一個實現價值的歷程。

如果一個人沒有這種感覺，表示他還沒有思考到這一點。如此一來，在實現價值的過程中，很容易受到外在環境和其他人的影響，使得價值的實現沒有明確方向，因而作選擇時就容易自相矛盾，甚至是前後衝突。如果一個人一直處於這種情況，往往只能在原地踏步，而無法讓生命有所提升。

建立個人的價值取向

價值取向的英文是「value orientation」，orientation含有定位、方向之意。價值取向是指個人所持的價值觀，顯示個人的定位及方向。

價值觀必然包含了一系列價值的優先順序，因為所謂的選擇，就是要有許多價值同時出現以供挑選。如果有個對象是一眼可以看出好壞的，那麼根本沒有選擇上的問題。如果現實中出現需要作出選擇的情況，那就表示所面臨的對象一定有好有壞，因此才需要去下判斷。

要作出選擇是很困難的，有時需要請教過來人、長輩，或是專家學者，聽聽他們的意見，讓他們分擔一點責任。結過婚的人都知道，選擇結婚對象是一件困難的事。尤其選擇的對象越多時，要作決定也就越困難，因為每個對象都有各自的優缺點。這時候就要省思：「我的優缺點可以和哪個人的優缺點配合，而不致於產生嚴重的衝突？」這才是最重要的。

在價值取向上，我們不見得每次都能作出正確的選擇，但是應該隨著年齡的增長而記取教訓。年輕時作出一些錯誤的決定，其實影響有限，但要在這些錯誤中學到教訓，並且應用在未來的選擇上。如此一來，才能夠越來越往正確的方向走。最怕的是年輕時一路順遂，卻在人生後段發生嚴重錯誤，這樣可能就很難彌補了。

因此，處在選擇的情境時，必須不斷自問：「怎麼樣選擇一個正確的價值？」這是一個不容逃避的課題。

哲學對「真實」已有整體觀點，接著須在行動中印證，以求理想之實現。價值取向為其中的橋樑。亦即，要從理性進入理想的層次，使自己對真實的掌握能夠體現在實際生活中，就必須要有價值取向，因為唯有看得準、看得透、看得清，才能使我們在選擇時知道自己要什麼。

沒有人可以斷定什麼是大家都想要的，民主制度說明了這一點。任何一條法案在表決時，都會有贊成票和反對票，要不然就是棄權票。很少聽說有一條法案，在投票時全體一致通過。選舉也是一樣，不可能有任何一個候選人能夠拿下所有選票。這就說明了，價值的世界是多采多姿的，每個人對價值的要求也有所不同。

然而，並不因為如此，就使得所有的價值都變成主觀的。因為如果所有的價值都是主觀的，社會就無法凝聚共識與建立秩序。

價值之主觀論

價值的主觀論（Subjectivism）是主張價值之存在意義或有效性，都基於主體的感覺或態度。這種說法早在希臘時代就出現了，辯士學派的普羅塔哥拉斯說過一句話：「人是萬物的尺度。」這裡所說的「人」是指個人而非人類。正因為如此，使得他的理論備受批評。因為，如果每個人都是萬物的尺度，那麼衡量萬物的價值必然因人而異。如此一來，價值就沒有一定的標準了。

當然，人還是可以替自己選擇某些東西。西方有句俗語說：「嗜好無分高低。」個人的口味或品味，是各憑主觀的。在這一點上，的確無法爭論誰對誰錯。

主觀論的四點主張

主觀論者主張：價值是欲求的對象、興趣的對象、情緒的表達，以及願望的擴充。以下針對這四點分別加以介紹：

（一）價值是欲求的對象：我喜歡某物，它就有價值。譬如櫥窗裡掛著各式各樣的衣服，其中有一件我看了很喜歡，對我來說，它就有價值；另外一件，我看了不喜歡，因此就沒有價值，即使別人把它買走，我也不在乎。

這裡所產生的問題在於：每個人的價值取向會隨著年齡的增長而有所不同。那麼，是否價值也可以這樣不斷改變？

（二）價值是興趣的對象：興趣是指每一生物對某種事物「喜好或厭惡的綜合態度」，包括了欲求、意願、目的在內。由此可知，興趣的範圍比欲求更廣，它不單只是欲求，還可以得到某種目的，或是產生某種願望。這裡要指出的是，我們可以按照自己興趣的強弱程度，來區分價值。

（三）價值是情緒的表達：當我們呈現某種事物的價值時，其實只是在作情緒的表達，對事物本身並沒有增加任何了解。譬如我去參觀美術館，看到一幅畫，於是讚嘆：「這幅畫真美！」這句話表達的只是我的情緒感受，亦即「我很喜歡這幅畫，看到這幅畫讓我有美好的感覺」。然而，我並沒有說出這幅畫究竟是美還是不美。這正是價值主觀論所要說明的：事物本身究竟如何，毫不相關，重要的是我們的主觀感受。

另外，還要強調的是：情緒的表達不等於肯定。譬如我說：「這首曲子很美！」這句話只是在表達我的個人情緒，並不代表它一定是對的。

這種說法會產生一些問題，因為情緒是隨時都在變化的。譬如我今天情緒很好，所以覺得這幅畫很美；昨天情緒不好，就對它沒有什麼感覺。聽音樂也是一樣，同樣一首曲子，每次聽都會有不同的感受，因為每次聽的情緒都不同。

當然，主觀論的這種說法，也有它一定的理由，亦即：人是評價的主體。這也就是說，「我」是欣賞的主體，因此，當我不想欣賞的時候，再好的東西都不具意義。換句話說，無論對象再怎麼美好，仍然必須要由「我」去認同。這就是價值主觀論的立論基礎。

（四）價值是願望的擴充：這也就是希望能夠獲得別人的認同。以同樣的例子來作解釋。當我說：「這幅畫真美！」我是在表達自己的願望，希望大家都來看這幅畫。我無法證明這幅畫本身美或不美，因為客觀的美醜需要有一個標準，而有關標準的問題是很難回答的。

孟子對「可欲」的見解

孟子說：「可欲之謂善。」（孟子．盡心篇下）善是指正面的價值，可欲則是指「可以被我欲求的」。這句話是說：凡是可以被我所欲求的，就是好的。這是對「善」一個非常廣泛的定義。然而，孟子講這句話，當然有其特色，亦即，孟子所謂「可欲」的主體，並非指身體，而是指「心」。

舉例來說，公車上有一位年輕人讓座給老人家，我看到了感覺很好，因此就說這個行為是善的。在這個例子中，是我的「心」感覺很好。相反的，如果我走在路邊，看到餐廳裡有人在吃牛排。這時候我感覺很好也很想吃，這就是身體的可欲。孟子認為「可欲」的主體是心而不是身，因此，當我看到別人在吃牛排，並不會說這是善的；然而，當我看到有人讓座，就會說這是善的，因為讓座這個行為讓我的心覺得可欲。

《孟子》中有所謂的大體和小體，大體指的就是心，而身則是指小體。如此一區分，就可以知道，孟子所謂的善，超越了物質享受的層面。用這種方式來解釋價值的主觀論，比較不會有太大的問題。

本來，個人的取向就是主觀的，因此日常生活上食衣住行的需要，都可以依自己的主觀來選擇，這並沒有什麼值得爭議之處。如果一天到晚都在考慮形而上的問題，那豈不是活得很痛苦？比較重要的是，不要以為自己吃什麼就可以變成什麼、穿什麼就可以變成什麼（譬如穿名牌衣服可以變成名貴的人），因為用物質來肯定生命的特色是不夠的。

生命本身包含身、心、靈三個層次，越往上走越具有個體性。身的部分，其實人和動物並沒什麼兩樣，孟子則一律稱其為「小體」。因此，要懂得往心和靈的方向發展。

萬物都具有價值潛能

依我個人的理解，價值主觀論的缺點與錯誤遠大於價值客觀論。換言之，我個人是比較認同價值客觀論的。我認同客觀論的理由在於：價值來自於存有（Being），而萬物的存在（being）皆以存有為基礎。

舉例來說，一盒面紙要有價值必須具備兩個條件：第一，它必須存在；第二，它必須有價值的潛能狀態。只要是存在的東西，都有價值的潛能狀態，因為這個世界上的任何東西，只要存在，都有可能被人欣賞。

由此可知，只要一個東西存在，它就有價值，只是尚未開顯，而「選擇」這個活動，能夠把它的價值開顯出來。

事實上，我們周圍的許多地方及許多事物，都有其價值，只是因為我們平常沒有注意這些細節，因而忽略了它們的價值。如果多用心、多留意，就會發現原來有這麼多美好的事物。電視節目常介紹一些地方的風光，當這些景觀透過電視畫面呈現出來，再搭配優美的背景音樂，就讓我們覺得真是很美。事實上，長期住在當地的居民可能從來不覺得有什麼特別。這就是有用心與沒有用心的差別了。

任何東西只要存在，就有它存在的理由，連路邊一株小草也有存在的理由。我們可以想想：「為什麼這裡長的不是一朵花而是一株草？抑或，為什麼這裡偏偏要長出一株草，而非寸草不生？」由此可知，這裡長出小草，一定有它的理由，也一定有它值得欣賞的地方。

蘇軾說過一句話：「凡物皆有可觀。苟有可觀，皆有可樂，非必怪奇偉麗者也。」任何東西都有值得欣賞之處。只要是能夠讓我欣賞的，都能夠讓我感到快樂，並不一定非要找那些很特別、很奇異、雄偉瑰麗的事物。由此可知，任何東西都值得欣賞，就看自己有沒有這種眼光而已。

總的來說，價值是客觀的，因為任何東西都具有價值，只不過還沒有呈現。因此，價值的關鍵在於呈現，而呈現的關鍵則在於選擇。一個事物只要有人選擇，它的價值就會呈現出來。

價值之客觀論

價值客觀論（Objectivism）主張價值有自身獨立的存在。亦即，一事或一物有價值，不會受到個人主觀所影響。每個人對價值的認識是相對的，但是價值本身並非相對的。譬如我認為這樣是美，而你卻認為那樣才是美，這沒有什麼關係，因為我們對於美的認識本來就是相對的。然而，美的本身並不是相對的，因為美必須存在，才能夠被我認識。由此可知，主觀論和客觀論的差別在於：主觀論認為價值是被發明的；客觀論則認為價值是被發現的。

價值客觀論的代表學者是德國哲學家謝勒（Max Scheler, 1874-1928）。謝勒是二十世紀初期德國最重要的哲學家之一。哲學界只要談到價值哲學，就會提到謝勒。這部分所介紹的，主要就是他的主張。

決定價值層級的判準

謝勒認為決定價值層級的判準有五：持久性、不可分割性、基礎性、滿意的深度、相對性。其中層級越高者，就表示其越有價值。以下分別說明這五個判準：

（一）持久性：越禁得起考驗，能夠長期存續者，價值越高，譬如知識的價值高於感官或健康。感官的價值無法持久，譬如外表。一個人就算再漂亮，也無法禁得起時間的考驗。健康的價值也比不上知識的價值，因為健康會隨著年齡而衰退，知識卻能夠隨著年齡而增長。由於知識的價值高於健康，因此許多人會為了追求知識而犧牲健康，譬如許多人為了唸書而近視。

（二）不可分割性：越不可分割者，價值越高，譬如一首樂曲的價值比一塊麵包的價值高。一塊麵包即使被分割成兩塊或四塊，味道都不會變；然而，一首樂曲如果被分割成兩段或四段，就無法構成一個完整的樂章。由此可知，樂曲的價值比麵包的價值高。

不可分割代表其整體價值的內在力量比較強。物質方面的東西可以分割，所以價值很有限；知識比較難以分割，因此層級比較高；精神方面則屬於更高的層級，譬如做一件善事，就必須從頭做到尾。所謂「為德不卒」，如果一個人做善事只做到一半，而沒有將它圓滿結束，是非常可惜的，因為「善」是一個完整的行為，不能只做一半而已。

（三）基礎性：越是作為基礎者，價值越高（甲為乙的基礎，則甲比乙更有價值）。譬如親情是父母給子女金錢的基礎，所以親情重於金錢。父母之所以願意辛苦工作賺錢，讓子女接受更好的教育，背後的動機絕對是以親情作為基礎。因此親情的價值比金錢高。

最後的基礎是宗教信仰。這麼說並不是要大家去信教，而是在強調：人遲早會面臨生死的問題，因此需要一個最後的定位。換言之，我們無論選擇什麼價值，最後終究會離開人世。如果沒有把宗教信仰列為最後的基礎，那麼一切選擇都沒有一個明確的方向。

一個人如果有宗教信仰，他在犧牲奉獻時就不會覺得難過，反而會認為自己在積功德。譬如有些人去當義工，是為了落實行善的功德。如果有宗教信仰作為基礎，比較能夠長久持續下去，因為我所做的一切，都與我的信仰有關，可以讓我跨越生死的門檻；相反的，如果沒有宗教信仰作為基礎，很容易感覺疲乏，而不太可能長久維持下去。

（四）滿意的深度：滿意的深度越接近基礎，越能夠享受其他的樂趣。譬如穩定的友誼會使一頓聚餐更為可口。好朋友在一起聚餐時，就算吃的只是簡單的食物，也會令人感到愉快，因為朋友之間的交情是其他享樂的基礎。由此可知，滿意的深度越強、越接近基礎，則其價值越高。

（五）相對性：價值之相對性越小，越值得追求。譬如人人都吃飯，但未必人人都求知，因此知識的相對性比食物的相對性小，所以更值得追求。相對性越小，越不能取代，因此價值也越高。

絕對價值與宗教信仰有關。亦即，宗教信仰的相對性極小，因此沒有任何東西可以替代它。感情在某個程度上是可以替代的，譬如我們年輕時會嫌父母嘮叨，而比較喜歡和朋友在一起，這時候的價值取向是偏向於友情；等到談戀愛的時候，卻又不免覺得朋友礙手礙腳，這時候的價值取向則偏向愛情。

宗教信仰則是無法取代、無法替換的，因為它是絕對價值。人類都只是存有者，因此需要有「存有」作為基礎，而信仰是跨越存有與存有者界線的通道。

我們在判斷一件事物的價值時，只要憑藉這五個判準思考，很容易就能掌握其價值。譬如我們常說信仰宗教最好選擇名門正派，這是因為它符合「持久性」的判準。一個宗教經過了一、兩千年的考驗還能繼續存在，必然有它的價值；相對於此，新興宗教尚未經過時間的考驗，因此信仰這種宗教需要承擔比較大的風險，有時候結果可能不是我們所能掌握的。

價值的層級

掌握了區分價值高低的判準以後，要懂得去應用。那麼，如何區分價值的內容呢？這裡所要介紹的是「價值層級」。

價值層級由下而上（亦即從最低層次到最高層次）分別是：愉快價值、生命感受價值、精神價值、宗教或神聖價值。以下分別介紹其內容：

（一）愉快價值：即感官之當下享受。譬如口渴時喝一罐可樂可以帶來感官滿足；看一場電影、吃一頓飯，也能讓一個人感覺愉快。這些都屬於感官的享受。感官的愉快是非常短暫的，因此無法作為基礎。譬如當我們和朋友吵架時喝一罐可樂，並不覺得可樂好喝；相反的，和朋友感情好的時候，就算是白開水也覺得好喝。這就說明了，友誼比可樂更能作為基礎。由此可知，愉快價值是最低層次的價值。

（二）生命感受價值：這並非指「活著與否」，事實上，活著與否僅是事實問題，與價值無關。生命感受價值是指健康、舒適、悠閒等生命的感受。這些感受比愉快的當下更為持久，因此較愉快價值更能作為基礎。

（三）精神價值：包括美感、正義、知識三個部分。美感是指個人在欣賞之後感覺到的愉快，而此愉快不在於獲得任何具體利益。「美感」這個詞的英文可以用「disinterest」來表達，一般翻譯為「無私趣」。「interest」是興趣之意，「dis-」則為否定用語。因此，disinterest就是「沒有個人的興趣」。由此可知，美感是「我發現它很美，它的美使我愉快，但我並不會因此想得到它」，如此一來，當然也就不會因為得不到而感覺難過。美感是整體的、不可分割的，因此更具有基礎性。

正義是指在精神領域上要求善惡之報應，這與法律上的對錯不同。每個人都有要求正義的心態，總覺得善惡要有報應才是合於天理。這種要求與個人利害無關，與法律制裁也無關，而只是純粹對公平及正義的追求。

知識則是指哲學所要追求的，對真實之理解。換言之，這裡所謂的知識並不是一些抽象的真理，也不是科學上的發明，而純粹是每個人對真實的了解。我們要讓自己的生命越來越提升，越來越接近真實。

（四）宗教或神聖價值：源於神聖的對象，而「愛」是掌握神聖價值的行動。只要談到愛，其中必然含有犧牲奉獻的精神。譬如父母因為愛子女，所以無論自己再怎麼累，也要讓子女的生活無憂無慮。由此可知，如果愛一個人，就會寧可讓自己辛苦一點，來讓所愛的人開心。因此，愛基本上是一種捨己為人的表現。正因為如此，唯有透過愛，才能夠讓我們感覺到超越，而不計較個人的利害。同時，它也能夠讓人更接近根源，並且更能體認命運、生死的信念，因而掌握到神聖的價值。

認清了謝勒的理論架構後，會發現它和身心靈、知情意的架構有共通之處：愉快價值與生命感受價值與「身」有關；精神價值與「心」有關，而其中的知識、美感、正義，分別可以對應於知、情、意；最後，宗教與神聖價值，則接近我們所說的「靈」。

由此可知，哲學家的思考方式是類似的，無論古今中外皆是如此。這是因為每個人所面對的都是同樣的人生，因此，一旦經過認真思考，自然會產生類似的架構，只是每個人切入的角度有別，使用的辭彙也不盡相同。

道德價值的內涵

謝勒理論最特別之處，在於把道德價值置於整個架構之外，並且突顯其特色。能夠做到這一點是不容易的，而謝勒的解釋也確實有其獨到之處。

謝勒認為道德價值是一個人面對較低價值時，卻實現了較高價值之結果。由此可知，道德價值並不屬於上述四種價值層級之一，它是人類生命中最特別、最根本，並且不可逃避的挑戰。舉例來說，我現在面臨兩個選擇：一為吃飯，一為聽音樂。吃飯是感官愉悅的價值，聽音樂則屬於精神價值。如果我選擇聽音樂而非吃飯，等於是捨棄了較低價值而選擇去實現較高價值。如此一來，我的行為就具有道德價值。

再舉一例來說，我在公車上坐著，面前有一位老人家，因此，我現在面臨了兩個選擇：一是繼續坐在位子上，享受身體的滿足；一是讓座給老人家，以求合乎正義。如果我選擇繼續坐著，則身體雖然得到了暫時的滿足，但我的道德卻喪失了；相反的，如果我選擇讓座給老人家，等於是犧牲較低層次的愉快價值，而去實現較高層次、屬於正義的精神價值。如此一來，我的行為就是有道德的。

根據這種說法，如果我們選擇信仰宗教，或是為了宗教信仰而奉獻自己、關愛別人。那麼這個選擇本身就具有道德意涵，因為宗教價值是最高的價值。

由此可知，道德價值並非是一個讓人選擇的價值，而是當我們在作某種價值選擇的時候，自然而然會出現並且給予我們評價的。這種說法和儒家所說的「人性向善」很類似。道德本身是一種對善惡的判斷，因此作選擇時就要考慮到這個問題。

方迪啟的綜合見解

這裡所要介紹的是義大利哲學家方迪啟（R. Frondizi）[28]對價值的看法。

㉘《價值是什麼 —— 價值學導論》（*What is Value?: An introduction to axiology*）黃藿譯，聯經出版。

價值無主客觀之分

方迪啟認為價值不應分為主觀、客觀二種立場，因為它必須在一個特定的「情境」(situation)中，才能存在，並且具有意義。許多人常說：「一幅畫放在家裡看不出有什麼價值，但若是放在展覽館中，則顯得很有價值了。」這就說明了價值與特定情境有關。

價值必須視情況而定，譬如小時候有人送我一顆珍珠，當時的我不懂得珍珠的價值，還以為那跟彈珠沒兩樣，長大以後才明白珍珠的價值。價值有時也視個人需要而定，譬如當我有錢時，別人送一枚紀念金幣給我，我只會當它是一種友誼的象徵；可是當我沒錢時，這枚金幣看在我眼裡，就是不折不扣的錢了，我可以把它拿去換成新台幣。

情境是指個人的、社會的、文化的、歷史的因素與情況之綜合體。這樣講就相當完整了：個人是指個別的人；社會是由許多個人所組成的；文化是個人生活在其中的社會環境；歷史則是從以前就累積下來的。這樣的情境是我們在展現價值的時候，所必須考慮到的。

總的來說，價值不能分為主觀或客觀，因為價值必須同時具有選擇的主體和被選擇的客體，一旦將主客觀分開，就不存在所謂的主體或客體。換言之，只有當主客體同時存在的時候，價值的重要性才得以呈顯出來。

價值具有完型性質

價值不能離開「經驗」，又不能化約為「經驗」，因為它具有「完型」性質。一旦離開經驗，就無所謂價值的問題，因為沒有實際行動，又何來價值呢？譬如我想聽音樂，但卻沒有實際去聽；抑或，我想讓座給老人家，但卻沒有實際行動。這些都不存在任何價值問題。

價值一定是一個經驗，代表已經有了實際行動。然而，價值不僅僅是經驗而已，因為它不會隨著經驗結束而消逝。換言之，價值有著超過經驗的部分，因此不能化約為經驗。由此可知，價值與經驗若即若離，而又有自身的性質。

價值自身的性質是指「完型性質」。完型（Gestalt）就是完整的型態或完整的形式。這個名詞一般用在心理學上，意味著「人對於事物能有一個完整的了解」，儘管我們本身所經驗到的並不完整。舉例來說，許多人看過默劇。在演默劇的時候，舞台上只有一個人，但是他卻可以表演出很多情境，看默劇的人也都能看得懂。這就是因為人都具有完型的能力，亦即，我們會把自己在經驗中所體驗到的，投射在觀看的對象上，使其變成一個完整的畫面。

每個人在現實生活中對許多事情的看法，往往也是片段的，但卻能將這些片段拼湊起來，使它們變成一個完整的故事。譬如小孩放學回到家裡，急著告訴父母學校中所發生的事。由於很心急，說出來的話東一句西一句，沒有一個系統，但是等到小孩講完以後，父母卻聽懂了。這就是因為大人本身的經驗比較豐富，能夠將幾個重點串連成一個「有意義的整體」。所謂「有意義」是指：它不再是模糊而沒有明確內容。

當然，這裡所謂的「完型」並不是心理學上的用法，而是指：一個經驗要有價值之後，才變成一個完整的經驗。換言之，價值對於經驗而言，就是要完成經驗所欠缺的某一部分。

由此可知，要判斷一個經驗是否為完整的經驗，必須看它是否具備完型性質。而完型性質則是指：

（一）是一整體，但不只是各部分的組合。譬如聽一首音樂，不能只是聽一半或一部分，而必須把整首聽完，因為一首音樂就是一個整體，而不只是各部分的組合而已。如果早上起床聽一段、下午聽一段、晚上再聽另外一段，然後自己把這幾段拼湊起來，那就根本不是音樂了，因為它的美感無法呈現出來。

價值的呈現是殊多之統一，展示新的性質。本來我聽的只是聲音而已，但是聽完之後卻能夠產生美感。由此可知，這個美感是一個價值，它使「聽音樂」這個活動得到一個完整的型態。此即完型性質。

讓座的例子也是相同的：我坐公車、老人家上車、車子開過幾站、有沒有人讓座、別人反應如何、我的反應如何等，這些都可以被分割成部分。然而，「我讓座」這個經驗並不只是這些部分的組合而已，因為這不是單純的機械過程。我讓座後所感受到的愉快、老人家感激的微笑或是別人善意的眼光等，這些才構成了完整的經驗。如果只是機械式的流程，不會產生其他的滿足感。

（二）是一具體而真實的存在，而非抽象的概念或模型。它是兼具形式和內容的。經驗本來就是具體而真實的，而完型是透過價值的完成使經驗更完整，因此當然也是具體而真實的。譬如一個學生花了兩個小時上一堂課，在課堂上得到許多知識，增加了對人生的理解。如此一來，等於是這個經驗有了一個價值，得到了圓滿的結果，因此它是一個完整的經驗。

（三）組成它的各部分並非同質的，但各部分有內在的相互依存關係。舉例來說，我聽課聽了兩個小時，這兩個小時的內容絕對不可能一直重複。換言之，這些內容是不同質的。然而，各部分都有內在相互依存的關係，因此，不能只聽懂其中幾句話。如果只聽懂幾句，那就等於根本沒聽懂，因為我們無法對整個內容有一個系統性的掌握。

人生活在價值的世界

人無時無刻不被價值對象所包圍。譬如在一間教室裡，教室中的燈光、擺設、麥克風、電視機，乃至於四面牆壁、地板顏色，一定都是經過刻意選擇的，因此都具有某種價值。凡是經過選擇，就帶有價值意涵在其中。

人類生活的環境，都是經過人類的設計與選擇，由此可知，人類就是生活在一個價值的世界裡。譬如馬路上必須人車分道、設有紅綠燈、旁邊種植行道樹等。這些都是經過人為設計選取的。正由於我們被價值對象所包圍，因此隨時都可以實現價值。從最低層次的愉快價值，一直到最高層次的宗教、神聖價值，都在周圍等著被實現。

價值只有在具體的人類情境中才存在，並且有意義。換言之，離開人類的情境，就沒有所謂的價值問題了。譬如有一座山是從來沒人去過的，那麼這座山對人類而言，也就沒什麼意義。除非它有一天發生土石流，傷害到我們的生活環境、生命財產，這時候就會產生反價值。排除反價值而選擇正價值，是人生的光明大道。

由上所述可知，所謂「確立價值取向」，首先就須認清有關價值的觀念，然後肯定人生是一系列選擇的過程。當價值獲得實現及提升時，生命也將隨之日益充實。

第六章

力求知行合一

老者安之，朋友信之，少者懷之。

——《論語・公冶長》

至善是儒家的最高理想。一個人活在世界上，最終就是希望能夠達到孔子所說的那種境界。要達到那種境界，則必須在立定志向後努力實踐，以求能夠「知行合一」。

人生是一個不斷自我實現和自我超越的過程，而我們在經過了PEACE——Problem（問題）、Emotion（情緒）、Analysis（分析）、Contemplation（沉思）、Equilibrium（均衡）——五個步驟之後，我們將更了解自己，也更清楚知道自己該往哪裡走。生活中有思想成分，思想又能體現為生活。思想代表「我所知的」，生活則代表「我所行的」，此二者互相配合，就是「知行合一」。

在培養思考習慣、掌握整體觀點、確立價值取向之後，接下來的一步是要把心得落實於生活中，而這也正是我在本章所要探討的題材。

哲學諮商法

在此要介紹《柏拉圖靈丹》（*Plato not Prozac*）[29]這本書。此書的作者馬瑞諾夫（Lou Marinoff）是一位哲學博士，他在美國從事一種「新」的運動，稱為「哲學諮商法」[30]。

讀過這本書之後，我發現外國人確實在推廣他們的哲學工作，設法把哲學的「愛好智慧」融入日常生活當中。

一談到西方哲學，大家立即想到的是蘇格拉底。蘇格拉底就是把哲學當作一種生活的方式。生活絕不只是活著，也不只是身心的活動而已。生活是有價值取向的：我的生命該往哪裡發展？為什麼要做這件事？我為什麼如此和別人往來？我在想什麼問題？如何澄清概念、設定判準……如此一步步讓生命往整體而正確的方向邁進。

哲學諮商在西方實行以來，產生了一些正面效應，因此我們不妨將它轉移到台灣來試試看。當然，首先要對哲學諮商有基本的認識，而《柏拉圖靈丹》這本書正好提供了詳細的說明，在此就以這本書作為參考。

---

[29]《柏拉圖靈丹》由吳四明譯，方智出版。

[30] 西方人很善於從他們的傳統文化中求新求變，因此在發現心理治療法效果不彰後，馬上另闢蹊徑，尋找另外一條路，因而設計出哲學諮商法。馬瑞諾夫即為此方面的代表人物。

哲學諮商的起源背景

哲學諮商於1980年左右在歐洲興起，美國則到了1990年左右才開始流行。其實歐洲早在1980年代就已經注意到，可以把哲學應用在治療人的心理問題上。歐洲在這個時期推廣哲學的用途，是因為此時的歐洲正興起一股哲學書籍的閱讀風潮，大家所熟知的《蘇菲的世界》（*Sophie's World*）也就是在此時出版的。

西方人從很小就開始接觸哲學教育，法、德等國甚至在小學就安排了哲學的啟蒙教育，所以他們的學生都知道蘇格拉底、柏拉圖、亞里斯多德這些哲學家，也能夠簡單了解他們的學說內容。然而《蘇菲的世界》一書問世後，仍然刮起一陣書壇旋風，因為這本書不但具有偵探故事的架構，內容中又植入許多哲學家的理論。國外一般是十四歲左右的學生在看這本書，可是在台灣，卻連大學生都不見得能夠看懂。由此可見，我們的哲學教育與外國比起來，真是有一段差距。

2001年出版的書籍《哲學家的咖啡館》（*Das Café der toten philosophen*）也是如此。讀了這些書之後，會發現西方人和我們對照看來，關心的問題確實很不一樣。西方小孩會問：「為什麼要有道德？為什麼不能做壞事？」而台灣的小孩卻把這些視為理所當然。另外，西方人會討論宗教問題：「上帝存在嗎？天堂在哪裡？地獄又是什麼情況？」而我們大多數人卻認為這一類問題沒必要討論。這也反映了西方教育和台灣教育的不同。

台灣一直以來都是升學導向的教育，而這種教育對應於當前的社會，實在已經不再適用了。有一項統計指出：台灣的成年人，每四位當中，就有一位患了精神官能症。精神官能症可以說是現代化社會必然會面臨到的問題，對於這種問題該如何解決呢？

心理治療的困境

傳統上，美國對於精神官能症是採用心理治療法，然而《柏拉圖靈丹》中指出：美國在1980年代，有10%的人患精神疾病；1990年代，有50%的人患精神疾病。為什麼越治療反而患者越多呢？心理治療究竟有什麼問題？此處就要說明心理治療的困境。

心理治療的困難有兩點：第一，以時間「先後」解釋「因果」關係，忽略了人對時間有兩種觀點：孤立式與綜合式；第二，以僵化的醫學模式理解人的問題。以下我們分別說明這兩點困難：

（一）以時間的先後來解釋因果關係。舉例來說，我小時候發生過某些事情（先），而現在的我常常感到不快樂（後）。因此，小時候發生的事情就是原因，現在這樣的情況則是結果。這種解釋的最大問題，在於因果關係本身並沒有明確的對稱。有些時候，一個原因會產生很多結果；也有些時候，是很多原因產生一個結果。既然如此，怎麼能論斷現在的痛苦是由過去某個經驗所造成的？

大部分的人在求學的時候都有被老師處罰的經驗，「被老師處罰」這個因，造成的絕對不只一個果。有些人會因此奮發圖強、越挫越勇，最後學業有成；有些人則因此懷憂喪志、自暴自棄，難過得幾乎活不下去。由此可知，同樣一個因可能會造成不同的結果。一個結果也可能是由很多原因造成的，譬如我今天出門踩到釘子，「踩到釘子」是一個結果，它是由許多原因造成的，如沒穿鞋、天色太暗、別人把釘子丟在地上等。這些都說明了，因果關係不能完全對應，所以無法論斷凡事必有一因一果的連結。

心理治療以時間先後來解釋因果關係，因此是一種「因果決定論」：過去的原因決定我現在的結果。這種做法等於是畫定幾條因果的線，把人的生命看得很單純。這種想法顯然太過天真，以致長期下來沒什麼效果。並且，人活在世界上不能只看過去，還須面對現在，瞻望未來。然而，心理治療只從過去著手，容易讓人沉浸在過去的經驗中，完全無法滿足上述需求[31]。

人對時間有兩種觀點：孤立式與綜合式。孤立式的觀點認為時間一去不復返，因此每段時間都是個別孤立的。譬如我活在現在，現在與過去是毫無關係的，因為過去的一切無法改變；綜合式的觀點則是把時間當成一個整體來看（過去、現在、未來是一個整體）。如此一來，思考問題時就必須考慮到過去、現在與未來，因為它們彼此之間會互相影響。

我們應該以綜合式的觀點來看待時間，因為人的生命是一個整體，過去發生過的事情，無論對現在或者對未來，都會持續地產生作用、帶來變化。有些事情在開始時也許讓人感到討厭，但最後卻可能出現好的結果；相反的，有些事情一開始讓人感到開心，但結果卻可能令人覺得煩惱。譬如一粒細沙夾在蚌殼內，蚌覺得不舒服，因此分泌物質將其包覆。然而，日積月累之後，這粒沙最後卻可以成為一顆美麗的珍珠。

（二）以僵化的醫學模式來理解人的問題。心理治療慣於使用醫學術語來解釋人的行為，因此最後變成好像任何行為都是有問題的。舉例來說，我今天預約了要看門診。從心理學的角度來看，如果提早到達，就屬於焦慮型人格；如果遲到，就表示具有敵意，想要反抗治療；如果準時抵達，則是具有強迫性人格[32]。由此可知，

[31] 後來發展出的人本主義心理學在這方面比早期的心理學進步很多，它能夠發掘正面的人格特質，並強調自我實現的重要性。但與哲學相比，仍然有一段明顯的差距。

[32]「強迫」的英文是「compulsive」，這是一般常用的術語。「義務教育」在英文中就是使用這個字，代表這是一種強制性的行為，也就是「強迫教育」。每個人都被強迫接受義務教育，因為如此一來才有基本的公民素養與基本智能，而能夠在社會生存。

無論怎麼做，心理醫生都能夠用一個醫學術語來解釋，好像我們都是有問題的。

然而，無論心理醫生用再多的醫學術語來解釋各種狀況，仍然無法解決已經存在的問題，反而可能讓問題變得越來越多、越來越嚴重。這是因為心理治療無法回答人生意義的問題，而只能從過去找出問題的原因，讓人得到暫時性的解脫。

人生需要意義和目的

事實上，現代人最大的問題在於：人生缺乏意義與目的。意義與一個人「如何理解」有關，亦即，「我如何去理解一件事情」；目的則是指「我這個動作，能不能達成一種結果」，目的有暫時與終極之分。

舉例來說，我到法國餐廳用餐，服務生給的菜單是法文的，而我正好看不懂法文，因此這個菜單對我而言是不具意義的。然而，儘管我看不懂菜單，但是在菜單上隨便指指，服務生還是會端菜上來，因此我能夠達成吃飽的目的；相反的，如果我法文很好，餐廳提供的菜單都看得懂，那麼這個菜單對我而言就是有意義的。但我突然發現自己忘了帶錢，因此最後沒有達到吃飯的目的。如此一來，就可以分辨意義和目的之不同。

人活在世界上，最重要的就是要讓生命有意義和有目的。人生的意義是指：我可以理解我的這一生是怎麼回事，對於生老病死各種情況，都能夠有所掌握；人生的目的則是指：我活在這個世界上是「為了什麼？」意義與目的二者之間的關係在於：掌握到活著的目的之後，才能夠知道活著的意義。目的等於是一個標竿，它能讓我們有所依據，以便修正理解人生的方式。

舉例來說，當美國發生九一一事件時，許多人會問：「恐怖份子這樣做有意義嗎？」如果了解他們的目的，就可以知道他們做這件事的意義。事實上，恐怖份子做這些事的確是有明確目的的，亦即：為了宗教信仰而犧牲生命。在他們看來，為宗教信仰犧牲生命就是殉道者。殉道者生前無論犯過多少罪，死後照樣立刻上天堂，因為他是為了神而犧牲生命。

當然，我們必須了解，這種想法是宗教狂熱所產生的迷信，並不足取。如果真的有神存在，也絕不可能贊成信徒憑藉神之名，到處去殺人放火，最後還讓他上天堂。舉這個例子只是為了說明：必須去了解目的，才能掌握意義。

目的有暫時和終極之分，一般的目的都是暫時的。譬如我現在的目的是考大學，因此每天要熬夜唸書。由此可知，因為我有「考大學」這個目的，所以「熬夜唸書」這個行為就是有意義的、可以被理解的。然而，當我上了大學，可能就不太理解為何要用功唸書了，除非這時候另有一個新的目的（如要出國唸書）。

一般人往往是藉由短暫的目的架構出對生命的理解，而這顯然是不太理想的。人生最好能夠有一個終極目的，亦即這一生最後的目的。這個目的通常會和靈的方面有關係，因為如此一來才能夠掌握到完整的生命方向。

對人生困境的省思

一般人常說憂鬱症是「世紀之疾」，在這裡就用憂鬱症作為例子，說明面對人生困境時該如何省思。

「憂鬱」的英文是melancholy或depression。melancholy是比較文學性的用法；depression則較常用在一般生活上。depression也有壓抑之意，意味著整個人的生命伸展不開，總覺得鬱鬱不得志，好像生命力被壓制住一樣。

當憂鬱現象出現時，可以從四個可能因素來思考：生理因素、藥物因素、早年因素、當前因素。以下分別說明這四個因素：

（一）生理因素：DNA的遺傳，使大腦易受干擾而無法平靜。亦即，由於大腦中樞先天有某種缺陷，缺乏一種平衡協調的因素，因此天生就容易感到憂鬱。對這種人而言，平常人可以淡然處之的小事，他可能完全沒辦法招架。這種由基因帶來的憂鬱是與生俱有的，因此不能責怪他。針對這種生理因素所造成的困境，醫師通常會建議以服用藥物來治療。

（二）藥物因素：濫用藥物，如酒精或迷幻藥造成的副作用。酗酒和服用迷幻藥可以讓人得到短暫的亢奮，但亢奮過後卻很容易陷入憂鬱的困境。我曾看過一份資料，內容針對兩百多位樂團成員進行調查。這些成員有些來自古典管絃樂團，有些則來自搖滾樂團。調查結果發現：古典管絃樂團的團員常處於平靜和諧的情緒狀態，與家人朋友的相處也較為順利愉快；相反的，搖滾樂團的團員常感到憂鬱，並且有使用迷幻藥的習慣。有這種差異，是因為搖滾樂團在舞台上所展現的狂熱，是以感官層面的刺激居多。這種亢奮的情緒在下了舞臺後，必須靠迷幻藥來平衡，否則無法忍受與舞台上嚴重的情緒落差。然而，藥物使用過量，卻會使人陷入憂鬱的情況。

喝酒也是一樣。外國電影中常可以看到一幕：一個人下班回到家，第一件事就是倒杯酒來喝。一個人之所以無緣無故的喝酒，就是因為平常的生活太過單調無聊，而喝酒可以讓人的神經系統比較振奮，特別是當喝到微醺的程度時，會覺得一切所見都很美好、很浪漫。但若是天天如此，到最後會變成離不開酒，而喝酒所產生的幻覺也會成為生活中的一部分；如此以來，將無法面對生活的真實面。

（三）早年因素：童年創傷留下的陰影。不能否認，過去曾經有過的創傷的確會留下陰影。譬如九二一大地震造成許多人的創傷，這些創傷會影響他們在情緒方面的表現，這就是所謂的「災後症候群」或「創傷後壓力障礙」。因此，從這些人的某些行為反應，就可以了解到他們曾經受過創傷。

（四）當前因素：目前生活上的新處境。大多數人面臨問題的時候，都是由這一點往前回溯。譬如考試失敗、交友失敗、感情不順、失業等因素，都會使一個人產生困境，甚至造成憂鬱。

以上四種狀況，各有因應之法。因此，如果掌握了以上四點原因，當自己或親友出現憂鬱狀況的時候，就可以馬上思考：「造成憂鬱的原因是這四點中的哪一點？」知道是哪一點之後，就可以對症下藥。憂鬱並不是非要看醫生不可，有時候只需要吃藥、戒酒，或是找個願意傾聽的人來聊一聊就可以。唯有第四種情況需要正確的具體治療。

哲學諮商由認識你自己開始

哲學諮商就是針對第四種情形——當前因素進行治療。這種諮商要由「認識你自己」開始，使用的方法叫作PEACE，中文可以翻譯為平安法（或是寧靜法）。PEACE本身是「平安」之意，而將這五個字母拆開之後，則又可以分別代表五個不同的意思：P是Problem（問題）；E是Emotion（情緒）；A是Analysis（分析）；C是Contemplation（沉思）；E是Equilibrium（均衡）。以下分別加以介紹：

（一）Problem（問題）：它與question有些不同。英文中常會使用到Q&A這樣的符號，代表了問題（question）與回答（answer）。由此可知，講到question，就會有一個answer，每個問題都有相對應的答案，找到答案後問題就不再存在。學校的考試就是一種Q&A的作答。

problem則沒有一個明確的答案，我有時將它翻譯為「難題」。problem往往與生活有關，所以牽涉的範圍較廣也較複雜，並且很難解決。

出現問題時，要先作客觀觀察，描述其「現象」，以求了解完整。我們不可能立刻就知道問題的本質，因此在面對問題時，首先要客觀地認清現象，了解它是怎麼一回事。

（二）Emotion（情緒）：問題要以建設性方式加以疏導，亦即不要訴諸有傷害性的「行動」，譬如，建議患者把情緒表達出來。一個人面對重大的困難時，最明顯的表達方式就是「哭」，藉由哭的方式把情緒表達出來。當他哭時，周圍的人會知道，這件事對他而言非常嚴重，因此會格外小心注意；相反的，如果不哭，別人就會覺得這件事情沒什麼大不了。

哭是一種情緒上的適當表達，哭出來比較不會做一些有傷害性的行動（傷害別人和傷害自己都包括在內），這就叫作建設性。

（三）Analysis（分析）：針對問題以及情緒，列出所有可能的解決方法，再加以評估。到目前為止的三個步驟，事實上是和心理治療並無差異。心理醫師也很擅長分析問題，但會將重點放在「從過去找原因」。自己作分析時，則可以參考過去類似的經驗、朋友的遭遇、電影或小說的情節等。

我在美國唸書時，每次碰到困難就會想：「我在台灣唸書的時候，也常遇到困難！可是只要半夜爬起來唸書，就不會有太大的問題了。」因此我在美國時，每天唸書都超過十二個小時。這就是參考自己過去類似的經驗：在台灣的求學經驗使我明白，有不順利的地方，只要願意努力就可以克服困難。因此，我現在唸書也能夠以同樣的方式來克服困難。

我們也可以從朋友的遭遇尋找經驗。譬如我在書中談到自己在美國求學的經驗，讀者看過以後，將來有一天如果去美國唸書，就可以參考這些經驗。碰到困難的時候，也可以想：「傅教授以前也曾遭遇過這些困難啊！」如此一來，就能夠對自己所面臨的困境比較釋懷。

此外，還可以從電影或小說的情節中尋找經驗。我們自身的遭遇是很有限的，並且一般而言可能也還算順遂。電影和小說則能夠呈現豐富的內容，其中的人物都會經歷特別的遭遇，而這些遭遇的確也反映了真實的生命。遭遇困境時，如果能夠看看電影或小說，就會發現自己的情況其實還不算太糟。

（四）Contemplation（沉思）：這一步是哲學諮商的關鍵。contemplation一般翻譯為「沉思」，它與meditation不太一樣。meditation屬於一種「冥想」，亦即遠離人群，獨自一人的默想。contemplation則是一種專注的思考，等於是沉浸在深刻的反省之中。

沉思意味著從事哲學省思（完整而根本的觀點）；亦即思考自己對生命品質的要求，自己的責任及價值觀等。換言之，沉思不是指毫無根據、自由自在地胡思亂想，這樣是無論如何都想不出一個所以然來的。我們要參考各派哲學家有意義的觀點，以此作為思考時的重要材料。

哲學諮商的意義就在於此。我們參考的是人類歷史上，最聰明並且最用功的這些人所建構出的，具有完整系統的理論。因此，若能夠將自己在特定時空中的個人遭遇，放置在某些哲學系統的脈絡之中，在理解時就會比較容易了。

（五）Equilibrium（均衡）：與balance稍異。一般將balance

翻譯為「平衡」，比較偏向於靜態，好像是保持平衡之後，不會再有任何變動；equilibrium則是動態的，是一種「動態的平衡」，因此翻譯為「均衡」。人生不可能是靜態的（昨日不同於今日；今日也不同於明日），因此要用equilibrium這個字來表達。

均衡是指：理解當前的狀況，並找出未來行動的契機，而保持一種動態的平衡。人生是一個不斷自我實現和自我超越的過程，而在經過PEACE五個步驟之後，我們將更了解自己，也更清楚知道自己該往哪裡走。生活中有思想成分，思想又能體現為生活。思想代表「我所知的」，生活則代表「我所行的」，此二者互相配合，就是「知行合一」。

哲學諮商的實例

透過對PEACE的解說，大體上可以了解哲學諮商的內涵。不過，可能有人會質疑：「關鍵在於第四個步驟，可是我對哲學的認識不夠多。那麼遇到問題發生時，我該如何尋找答案？」這是一般人容易有的顧慮。的確，在開始學習的時候，比較需要有一個懂哲學的人提供建議與引導。

在此就舉《柏拉圖靈丹》中的例子，來說明如何進行第四個步驟。

有一個在出版社擔任編輯寫作的上班族，辦公室的座位以隔屏互相隔開，每個人都有屬於自己的一小塊牆壁可以隨意布置。這個上班族喜歡高更（Gauguin）的「海灘裸女畫」，於是在牆上掛了一幅複製品。

辦公室的女同事們看到這幅畫，感覺很不舒服，於是紛紛向上級抗議，說這個人對她們性騷擾。最後老闆受不了每天聽到這些抗議，要求他把畫拿下來。這個上班族心理當然覺得不是滋味，他辯解說：「這裡本來就是可以讓我隨意布置的範圍！我只不過是掛上自己喜歡的畫而已，更何況還是一幅世界名畫，有什麼不妥？」老闆聽了之後說：「你畫不拿下來就辭職好了。」

這個上班族現在面臨了一個困境：為了工作，他必須把畫拿下來。然而，他卻深深感覺委屈。他認為自己受到不公平待遇，心中有受害的感覺，因此忿忿不平。在這種情況下，他找了一位哲學教授為他作諮商。這位哲學教授把諮商的過程分為兩個階段：第一，澄清概念；第二，提供對策。

首先，教授區分了「傷害」和「侮辱」這兩個概念。他指出：傷害是別人無緣無故加害於你（法律即是用來保障一個人不受傷害的）；侮辱則是別人因為你的某些行為，而對你產生不滿。由此可知，傷害通常是單方面的（一方加害另一方），而侮辱則往往是由雙方互動所產生的。譬如某個人無緣無故揍我一拳，這是傷害；然而，某個人隨便用一些話批評我，我聽了之後不予回應，於是他繼續批評，這即是侮辱。因為我的沉默等於是一種認同，讓對方能夠得寸進尺。

由此可知，一個人之所以會被侮辱，必然帶有某些自己的因素，因此，多少必須為自己的被侮辱負部分責任。以此為判準，就可以說明上述情況：「女同事之所以認為你性騷擾，是因為你掛裸女畫，因此你必須為這種指控負一些責任。相反的，如果你今天掛的是一幅普通風景畫，而女同事還是認為你性騷擾，那麼就是她們在傷害你了。」經過這麼一解釋，這位上班族也覺得言之有理。

接下來，教授又釐清了「性騷擾」的定義。目前社會上所認同的說法是：只要對方感覺到不舒服，就構成了性騷擾的要件。換言之，無論我們自己本身是有意或無意，只要讓別人感覺到不舒服，那就是性騷擾。如此一來，可以這樣對上班族說：「這些女同事之所以說你性騷擾，純粹是因為這幅畫讓她們產生不舒服的感覺，而非故意針對你或存心要整你。」

最後要釐清的是「公平」這個概念。事實上，這個世界自古以來就沒有所謂真正的公平，因為公平是一種經由評價所衍生的效果。幾乎沒有人會覺得自己受到了公平的待遇。

經過這位教授對於概念的澄清，這位上班族自然覺得豁然開朗許多。而概念澄清之後，還必須要有因應的方法，因此教授提供他一個對策：「將你喜歡的畫作列出十幅，然後請同事過目這十幅畫的照片，並且圈選個人可以接受的兩、三幅。最後把最多人接受的那幅畫掛起來，就不會產生問題了。」如此一來，兩全其美，皆大歡喜，這就是哲學諮商。

若換做是心理諮商，結果恐怕會大不相同。首先，心理諮商師可能問你：「小時候發生過哪些事？第一次看到裸體的女生是在什麼時候？」藉由這種方法，找出你喜歡掛裸女圖的原因。至於談到公平，心理諮商師可能會要你把曾經受過的待遇，一樣一樣地列出來，找出你之所以覺得不公平的原因。如此一來，根本對解決問題於事無補。

沉思的途徑

沉思有各種途徑，譬如可以針對特定問題，找一兩位哲學家的說法作為參考。每個人在生活中碰到的各式各樣問題，有可能是屬於知識上的、情感上的、意志上的、意義上的，或生死問題上的，因此必須針對特定問題，參考不同哲學家的說法。譬如我今天在情緒上受到委屈，心裡覺得難過，這時候就要想到史賓諾沙（Spinoza）所說的：「不要哭，不要笑，要理解。」或者，我對於是否要做好事感到矛盾，不知道為善的目的何在，這時候想想康德說的：「只問這件事情該不該做，而不問做了之後對我有什麼好處。」做我該做的事，就對得起自己的良心。如此一來會產生自我肯定，並進而知道何去何從。我們聽到這一類的話，自然會覺得頗有道理。這就是哲學諮商的操作模式。

由此可知，每個人要掌握一些重要的哲學觀念，因為這些觀念可以提供參考，讓我們針對特定難題加以整理及抒解。

除此之外，遇到難題時，也可以選一本哲學書來閱讀，這叫作書籍治療法。譬如閱讀《創造的勇氣》，掌握這本書的內容之後，就會知道「創造的力量在哪裡、如何欣賞藝術品、創造需要什麼條件……」。如此一來，生活就會因為增加這些豐富的觀念，而展現不同的面貌。

選擇哲學家時的重點

選擇哲學家作為參考時，需要注意下列幾點：

（一）是否合乎自己的性情：每個人天生都有價值觀上的傾向，那就是性情。譬如有些人實事求是、一板一眼；有些人則喜歡表現豪情壯志，做事的時候比較爽快。這是因為人人各有不同的性格傾向。

古今中外的哲學家為數眾多，各有各的理論架構，因此在選擇時，要問問自己比較傾向哪些哲學家。如果看了某位哲學家的說法，覺得於我心有戚戚焉，那就表示自己的性情偏向這位哲學家。如此一來，可以選擇他的相關著作來閱讀；反之，有些哲學家的理論，一看就覺得相當反感，因為讀起來不僅艱澀，而且難以理解。如此一來，就應該避開這位哲學家。

再者，這裡要強調一點，談人生哲學，主要是扣緊它應用的方面。有些哲學理論本身艱澀複雜，不是很好理解，但將它落實在實際生活層面時，卻又覺得合乎自己的需求。這是有可能的。

我們可以選擇兩、三位哲學家作為參酌，而其立場最好不要相差太多。許多哲學家的立場彼此迴異，甚至互相矛盾，譬如理性主義的笛卡兒和經驗主義的洛克（John Locke），此二者的立場完全不同。如果沒有通盤了解，只是斷章取義地從這兩位哲學家的著作中，各自摘出幾句話，最後難免會自相矛盾，而不知該如何自處。譬如笛卡兒主張人有天生觀念，而洛克主張人的心靈是一張白紙。

（二）是否可以帶領自己逐漸形成一套「生活哲學」，亦即合乎「經驗、理性、理想」三方面的考慮。選擇哲學家時，要考慮這位哲學家的理論是否能夠讓人了解，進而建構出一套自己的系統。譬如學習存在主義，會體認到人應該勇於抉擇自己的未來，但是這個未來與別人、與神明有何關係，則要一步步去深入探究。

（三）是否合乎自己在現實世界中的條件，並且可以提升自己走向更開放及更開闊的世界。譬如一個中國人，選擇學習儒家或道家，會比較容易理解及契合；相反的，如果堅持一定要學習蘇格拉底的理論，就必須先對希臘時代的背景（如希臘神話、希臘歷史等）有一定的了解，否則會因為現實條件差距太大，而在實踐上產生困難。

練習建構自己的哲學體系

從第一部「釐清自我的真相」一直談到現在，我們已經進行了一些反省，可以逐步練習建構自己的哲學體系。這一部分可以再具體說明如下。

建構體系可以從結構和發展這兩方面著手。我一再強調，人有

「身、心、靈」三個層面，這是依結構而言的。此外，人有「生、老、病、死」，或者就充滿活力的程度來看，人有「少年、青年、中年、老年」四個階段，這些則是依發展而言的。結構是靜態的，而發展是動態的，人的生命需要此二者互相配合，但理解時則要先分別加以認識。

在靜態結構方面的體系，以下將舉「柏拉圖的三不朽説」、「愛、情、性、欲」等例子作為參考；至於在動態發展的體系方面，則將以「印度教對生命階段的區分」、「不同季節的讀書方法」作為例子。

柏拉圖的三不朽

柏拉圖所謂的「三不朽」是指：生物性、社會性、心靈性。這與中國春秋時期所説的三不朽不同，春秋時期所謂的三不朽是指：立德、立功、立言。説實在的，這種説法缺少邏輯上的根據，一旦深究就會受到質疑。

「立功」是指要造福百姓，然而，不做官要怎麼立功？就算平常幫助別人，也稱不上是立功。由此可知，能夠立功的只有少數做官的人而已；「立言」代表要有好的言論留給後代，然而，對於那些沒機會接受教育的人而言，怎麼可能立言？由此可知，能夠立言的只有少數讀書人而已；至於「立德」，雖然是每個人都有可能實踐的，但光講立德會很辛苦。那麼這三不朽到底是對誰講的？它在人性上有什麼根據？更何況，這三不朽的基礎都在於社會，而每個社會都有消失的可能性，因此，只談「立德、立功、立言」未免稍嫌偏頗。

柏拉圖的三不朽則不是如此，它兼顧了身、心、靈三個層面：生物性屬於身的層面；社會性偏向心的層面；心靈性則是靈的層面。以下分別介紹：

（一）生物性：生養後代。人活在這個世界上，都會希望能夠生養後代，尤其是隨著年紀越來越大，這種渴求會越強烈。對大多數人而言，生孩子是一件令人歡喜的大事，因為這表示自己的生命可以向未來延續。這就是生物性的不朽。

然而，不要忘記，如果這樣叫作不朽，那麼所有動物都是不朽的，因為所有動物都會繁衍後代。因此，柏拉圖認為這種不朽是最基本的，不值得人類太過推崇，人類比較需要追求的是社會性和心靈性的不朽。

（二）社會性：爭取榮譽。這種不朽比較偏向心的層面。事實上，前面所講的立功、立言、立德，就是屬於這個領域。所謂「人死留名，豹死留皮」，人要能夠讓後代知道自己的名聲偉業。然而這還不夠好，因為這部分是以人群、社會作為基礎，而這些是有可能在未來消失的。因此，還要追求心靈性的不朽。

（三）心靈性：覺悟理型。柏拉圖所謂的理型是一種永恆的、真實的存在。人活在這個世界上，因為有身體，所以必須用感官去認識外在事物。感官認識所掌握到的部分是充滿變化的，因此不屬於真實的存在。真實的存在必須靠理性去掌握、用心靈的力量去了解。這等於是提醒我們，一個人應該走向心靈的層面，去追求永恆的、真正的不朽。

總的來說，生物性屬於身的層面，因此一般動物皆位於這個層面；社會性偏向心的層面，表示要在人群中建立好的名聲，如此才會活得實在；心靈性則屬於靈的層面，這是需要自己負責的。每個人要讓自我不斷提升，以致最後覺悟理型。覺悟了理型，就表示已經達到一種圓滿的狀態。柏拉圖認為人生的終極目的就在於了解理型的層次，因為一旦了解理型層次，生命就有了真正的基礎，不會再有失落感或幻滅感了。

對「愛、情、性、欲」的看法

這部分也和身、心、靈的架構有關。欲是生命能量或活力，它展現於身，稱為性；展現於心，稱為情；展現於靈，才是愛。

只要有生命一定有欲望，因為沒有欲望，就沒有活下去的動力。欲望表現在身的層面，稱為「性」。我們常可以發現，許多人在一起純粹只有身體方面的互動，稱作「兩性關係」。這種關係並不值得羨慕，因為其他生物也有。

欲表現在心的層面，則稱為「情」。我們常說「見面三分情」，從血緣、地緣，到親情、友情、社會之情、國家之情、人類之情等，都包含在情的範圍之內。看到九一一事件發生時，會對受難者「心生同情」，就是因為我們有「心」，所以會產生同情之感。

光有情是不夠的，還要有愛。愛是欲望在靈的層面的展現，換言之，真正的愛是兩個人在心靈上有一種溝通與默契。有時候我們在遣詞用字上比較鬆散，因此容易造成混淆。譬如父母對子女是愛；朋友之間也是愛（*友愛*）；男女之間更是愛（*愛情*）。然而，如果嚴格要求用語，就必須讓愛局限在靈的層面。

愛本身並非孤單的，它可以落實下來，涵蓋情和性的層次。換言之，愛、情、性是可以合在一起的。情和性最好以愛作為基礎、作為定位，因為它是心靈方面的互動。相隔兩地會導致情感上無法充分溝通，甚至在性方面毫無往來，但是卻無損於愛的存在；相反的，如果把性在放第一位，以性作為定位，雖然長久下來也可能會產生情和愛，但是基礎卻很薄弱。如此一來，若有一天在性方面出了問題，這個愛就會立刻瓦解。

把身、心、靈的架構放在生命力來表現時，產生出了性、情、愛三個部分，我們可以利用這組概念解釋現今社會上的現象，譬如一夜情的問題。如果只是談論「贊不贊成一夜情？」那根本是毫無意義的，因為它不能被理解。我們首先應該問：「一夜情是什麼？」一問之下會發現，「一夜情」這個名稱根本是誤用，應該改為「一夜性」。這就是澄清概念。這種行為沒有資格被稱作情，因為它並沒有用到心，而純粹是身體方面的互動。

釐清概念之後，就知道如何去評價它。譬如可以說：「我認為人是完整的，不應該只有身的方面。」如此一來問題就解決了，至於贊不贊成，則交由個人去判斷，因為我們不能勉強別人認同我們的主張。站在哲學的層面，我們只希望概念能夠得到澄清，不要利用各種名目作為藉口，以致於混淆了所有的價值。

印度教對生命階段的區分

印度教以為人生應該分為學徒期、家居期、林棲期、雲遊期，亦即走向尋求自我的生命意義。這是根據動態發展所作的區分。

學徒期是從八歲到二十歲，此時期必須到老師家學習做人處世的道理、專業知識，以及謀生技能；家居期是從二十歲到四十歲，此時開始結婚生子、謀生度日、生養子女；林棲期是從四十歲到六十歲，此時子女已經另組新家庭，因此不需再背負家庭的壓力，而能夠到樹林深處居住；最後一個階段是雲遊期，此時期從六十歲開始，已經對人生道理有所覺悟，因此開始雲遊四方、四海為家[33]。

印度人由於深受宗教的影響，因此能夠有計畫地掌握人的一生，生命發展的過程就不會顯得毫無秩序而漫無目的。

㉝ 此部分詳細內容，請參考第四部第五章「靈的修練：以印度教為例」部分。

不同季節的讀書方法

每個人可以依照少年、青年、中年、老年不同階段，以及春、夏、秋、冬不同季節，而選擇唸不同的書[34]。換句話說，生涯規劃與人類生命自然發展的階段是可以互相配合的，不應該僅僅只是把生涯規劃放在社會成就上。如果生涯規劃完全著眼於社會上的表現，就會太過執著，汲汲於外在的功名利祿。

事實上，對外在的社會成就最好能夠抱持隨緣的態度。有機會施展抱負時，盡其所能作最大的發揮；若是沒有這樣的機會，也不需要過於執著，不妨往其他方面發展。只要是做自己能力所及的事，都可以貢獻一己之力，服務人群。

簡介孔子的價值觀

學習孔子的價值觀

孔子的價值觀同樣可以和身、心、靈的架構相互對應：自我中心在於身；人我互動在於心；超越自我要靠靈。

讀過《論語》會發現，孔子的思想事實上就包含了身、心、靈三個層次。《論語》中所謂的「血氣」這個詞，其實就是在講身。身的方面無論在年輕、中年、老年的時期，都容易出問題，所以要說「君子有三戒」；心的方面則是要唸書、要聽音樂、要與人往來、有社會生活等。這些都是《論語》中一再強調的部分。然而，

[34] 請參考傅佩榮所著《不同季節的讀書方法》，九歌出版，1996年。

光只有心還是會產生問題，因此要再往上講到靈。

孔子所說的「仁」，其實便與靈有關。事實上，「仁」這個字的內涵甚至比靈還更精采，因為靈只是人類生命結構的一種狀態，「仁」卻代表著力量，也就是把靈的狀態表現出來的力量。我常用「向善」、「擇善」、「止於至善」來形容孔子所謂的仁，這就表現出了一種生命的方向；若只是說靈，則似乎還未能掌握到明確的方向。

孔子認為人生要以「仁」作為目標，便是要往靈的方向提升，由此可以談到孔子的價值觀。

孔子的價值觀具備兩點特色：一是基於人性論，可依人之性而發展，往上提升；二是形成完整體系，以自我為行動主體，以群體與社會為行動領域。

基於人性論

孔子的人性論所肯定的是人性「向善」。然而，心的三種潛能是求真（知）、向善（意）、審美（情）。那麼，若只談論人性向善，則人類求真與審美的潛能該如何安排？事實上，孔子固然主張人性向善，但他並不排除求真與審美，更沒有忽略信仰方面的價值。

一個哲學家要建構完整的理論體系，必須要有一個核心思想，否則將毫無立場可言。因此，即使面對眾多選項，哲學家還是必須勇敢地作出抉擇。在面對真、善、美三種價值時，孔子選擇了善作為最重要的價值。他之所以這樣選擇，自然有其經驗與理論上的依據。

對儒家而言，人的生命是父母所賜予的，每個人都是在家庭中成長，並且不能離開社會。這是所謂「人與人之間適當的關係」，稱之為善。若是強調每個人天生都必須求知，則會產生很大的問題，因為不是每個人都有機會受教育。許多人沒有機會求知，終其一生都是文盲，對於科技的進步也感覺遙不可及。試問，這種人如何可能求真？然而，儘管他們無法求真，卻照樣能夠憑良心過生活，做一個堂堂正正的人，保有自己的尊嚴。這就是因為人性向善。

再談到審美。雖然每個人都可以欣賞美的事物，但是這種審美是非常主觀的，因為美必然與「感覺」有關。因此，如果說：「每個人要憑自己的感覺追求愉快的事物。」這等於什麼都沒說。既然每個人都憑感覺為之，我們又憑什麼去評斷別人對美醜的選擇？

由上可知，只有善是每個人都必須面對的，因為人性是向善的。掌握這一點，就可以知道：無論是求真或是審美，都要以行善作為基礎。譬如我們不斷地求知，是因為知識可以幫助人行善。審美亦同，我們與別人的關係要先穩定下來，然後再去行審美之實，創作美好的藝術品供大家欣賞。如此一來就能夠使社會關係更穩定也更和諧。

形成完整的體系

孔子的價值觀有一個完整的層級體系，以自我為行動主體，以群體為行動領域。其基本架構由下而上分別是：自我中心、人我互動、超越自我。以下即針對此三部分加以介紹：

（一）自我中心。此階段著重於身的層面，包含身的生存與發展。生存就是要活下去；發展則是要得到名利富貴。由此可知，身並非只是身體上的吃飽喝足而已，還包括了在這個社會上所進行的活動，以及由此帶來的具體成就，如升官發財等。這些都屬於身的範圍。

（二）人我互動。此即社會性，著重於心的層面，包含了禮法與情義兩種價值。禮與法皆會對人的行為產生規範作用，這也就是說，與別人相處的時候，要追求一種適當的法律規範，至少不能違法。其次，是所謂的「富而好禮」，有了錢之後，要更懂得遵守禮儀規範，因為禮儀能使生命更顯得優雅。

禮法畢竟屬於規範性質，是比較消極的。就積極面而言，與人相處應該有情有義。有情有義需要具備兩個條件：第一，必須在與人互動中產生；第二，必然願意做出某種犧牲。譬如我有情有義，所以願意出錢出力，幫助親友。如果嘴裡說自己有情有義，行為上卻毫無表現，整天無所事事，那不是自欺欺人嗎？由此可知，有情有義是在與人互動中表現出善的行為。我們要讓自己的行為合乎善的要求，因為這種要求本身就是一種對自我人性的完成。

（三）超越自我。這是屬於靈的層面，表現在無私與至善之中。無私就是沒有私心、不為自己考慮、不計較個人利益等。一個人如果無私，會對人類有一種普遍的關懷，因此能夠不分親疏遠近，對所有人一視同仁，給予相同的助益。如果做一件善事時，還會想到對方與自己的關係，那就表示有私心。相反的，如果完全不求回報，甚至讓對方根本沒有機會回報（譬如不知是誰做的），那就是完全的無私了。

至善是儒家的最高理想，以孔子的話來說是：「老者安之，朋友信之，少者懷之。」（論語・公冶長）一個人活在世界上，最終就是希望達到這種境界。要達到這種境界，則必須在立定志向後努力實踐，以求能夠「知行合一」。

我們必須從身到心，從心到靈，再由靈「整合」與「引導」人生！

第四部

走向智慧的高峰

前言

現代社會的發展趨勢，是從允許到鼓勵個人自我意識的抬頭，推到極點，個人擁有高度的自由，也陷入深刻的不安，因為「提劍四顧心茫茫」── 沒有明確的對手之後，接著要對付的竟然是自己的安頓問題。

所謂的「安頓問題」，又是怎麼回事呢？人這種「問題」，嚴格說來，應該稱為「奧祕」，因為任何問題都是在找到標準答案之後就歸檔了，而奧祕則是描述人生「永遠處於問題之中」；其次，人的「安頓」並非依賴某種一勞永逸的方法，好像只要找對門路，就可以消煩去憂，從此過著快樂的日子。換言之，人所面對的，是如何理解與如何建構完整的人生。專家已經指出：本世紀是心靈的世紀，說得清楚一些，它所加給每一個人的挑戰是：如何由心走向靈，藉此展現全方位的人生，並且達成人生的目的。

哲學以「愛好智慧」為標竿，具體作為是：在完整而根本的觀照之下，把握自己的每一步選擇，譬如在覺悟了「身心靈」的生命架構之後，接著就須調整心智能量，一方面妥善安排身體的活動，另一方面積極進行靈性的修練。只有身、心、靈這三者協調定位，朝著一致的方向前進，人生才有抵達圓滿的可能。在肯定靈性是唯一的方向時，顯然必須提供充分的說明。以下分四點稍加闡述靈性修養的作用。

首先，身心活動由此獲得意義。人靠著身心活動，即使贏得了世間的名利權位，加上豐富知識、廣結善緣、卓越人格，最後還是必須自問：這一切是為了什麼？耶穌說：「人若賺得了全世界，卻失去自己的靈魂，又有什麼好處？」宗教家的警語，提醒我們：如果死亡結束一切，人生豈非南柯一夢？當然，靈性不是由人「發明」的，而是讓人「發現」的。只要察覺身心活動的極限，靈性的作用就蓄勢待發了。

其次，潛意識的情結可以由此化解。人與人相處時，靈性不像身體之互不相容，也不像心智只有某種程度的相容；它可以超越身體的界線，打破心智的隔閡，與所有人的靈性相融為一個整體。換言之，靈性修養使人不再斤斤計較他從小在潛意識中所留下的情結，也不再受限於他意識中清楚分辨的人我關係，而是可以助他走上單純而統一的「人」的領域，純由人來看人，孕生手足同胞、生命共同體的感受。

第三，命運可以由此轉化為使命。命運是一個人的既定條件，有如鎖鏈一般。「性格即是命運」一語，若是從字面看來，難免讓人灰心喪志，但是，關鍵在於：性格可以改變嗎？命運可以調整嗎？只要有靈性修練的工夫，這兩個問題的答案都是肯定的。然後，展現出來的將是人的使命。使命是一個人自覺而主動的選擇，在如此選擇時，命運的魔掌迅速轉化為推手，人生的前景也將豁然開朗。

最後，靈性修練使人在宗教信仰上可以自在無礙。信仰是指人與神明之間的關係而言，但是神明存在嗎？神明的存在無法被證明，但其作用卻不能被忽視。譬如若無神明，我們能夠理解世間的痛苦、罪惡、死亡嗎？能夠理解這個有起始也有終局的宇宙嗎？神明代表靈性的本源，而我們每個人身上皆有靈性的種子，這兩者在本質上是相通的與相同的。宗教所謳歌嚮往的解脫、覺悟、得救、福報，都以這種信念為其基礎。

以上四點有關靈修作用的描述，在人的生命歷程中未必可以立即全盤呈現，我們也不必急著去接受或否定。愛好智慧的第一步，是保持開放的心胸與態度，先作認真而客觀的理解，再由自己的具體遭遇中設法親切體驗。在尚未攀上頂峰時，先不要否定任何可能性。為了充分說明身心靈的整合性以及靈的重要性，我在第四部特別針對「靈」的主題，把自己多年閱讀相關資料的心得，整理為一個系統。我的淺見是：如果不談靈性境界，人的智慧將如無源之水，始終局限於相對而倏忽生滅的世界中。如果打開這一扇窗，所看到的不只是新天新地，還是自己身上的新生命。

第一章

如何理解「靈」的世界

忘我這種成分，不論多麼微量，是每一個真實的象徵與神話之重要部分；因為我們如果真實地參與象徵或神話，那麼在那一刻就會被「帶離」及「超越」我們自己。——《創造的勇氣》

「忘我」就是「忘了我自己」，是在宗教儀式中可能出現的狀態。當一個人處於這種狀態時，會感覺到自己不再有分裂的痛苦，而能夠與宇宙萬物合而為一。象徵和神話的作用就是要帶領我們進入忘我的境界，也就是進入靈的世界。

一個人即使身體健康、心智正常，學業、事業、家庭的發展一切順利，仍然會覺得不夠完整，因此還需要具備充分條件。「靈」就是人的充分條件，一個人如果不接觸靈的世界，最後會發現這一生都沒有意義，亦即無法被充分理解。

靈的問題很難用語言完整表達，並且在解釋時難免會涉及宗教，所以一般人往往避免去討論。在本書的脈絡中，談到靈的問題，必須植基於身、心、靈的架構。從身到心到靈，越往上走越無法成為感覺的對象，靈的層次則完全無法靠感官掌握，因為它是不可見的。然而，不可見並不代表不存在。

每個人都是由父母所生而存在於這個世界上，那麼在父母生出我們之前，我們是否存在呢？如果相信死後還有靈魂存在，那麼似乎出生之前靈魂也應該存在。許多人的確抱持這種觀點：將此生視為一個階段，這個階段結束後還會有下一個階段，如此循環不已。這就是輪迴的概念。

如果相信靈魂存在，必須再問：「死去的人的靈魂處於什麼樣的狀態？我們尚未出生前的靈魂又是如何？」這一類問題很難回答，但每個人都有尋求解答的願望。許多人選擇信仰宗教，就是因為宗教對靈的問題提供明確的解釋，對靈魂的來來去去也都有清楚的交代。

現在要從哲學的角度探討靈的問題，因此必須從理性出發，以經驗作為材料，設法歸結出一個合理的解釋。當然，我們必須承認，用理性解釋經驗的時候，會遇到一些無法解決的困難，因此必須保持開放的心態。

哲學是一門愛好智慧的學問，愛好智慧就是一種「尚未達成」的追求。人生的過程也是一種「尚未達成」的追求，每個人的一生都是在追求的狀態中，而這個追求有時候會因為身體抵達了界限而被迫中止（如生病、死亡）。那麼我們可以詢問：「如果追求卻達不到目的，那麼這個追求有意義嗎？如果永遠無法達到目的，那又為什麼一定要去追求？」

我們進而省思，若達到了目的又是一種什麼樣的情況：在美國九一一事件中，恐怖份子基於宗教信仰而自殺、殺人。在他們的信仰中，這種行為是一種為神犧牲生命的殉道精神，因此能夠得到升天的保證。然而，那些無辜慘死的三千多人的性命又算什麼？他們豈不是成為這些恐怖份子達成目的的工具？如果這種手段被認可，那麼每個人是否都可以犧牲別人來成就自己想要達到的永恆？並且，既然可以把別人當作工具，那麼自己也有可能變成別人的工具！當我們被當成工具的時候，追求還有沒有目的？還有沒有意義？一切努力是否就變成毫無價值可言？既然如此，為什麼還要活著？

以上這些問題都與靈的層面有關，思考這些問題的時候，必須借助哲學，因為只有哲學能將宗教狂熱的情緒加以昇華與轉化，並且進行更深入的探討。由此可知，靈的問題確實相當重要，而如何思考這個問題才不會產生後遺症，則是一個很大的挑戰！

個人生命的結構

思考靈的第一個步驟，就是要了解人的生命結構。人的生命結構分為身、心、靈三個部分，這三個部分結合成為一個完整的人，但必須先將它區分，才比較容易掌握各自的特色。

身包括社會上的成就

身指的是自然成長的形體，以及由本能需求而獲取的世間成就。換言之，身不只是身體上的吃飽喝足，還包括了一個人在社會上努力得到的成就，譬如當大官、做大事、賺大錢等，因為這些都是有形可見的成果，是人類身體及其能力的延伸。經由身體努力所獲致的一切都是可以量化的，亦即可以用物質的角度來衡量。

心可以朝身心靈發展

心是由知、情、意三種潛能所組成的，是人的生命活動中樞，可以分別朝向身、心、靈三個方向發展。若發展方向為身，則執著於「有形可見之物」；若發展方向為心，則執著於「自身」；若發展方向為靈，則有成長及超越之可能性。以下即針對這三個方向分別加以說明：

（一）發展方向為身：如果心是朝向身體的成就去發展，會執著於「有形可見之物」。世界上大多數的人都是朝這個方向走，想要追求有形可見的成就。然而，這種成就無論擁有再多，最後都會讓人感到虛幻，因為有形可見的成就很容易變質、失落，它與人類內心真正的要求是有距離的。

舉例來說，如果一個人原本擁有很大的權力，當他過了權力的高峰期，必須把權力交付出去時，一定會覺得很難受、很空虛。事實上，權力本來就是可得可失的，就算現在擁有權力，將來總有一天也會失去。換言之，權力不可能真正屬於某個人，然而一般人總是要在失去以後才會了解這個道理。說得更坦白些，其實是人被權力所掌控，而不是人在掌控權力。

凡是「有形可見」的東西，必然是外在的、大家都可以看到的。以外在的東西作為目標，就等於向外追逐。這種外在的成就無論多高，都是可以被衡量的。既然可以被衡量，就必然有其限制，而無法使心感到圓滿。

（二）發展方向為心：若朝心發展，則會執著於「自身」。執著於自身的情況有兩種：一是追求無窮的發展；一是想在變動中找到不變。此部分可以分為知、情、意三方面來探討。

首先看到「知」的方面。一個科學家如果畢生致力於追求科學知識，每天都在實驗室裡做研究，看起來似乎是一件了不起的事。然而，這樣到最後可能變成擁有豐富的知識理論，卻忽略了實際生活的層面，反而成為一個生活白痴。這就是一種追求無窮發展所造成的執著。

其次看到「情」的層面。情感是一種藉由溝通、互動而產生共鳴的狀態，因此在本質上是好的。然而，一個人若是過於重視情感，很容易陷入情感的執著。以親情為例，父母因為愛自己的子女，希望他們在各方面都能夠勝過別人。然而，如果因此而希望別人的孩子考試考不好，以突顯出自己孩子比較優秀，那就是過於執著。這個愛反而形成了一種苦。

執著於情感本身，就等於是要求一個變化的東西不變，這是不可能也不合理的，到最後一定會失望。我們的心是不斷在變化的，譬如每天早上起床後就想看看報紙，希望知道今天發生了什麼事情。這就反映了心的變化性。

執著於情感也可能會去追求無窮的發展，就好像有些人因為擁有豐富的情感，於是非常濫情或處處留情。其實這些人本身的心地可能很好，也不是故意要這樣做，只是因為他把自己生命的能量都放在情感上面，由此造成這種結果。

有些人則把執著放在「意」的層面，全心堅信意志，叔本華（Schopenhauer, 1788-1860）和尼采（Nietzsche, 1844-1900）就是這樣的人。他們對於意志如此重視，以致於幾乎覺得生命是一個負荷。對尼采和叔本華而言，活著本身就是一種苦，因為活著就有欲望，而欲望是一種缺乏狀態。換言之，活著就是處於缺乏的狀態之中，永遠無法得到滿足。

由上述可知，若讓心往知、情、意三方面發展，最終還是會失望。因為人的生命是有限的，不可能用有限的生命去追求無窮的發展，無論對知識、情感或意志而言都是如此。

然而，心還是必須有一個遵循的方向，因為心是一種能動的狀態，隨時都在變化。心若是沒有了方向，就會變得很被動，等於是外界一有刺激，心馬上受到影響並產生反應。如此一來，人的生命將習慣受直覺的刺激所擺布。想要化解這種情況，必須尋找一個正確的方向，而這個方向就是「靈」。

（三）發展方向為靈：靈是比心更高的層面，它可以讓人的生命有統合的機會。人的生命往往是分散的，譬如我們的身體不停地出現在各種空間，而注意力也隨之分散，到最後甚至不知自己身在何處；或者，在不同時間做不同的事、扮演不同的角色，結果連自己是誰都搞糊塗了。這些都是缺乏統合所造成的結果。

如果心所追求的方向是靈，情況將大不相同，因為靈是一種統合的力量，可以提供一個明確的焦點。如果以靈作為方向，就會感覺自身的能量不再互相衝突、互相矛盾，而能夠有所集中。只要能量一集中，將產生一種強勁而穩定的力量。如此一來，不論發生任何事情，都能夠看得比較遠也比較透徹，並且對自己的生命有一個完整的觀點。

靈可透過知情意接觸

靈可以透過很多方式去接觸。心的潛能有知、情、意三種，而這三種都能夠帶領我們往上走到靈的層次。以下分別就此三部分說明：

（一）透過知接觸靈：若想透過知來接觸靈，可以多學習人文方面的素材，譬如藝術、文學、宗教、哲學等方面的知識。通過這些學科，可以了解一些藝術家、文學家、宗教家、哲學家的觀點和體驗，並且以此對照自己的經驗。譬如我們可以想：「當我遇到類似的處境或狀況，是否有勇氣去面對？又該如何面對？」在這種思考及想像的過程中，自然就會與靈發生接觸，並且能夠保持互動的關係。

自然科學的知識無法使人接觸到靈，有時候學得越多、分得越細，到最後陷於迷惑而失去方向。科學知識無法引領人思考生命意義的問題，所以雖然許多科學家擁有豐富的知識，但無法說明「人」的生命有何價值。譬如科學家面對複製人的課題時，所想的是：「複製人的成功是科學的一大進步，也是人類了不起的成就。」因此他們致力於讓複製技術日臻完美。然而，卻不會考慮到複製人可能產生的社會及倫理問題，譬如複製人是否會有後遺症、人類社會是否能夠接受複製人的存在等。換言之，科學家只想到要求真，卻忽略了其他方面。

事實上，科學針對的本來就是有形可見的物質世界，亦即「身」這一部分。所以，身體生病時，必須找醫生治療，但是心理上的困境卻不見得是醫生能夠治療的，因為心理問題相當複雜，牽涉到的層面很廣。有些心理醫生指出：「一個人會有心理疾病，往往是因為靈出了問題。」簡單說來，就是太少與自己的靈接觸。

一個人如果沒有向內去接觸自己的靈，即便身心運作正常，仍然會出現狀況，因為沒有和靈接觸，注意力將分散於外在事物中。而外在事物是不斷在變化的，如果處在這種變化中，又缺少了靈的統合力量，最後就會把持不住。如此一來，很容易造成精神分裂的情況。

（二）透過情接觸靈：雖然許多時候，人們關注的焦點局限在周遭認識的人身上，但有時候，我們發現自己也會對陌生人的遭遇產生同情心。甚至連看到動物受傷，也會覺得不忍。在同情的那一剎那，我們的生命和其他人的生命，甚至動物的生命是相通的。

要從情感走向靈的方向比較容易，很多人沒有機會接受教育，但靈性卻發展得很好，這就是因為他們把情感不斷推廣出去，而有著所謂「慈悲為懷」的胸襟。一個人如果慈悲為懷，就連看到草木被風吹倒，心裡都會覺得有點難過、有點遺憾，他所感觸的其實不只是這些草木本身，而是對宇宙萬物普遍的情感。這種普遍情感的基礎，也就是靈。

（三）透過意接觸靈：意是一種追求、一種「要」，然而，真正的「要」是能夠做到「不要」。如果能夠把「要」翻轉為「不要」，將會感覺生命沒有了遮蔽，因為「要」是占有，「不要」則是不占有。能夠不占有，就會發現自己其實什麼都不缺。這就好像「臥虎藏龍」電影中李慕白所說的：「把手握緊，裡面什麼也沒有；把手放開，你得到的是一切！」這句話很有道理。

靈決定一個人的快樂

我之所以特別提到靈的問題，是因為看到榮格（C.G. Jung, 1875-1961）所說的一句話：「有些人身體健康，心智正常，但是卻不快樂！」榮格是有名的心理醫生，請他看病的人大都是上層社會有地位、有權力、有學問的人。經過幾十年治療病患的經驗，他所歸納出的心得就是這句話。

這句話非常扼要，也反映了我們活得不快樂的原因。許多人以為健康就是一切，因此努力健身與保養，但是不見得真正感受到快樂；有些人接受高等教育、唸過很多書、接受藝術的薰陶等，卻也不一定快樂。榮格提出了這句話，正好讓我們了解：一個人要快樂，不能夠只有身體健康、心智正常，還需要第三個條件，也就是靈。

這裡所說的快樂並不是感官方面的快樂（譬如吃飽喝足所以快樂），而是一種真正的快樂，一種像回到家一般的感覺。人活在世界上，本來不可能有回家的感覺，因為這個世界是動盪不安、變化無常的，永遠不知道下一刻會發生什麼事。正是因為如此，人會對生命缺乏安全感。我們處在一個不安全的世界裡，內心卻能夠充分地感受到安全，這就是快樂了。換言之，真正的快樂不在於得到了什麼，而在於感覺到生命的此刻好像與永恆接上關係。如此一來，就不會再有危機感，也不會覺得憂慮了。

這個世界上，的確有人可以達到身心靈都安頓的境界，這樣的人以宗教界人士居多。這種人通常都是慈眉善目，不像一般人容易把喜怒哀樂表現在臉上。這是因為他們明白一切皆有定數，因此不管發生任何事情，都不會驚訝、慌張、害怕。能夠做到這一點，是因為他們一直與靈保持著密切的關係。

理解「靈」的「三合一」路線

這一部分很難說得清楚，但又非說清楚不可，否則稍後討論靈的問題時，很容易產生誤解。譬如有些人喜歡問「靈在哪裡？」言下之意，好像靈是一個物體，占有某個空間；或者，要求我們以抽象概念來解析靈的作用。以這種方式來探討靈，無異於緣木求魚。

談論有關靈的問題時，所能把握的只有功能性、關係性與象徵性。這就是靈的三合一路線。

靈的功能性

談論靈（上帝、鬼神，以及人的靈魂）的時候，只可依其功能而不可依其實體來理解。與功能性相對的就是實體性，如果靈有實體性，那麼我們要問：「靈在哪裡？靈長得什麼樣子？如何才能掌握住靈？」由此可知，實體性是指可以看得到、摸得到的。杯子是一個實體，所以我們可以看到及摸到杯子，還可以用它來喝水。然而，靈不具有實體性，它是看不到也摸不到的，既然如此，如何知道靈的存在？這必須從靈的功能性來看。

人對實體的掌握，往往是從感官認知開始。然而，許多東西是無法用感官掌握的。譬如我說：「張三很勇敢。」可是勇敢是什麼？勇敢看不到也摸不到，但我們卻能夠分辨出一個人勇敢與否。事實上，只要是屬於人格特質的部分（如謙虛、虔誠、善良等），都是看不到也無法證明的，但它卻能夠讓人有所辨別，這就是因為這些特質具有功能性。由此可知，功能性是一種由精神所產生的力量，而這種力量的存在可以使人感受到差異。

為了說明功能性的意涵，我在此處引用兩段中國古代的資料。在這些資料中，可以看到兩、三千年以來，中國人如何思考關於鬼神的問題（亦即靈的問題）。透過這些資料，也能夠讓大家對靈的功能性有更深的了解。

首先引用的是《禮記．祭義》中的一段話，所談論的就是鬼神的作用或功能性：

宰我曰，吾聞鬼神之名，而不知其所謂。子曰：氣也者，神之盛也；魄也者，鬼之盛也；合鬼與神，教之至也。眾生必死，死必歸土：此之謂鬼。骨肉斃於下，陰為野土；其氣發揚於上，為昭明，焄蒿，悽愴，此百物之精也，神之著也。因物之精，制為之極，明命鬼神，以為黔首則。百眾以畏，萬民以服。

白話文的翻譯如下。宰我說：我聽說了鬼神這樣的名稱，但卻不知道它們的含意。孔子說：所謂氣，是指神的充實偉大；所謂魄，是指鬼的充實盛大❶；合鬼與神來說，則是教化的最佳方法❷。凡是有生命之物都一定會死，死後必歸於土，這便是鬼。骨肉在地下腐化，變成野土；但它的氣卻發揚於上，成為活動的光景、氣味與使人傷痛難過的東西，那就是生物的精靈（亦即精華）變成可以看見的神❸。依照宇宙萬物的精靈，將其制定為最高的原則，明白地稱之為鬼神，以便作為百姓崇拜的對象❹。如此一來，四方萬民就會敬畏與服從了。

接下來引用的資料出自於《中庸》的第十六章：

> 子曰，鬼神之為德，其盛矣乎，視之而弗見，聽之而弗聞，體物而不可遺。使天下之人，齊明盛服，以承祭祀。洋洋乎如在其上，如在其左右。詩曰：神之格思，不可度思，矧可射思。夫微之顯，誠之不可揜，如此夫。

白話文的翻譯如下。孔子說：鬼神所起的作用，真是盛大啊！看卻看不見，聽卻聽不到，但是它們在萬物中無所不在。它們使天

---

❶ 氣意味著「所有變化最後的基礎」；魄則是「具體的身體」。神最大的表現在氣，而鬼最大的表現則在魄。

❷ 人終究會死，因此我們若以社會上的具體成就來教育小孩（譬如好好唸書將來就會考上大學），是起不了太大作用的。相反的，如果我們告訴小孩：「這世界上有鬼神，所以你要做好事，不然鬼神會來找你喔！」如此一來，小孩就會因為敬畏鬼神而不敢做壞事。

❸ 到此為止的一整段，都是在說明神與鬼的不同。

❹ 這是在說明，我們要讓百姓過正常的生活，就必須讓他們知道生死的道理。亦即，人死了之後會變成鬼神，而鬼神是有規範作用的，因此百姓可以將其拿來作為教化的原則。

下所有的人齋戒、潔淨，穿上莊重的服裝，進行祭祀活動[5]。祭祀時，彷彿鬼神充滿在人們的頭上，在人們的左右。詩經說：「神的來臨，不可猜測，人怎能懈怠呢？」隱微的將會顯揚[6]，真誠是不可掩蔽、壓制的，正是這樣的情況啊！

這段話主要是在說明：一個人如果真誠，就會發現到處都有鬼神。並且，由於鬼神的來臨及出現是不可猜測的，因此我們這一生不可以隨隨便便地浪費生命。這與上一段話都是在說明鬼神的功能。

靈的關係性

關係性是指：「靈」不可被孤立地解釋，必定涉及「對誰」、「與誰」的關係，若沒有關係則無法運作。這也就是說，靈的顯現必然有其針對性，心電感應即是如此，此處以孝子曾參的故事為例：曾參是一個孝順的人，有一天他到山中砍柴時，家裡忽然來了幾位客人。當時家中只有曾參的母親一人，招呼不來這些朋友，因此希望曾參趕緊回家。母親情急之下，咬破自己的手指頭，想試試曾參是否會有感應。此時在山中砍柴的曾參突然手上感覺一陣劇痛，感應察覺家中有事便馬上趕回去了。

為什麼曾參的母親咬破手指會讓曾參感到疼痛，卻不會讓其他人感到疼痛？這就是關係性——因為母子關係而能夠有所感應。換言之，心電感應是一種發散出來的心靈電波，只有與發散者相關的人才會接收到，而相關的人要接收到訊息，也必須他本身有適當的準備。

---

❺ 此部分即是在說明鬼神的作用。

❻ 這是在說明，人生許多看似細微的變化，其實是非常明顯的，只是我們沒有發現而已。

有時候很多人聚在一起，忽然來了一個靈，可是只有其中一個人能夠感應到，是因為這個人與此靈有關係性：或許是這個人的思考與靈相關，也或許是這個人正好處在某種狀態，比較容易與靈接觸。因此當靈一出現，馬上被他感應到。我們有時候會說，一個人比較容易撞到鬼，是因為八字較輕或陰氣較重，其實這些也是關係性的另一種說法。由此可知，若是沒有關係性，根本顯不出靈所產生的功能。

此處要再引用《禮記・祭義》中的一段話。其中說明了齋戒及祭祀時該做什麼準備，才能夠讓關係被展現出來：

> 致齊於內，散齊於外。齊之日，思其居處，思其笑語，思其志意，思其所樂，思其所嗜。齊三日，乃見其所為齊者。祭之日，入室，僾然必有見乎其位，周還出戶，肅然必有聞乎其容聲，出戶而聽，愾然必有聞乎其嘆息之聲。是故，先王之為孝也，色不忘乎目，聲不絕於耳，心志嗜欲不忘乎心。致愛則存，致則著。著存不忘乎心，夫安得不敬乎？

白話文的翻譯如下。致齋三日，居於內；散齋七日，居於外[7]。致齋時，要時時想念死者生前的起居、笑語、意向，以及他喜歡及嗜好的東西[8]。如此三天之後，才能把所要祭的親人影像，活現在心裡。祭祀之日，進到安置靈位的廟室中，彷彿看到了親人的模樣；祭拜過後，轉身出門，心裡肅穆仍像在聽親人說話的聲音；出

---

[7]「內」、「外」代表住的地方。在家中稱為「致齋」，出門在外則稱「散齋」。根據古代的規定，致齋必須三天，而散齋則須七天。

[8] 此意味著「專注虔誠」，讓自己的心意集中於所祭拜者過去的一切。

門之後，耳邊還喟然地聽到親人發出的長嘆。因此之故，先王（古之聖王）孝順其親人，親人的影像不離開他的眼，親人的聲音不離開他的耳，親人的心意與愛好也不離開他的心思。愛到極點，親人就活在他的心裡；真摯到極點，親人就顯現於他的耳目。對於這樣活在心裡，出現在眼前的親人，怎能不敬畏？

這段話是在說明，對先人要「敬」。「敬」這個字很重要，一個人未能心存敬意，就沒有任何顧忌。如此一來，做人處事必然胡作非為，甚至無惡不做了。古代有一句話說得好：「死而不亡者壽。」在形體上，沒有人能夠真正的長壽，但如果能夠「死而不亡」（即精神永留於世），也就是長壽了。

古人談到孝道時，常會用「事死如事生」來形容。這句話的意思是，侍候死者要和侍候生者一樣。有些人年長之後，因為自己已經成為長輩，而父母親也都過世，就以為自己不必再受任何約束，可以恣意妄為。這種想法事實上是有問題的。一個真正孝順的人，要將過世的父母親當作還活著一樣，對自己的行為小心謹慎。因為每個人的生命，都是承襲前人的生命而來的，是整個宇宙的一部分，我們又怎麼能夠失了分寸、胡作非為？

所以，談靈的時候，不能只是空洞地問「什麼是靈？靈在哪裡？」而要思考這個靈是針對誰而來的，並且與誰有關係。

靈的象徵性

「象徵」的英文是symbol，也可以翻譯為「符號」。symbol與sign不同，一般多將sign翻譯為「記號」。記號是一種比較簡單的對應關係，譬如馬路上的紅燈是一個記號，代表停車；綠燈也是一個記號，代表行車。當紅綠燈放在家中時，不過是裝飾用的燈，並沒有停車及行車的意思。可是一旦將它放在街上，就成為一個記號。由此可知，記號代表的是一種規則，重要的是規則而不是記號的本身。

符號也代表了某些東西，而這些東西是和人類的心靈有關係的。符號有雙向作用，一方面可以將過去的歷史經驗拿來作為借鏡；另一方面，可以將未來可能的經驗牽引進來。譬如美國國旗就是一種符號，它象徵了美國建國以來的光榮歷史。阿拉伯人為了洩憤而焚燒美國國旗，原因即在於此。美國人看到這種情形也會十分不悅，因為這讓他們覺得受到侮辱，亦即在精神層面受到傷害。

生活中充滿了各種符號，譬如我有一支兩百元的手錶，這隻手錶是父母在我年幼時所送的，所以它象徵了父母對我的愛。如果別人偷了我一條價值不菲的金項鍊，我並不會難過；但如果這支手錶被偷了，我將難過不已。這就是因為有心靈的力量投射在手錶中，使它變成了一種符號。

任何有關靈的表述都是象徵性的，如祭祀和宗教崇拜的行動。事實上，鬼神並不需要人們的祭拜，如果他們會因為人沒有祭拜而挨餓，那豈不是相當可笑？由此可知，對於鬼神的祭拜其實是一種象徵性的行為，代表了我們願意把自己所擁有的東西奉獻出來，因為這些東西都是來自前人的恩賜。

聖經中有一則故事：亞當和夏娃生了兩個孩子，哥哥叫作該隱，職業是種田；弟弟叫作亞伯，職業是牧羊。當兩人收成時，就向神祭祀。

哥哥只用少許的穀物祭祀，弟弟則獻出最好的小羊來祭祀，因此神對弟弟較為眷顧。哥哥看了眼紅，就把弟弟殺了。後來神問哥哥：「你弟弟在哪裡？」哥哥回答：「我又不是看守我弟弟的人。」他如此對神不敬，遭到放逐的命運。

由於一切都是神所賜與，因此奉獻最好的羊隻來祭祀神是應該的，這代表了一種誠敬。若是沒有這樣的念頭，反而想著：「我好不容易辛苦攢來的一點東西，怎麼可以就這麼隨便給神呢？」這就是不捨。只要一有不捨的想法，就會產生問題。由此可知，我們所描述的雖然是一種象徵的方式，但所要表達的是真誠的人生價值選擇。若選擇的是靈，就會完全捨得；相反的，若選擇的是身，就什麼都捨不得。

禱告、詩歌所使用的語文也是一種象徵，以這種象徵的方式指向超越的世界，亦即靈的世界。事實上，靈的偉大並非人類所能理解，更不是語言所能表達的，最多只能以象徵的方式來表達。

象徵性的特色在於超越。譬如基督徒對於十字架都很崇拜，但是事實上，十字架不過是木頭做成的！為什麼同一塊木頭做成了桌子或椅子，不會被人崇拜，但做成十字架就會被人崇拜？這是因為它具有象徵性，象徵了一個超越的世界。

一個人如果有靈性修養，則心靈就是一切，並不需要透過其他的象徵物來作為橋樑。耶穌說過一句話：「將來人們崇拜神，不用在耶路撒冷，而在每個人的精神中。」他還說：「人如果得到全世界卻喪失了靈魂，那還有什麼意義？」由此可知，只要心靈純潔，追求真理的行為本身就是對神最好的朝拜與奉獻。人間的一切都可以作為象徵，而象徵本身絕對不是目的。

以下引用羅洛・梅（R. May）所著作的《創造的勇氣》（*The Courage to Create*）一書中的一句話，來說明靈的象徵性：

> 忘我這種成分，不論多麼微量，是每一個真實的象徵與神話之重要部分；因為我們如果真實地參與象徵或神話，那麼在那一刻就會被「帶離」及「超越」我們自己。

「忘我」就是「忘了我自己」，是在宗教儀式中可能出現的狀態。當一個人處於這種狀態時，會感覺到自己不再有分裂的痛苦，而能夠與宇宙萬物合而為一。象徵和神話的作用就是要帶領我們進入忘我的境界，也就是進入靈的世界。

對「靈」的初步描述

靈可以展現人的充分條件，使人成為真正的自我，找到作為一個人的生命核心，並且突破死亡界限。

靈是展現人的充分條件

一個東西的存在，必須具備兩個條件：必要條件和充分條件。譬如我是一個人，我這個人要活著，就必須靠吃飯來維持體力，因此，吃飯是我活著的必要條件。然而，人的生存只依靠必要條件是不夠的，還須透過一些「人該做的事」來完成或成就有意義的人生，如思考、學習、關懷別人等，這些就是「人之所以為人」的充分條件。由此可知，必要條件是一個東西存在的必要因素，但是光有必要條件是不夠的，還需要有充分條件來完成此物存在的價值。

完整的人必須同時具備必要條件和充分條件。人的必要條件是身體健康、心智正常，若沒有了必要條件（如生病、死亡或智能障礙[9]），則充分條件會失去憑藉，靈亦失其效用。

[9] 我們將智能障礙視為必要條件之缺乏，因為一個人的智能發展若有障礙，則他在靈的發展也必然會有障礙。這是因為他無法由健全的「心」的功能走進靈的世界，亦即沒有暢通的管道進入靈的世界，只能夠停留在生物的或身體的層面運作。

人活在世界上，不能只有必要條件。換言之，一個人即使身體健康、心智正常，學業、事業、家庭的發展一切順利，仍然會覺得不夠完整，因此還需要具備充分條件。「靈」就是人的充分條件，一個人如果不接觸靈的世界，最後會發現這一生都沒有意義，亦即人生無法被充分理解。

當然，一個人在自問這一生是否有意義的時候，靈的力量已經在他心中運作了。而「人生的意義」這個問題，也必須依靠靈的體驗來回答。

靈是真正的自我

身體不斷變遷，心智也在發展之中，作為統合基礎的真我是靈。每個人都希望有真正的自我，卻又對這個概念十分模糊。既然有真正的自我，當然也就有虛假的自我。如果把重點放在自我的身、心之上，那麼這個自我就是虛假的，因為身體會不斷變遷，心智所表現出來的特色也是有限的。譬如一個人即使得到博士文憑，若無法將知識轉化為智慧，充其量只不過是個專家而已；在情方面也是一樣，即使我們和別人的情感很穩定，若無法將個人的情感轉化為博愛世人、慈悲為懷，那也只是自私的感情。因此，如果要發現真正的自我，不能只將重點放在有形可見的身，或知情意三種潛能的發展。

真正的自我是一個人內在的核心，也就是我們稱為「靈魂」的這一部分。這個自我往往有一種內在的要求，希望我們去做成一些事，而這些事是不能以外在標準來衡量的。每個人在社會上，難免做一些奉承別人、趨炎附勢的事；或者在暗地裡批評別人。然而，我們在做這些事的時候，心裡總會覺得不太好意思、不太應該。這種內在的自我提醒及自我批評，以及感覺到不安與不忍的心情，就是靈的運作。相反的，一個人若是言行舉止都依照內在自我的要求去做，那麼這個內在自我就會覺得愉快。如此一來，內心將產生一股穩定的力量，這也是靈的運作。

靈近似於自我意識，但又不是用自我意識就能說得清楚的。自我意識的英文是Self-consciousness，談到自我意識時，要知道「我是誰」、「我與別人有什麼不同」，而談到靈時，首先也是要了解這一點。可是了解這一點之後，接下來還必須問：「這樣的我到底是什麼？」

真正的自我是靈，靈的運作就是「良心」。在英文中，良心稱作Conscience，這個字和Self-consciousness出於同一個字源。其所以如此，是因為若沒有了自我意識，良心就無法開顯出來，因為良心是獨特而個別的，並且具有自己的個性。我們必須先具有自我意識，了解自己是一個獨特的人，然後良心的功能才會發揮出來。

靈在英文中是以Soul或Spirit來表示。Soul通常翻譯為「靈魂」，具有「實體」的意涵。我們常說人是身體與靈魂的組合，可是如此一來，靈魂的負擔不僅太過沉重，靈的本身也變得不夠純粹，因為這等於把所有的心智都歸於靈魂。柏拉圖（Plato, 427-347B.C.）談論靈魂的時候，就遇到了這樣的問題。他把知、情、意都涵括在靈魂中，讓靈魂變得相當複雜。如此一來，靈魂好像分裂了一般，有高尚的部分，也有卑劣的部分。他會造成這樣的問題，是因為在談「靈魂」的時候，只是把人分為身體和靈魂兩個部分，而不是身、心、靈三個部分。

要把人分為身、心、靈三個部分，就要談到Spirit。Spirit通常翻譯為「精神」，具有「狀態」的意涵，亦即靈所表現出來的狀態，譬如勇敢的精神、謙虛的精神、博愛的精神等。

靈是生命的核心

靈是一個人的生命核心，此核心又屬於人類所共有。由此可知，靈雖然有其個別之處（真正的自我），但也有其相通之處。

我們都是人，所以一定有相似的地方，那麼這個相似的地方在哪裡？或許有人認為在「身體」。然而，身體表面上看起來雖然相似，實際上卻仍有其不同之處，因為身體必須分別占據不同的空間。沒有任何人的身體會完全一樣，即使雙胞胎也是如此。然而，每個人的靈基本上都是一樣的，只是有的人下工夫去開展，而有的人沒有去開展。

由此可知，從個體的層面來看，每個人的靈都是不同的；而從人類的層面來看，每個人的靈卻又都是相同的。人類之所以為人類，不是因為擁有身體或是心智的層面，而是因為擁有靈的層面。因此，當一個人慈悲為懷的時候，他與全天下所有人都可以溝通。這就是靈的力量。

此部分與前述「真正自我」的部分看似兩個不同的極端，事實上此二者是同出一源的。如果我們把真正的自我完全實現，那麼就會回到全人類共同的自我當中，也就是人類真正的自我。這部分與密契經驗有關，密契經驗是指一個人體驗到自己與宇宙萬物合而為一，是一種「忘我」的境界。一旦忘我，等於是除去了「我」這個界線，而與宇宙萬物合而為一，就好像一滴水流入大海一般（關於密契經驗的部分，請參考第四部第六章「密契主義」。）

這世界上很少有人能夠抵達這種經驗，原因有兩點：第一，有些人並未開展他的生命核心；第二，有些人開顯的方向較為特定，形成不同的群體而未能融入全人類中。以下分別說明之：

（一）未開展生命核心：許多人一輩子只注意到身、心方面的問題，譬如吃飽喝足、好好過日子、讓自己活久一點；或者，掌握應具備的知識，明白與人交往時的相處之道等。他們不願意接觸靈的問題，因為一旦接觸到靈，就必須從不同的角度看待自己的生命，並且考慮到「我是否應該改善自己」這一類問題。靈的力量一出現，我們就不能再執著，而必須讓整個生命的價值觀有所調整。因此，靈對很多人而言構成很大的壓力，使他們不願意去碰觸。

（二）開顯方向較為特定：許多人的靈在開顯之後，會去選擇各種不同的宗教信仰。宗教的原意是，要幫助信徒超越生命、提供靈一個適當的定位。然而，不同的宗教存在，卻使這個目的產生了許多困難，因為宗教這個管道往往捲入許多人性的黑暗面，而形成權力鬥爭的情況。譬如許多寺廟越蓋越華美，執著於信徒的多寡、香油錢的多寡，這些都是太過於重視身的層面。

再以伊斯蘭教為例，其本意也是一個助人解脫、勸人為善的宗教，然而一旦落入反殖民、反帝國主義的框架之中，就使某些信徒充滿仇恨和憤怒的情緒，以致作為伊斯蘭教徒正常的生命反而無法發展。這些信徒一方面由於缺乏教育而無法開發心智潛能；另一方面卻有著靈的要求讓他們每天禱告五次。由此可知，許多伊斯蘭教徒的心態並不是很穩定的，因為他們面臨兩個極端的可能性，卻缺乏中間發展的過程。

對宗教的影響力必須特別留意，因為它與靈有關。正由於它與靈有關，所以若不能按照身、心、靈這個順序去發展，就等於是讓靈的重量整個壓下來。這種壓力沒有幾個人支撐得了，因此容易造成狂熱及非理性的情況。

靈能夠突破死亡界限

靈得以突破死亡界限，進入不同的「存在」領域或型態。這也就是說，當我們的身體必須結束的時候，能夠突破死亡界限而繼續存在的就是靈。不同的存在領域是指天堂與地獄；不同的存在型態則是指輪迴。

奧祕[10]在於：人的生命有開始，人的遭遇千差萬別，如何使其「靈」在身死之後恆久存在？如果人的身體死去，靈就消逝，那麼人的一生就是荒謬而沒有意義的，只不過如同一場鬧劇一般。這種荒謬的情況是我們無法想像也無法理解的，因此必須換一個方向思考，亦即肯定人死之後，無論是輪迴或者上天堂、下地獄，靈魂都是繼續存在的。

如果以這種方式思考，將變成生命有開始、有起點，卻沒有終點，因為靈魂會一直存在下去。為什麼會如此？這就是人生最大的奧祕。由於經驗材料的不足，我們必然無法對這個奧祕提出明確的答案。然而，每個人可以在這個奧祕之中體驗，常常問自己：「我要怎麼安排這一生，讓它變成將來死後靈魂可以繼續存在的樣子？」如此一來，就會發現自己需要有完整的人生觀與正確的價值觀，並且在做每一件事情時考慮到：「這是我該做的嗎？我能為這件事負責嗎？」換言之，我們要將人生的發展方向，調整為「從身到心，再從心到靈」。

[10] 奧祕（mystery）與問題（problem、question）不同。問題必有解答，一旦答案出現，問題就不存在了；奧祕則沒有一定的答案，而必須讓人去體驗或親身經歷，無法透過思考來找出答案。

第二章

靈是身心的統合力量

有些人身體健康，心智正常，但是卻不快樂！

——榮格

人生若是無法統合，會變得毫無意義，甚至活不下去。這也就是榮格說這段話的由來，因為他們停止了與靈魂的接觸。

靈是所有人共同享有的力量，人類之所以作為人類，最重要的是要開發靈這一部分，否則與任何一個人相處都會產生隔閡與誤會。有時候我們感覺不到與別人之間的隔閡，那是因為恰好在這段時間，彼此的身體或心智能夠配合。然而一旦相處久了，還是會產生問題，因為生命是一個趨勢，人活在這個世界上不可能一直停留在相同的地方，若是不懂得往上開發靈的力量，就只能夠往低層次的路線行走。

我一再強調身、心、靈的架構。身和心比較容易了解，然而靈到底是什麼呢？簡單說來，靈是一種統合的力量——身心的統合力量。人生是不斷選擇的過程，每一次選擇都顯示了一個趨勢（往這邊走而不往那邊走）。所謂「相由心生」，每一次的選擇累積之後，就形成了一個人外表所展現出來的樣子，換句話說，外貌所顯示的，就是自我生命的內在真相。

自我認同

人的生命應該是完整的，就像小孩容易快樂那樣，然而現代人的生命卻充滿了問題。雖然現代人的理性早已啟蒙，受到良好的教育，但是教育的內容卻脫離了生命的根源，因此，儘管教育日益普及與提升，精神官能症的問題卻越來越嚴重，精神分裂的人也越來越多。

相反的，很多人以為原始部落的人很落後，而事實上他們可能更接近大自然，更接近生命本來的面貌。他們的醫藥衛生比較落後，平均壽命也比較短，但是生命的長短並不是最重要的，最重要的是，活著的時候可以感覺到生命的意義。生命的意義是指：一個人隨時都清楚知道自己為什麼會這樣過日子，自己的身體、心智的活動為什麼會這樣安排。

然而現代人的生活，已經跟這些脫節了。上班族每天辛苦工作，卻可能看不到也感覺不到任何成就，只有在打開帳戶查核薪水的時候，才會發現「成就」在裡頭。與此不同的是，農夫努力耕田，最後結出來的稻米會讓他感到很真實，因為這是他辛苦工作的收穫。農夫的收穫是與他的耕耘相對應的，而上班族所賺取的鈔票，則與他所投注的心力是不同質的東西。鈔票如果只是被當成物質的購買力，就是一個形而下的、具象的東西，不像農夫的工作能夠生產有生命的稻米與穀物。

問問自己「我是誰」

我們不可能再回到從前的生活型態，因此現代人只有設法釐清問題所在，而第一步就是人的自我認同問題。「認同」這兩個字，英文稱為「identity」。「身分證」也稱為「identity」，簡稱ID，身分證就代表著「我是誰」。一個人光是用說的，或只是站在那裡，並無法代表他的身分，而必須要有那張文件作為證明。因此有時候我們會疑惑，究竟自己是誰？是一張紙證明一個人的存在，抑或是這個人的存在是這張紙的基礎？

現代人的自我認同問題，正在於「我是誰」。與「我」類似的人太多了，每個人都受過基本教育，都在社會上朝九晚五地工作，每天的食衣住行、生活步調都非常接近，好像多一個「我」、少一個「我」並沒有什麼差別。那麼，這個「我」有什麼獨特性？如果「我」不是獨一無二的，那麼當一個人說：「我是我，我與別人不一樣」時，又有什麼意義？這是現代人必須清醒面對的挑戰。

卡繆（Camus, 1913-1960）曾經在他的書中寫過這樣一段話：在一個辦公室裡面，有一個人死了。這個人死了之後，公司又招考了新人進來替補他的位置，一切都照常運作及運轉，就好像這個人從來不曾存在過一樣。這樣的描寫是一種文學的筆法，它所質疑的一點正在於：真的有人可以說自己是獨一無二的嗎？如果「我」不是獨特的，那麼「我的自我」有什麼了不起，又有什麼不能替代的？

心身二元論

西方近代以來所引導的世界潮流，之所以會陷入這樣一種特別的情況，與「心身二元論」[11]思想的發展有關。

自笛卡兒（Descartes, 1596-1650）提出「我思故我在」以來，西方近代思想開始轉向「心身二元論」。笛卡兒要每個人為自己的存在找到一個真正可靠的基礎，而對於人來說，這個基礎就是思考的作用。如果我們問自己：「我存在嗎？」最後會發現，「我」就是這個正在思考的主體。

我們或許對身體的存在與否沒有把握，因為即使少了一隻手、一隻腳，人還是照樣活著。換句話說，一個人的手跟腳，與他的主體性並沒有什麼直接關係。相反的，如果不能思考，手腳健全又有什麼用？所以，笛卡兒的「我思故我在」是把「我思」等同於「我在」；把「我」等同於「思」。換言之，「我」就是「思想」。而「身體」，則屬於這個世界，屬於「物質」。

在這種思想的影響之下，人們開始設法用思想掌握一切，因此演變成一種唯心論。每個人都是從自我主觀的意識出發，去看所有事情，久而久之就習慣將身心分離，變成身體是一回事，而思想能力又是另一回事。如此一來不僅造成了身心的分裂，也形成了近代西方最嚴重的問題。

當然，心身二元論也有正面的影響，那就是：可以全面地發展科學。發展科學的起點，在於「把物質當作物質來看待」，而不能把物質當作跟「我」有關的東西。換句話說，科學就是要「跟我無

---

[11] 由於「心」比「身」更為重要，因此這裡以「心身二元」取代平常習慣使用的「身心二元」。

關」，如此一來才能「客觀」。而「客觀」、「跟我無關」，指的就是「物質」。

如果物質是客觀的，那麼人類就可以在沒有壓力的情況下，進行科學研究。科學研究一定要實事求是，研究結果要能被不同的人重複實驗，如此一來才可以普遍化。然後，繼續往前發展，並且提供對人類有幫助的科學成果。如果在研究過程中帶進了主觀的情緒，將影響到研究的結果，一旦結果無法被重複實驗，也就無法繼續發展了。

近代西方科學的發展的確讓人刮目相看，科技的進展可說是改變了整個世界，但是世界也因而付出了很高的代價，這個代價就是人對自己所造成的分裂情況。也就是說，我們無法回答：自己到底是「心」還是「物」？若說自己是「心物合一」，似乎又讓人覺得觀念不夠清楚。因此我們試著把自己分開為二，再變成純粹的思想。這時候，「我」是指「能思的心」。

與「能思」相對的是「所思」。「能」與「所」這兩個字是借用佛家的詞彙，「能思」是主動、主體的，也就是「我在思考」，在英文中是使用動名詞的形式（thinking）；「所思」則是指「思考的內容」，在英文中是以過去分詞（thought）來表達。因此，當「我」變成純粹的思想，意味著「我」只有「能思」這一半，而身體則成為「所思」——我所思考的對象，屬於物質世界。

唯有在這種情況下醫學才得以發展，因為進行醫學研究時，一定要把身體當作與人無關的東西，就如同只是動物的身體一般去看待，這樣研究才有辦法順利進行。若是研究人員看到一個人的身體，馬上開始想：這個人是黑人還是白人？是好人還是壞人？是美還是醜？如此一來將無法從事醫學研究，也就無法發展醫學了。

然而，心身分離促成客觀態度與科學研究，卻也壓制了人性的正常發展。人的內在分裂了，在心身衝突中，自我失去了認同感，「我」不能夠得到整合。舉例來說，人有時候會很衝動、容易發脾氣，然而事後可能會為自己找藉口，解釋說自己其實並不想這樣，但是因為一時衝動而無法控制自己。這就意味著，我們認為衝動來自於身體，因此無法被控制。之所以會衝動是身體本身的問題，而不是「我」的問題。

靈的作用

在心身衝突裡面，自我認同感產生越來越大的問題，然而身跟心之間的分裂，不能靠其本身來統合，而必須由靈來恢復。

靈能夠使心身統合

身與心是兩個對立的東西，身體的法則與心智的法則不一樣。身體的法則是：肚子餓了會頭昏，累了就想睡覺；而心智的法則是：希望可以了解許多事物，並加以解釋。心智有時候會受到身體影響，譬如餓的時候頭昏，因此會導致思考不太清楚。那麼當這種情況出現的時候，該從哪一邊來整合？如果從心來整合，將變成唯心論；相反的，如果從身來整合，又變成唯物論。這兩者都很難達成好的效果，因此必須靠靈來統合。

所謂的統合，不只是在談論個人的層面，因為一個人要恢復完整，絕對不是只有他本身的身心靈整合而已。身心靈一旦整合之後，他的靈也就能夠與其他人、與宇宙溝通了，甚至與神明也能互動了。

這個世界上有些人可以把身心靈整合得很好，譬如有修行的人。宗教界中特別多這樣的人，這些人可以很容易地與其他人溝通，即使彼此語言不通、背景不同，照樣可以成為很好的朋友。所以，許多宗教領袖儘管來自不同宗教、不同地方，卻能夠不分彼此。這是因為修行到最高境界的時候，靈的運作充分顯示出來，彼此之間也就能夠相通了，由此進入了「超個人」的境界。反之，修行不夠的人則會互相鬥爭，互相排擠。

更進一步，就是能夠與宇宙和諧互通。舉例來說，一般人看到颱風來會很緊張，但是真正有修行的人，卻視颱風為大自然的一種正常現象。因為如果沒有颱風，就不易體會晴天的美好；如果永遠都住在風和日麗、陽光普照的地方，也不盡然會比較快樂。因為一旦住在太美好的地方，可能會離不開那個地方，久而久之也就很難感受它的美好之處了。

統合的四個層次

「靈」可以統合歸納為四個層次：個人心與身之間的統合、個人與個人之間的統合、靈與宇宙之間的統合、靈與神明之間的關係。

（一）個人心與身之間的統合：靈的第一個作用，就是使個人的心身統合，使自我獲得認同的機會。所謂「自我認同」是指，我知道我是誰 —— 我是這個人而不是那個人，這就是認同我自己。如此一來，一個人才能夠對自己的行動、思考負責任，否則有時候一時衝動，卻不知道是誰在行動；有時候胡思亂想，卻不知道是誰在思考。

如果一個人缺乏統合，久而久之，他的生命就浪費了。這個社會上，許多人只要日子過得去，可以不思不想。孔子曾經批評過這樣的人，他說：「飽食終日，無所用心。」（論語・陽貨）這是在說，許多人每天吃飽喝足後，不去思考有什麼事情可以用心去做，只是被動接受所有的資訊和刺激，這樣一天天過日子，好像人生除了社會的要求以外（結婚、生孩子、栽培小孩[12]……），沒有什麼其他的目的。

孔子另外還曾說過：「群居終日，言不及義，好行小慧。」（論語・衛靈公）這是意指，有些人喜歡每天聚在一起，說一些八卦、無聊的事情。他們說話的內容沒有任何意義，好像活著是多餘的一樣。而這些人可能受過教育，卻沒有得到適當的教導，整天就喜歡賣弄小聰明，逞口舌之快，他們不會認真思考怎麼樣才是一個人應該有的生活。因此與這種人談話時，只能談非常具體的利害關係（賺多少錢、開什麼車、住哪裡、工作如何……），然後彼此之間互相較勁。

然而，人的真正價值，難道要靠這些虛幻的東西來支撐嗎？或者我們的心理能夠很安穩，也很清楚地了解，這種表面上的比較對自己沒有任何影響？坦白說，對一般人而言，通常很難不受到任何影響，這就是人性的弱點。一個人如果尚未開發靈的部分，就會與其他人形成分裂與隔閡，彼此無法相通。

精神分裂主要是與「靈魂效應」有關。「效應」就涉及「功能性」，靈魂本身不是一個具體的東西，但是它有效應、功能、作用。一個人之所以會精神分裂，就是因為他停止了與靈魂的接觸[13]。一個人如果停止與靈魂接觸，他所擁有的只剩下身心。身體會逐漸衰老，而心看著身體的生老病死，也難免感到緊張，除非這個人

---

[12] 許多人習慣把孩子的成就等同於自己的成就，這事實上是一種幻覺，因為孩子是一個獨立的個體，終究有一天會脫離父母去尋找自己人生的道路。

[13] 此段話與榮格的心理學有關。一個人內在的空虛與茫然，主要原因就是忘記與自己的靈魂互動，使生命碎裂而無法整合。

在靈的方面有所修行。

一個人如果能在身、心、靈任何一方面保持進展，那麼即使日子一天天過去，他至少可以感覺到，自己不是在原地踏步。因為只要能夠有所進展，就會覺得自己每天都不一樣，而產生一種新的期許和希望。

談到心的部分，它包括知、情、意三方面的潛能。我們常常強調人要不斷進修，就是為了強化這三個部分。如果在「知」方面不斷進修，那麼新的知識能夠一直提供自己不同的見解、眼光與評價水準；若是在「情」方面能夠讓自己與別人的互動越來越深刻，讓自己對別人的關懷越來越廣泛，那麼，還有長進的機會，而不致於立刻陷入困境；「意」則是意志，一個人要能夠做自己的主人，化被動為主動，並且清楚地了解，自己決定要做的事是真正該做的事。

然而，一個人若是停止與靈魂接觸，只剩下身與心在發展，那麼，壓力會很大，生活也會很辛苦，因為他無法讓自己回到靈魂統合的力量之中。要恢復靈魂統合的力量，每天至少必須抽出二十分鐘，讓自己能夠完全孤單、完全安靜。只有在這種時候，我們才有可能將一天所發生的紛紛擾擾沉澱下來。沉澱之後把它放在一邊，準備迎接新的挑戰，如此養成習慣之後，心與身的雜質將會越來越少。這就是人與靈魂的接觸。

人生若是無法統合，會變得毫無意義，甚至活不下去。這也就是榮格之所以會說：「有些人身體健康、心智正常，但是卻不快樂」的原因所在——因為他們停止了與靈的接觸。

（二）個人與個人之間的統合：靈是「超個人的」，英文叫作Trans-personal。Trans意味著：雖然每個人都有自我，但是彼此之間卻可以相通。換句話說，靈是可以連結、溝通「個人與個人」

的，是所有人共同享有的力量，能夠打通一切障礙，把所有的人聯繫起來。

靠理性與別人溝通，容易產生誤會，有時候說話越多，誤會也越多，甚至誤會可能遠遠多於理解，因此用理性溝通其實是相當危險的。人與人之間真正的溝通，不應該只是透過語言，因為語言是有限的，真正的溝通應該透過所謂的「默契」。

身體是具體的物質存在，因此每個身體之間有全然的差異。它代表著自己與他人之間完全的區分：我坐在這個位置，你就不可能坐在這個位置；你站在那個地方，我就不可能站在那個地方。因為不同的身體無法同時存在於一個空間點裡面；心則可以透過長期的溝通而漸漸接近。然而，儘管彼此之間能有大致相同的理解，卻不可能達到完全一樣的程度。譬如聽同一堂課的人，寫出來的上課筆記不可能完全一樣；到了「靈」的境界，則不需透過講話或情感的交流，就能夠與所有人完全相通。這就是所謂「超個人」的意思。

靈是所有人共同享有的力量，人類之所以作為人類，最關鍵的是要開發靈這一部分，否則與任何一個人相處都會產生隔閡與誤會。有時候我們感覺不到與別人之間的隔閡，那是因為恰好在這段時間，彼此的身體或心智能夠配合。然而一旦相處久了，還是會產生問題，因為生命是一個趨勢，人活在世界上不可能一直停留在相同的地方，若是不懂得往上開發靈的力量，就只能往低層次的路線行走。

中國古代所描寫的理想君王與賢哲之士，都能夠了解靈的作用。譬如孔子主張「為政以德」、「無為而治」。「為政以德」所指的是舜，他以德行治理國家，因此能夠「無為而治」。這是因為，當舜以德行治理國家時，即是在發展自身靈的力量，因此老百姓能夠感覺他的德行與自身靈魂的要求相互呼應。老百姓往往是被動的，在上位者怎麼說、怎麼做，他們就怎麼回應，因此當在上位者以德行治國時，自然會引發老百姓生命中靈的部分。

孔子所說的話，是要強調，只要是人，就有靈的成分。古代社會一般人沒有受教育的機會，也少了自我學習及成長的可能性，然而所謂「風行草偃」，一旦在上位的人以身作則，自然能感化老百姓，因為只要是人，都具備最高的可能性，亦即能夠把靈的力量展現出來。

孟子說：「行一不義，殺一不辜，而得天下，皆不為也。」（公孫丑篇上）意思是：做一件不該做的事，殺一個無辜的人，讓我當天子我都不願意做。後來的宋代哲學家張載也說：「民吾同胞，物吾與也。」（西銘）意思是：老百姓都是我的同胞，宇宙萬物都是我的同類。這是因為，開發了靈的力量之後，我們與所有的人都能相通。如此一來，殺一個人就好像是在殺自己。由此可知，作為一個政治領袖，最重要的是發展靈性生命，才能與老百姓建立和諧的關係。

孟子對聖人的解釋可以用一句話來表示：「大而化之之謂聖。」（盡心篇下）「大」是充實而有光輝，一個人德行圓滿，就是個「大人」，因為他的生命所展現出的靈的力量很大。靈的力量大到某種程度，他又有一個適當的位置可以發揮，就會像風一樣。風只要一吹，「大而化之」，老百姓都會被同化，這樣的人叫作聖人。

孟子對君子的形容是這樣的：「所過者化，所存者神，上下與天地同流。」（盡心篇上）西方許多漢學家，認為這段話代表著密契主義（Mysticism）。亦即，他們認為孟子在強調「人」和「宇宙」的合一，而合一境界是不可說、非常神祕、非常深刻的。其實孟子在這裡所要強調的，也正是靈的力量。

「君子所過者化」是說，君子經過任何地方，老百姓都會被感化、被同化。因為君子所表現的是靈的力量，君子能夠「化」是因為他有德行，而非依靠其他的憑藉。而德的表現，就是在靈開發之後的無私忘我。「所存者神」則是指，其內心所保存的是靈的成分，這裡的「神」即是指靈的作用。如此一來，就能夠「上下與天地同流」── 往上往下，和天地一同運作，有參贊化育的效應。這就是孟子所描寫的君子。

（三）靈與宇宙之間的統合：靈和宇宙的關係是指：由此對宇宙秩序產生「鄉愁」。鄉愁的英文是nostalgia，代表著懷念故鄉，也就是小時候的家鄉。我們曾在那兒玩耍、認識鄰居、啟蒙、受教育，因此想到故鄉時，往往會覺得感動，希望故鄉一切安好。然而，故鄉只能遠遠懷念，卻不能夠回去，因為回去之後將發現實際情形與想像中的完全不一樣。一位荷蘭作家寫過一句話：「我只有回到荷蘭的時候，才會想念荷蘭。」因為他所回到的這個荷蘭，已經跟心目中所想的荷蘭不一樣了。

對宇宙的鄉愁是指：希望回到宇宙的懷抱裡面。在西方古老的神話之中，一定會有一個「大地之母」（the Mother Earth）的故事。因為在古老的原始時代，大地提供所有的蔬菜、水果、五穀雜糧來維持人的生命。人的生命離不開大自然，因此人類會把大自然視為養育自己的母親。

現代人脫離了大自然，活在一個由鋼筋水泥構成的地方。然而，我們必須把周圍的事物，以及由這些事物所構成的世界，看成是含有宇宙論的深刻意味。意思是說，我們周圍有許多東西，這些東西構成了一個世界，而我們就生活在其中。這些東西並不是偶然的或孤立的，而是有一個基礎根源的，這個基礎來自於宇宙，因此宇宙應該回應我們的訴求。換言之，人的生命不是孤單的來、孤單的走、可有可無、偶然一現的。既然有了「我」，我就應該與宇宙有一種內在的關係。

這裡的訴求有兩點：第一是可以在宇宙中為自己「定位」，第二是滿足人們對「意義」的渴望。以前的人認為地球是宇宙的中心，正是基於這種自我定位的思考模式。以前的人無法想像地球只是宇宙中太陽的行星，因為這樣一來，地球似乎少了特殊價值，而人們也會覺得自己的生命落空，變得沒有意義了。

事實上每一個種族，都認為自己住在宇宙的中心，也都有一種信念，認為自己是獨特的。換言之，每一個種族都必須找到自己的立足點，沒有人能夠接受自己是處於邊緣的地位。不想處於邊緣就必須同宇宙結合在一起，這就是「對宇宙的鄉愁」，它一方面可以為自己找到定位，一方面可以滿足我們對意義的渴望。

人都希望活得有意義，就如同希望善有善報、惡有惡報一樣。人對意義的要求有兩個基礎：第一是仁愛，第二是正義。仁愛是指：要讓一個人能夠活得下去；正義是指：人活在這個世界上，能夠自由選擇，並且應該善惡有所報應。在阿富汗戰爭中，美國之所以會空投糧食到交戰國，就是為了要兼顧這兩方面。而所謂「宇宙對我們的意義」是指，宇宙應該提供一個善惡報應最後的「機制」（mechanism）[14]，讓人活著時所做的善行和惡行，最後都有一個公平的回報。

（四）靈與神明之間的關係：上述觀點中的宇宙「可以並且經常」轉化為神格的存有（Divine Being）。所謂「神格」，可以説「God is personal.」，而不可說「God is a person.」。

person的拉丁文是persona，原意為「面具」。以前的人在演戲時要戴面具，戴面具之後才能具有「身分」，別人才會知道你是

[14]「機制」在此是指一種有形的制度，可以作為社會上共同的規範。

誰。現在每個人都稱作person，是指每個人都具有「位格」。「位」這個字帶有尊重的意涵（一位先生、一位小姐……），而每個人都有「位格」是指：每個人都是一個主體，擁有知、情、意的能力。

位格是人格真正的基礎，因此人格的英文personality是從person這個字演變而來的。每個人都具有位格，我們稱之為人格。神也具有位格，因此有知、情、意的能力，然而祂不叫作人格而叫作「神格」（亦即神的位格）。神格不同於人格的相對性，屬於比人格更高的層次。

當我們說神具有神格的時候，要講「God is personal.」，那是因為我們都是personal（We are personal.），所以神就會顯示出personal「位格」。更明白的說，因為我們都是人，所以看到的神都具有人的位格，這就是人與神之間的「關係性」。但是我們不能說「God is a person.」，因為這樣一來意思變成「神就是人」，如此，神就具有人的實際特質，那就不能夠稱作神了。人就是人，神就是神，不可能同時是人也是神[15]，因為如此一來就沒有了同一性（Identity）。

然而，神是全面性的，因此我們當說神是personal的時候，並沒有排除祂作為super-personal以及impersonal的可能性。「im-」是「非」，因此impersonal就是「非位格」，也就是沒有位格，石頭、樹木即是非位格的。比人格低的層次也可以稱為impersonal，如貓類、狗類……。super-personal則是「超位格」，這是比人的位格更高的一個層次。

就定義上來說，神創造一切。神既然可以創造石頭、海洋，

---

[15] 有人會說耶穌既是人也是神，然而此部分屬於宗教信念，故在此不予討論。

就表示神與石頭、海洋也有一定的關連性。因此，就海洋和石頭而言，神具有其非位格的部分。而超位格則是指靈的層次、鬼神的世界。這個領域比人類所存在的世界層次更高，因為人類有身體的限制，而祂們則沒有，因此祂們在知、情、意方面的運作模式遠超過人類的水平。

之所以說神是personal，是因為對我們這些具有personal的人而言，只有對personal的層面，才能夠有所掌握。譬如我們對狗有所認識，是因為狗在許多動作、叫聲的表達上，可以讓人理解。事實上，對於狗的許多動作，我們不盡然真的了解，但是我們會去推測。這也就是說，人類在理解自身以外的生物時，都是按照人類所能理解的方式去理解。因此，人跟神可以溝通的部分，就是神的personal這部分，超過這個部分的，就是神祕、奧祕，是人類所不能理解的。

前面提到靈與宇宙的關係時，曾經指出，現代人已經脫離了大自然，因此對現代人而言，宇宙已經越來越沒有什麼靈性了，正因為如此，才會發展出宗教信仰。如果大家都相信宇宙裡面有一個靈，就不需要有宗教，因為只要信仰宇宙中的靈便夠了。

正因為缺少了靈，許多人會誤入歧途。絕大多數人做壞事，都是存著僥倖的心理，以為做壞事可以逃避責任。如果大家都相信做壞事一定會受到報應，就不會有這麼多人敢做壞事了。之所以會存著這種僥倖的心理，就是因為未能提升自己生命中靈的部分。若是靈的部分能夠有所提升，那麼對很多事情的考慮將不一樣，對人生也會看得比較完整。

共時性是靈的主要效應

要談論「共時性」（Synchronicity），必須從希臘神話中的三位神開始談起——烏拉努斯（Uranus）、克洛努斯（Kronus）、宙斯（Zeus）。在這三位神之中，烏拉努斯是克洛努斯的父親，而克洛努斯則是宙斯的父親。

烏拉努斯是希臘神話中的穹蒼之神，「Ur」這個字在今天的德文中還是「根源」的意思，也就是最早、最初的東西，代表宇宙開始的時候有一個根源。而「Kronus」（Chronus）這個字的字首，在英文中則有「時間性」的含意。當時間出現之後，宇宙不再是混沌（chaos）一片，不再是最原始的部分了，因為時間是一去不復返的。因此在希臘神話中，這是一個兒子取代父親的故事（克洛努斯取代了烏拉努斯，而宙斯則又取代了克洛努斯），意味著「時間」出現以後，就取代了混沌一片的「根源」。

有意義的偶然

接著我們要對照比較與「時間」有關的兩個字：Synchronicity（共時性）和Diachronicity（貫時性）。這兩個英文的字首不同，但字根是一樣的。就一般人的想法而言，時間理所當然是貫時性的（今天之前有昨天，昨天之前有前天……）。然而這裡所要強調的是時間的共時性。共時性是「現在同時出現」，要說明這個概念的重要性，必須談到因果決定論。

在認識這個世界的時候，西方的思考模式基本上是採用因果方式。譬如父母是原因（先），子女是結果（後）；起雲是原因（先），下雨是結果（後）。人的理性思考就是透過因果關係來解釋一切現象。用因果方式解釋，也就是用「貫時性」解釋。而用這種方式解釋一切，必然肯定時間一去不返。

傳統的心理治療，就是根據因果決定論的模式來進行。如果一個人患了心理疾病（譬如喝水的時候感覺害怕），醫生會研究，是什麼原因造成這種結果（可能是因為小時候曾經淹過水）。換言之，心理治療是把現在的病症當作結果，然後去探究過去的原因，只要把原因找出來，就可以把病治好，這便是因果決定論 —— 由原因決定結果。

與貫時性相反的則是共時性，此二者相反而相成，構成了整體的視野。共時性乃是靈的主要效應：人的生命，並不是在時間歷程裡面一去不回，人的生命有一種力量，可以在同一個時間裡面，展現整體。這就是靈的特色。

共時性是指：同時出現的事物（或經驗、現象）之間，存在著某種有意義的偶然一致。我們通常會認為「偶然一致」沒有意義，而這裡所要強調的則是「有意義的偶然」。譬如我今天出門的時候聽到烏鴉在叫，結果不久坐車被撞，這時候馬上聯想到，今天出門時聽到的烏鴉叫聲是不祥的預兆。這就是一種共時性現象：現象之間並沒有因果關係，然而一旦它們同時出現，將形成一個整體的視野，而產生感應。靈魂最主要的作用在於「感應」，而不在因果，因為因果是理性的作用，理性把它們連貫在一起，在這種意義下，時間一去就不再回來了。

徐志摩的〈偶然〉中有一句話：「偶然投影在你的波心。」這裡所說的「偶然」，其實就是具有意義的偶然一致。這是由於兩個人的靈，這一刻正好在同一個頻道上，因此產生「來電」的感覺。

宇宙之中充滿各種靈異力量，只是大部分人都沒有頻道去接收，這就好像聽收音機一樣，如果沒有打開電源，調到正確頻道，當然沒有辦法聽到廣播。所以「巧合不只是巧合」，而是一種靈魂產生感應的能力。

靈魂感應的例證

這裡要提出三個靈魂感應的例證：心靈感應、預告死亡之夢、易經卜卦。以下分別說明之：

（一）心靈感應（心電感應）：英文通常將心靈感應稱作ESP（Extra-Sensory Perception），也就是「超感官知覺」。一般人的知覺主要來自感官，而超感官知覺是指：周圍的人都看不到，只有你一個人看到；周圍的人都聽不到，只有你一個人聽到。如果有這種情況，即代表你具有超感官知覺。

這種情況最容易發生在小孩身上，因為小孩尚未完全理性化，他們的靈比較柔軟也比較開放。事實上，靈是無所不在的，它本身會發出聲音、發出顏色或發出光亮。一般人察覺不到，是因為人在經過理性化之後，已經習慣用身與心的模式去了解一切，只要是不合乎理性的事情，就會企圖把它排除，或是用合理的方式去解釋。然而，小孩不會用理性去思考，也就不會去抗拒這類超越理性的事情，因此他們的靈較具有開放性。當他們說聽到什麼聲音，或是看到什麼東西的時候，很可能是真的聽到與看到了，因為這就是靈在說話。

許多電影中都可以看到心靈感應的情況，像「賭神」、「賭聖」等。事實上這種事情的確有可能發生，就像打麻將，有時候會覺得手氣特別好，一連贏好幾回；相反的，手氣特別差的時候，不管丟什麼牌都會放炮。所以胡適之先生說過一句話：「麻將有鬼。」其實指的便是心靈感應這個層面。

心靈感應的例子很多，有些人談戀愛的時候，會有心靈感應

（我在想你的時候你也在想我、兩個人同時打電話給對方……），親子之間也常會有心靈感應。有一個故事是這樣的：兩兄妹乘渡輪過江，遇到暴風雨，船快要沉了，突然聽見媽媽說：「椅子下面有救生衣」，兄妹兩人一找，真的發現了救生衣。兩人回家後問媽媽，媽媽說：「我看到暴風雨，心裡很著急，擔心你們會出事，所以一直在想著你們。」這就是親子之間的心靈感應——母親的想法被子女接收到了。

然而，為什麼別人沒有聽到，只有兄妹兩人能夠聽到媽媽的聲音？這就是「關係性」[16]，靈的力量透過這個管道表現出來。我們不可能研究靈在哪裡、長什麼樣子，能夠被研究的只有身與心的部分，因為它們是明確的對象。靈無法被研究，然而它的效應卻是無法否認的。

（二）預告死亡之夢：歷史上有許多對這種夢的文字紀錄。這裡所舉的是一個著名的例子：有一位日本醫生，他的媽媽和太太都過世了。有一天他夢到過世的媽媽和太太來找他，他同太太研究要怎麼去她們那個地方。第二天早上起來，這位醫生去找一位神父，他對神父說：「我給你三十元，你幫我做三台彌撒。」神父說：「你的媽媽和太太過世，只要二十元就夠了。」他卻回答：「不行！另外這十元是要為我自己做的。」大家都勸醫生不要這麼做，因為只有在人死了之後，才會有這種追思彌撒，但是他卻堅持這麼做，最後在做完彌撒的當天晚上他就過世了。

這種事情會發生，是因為一個人在作夢的時候，他的靈與過世親人的靈有可能溝通。

這種預知死亡之夢，在文學小說的作品也經常出現，譬如一個

[16] 請參閱本書第四部第一章「如何理解『靈』的世界」。

人夢見牆角出現一個鬼魂，告訴他說：「你還有三天可以活。」於是這個人開始安排後事，三天之後他果然死了。不過，這種事情並不是每個人都會遇到，只有少數人能夠有這種體驗。

（三）易經卜卦：易經最簡單的卜卦[17]方法就是使用銅板。譬如拿三個銅板，把人頭那一面當作「陽」，背面的梅花當作「陰」。三個銅板一起丟在桌上，如果三個都是人頭，就記下「9」；三個都是梅花，就記下「6」；兩個人頭，一個梅花，就記下「8」；一個人頭，兩個梅花，就記下「7」。無論怎麼丟銅板，一定是上述「6，7，8，9」之一的結果。正式操作時，由下往上丟六次，記下六個數字。譬如，你所丟的結果是「7，8，8，8，8，8」，就會形成「復卦」(䷗)，上面是「地」(☷)，下面是「雷」(☳)。

有一個學習西方心理治療的日本醫生，曾經在自己的書中提到一段親身經歷：他在瑞士當實習醫生的時候，病人對他的治療反應不太好，他想知道問題出在哪裡，於是用銅板卜卦，結果卜出來的是一個「復卦」。復卦的六爻之中，只有一個是陽，其他都是陰，代表著「陰氣太重，陽氣不足」，這意思是說，日本人待人處世較客氣，可是歐洲人卻喜歡醫生強勢一點。他們希望醫生能夠給予安全感，成為他們的靠山。換言之，日本人在歐洲當心理醫生，顯得太過女性化。另外，「復」同時也代表著「重新開始」——恢復到原始的情況，所以他重新檢查自己的學習過程與治療方式，後來就調整得很好了。

---

[17] 易經總共有六十四卦，每一卦都有六劃，一劃稱之為一「爻」。爻可分為「陽爻」和「陰爻」。一條橫線的就是「陽爻」，橫線中間斷開的則是「陰爻」。卜卦的方式是由下往上，因此最下面的爻稱作「初爻」，最上面的爻稱作「上爻」。有關易經的學習，可參考作者《樂天知命：傅佩榮談易經》，天下文化出版。

易經卜卦所利用的就是共時性原理。不同時候卜出來的卦會不一樣，有時候一個人的運正好走到某個地方，不管是誰來卜卦，都會出現類似的結果。而卜卦時「心誠則靈」，誠心誠意地相信，卜出來的卦象就會和實際情況相對應（這也與每個人的解釋方式有關）。這種思想對西方的影響越來越大，有些心理學家紛紛開始研究易經了。

理解共時性的關鍵

共時性現象提供某些「意象」（Images），但是如何接受這些意象，則在於個人對「關係性」的理解。也就是說，對於一個意象，每個人接受它與理解它的方式都是不一樣的。譬如有兩個人同時卜到復卦，但是他們的解釋可能完全不一樣，因為每個人對於意象的理解不同。

其次，當理性意識（靠著因果律）無法解決問題時，不妨從它含有某種意義的角度，來接受此一偶然產生的現象。這意思是說，反正在理性上已經找不到理由了，不妨試試別的方法。用理性尋找理由時是透過因果律，然而用因果律找不出原因的時候，就要採取「共時性」的觀點：在同一個時間，我這個人的生命有什麼樣的特色？我和人互動的時候，給了別人什麼樣的感覺與印象？

大部分人常常只看到自己，卻沒有注意到，別人與自己之間所構成的這整個大環境的變化。因為我們只看到了因果，卻忽略了同一個層面之中共時性的東西。而靈魂的作用，就是讓人在所有東西出現的時候，掌握到一切訊息。

原始模型

人類可以整合孤立事件，看出完型面貌。「完型」（Gestalt）是指「完整的模型」。意思是說：在現實生活中，我們往往只能看到事情的一小部分，可是卻會很自然地把它想像成完整的東西。譬如有一個人與我聊天，他突然皺了一下眉頭，我立刻從這個小動作，聯想到他可能對我說的話有意見。

人很容易接受到一點點暗示，馬上聯想到一個完整的形式，因為人的出生，就帶有「關於他的一切行動的潛在模型」，這便是榮格所說的「集體潛意識」[18]。人出生的時候，已經有一個「模型」，能夠指引他將來這一生該怎麼行動及怎麼發展。

父母應該給孩子一個「靈魂運作的方向」，讓他們知道，靈是要往高層次去發展的，必須堅持某些原則。這些原則可以很少，但是必須能夠顯示我們的個性。譬如我要求我的女兒從小唸書考試不要作弊，因為這是我所堅持的原則，而其他方面都是從這一點衍伸出來。這是我的靈魂運作的模式，至於是否能夠開展我女兒的靈魂，使其往這一方面發展，則不是我所能決定，但是至少我給了她一個明確的運作方向。

靈是察覺隱性秩序的力量

如果仔細去看平常攝影所拍下來的照片，可能會發現照片裡面有很多東西，是自己之前沒有留意的。然而人腦的攝影功能，是全

---

[18]「集體潛意識」是指一個群體中，每一個人都具有的潛意識。人除了「集體潛意識」之外，還有「個人潛意識」，所以大家之間才會有所不同。然而「個人潛意識」很容易受「集體潛意識」影響。譬如在同一個國家成長的人，都會具有相似的思考模式。詳細說明請參閱第一部。

面性的、立體的、透視的。人腦在每一剎那，都在對周圍的一切作全面攝影，這叫作「全面攝影模型」。

科學家曾經做過一個研究：在一個人看過某樣東西之後，經由藥物控制，讓他恢復記憶，結果這個人可以把當時周圍的一切全部講出來，比清醒時候的記憶還要清楚。這正說明了，人腦對印象的接收是全面的。

但是，人所能察覺的只有「顯性秩序」，因為「思考是一個過濾超越思考之物的過濾器」。這意思是說，我們事實上可以接觸到許多「超越思考之物」，可是由於思考是一個過濾器，每個人只能接收到思考所能接納的東西。因此我們必須問自己：這個過濾器的裝置是否太狹隘，以致於根本忽略了重要的東西？

「超越思考之物」是一個「隱性秩序」，和「隱性秩序」相對的則是「顯性秩序」。

顯性秩序是指：顯示在意識之中，讓人能夠把握到的；隱性秩序則與潛意識的意涵相似。舉例來說：我前面有很多人走過，而我只注意到一個穿紅衣服的人，因此，穿紅衣服的這個人是顯性秩序，其他人則是隱性秩序。

沙特（Sartre, 1905-1980）曾經講過一個故事：一個人到酒店去找彼得，酒店裡有很多人，他一個個找過去。由於他心中已經先存著彼得的形象（image），因此凡是不是彼得的人，在他看來，就變成了虛無（nothing）。在這種情況下，彼得是顯性秩序，而其他的一切就成了隱性秩序。

一個人的意識也是如此。大腦對於訊息的接收，應該是全面性的，但是我們卻會過濾掉大部分的東西，保留某些可以被理性掌握的部分，而這只是訊息中很少的一部分。大腦是最適合發展靈的場所，然而人的大腦已經被理性主義所切割，所以我們思考的，只有因果關係，而非對共時性的全面掌握。

靈是大腦真正力量的全部發揮。先前之所以要談「溝通其他人」、「與其他人連結」，正因為靈本身是隱性秩序的接收者。因此，如果所有人都能夠注意到隱性秩序，就可以不分彼此。想讓靈可以運作，就試著去忘記「理性的自我」，並且了解，偶然同時出現的各種因素，並不是沒有意義的。如此一來，一個人的心胸將開始改變，對於事情的判斷及看法也會顯得比較宏觀。事實上，有時候靈的運作並不一定要特別努力，只是要懂得放下原有的障礙與圍牆。

靈是察覺隱性秩序的「力量」，可以使自我活在當下、接納變化，又不失去自我認同感。

許多人將「活在當下」的「當下」理解為：專注於那一剎那（吃飯的時候專心吃飯、唸書的時候專心唸書……）。這樣的理解，會淪於在變化之中沉浮。因此，講「活在當下」的時候，必須注意到全盤的視野（吃飯在一天之中所占有的分量、讀書在一生之中所扮演的角色……）。如果沒有全盤的視野，只有個別事件，將是無法活在當下的。

一般人都不喜歡變化，因為變化代表未知、代表危險。然而，透過靈的運作，可以了解，雖然我們活在這一剎那，但是在這一剎那，我們與整個宇宙、所有的一切都是相通並且有關係的。一旦掌握了這一點，就可以活在當下又接納變化，因為我們會了解，不管再怎麼變化，都不能離開根源、離開整體，因此不會失去自我認同感。

然而，靈並不全然都是好的一面，因為靈是無形可見的，有時候發展過度，後果不見得是人所能掌握的。因此，一般人比較不願意談靈的問題，而把它保留給宗教界去談，因為宗教通常會有一個脈絡，比較不會產生問題。

然而宗教界有時候也會出現走火入魔的情況，譬如九一一事件中的十九個伊斯蘭教徒，就是基於他們的信念或靈的運作，而挾持飛機撞大樓。

瀕死經驗

瀕死經驗的特點

瀕死[19]經驗（Near Death Experience，NDE）具有以下四個特點：

（一）脫離形體，有透明的瞬間，觀看自己：靈離開了自己的身體，在那一剎那，我們會覺得自己是透明的，並且所看到的也都是透明的，穿越時空，好像所有的一切都可以在當下被掌握。

有時候喝酒到將醉的時候，就會出現這種「透明的經驗」。在這種情況下，會覺得所有的一切好像都停了下來，周圍的東西好像沒有什麼障礙，看人就彷彿可以看透他的心。這時候，我們就可以注意觀看自己。

（二）看見發光的生命，充滿愛與溫暖；提出問題，要我總結一生的心得：人在面臨瀕死經驗的時候，會看到一個發光的生命體。在那一剎那，我們會覺得充滿了愛與溫暖，感覺到很安全，然後這個發光的生命體會提出問題，要我們「總結一生的心得」。

人在瀕死的時候，一生中所發生的事會在一剎那之間呈現，

---

[19]「瀕死」是指「接近死亡」，也就是在宣布死亡的幾分鐘或幾小時之後，又重新恢復生命。

就好像紀錄片一樣。這個時候，人已經不需要靠身體在時空中活動來構成故事的情節，亦即這些情節會像電光石火一般，一閃而逝，而其中的內容卻可能包含了人生的數十年。這就是所謂的「總結一生」。

然而，並不是所有發生過的事情都會被呈現出來。而是只有曾經在意識之中產生重大影響，也就是一個人所在乎的、曾經很執著的事件才會被呈現出來。這其中最重要的一點在於「知道」，也就是「意識」。當我們意識到某件事情，儘管它本身並非如此，對我們來說照樣是個事實。譬如我很害怕一個人，重點不在於這個人是否真的對我造成威脅，而在於我清楚地感覺到了自己的害怕。同樣的，如果我在毫不知情的情況下，傷害了別人，那麼這件事並不會對我造成任何影響。這也就是說，影響人的是「意識所受到的震撼」，而這些事情，會在死前那一剎那，一個個呈現出來。

人一生中，難免做過很多對不起別人的事，也被別人對不起過；做過很多幫助別人的事，也被別人幫助過。這些事透過時間慢慢地累積，在意識中形成一個複雜的結構，因此我們不可能完全清楚地掌握，只有靈魂能夠完全記得這些事情。然而，用因果模式思考，靈魂的力量便無法展現出來。因此許多宗教強調沉思與冥想，正是希望能夠儘量讓這一生中發生的事呈現出來。平常人沒有這種修行，因此在心靈上背著很多包袱，而形成生命的缺陷或不完整。

許多人喜歡討論「上天堂」和「下地獄」的問題，這部分其實可以用上述的「總結一生」來解釋。一個人在死的那一剎那，會為自己的生命做一個總結，總結起來，可以了解到自己的一生是正面或是負面；是處於溫暖的狀態或寒冷的狀態，這事實上是在死前那一剎那，自己可以回答自己的問題。

（三）不願再回到人世；感覺近乎絕望的孤獨感；聽到「最重

要的是學習與實驗」：這是指許多人在面臨瀕死經驗時，所產生的態度和心得，而這些都與一生的總結有相關性。

（四）相信或者知道「死後生命」（life after death）：相信與知道不同，相信是比較沒有把握，而知道則是很有把握。通常有瀕死經驗的人都會相信或是知道，死了之後還有生命，所以死亡並非結束。然而，由於沒有人在清醒時能夠有這種經驗，死後生命究竟是怎麼回事，仍是無法說清楚的。

瀕死經驗的問題所在

瀕死經驗最常被質疑的問題在於：未必人人都有瀕死經驗，並且不同宗教的信徒，會對它作不同的解釋。

佛教徒如果有瀕死經驗，可能會說他看到觀世音菩薩；相同的，基督徒有瀕死經驗，就會說他看到的是耶穌。其實這沒什麼奇怪的，因為這就是「關係性」與「象徵性」的意涵：每個宗教信仰裡面都充滿象徵，如果一個人「相信」這個象徵，這個象徵就會對他開顯。

最後，可以參考伊斯蘭教的意識結構層次。（請見下頁表）

這個結構是一個倒三角形，由上往下就是由表面到深刻，而越往下，所能達到的人也越少。

第一層是感覺與知覺，這一層是「強制命令」。「強制」代表著本能的衝動，非常強大，讓人無法控制，這種情況下人是被動的，沒有選擇的餘地。

第二層是理性的判斷，理性的判斷就是「任意命令，批評責難」，Call-in節目是最明顯的例子，每個人都很有學問，而在批評的時候都非常主觀，只看到自己想要看的那一面，彼此之間互相冤枉、互相責罵。

第三層是安靜之魂，這個階段開始「安詳無聲，臨到神界的門檻」。一旦超越感覺與知覺、超越理性判斷，進入安詳無聲的情況，就是進入了門檻。

第四層是精神，在這其中，無邊無際的宇宙之光，照亮一切。

最後一層則到達奧祕，這時候就好像一滴水溶於大海，自我意識消解又再生。這時候的再生，已經跟以前不一樣了。

這裡以伊斯蘭教為例，說明靈的力量如何為人生界定目標，使身心活動得以統合，並且產生意義。在其他宗教中，可以找到類似的生命結構，也同樣值得參考。

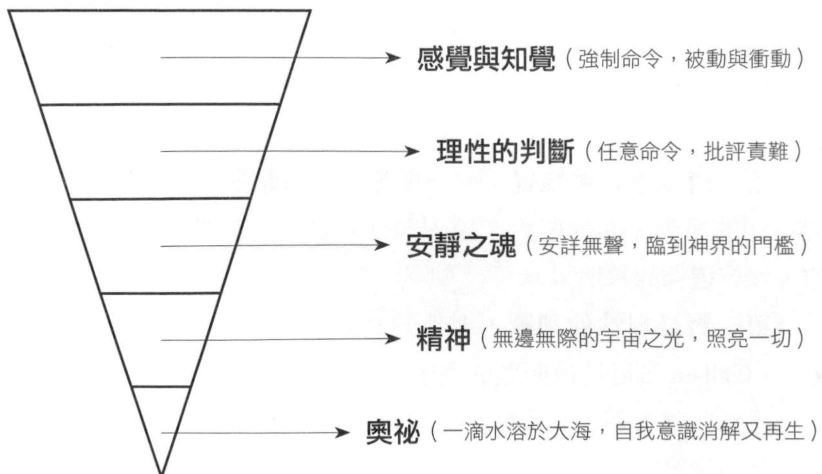

第三章

化解潛意識的盲點

知不知，上；不知知，病。聖人不病，以其病病。夫唯病病，是以不病。——《老子》

知道，而以為自己不知道，這是最高明、最傑出的；不知道，卻以為自己知道，就是有缺陷。聖人沒有缺陷，是因為他把缺陷當作缺陷來對待。因為把缺陷當作缺陷來對待，所以能夠沒有缺陷。一個人如果知道自己的不知道，就能夠比較完整地看待人的生命。

人的幼年遭遇難免造成潛意識中的情結與盲點，而化解之道只有一條，就是：開發自己的靈性潛能。

自我蓮花的概念——發展成六瓣蓮花的象徵，提醒我們，人的靈性要求生命走向完整。與此同時，還須化解三種可能的異化狀態。如此雙管齊下，靈性力量將使人得以安頓。

現代學者把人的結構分析得非常清楚，然而，人是一個整體，如果分得太細緻，容易分而不合，所以必須分辨清楚，但又不能忽略人是一個整體。

人的結構有身、心、靈三個層面，而我們的教育重心往往放在心這個層面，著重於發展知、情、意，期使一個人的身與心能夠一起發展。至於靈的部分，則很少談到，主要是因為這一部分的材料不易掌握，並且一旦談論靈，往往會被認為是跨進宗教的領域。既然如此，不妨換個角度來看。

現代人在省思「自己為何不快樂」時，發現心理醫師的處方未必有效。求人不如求己，為了化解潛意識中的情結，只有向上提升，進行靈的修養。本章所申論的，就是其中的道理。

自我蓮花的概念

有關潛意識的問題，是不易界定的，因為它本身屬於人無法意識到的部分。談論這個問題，可以參考一本書——《SQ》（*Spirit Quotient; Spiritual Intelligence*），也就是《心靈智商》[20]。

人的潛能是沒有限制的

人的潛意識其實差不多，因為每個人都是完整的，發展的潛力也是沒有限制[21]的，所有潛意識的能量，都可以充分施展開來，

[20] 此書為左哈（Danah Zohar）與馬歇爾（Ian Marshall）所著，邱莞慧譯，聯經出版，2001年。

[21] 其與「無限」不同。「無限」是如同上帝一般，而「沒有限制」則是指：人類的發展，在沒有被限制的情況之下，確實就是沒有任何限制的。

讓生命變得非常充實、非常完美。我們有潛力使自己成為所能想像的各個領域之中，最傑出的典型。只不過由於每個人生在不同的時代、不同的地方，在生物基因上有不同的組合，加上在不同的環境裡面受到不同的薰陶，因此會往不同的方面發展。

1960年代，在蘇聯曾經做過一項研究，結果顯示，一個人大腦的潛能充分發展之後，可以很輕鬆地唸完十所大學的課程、精通四十種語言。心理學也有這方面的研究，譬如詹姆斯（William James, 1842-1910）在《宗教經驗之種種》（*The Varieties of Religious Experience*）[22]這本書中指出：人一生裡面，大腦最多只用了10%。

大部分人沒有辦法將大腦的潛能全部發揮出來，是因為人們做很多事情都沒有使用到大腦，久而久之習慣就成了自然。同時，我們求學過程的經驗，也讓人害怕去使用大腦，因此很多人離開學校進入社會之後，第一件事就是希望再也不要唸書。唸書這件事情，被學生時代的經驗所窄化，到最後只要一聽到唸書，就覺得要考試、記重點，實在無法喜歡它。但是如果把唸書視為生活的一部分，把它當作身、心、靈持續的發展任務，那麼唸書將變成一件既容易又愉快的事。

上述所謂大腦能力的發展，只是純粹就「知」的方面而言（能不能唸完大學、學好語言）。至於在「情」的方面，人的情感其實具有博愛的能力，我們確實有可能慈悲為懷，去關心每一個人。大部分的人只會關心少數人，與他本身對事情的理解方式有關。許多人總覺得，如果自己關懷這麼多人，而別人卻沒有關懷這麼多人，那麼自己不是吃虧了嗎？換言之，關懷的背後其實有著更大的心理能量，這個能量如果沒有發展開來，就會「計較」。一旦開始計

[22] 蔡怡佳、劉宏信譯，立緒出版，2001年。

較，所有的感情都將變質。

再就「意」的方面來說，意志是「自己做自己的主宰，化被動為主動」。意志本來也是沒有限制的，希臘時代有一派哲學家說：只要我認為我快樂，即使是受苦受難我也快樂，你把我綁在鐵架上，拿鞭子打我，我照樣快樂。這是在說明，就算身體受到各種傷害，我們的心仍然可以做自己的主宰。這種事是可能的，要不然三國時代也不會有關公刮骨療傷的故事了。

由此可知，人類在知、情、意方面原本都是沒有什麼限制的，而現在之所以會受到限制，有時候是我們自己沒有去開發，有時候則是社會上各種已經形成的框架，使人沒有機會繼續發展。

SQ的特色

《SQ》的作者左哈與馬歇爾是西方人，曾經學習了有關東方的資料，譬如中國、印度的經典，所以他們可以使用一些東方的比喻或象徵，對照自己所要表達的意涵。這是非常具有啟發性的，因為西方人看東方，和東方人自己看東方，會有不一樣角度，因而能夠發現一些我們所忽略的觀點。

本書一開始就描述了SQ的特色，歸納為以下六點：

（一）整合一個人，激發創造力。靈能夠使一個人的身心活動整合起來，然後，主體就能夠凝聚力量，進而激發創造力。一個人若是身、心、靈無法整合，每天光是忙著應付自己內在的分裂（煩惱、痛苦……）已經受不了，根本失去了創造的可能性；相反的，如果能把自己整合起來，變成一個獨立的主體，就可以團結內部資源一起對外。創造是以內在力量設法改造周圍的一切，一個人要整合之後才有可能從事創造活動。

（二）使人深刻感覺生命為何而存在，萬物對人的意義，如何

各安其位。「生命為何而存在」不是一個知識的問題，因為即使知道了生命為何而存在，所講出來的道理也只是概念而已。譬如我現在說：「生命是為了自我實現而存在。」可是沒有人講得清楚什麼是「自我實現」，它是一種什麼樣的情況。就算我們仿效馬斯洛（Maslow, 1908-1970），列出很多自我實現的人，還是無法知道什麼是自我實現，因為每個人有不一樣的生命歷程。

舉例來說，林肯（Abraham Lincoln, 1809-1865）的自我實現所成就的是一個美國總統抑或是德行修養？如果他不是美國總統，即使他很有德行，又有誰會知道他？換句話說，如果有一個人的德行與林肯一樣崇高，而他不是美國總統，那麼他的德行就無法被放在和林肯一樣崇高的地位。聖經裡有一句話：「人們點燈，不會放在斗底下，而是放在燈台上。」點了燈要放在燈台上，才能夠照亮整個房間的人，如果放在斗底下，光明將被遮住。所以有了崇高的德行，還必須有崇高的地位，沒有崇高的地位，只能藏在角落發光，只有周圍幾個人認識他。

用這種方法來解釋「自我實現」，是起不了任何作用的。那麼馬斯洛的「自我實現」到底是什麼意思？這種境界很難用理論來說明，因此必須強調「感覺」的重要性。

所謂「深刻感覺生命為何而存在」是指：我們能夠深深地感覺到，這個世界有我和沒有我是不一樣的，自己的生命有一種腳踏實地、很實在的感覺，「我」是獨一無二、不能被替代的。要有這種感覺，就必須發展靈的修養。一旦發展靈的修養，很容易就能體驗到，自己的每一個呼吸、每一個動作、每一個意念，都很實在，而不是多一個我、少一個我都無所謂。

我們可以由思考萬物對人類的意義，描述這種感覺的大致情況。宇宙萬物沒有任何東西是無用的，譬如一個人被一隻蚊子叮了，可能會想：「蚊子的存在有什麼意義？」如果我們能夠轉個念頭，這樣想：「蚊子叮我，是要提醒我，並非大自然的一切都是美好的，人不能對大自然完全沒有戒心，以致於發生了地震或災難時，毫無防備。」如此一來，我們的思考方式就會開始調整，能夠察覺蚊子也有牠的存在意義。

台灣有一句俗語：「一枝草，一點露。」宇宙萬物都有其自身的意義，既然存在，一定有它們的位置，而人就要學習如何讓萬物各安其位[23]。一枝草，可以長也可以不長，但是它既然長了，一定有它之所以長的理由。儘管長出來的只是一株小草，我們也不能使它不長，因為即使它的生命無比脆弱，也不能抹煞它已經長出來的事實。

（三）形成人的「良心」，使人在「邊緣」找到方向。由於希伯來人（猶太人）特別有宗教方面的經驗，因此可以試著從他們對「良心」的界定來了解這個詞的意涵。在希伯來文中，「良心」這個詞與「界線」、「隱藏」、「靈魂的內在真實」都是同一個字根。

首先，良心與「界線」有關，因此要先了解「界線」這個詞。生與死之間有一條界線，善與惡之間有一條界線，痛苦與快樂之間也有一條界線。譬如再走一步就要跨進痛苦的邊緣，那便叫作界線。良心平常沒有什麼作用，只有遇到界線時，良心才會運作。譬如當一個人面臨善與惡的界線時，良心會開始運作，讓人知道應該要行善還是行惡，這就是中國人所謂的「良心不安」。假設我現在在教室考試，可能會猶豫要不要作弊，這就是界線。這時候我們會開始掙扎，掙扎是良心在面對界線之時的考慮。

㉓ 此部分會在本書第四部第六章談論「密契主義」時作更深入的探討。

其次，再談「隱藏」一詞。我們觀察一個人的時候，只能看到他的外表，沒辦法看到他的良心，所以可以說良心是一種隱藏的東西，或者說良心是一種很神祕的東西。我們引述孔子的一句話：「夫微之顯，誠之不可揜，如此夫[24]。」（《中庸》第二十章）隱微的事情會顯揚開來，真誠是不能夠被遮蔽的。這段話就與我們現在所談論的類似。良知和真誠一樣，都是不能夠掩蓋的，這是非常微妙的事，即使除了自己以外沒有人知道，照樣會有很大的震撼，將來也會非常明顯地展現出來。這就是「隱藏」—— 它隱藏在你的內心，但並不是不存在。

至於「靈魂的內在真實」則比較具體，因為它所指的便是「良心」。無論是哪一種文化，提到「良心」的時候，往往都是指內在的世界，也就是「真正的自我」。在語言的使用上，也經常可以看出這種思考模式。譬如我們聽別人說話時，常常會問：「你是真心的嗎？」就好像另外還有一個想法存在於人們內心之中一樣。

（四）更易進入分殊背後的和諧，一切事物的內在。發展靈的作用，將會對宗教領域較為熟悉，聽到有人談論宗教的時候，會比較容易聽得懂，知道他們在談論什麼層面的問題。反之，如果由科學的角度聽別人傳教，就沒辦法聽懂，也無法理解有關靈的事情。

有些科學家以醫學唯物論[25]的觀點去解釋宗教界的聖人，最後把他們全部說成是身體有疾病的人，把他們對心靈世界的體認說成一種幻覺，或是生病之後的後遺症。由此可見，用科學的方式是無法了解宗教世界的。相反的，如果能夠發展靈，那麼聽到有人談論宗教話題時，比較能夠聽懂，而不會把他們當作笑話，或者視為身

---

[24] 請參閱本書第四部第一章「如何理解『靈』的世界」。

[25] 這指的是身體決定論 —— 由身體去決定一個人的精神狀態。

體毛病所帶來的狀況。

（五）更能面對善與惡，生與死，痛苦與絕望之根源的意義。這個世界上充滿善與惡的掙扎，很多時候我們看到一個人，一方面是善的，另一方面是惡的；或者他在某個時候是善的，而另一個時候是惡的。這時候我們就要問：「人到底是什麼？這樣能夠維持多久？到最後會不會變得精神失常，說話出爾反爾、前後矛盾？」其實，一個人有這種相互矛盾的行為，是因為靈的方面出了問題。

人都嚮往一個完整的生命，而靈的作用就在於整合人生。如果一個人沒有想到靈，只是為了外在環境及現實考量而說話言不由衷，生命就會好像要分裂了一般，更遑論去面對生與死、痛苦與絕望的難題。即使靠著運動讓身體健康一點，能夠避免痛苦，卻無法避免絕望，並且唸書再多也無法解決這些難題。只有發展靈的力量，才能夠坦然面對這些課題。

（六）為人生提供整體脈絡，使其成為充滿意義與價值的機緣。意義與價值經常放在一起談論。意義與「理解」有關，「有意義」就是「可以被理解的」。如果我說「人生有意義」，這代表我的人生可以被我了解 —— 我知道它是怎麼回事，怎麼來、怎麼去，發生的各種喜、怒、哀、樂是什麼情況。所以當別人問我：「人生有意義嗎？」我的回答是：「我可以了解人生，而我怎麼了解，就是人生的意義。」換言之，意義並沒有一個固定的答案，如果能夠理解生命的發展 —— 從開始到結束，生命就有意義。意義並不是指有一個特別的東西在那邊，而是指你能夠解釋生命的過程，這便是人生的意義所在。

價值則與「實踐」有關 —— 要去實踐，才有價值。價值不是空口說白話，而是自身要有評價的能力，也就是說，一個人要作選擇，選擇之後價值才得以呈現。所以價值與選擇，與一個人評價的順序有關。在具體實踐的時候，不是別人給你什麼價值，而是你自己去把價值「體現」出來。體現是「具體實現」(Realization)的意思，換句話說，價值不是抽象的，而是要在生命裡面具體實現出來的。譬如一個好學生不是嘴巴會說或考試考得好便行了，而是要在言行上表現為一個真正的好學生。

人生要有意義和價值，就要靠靈的發展。發展靈以後，才能理解生命是怎麼一回事。假設我現在遭遇某種意外，我會思考：我是不是能夠理解自己的生命？譬如在發生九一一事件之後，許多人忽然發現，生命本質上很脆弱，隨時可以整個消失。在這種對照之下，自己無論碰到什麼事，都比較能夠理解，而不會有所抱怨。價值也是一樣，我們要把握每一個剎那，去實現自我。

每個人的自我都是一朵蓮花

《SQ》這本書中，最重要的是「自我蓮花」的概念。所謂「自我蓮花」，是指：每一個人的自我，都像蓮花，出自污泥（**大地**），向上生長。有核心，並且可以發展為六瓣蓮花。問題是，很少人可以充分長成六瓣蓮花，大多數人都是扼殺了潛意識的能量與意向，造成人生的各種苦惱。

蓮花象徵「出污泥而不染」，而「污泥」就是「大地」，也就是每個人實際生活的生物世界或客觀世界。這意味著，人類是大地最精采的一部分，整個宇宙準備了一百五十億年，在最後幾十萬年才出現了人類存在的可能性[26]。人類是從大地長出來的蓮花，大地提供養分，而人類成長之後則脫離了大地，成為與他的根源完全不一樣的東西。

---

[26] 人類真正出現的時間，到目前為止還在爭議之中，因為對於「人」的定義，尚未得到共識。

然而蓮花能否生長得完全，則是一個很大的問題。蓮花有六瓣，但是一般人通常只能夠長成一瓣，或是兩瓣。一瓣代表的是一個專業人才 —— 成為某方面的專家，只會做這方面的事情。而一個人如果努力去學會另外一種與自身類型不同的才能，則是兩瓣。一般人能夠發展出兩瓣，通常已經被認為是很難得的了，然而事實上，每個人都有發展成六瓣的潛能。因此，「自我蓮花」的意涵就在於：每個人的自我，都有充分的潛能，只是沒有被發展成完整的蓮花而已。

扼殺潛意識能量，也是使一個人不快樂的原因。一個人在他的生命之中，如果一直在發展自我的每一瓣蓮花，根本沒有時間去煩惱及抱怨，因為他每一方面都大有發展的空間。很多時候人在一個方向受挫之後，就困陷在裡面，不知道還有其他方向，然後開始怨天尤人，以致浪費了生命。其實一個人即使在某個方面受挫了，還是可以發展其他方面，就像蓮花的六瓣，確實充滿了各種潛能。

六種人格類型

《SQ》書中提到的六種人格類型（**性格類性**）[27]，按照順序分別為：傳統型、社交型、研究型、藝術型、現實型、企業型。以下分別介紹：

（一）傳統型（外向的察覺）：謹守分寸，辦事周全，缺乏彈性。適合擔任祕書、職員、會計、電腦操作員。（10 ～ 15%）[28]

（二）社交型（外向的感受）：喜歡人群，友善慷慨，具有耐

㉗ 這裡使用「性格」較好，因為「性格」是與生俱有的，與後天的發展有一定的關係。「人格」則多半指發展的結果，而非一開始發展的狀態。此處六種性格類型是由荷倫（J. L. Holland）所提出的。

㉘ 此處的百分比是荷倫對美國白人所做的調查結果。

心。適合擔任老師、治療師、諮商員、家庭主婦。（30%）

（三）研究型（內向的思考）：堅持理性，愛好分析，對人挑剔。適合擔任科學家、醫生、翻譯家、調查員，以及專業知識份子、大學教授。（10～15%）

（四）藝術型（內向的察覺）：情緒衝動，充滿創意，不切實際。適合擔任作家、音樂家、畫家、新聞工作人員、演員。（10～15%）

（五）現實型（內向的感受）：腳踏實地，物質取向，老實安分。適合擔任司機、技工、廚師、農人、工程師。（20%）

（六）企業型（外向的思考）：充滿野心，追求刺激，樂觀自信。適合擔任政治人物、推銷員、管理人、商人、軍警。（10～15%）

一般而言，傳統型的人是一個社會發展所需要的；社交型的人則使社會上充滿互動的快樂；研究型是極少數堅持理性的人，這樣的專業知識份子，能夠分析、挑剔，但不見得一定客觀；藝術型的人較少，尤其是真正的藝術家。因為生活一旦過於平靜，就很難激發卓越的創意，因此對許多藝術家來說，心靈上的波折和人生的體驗是非常重要的；一般的男性則比較多是現實型的，這也是社會穩定的力量；企業型的人則往往對社會帶來較大的影響，譬如企業家、政治人物等。

這六種類型之中，傳統型與藝術型、社交型與現實型、研究型與企業型，都針鋒相對，也正好可以互補。所以許多人常常覺得，和自己恰好相反的人，特別具有吸引力，因為對方有的，正是自己所缺少的，這就是人類社會的相處模式。

事實上，從「靈」的角度來看，每個人都有六瓣的潛能，因此六片花瓣都應該由自己去開發。如果自己無法發展六瓣，就必須設法從家庭、朋友方面找到互相彌補的人。因此，了解「六瓣蓮花」的道理，就會知道，孩子若與父母朝不同方向發展，其實是一件好事，只是父母必須儘早了解，孩子究竟要往哪一瓣或哪一個方向發展。

在交友方面則比較困難，因為一般人往往會和志趣相投的人做朋友，而志趣相投往往屬於同一個類型，或是相似的類型，很少人會與針鋒相對的人交朋友。事實上，針鋒相對有時候更能讓人欣賞到差異，感覺到自己內在比較不同的可能性，再由此激發豐富的潛能。

此外，上述六種類型括弧內的分類，則是出自於榮格的區分。他原先提出的是兩種態度（**內向與外向**）與四種功能（**思考、感受、感覺、直覺**）[29]，共可組合為八種類型。不過，此處為了配合Holland的六瓣蓮花，因此把感覺和直覺合為「察覺」，也就是「靠感覺直接掌握的能力」。

每一個「自我」都是一朵蓮花，如果不去發展，潛意識就會出現問題。人的潛意識是完整的，不過由於受到時代環境、家庭、教育背景的影響，而朝向某一種特定的能力發展，最後變成只有一個花瓣。正是因為其他方面被疏忽，我們才會感到不快樂，覺得好像有一些潛能被壓制了，這就是潛意識所產生的問題。一個人如果了解這六瓣蓮花的結構，能夠發現自己特別缺乏某一方面，就可以設法去開發，以紓解及緩和潛意識的問題。

---

[29]「感受」較為整體，其應用方式比「感覺」更廣。「感覺」是直接由感官所得到的，「感受」則是整個人的一種傾向。而「直覺」又較「感覺」更為細膩。類型是由Holland所提出的。至於榮格的八種類型，請參考第一部。

「自我蓮花」的變質

「變質」是指：自我與深層中心脫離。所謂「深層中心」是指蓮花根部往上的核心，當「深層中心」脫離的時候，「自我蓮花」就變質了。

這部分仍然是就上述六種性格類型來分析。任何一種性格類型都有正面和負面的表現，譬如傳統型的正面是「認同群體」，負面則是「疏遠群體」。「認同群體」是傳統型的正常情況，而當正面情況受到挫折時，將產生負面情況。所謂「一體兩面」，是指越是避免和別人來往，就反映出內心越渴望與別人來往，因此正負面的表現都算是正常情況。變質則是「走到極端」，以傳統型而言，不是盲目效忠群體（狂熱），就是與群體分離（自憐）。

以下分別列出六種類型的正面、負面，以及變質（走向極端）後的情況：

（一）傳統型：認同群體／疏遠群體。變質：盲目效忠群體（狂熱）／與群體分離（自憐）。

（二）社交型：同情別人／討厭別人。變質：被虐式的自我犧牲／悲觀主義（無同理心）。

（三）研究型：探索問題與處境／逃避問題與處境。變質：耽溺其中／恐懼症。

（四）藝術型：歡愉創作／無助悲傷。變質：狂躁興奮／沮喪憂鬱。

（五）現實型：發自內心／羞愧自卑。變質：自我放縱／自我厭惡。

（六）企業型：負責忠誠／背叛（拒絕面對處境）。變質：浮誇與濫用權力／偏執妄想（覺得別人背叛自己）。

孔子說：「人之過也，各於其黨。觀過，斯知仁矣。」（論語・里仁）每一個人的過失，往往與他的性格類別有關，所以看到一個人的過失，就可以知道他的仁在哪裡。這裡的「仁」是「正路」的意思，也就是說，看到一個人的過失，就會知道他應該往哪裡去修養自己。所以，一個學生如果犯錯了，老師很容易為他指引方向；而對於完全不犯錯的學生，由於看不出來他該往哪裡走，往往無法因材施教。

三種異化狀態

如果無法了解六瓣蓮花都要發展的道理，很容易走到錯誤的方向，而形成異化（Alienation）狀態。這裡所謂的異化狀態共有三種：占有、邪惡、絕望。

占有的異化狀態

在談論「占有」之前，首先要說明「被占有」。「被占有」是指：人的靈被占有，從主動轉成被動，從主體淪為客體。也就是所謂的「附魔」、「邪靈附身」。在宗教界經常出現這種現象，所以自古以來，對於驅魔的情況，都有詳細的文獻記載。而天主教的教宗與神父有時也會替人進行驅魔的儀式，譬如紐約地區就有二十位合格的神父是專門負責驅魔的。

人的身體在世界上可以直接發生作用，所以靈如果要運作，必須設法掌握身體。一個人的身體一旦被占有，靈就可以透過這個人的身體來運作，而這個人也由主動變成被動，由主體變成客體，然後所有的言語及行為都身不由己。

人的心中有陰影原型，代表我們從小所拒絕的一切[30]。我們從小拒絕做的事，大部分都是壞事，而這些潛能被壓抑下來，就在一個人的內心或潛意識之中，形成了陰影，而成為「陰影原型」。陰影被壓抑，卻沒有消失，如果不去適當加以調節、疏導，很容易出問題。有些人發展到最後會變得很邪惡，就是因為原來的控制失效（如父母、老師不在身邊），陰影原型發生了作用。一般人通常會把身心的能量，帶往平常所接觸的事物去發展，陰影原型的作用便是在這種不知不覺之中，逐漸彰顯出來。

人之所以會被占有，就是因為有陰影原型，它如果釋放，我們就會被一種比自己更大的能量所牽制、呼召、帶走。譬如吸食酒精、迷幻藥，參加某種神祕儀式時，都可能出現這種狀況。在集體活動之中，很容易忘記自己本身的情況，以致所有人一起被占有。這種占有的時間有限，但是占有期間所發生的事情，則是自己所不能控制的。因此，我們對於靈的世界，必須保持一定的了解和戒心，以避免這種情況發生。

要培養能量是可能的，因為我們有身體，也有心智，可以去學習、思考、行動、實踐，使自己靈的力量越來越強大。如果自己的靈力量強大，其他的靈就無法進入我們的身體；反之，自己的靈力量減弱（喝酒、吸迷幻藥……），其他的靈很容易侵入身體。因此，如果沒有培養自身的能量，身體就可能被其他的靈占有。

耶穌多次為別人驅魔，他講過一個故事：有一個人附魔，來找老師幫他驅魔，老師一看，發現這個人身上有七個魔鬼，於是想盡

---

[30] 每個人從小開始，就一直在拒絕，譬如不准欺騙、不准撒謊……而這些被我們拒絕的事情，也屬於我們的能力範圍。一個人能夠做一件事而不去做，這就是拒絕，而一旦拒絕，也就是壓制了原本的潛能，使得能量無法發揮。

辦法把這七個魔鬼驅走。這七個魔鬼離開之後，到處遊蕩，想要再找另外一個宿主，可是找了半天找不到適合的人，最後發現原先附魔的那個人還在遊手好閒、無所事事，於是又回到這個人身上，甚至帶來了更多的魔鬼。

這說明了，生命不能有缺口。假設有一個人，信仰某種新興宗教，一般來說，我們會擔心他有迷信的傾向。但是我們最多只會提醒他小心一點，而沒有必要戳破這個迷信，因為戳破之後會產生缺口。這也就是說，我們不能輕易排除別人的信仰，儘管這個信仰可能有問題，因為對於信仰的人而言，這個宗教滿足了他的靈的需求，一旦沒有了這個宗教，他反而會無所適從。

接下來要談「占有」，也就是我們去占有。占有近乎「執著」，對象有三種，分別是外物、別人、自己的身與心（知、情、意）。這種執著的產生，是由於靈走錯了方向。每一個人都可能發生一些情況，譬如有些人特別喜歡收藏某種東西，看到就想買，這就是對「外物」的執著。對「別人」的執著常常發生在父母對子女身上。有些父母會把子女當作自己的占有物，當子女長大成人想獨立的時候，父母卻無法放開。也有些人念念不忘要表現自己身體的美，注重保養與身材；有些人則是在情感上非常執著，會為了感情的事自殺或殺人。這些是對自己身與心的執著。

柏拉圖說：「強烈地執著於自我，是惡行劣跡最常見的來源。」所謂強烈地執著於自我，是說執著於自己的身與心，而心又分為知、情、意，這三方面都可能產生執著。譬如我堅持自己的想法一定是對的；自己的感情一定是純的；自己的意志是不容違背的。一旦強烈執著於自我，會造成惡行劣跡，到最後身不由己而做壞事。

「子絕四：毋意，毋必，毋固，毋我。」（論語・子罕）孔子拒絕四種毛病：任意猜測、堅持己見、頑固不化、自我膨脹。沒有了這四種毛病，也表示化解自我的執著，靈的力量就可以走向正面了。孔子能夠讓來自四面八方、性格不同的學生都跟隨他而不捨得離開，便是因為他本身沒有執著或占有的偏差表現。這四個「毋」把人的生命提升到靈的層面，因此很容易與各種人相處及協調。

無論是「被占有」或是「占有」，皆因為自我與中心分離，盲目地尋求其他奧援，這就是第一種異化[31]的狀態。

邪惡的異化狀態

邪惡的原型是魔鬼[32]。「魔鬼」一字的希伯來文是「Shitan」（英文為Satan，中文譯名為「撒旦」），意指「沒有反應」、「不能反應」，推及為無法發自內心，與人感通。所謂「沒有反應」是指：他如此驕傲，以致對神沒有反應。神是一切生命的來源，是最後的真實，如果對神沒有反應，就好像是認為自己不需要真實，認為自己本身便有存在的條件，而犯了最大的罪惡——驕傲。

如果一個人對世界上的一切都沒有反應，那麼他就變成和魔鬼沒什麼兩樣。譬如一個人看到九一一事件，而完全沒有任何反應，那麼他當然是邪惡的，因為這種人的內心已經被仇恨所占據，不能感受別人的痛苦。因此，看到別人受難而沒有任何感受時，必須提醒自己，因為這恐怕已經陷入了邪惡的狀態而不自知。

在這種狀態下，自己與真實本質無法溝通，既無自覺也無感通，受困於蓮花的一瓣。這裡特別用「自覺」和「感通」兩個詞，因為孔子在講仁的時候，所強調的即是自覺和感通。自覺意味著：

---

[31] 異化就是「疏離」，這裡講的異化就是自己和自己疏離，變成不是「我」。

[32] 魔鬼本來是上帝非常喜愛的天使，但是他做錯了一件事——驕傲（驕傲是天主教七大死罪中的第一個死罪，因為人有生有死，本來就沒有資格驕傲，人一驕傲就是悖離了事實），因此被上帝打入地獄。然而由於他的勢力龐大，有時看來好像在與上帝抗衡。

我是一個主體，要負起責任；感通則是「感而通之」，也就是跟別人相通。仁指的是一種生命力，我們常講「果仁」，就是指一個水果裡面有核心，這個核心種在土地裡，會長出新的果樹。

英文「魔鬼的」一字「Diabolic」，原指分開兩者，意即自我之撕裂，一切之衝突與毀滅。「Dia」在希臘文中是指「兩個」，因此「Diabolic」就是把兩個分開，讓這之間沒有任何關聯性。就自我來說，是將自我撕裂，就別人而言，則是將自己與別人分開，彼此不再有任何感應。

人的生命在於「通」，所以古人會說：「仁通天地。」發展「仁」以後，生命力可以和天地產生呼應，亦即可以通天地。

沒有生來邪惡的人，但是人有邪惡的潛能，因此可能被邪惡所占有。這就是第二種異化。

絕望的異化狀態

絕望就是「致死之疾」（Sickness unto death）。這個詞是齊克果（Kierkegaard, 1813-1855）的術語，「致死之疾」是說：這個病會讓你死，無藥可救。它會使人放棄一切，認定人生既無意義也無價值。當貧困乏味的生活、缺乏對生命的反應，以及死亡，都在糾纏著一個人的時候，就可能產生絕望的感受。

貧困乏味的生活是指一個人的生活單調，每天過得差不多。現代人很容易有這種感覺，因為每天的新聞都是差不多的內容、發生的都是差不多的事，好像陀螺在原地打轉。所以每個人都應該問自己：「我的生命一天天地過去，到底是在準備什麼？如果有一天發生什麼事情，我準備好了嗎？我來得及應付嗎？」

自殺是終極的絕望所導致的終極行動，是對無意義之終極的投降。自殺是一件最可惜的事情，然而有些人自殺是因為真的無路可走，每天只是活著等日子結束。我們反對自殺，絕對不是因為認同寧可活著等日子結束。人要能夠活著一天就是一天，活著一秒就是一秒，設法讓自己的身、心、靈，能夠往六瓣蓮花的方向去思考。

生命是一個趨向，一個人每天所作的選擇，都是在為自己生命的趨向加分和減分。如果往正面趨向慢慢走，久了以後將會習慣，習慣以後自然能夠表現適當的行為。

結論：知病者不病

老子說：「知不知，上；不知知，病。聖人不病，以其病病。夫唯病病，是以不病。」（七十一章）這是說：知道，而以為自己不知道，這是最高明、最傑出的；不知道，卻以為自己知道，就是有缺陷。聖人沒有缺陷，是因為他把缺陷當作缺陷來對待。因為把缺陷當作缺陷來對待，所以能夠沒有缺陷。

知道，卻以為自己不知道，這是最高明的，因為如此一來人會謙虛，就有上進的可能。人最怕的就是不知道，而以為自己知道，如果不知道什麼是人生的全貌，卻以為自己知道（譬如只知道要追求身心健康、追求世間成就，而忽略了靈），就會產生問題。

人生有五種傲慢：身體的傲慢、財富的傲慢、權力的傲慢、知性的傲慢、信仰的傲慢。這五種傲慢的層次不一樣，其中身體、財富、權力都屬於「身」的範圍，因為這些是有形可見的；知性屬於「心」的範圍；而信仰則屬於「靈」的範圍。由此可知，無論在身、心、靈方面，都可能產生傲慢。

不知，卻以為自己知，就會產生傲慢。知或不知是一個「覺悟」的問題，不知道卻以為自己知道，這是因為自己所知道的只是一個下層的知識，而不是真的知道。真的知道是「知道自己的不知道」，能夠知道自己的不知道，才有往上提升的空間。

一個人如果知道自己的不知道，就能夠比較完整地看待人的生命，然而因為我們還活在世界上，所以也不可能完全理解靈的領域。語言是有限的，講的人不可能完全講清楚，聽的人也不可能充分理解，因為這些題材本來就不是在我們的經驗世界中能夠清楚表達的。

人的幼年遭遇難免造成潛意識中的情結與盲點，而化解之道只有一條，就是：開發自己的靈性潛能。六瓣蓮花的象徵，提醒我們，人的靈性要求生命走向完整。與此同時，還須化解三種可能的異化狀態。如此雙管齊下，靈性力量將使人得以安頓。

第四章

代蒙

——從命運到使命

每一個靈魂降生時，可以選擇自己的代蒙。

——柏拉圖

人現在的生命，除了是身體與靈魂的結合之外，另外還有一個代蒙在旁邊保護著，而這個代蒙是靈魂在降生的時候自己所選擇的。因此，我們這一生命運的好壞都要由自己負責，因為這是自己的選擇。然而這個負責並不是基於現在的選擇，而是基於出生之前靈魂的選擇。然後，我們這輩子都要根據這個代蒙過一生。

一個人如何處理人生，就會如何塑造自己的靈魂。每一個人都有自己的人生故事，因此要好好傾聽代蒙的聲音，鼓起信心與熱忱，善待自己的人生故事。你以什麼方式設想自己的生命，你就依此改造了世界。

「代蒙」的意義

「代蒙」的原文是Daimon，關於代蒙最廣為人知的，就是蘇格拉底（Socrates，469-399B.C.）的故事。蘇格拉底在接受審判時提及，他從年輕的時候就有一種特別的情況，亦即每當他想做一件不該做的事時，會聽到代蒙發出聲音，告訴他不要做，這種現象一直到他晚年都是如此。這也就是說，代蒙只有一個任務，就是當他想做不該做的事時，它會叫他不要做，而當他想做該做的事時，它不會有任何反應。當時蘇格拉底相信只有自己一個人有這樣的遭遇，他也因此認為自己與別人不一樣。

代蒙與良心有關

然而，一般人會質疑，代蒙發出的聲音，是藉由耳朵抑或是內心聽到？如果是藉由耳朵聽到，那麼為什麼別人聽不到？因此蘇格拉底這種說法，在別人看來會覺得神祕而難以理解。

事實上，蘇格拉底提及這件事的用意，除了要表示他一生不曾做過什麼壞事之外，最重要的，是想告訴大家，當他前往法院接受審判的時候，心中的代蒙並沒有叫他不要來，換言之，無論審判的結果如何，都不是壞事，因為只有壞事，代蒙才會叫他不要做。雖然蘇格拉底最後被判了死刑，他仍然認為這對他來說是一件好事。

代蒙對於好壞的衡量標準，和一般世俗的衡量標準並不一樣，而這種想法是與「良心」有關連的。儒家常常提到「良知」，譬如孔子喜歡講「不安」（譬如不孝順父母，心裡會不安），而孟子則喜歡講「不忍」（譬如看到有人受傷，就會不忍）。「不安」和「不忍」都是在強調「不」這個字，而「不」這個字所代表的是一種很特別的狀態。如果一個人做的是該做的事，就無所謂「不安」或

「不忍」；相反的，如果他做的是不該做的事，或是該做而沒有做的事，便會出現「不安」和「不忍」的反應。

這種描述和蘇格拉底所說的代蒙非常類似，兩者都是在做不該做的事時會產生反應，而做該做的事時則不會有反應，只不過蘇格拉底的說法是聽到代蒙叫他不要做，而孔子和孟子的說法是心裡不安和不忍。這說明了，人是一樣的，只不過各種文化對生命的內涵和運作模式會有不同的解釋。由此可知，蘇格拉底談的其實是人類普遍的情況，而不是只有他一個人特別具備的。

聆聽代蒙的聲音

既然如此，我們就可以問：「為什麼一般人聽不到這種聲音？」這是因為一般人從來不曾注意去聽，即使小時候曾經聽過，也可能覺得無所謂，久而久之就聽不到這種聲音了。換言之，如果耳朵的頻率沒有調好，自然只能聽到世俗化的、外在的各種雜音。相反的，如果把耳朵的頻率調好，便可能聽到應該聽到的聲音。

大部分人年輕的時候，聽到別人談人生道理，常會聽不進去，但是年紀大了以後，再聽到相同的話，就開始能夠理解了。譬如許多人中學時期讀《論語》只是為了應付考試，並未體會其中的道理；等到上了大學，生活經驗比較豐富，這時再聽到相同的內容，可能就聽懂了，甚至還會有所體悟。這說明了，人類聽的能力確實有頻率的問題，就像我們聽收音機，頻率調到哪裡，就會聽到某個電台的內容。人生也是一樣，換一個時候，換一個地方，情況便不一樣。因此，要怎麼將自己聽覺或視覺的接收頻率，調到一個適合人所應該有的位置，是值得思考的問題。

代蒙的起源背景

代蒙最早源自於希臘民間信仰[33]。在希臘的民間信仰中，肯定一種「超自然的存有者」。存有者泛指任何存在的東西，而超自然則是「超越自然」的，英文是Super-natural。如果一個人可以飛，那麼他就是超自然的存有者，因為一般人無法這麼做。這種超自然的存有者，希臘人稱作Daimon，中文一般翻譯成「精靈」。

「精」是一個人最精華的部分，「精」到了一個程度也就沒有了身體的雜質，而變成純粹的力量；「靈」則是超越形體之上的。精靈的位階在神明[34]與英雄[35]之間，英雄是人，因此其位階比精靈稍低，不過精靈也尚未高到神的層次。換言之，他介於神與人之間，是這兩者的媒介。

比起奧林帕斯山上的諸神，精靈的擬人化程度較低。擬人化是「像人的樣子」，奧林帕斯山上的神，都好像人一樣（阿波羅、雅典娜……），擁有非常具體的形象，甚至可以被人畫出來。然而精靈卻不具備特定的人的樣子，因此很難描繪。

精靈決定一個人的命運

一個人出生時，就有一個這樣的精靈伴隨著。這個人一生的結局不論是好是壞，都由這個精靈決定。這是屬於「溯源論」的說

[33] 民間信仰是自然而然流傳在百姓生活之中的，它會產生某種信念，並且影響這個族群中所有人的思想及看法。擁有不同民間信仰者，就會有不同的信念，因而產生一套不同的看法。

[34] 神明指的是希臘神話中的眾神，其位階是超越人之上的。古時候的人喜歡講神的故事，因為神話所表現出來的複雜關係，正好可以用來解釋人間的複雜關係。人活在這個世界上，最害怕的就是覺得周遭事物「不可理解」，不可理解會產生恐懼，而當時人類的理性運作尚未成熟，因此發明許多神話故事，來解釋人間各種稀奇古怪的事情。

[35] 英雄是指希臘悲劇中的主角，是人類歷史上重要而偉大的人物。

法，大部分的宗教或神話，都是以這樣的方式解釋人世間的善惡，一般較為人所熟知的，即是基督宗教中所說的「原罪」。

照理說，上帝創造的這個世界以及人類，應該是沒有惡的，但是這個世界上卻有壞人的存在，那麼壞人是怎麼來的？如果上帝故意創造壞人，表示上帝不是全善的；上帝如果不是故意創造壞人，而壞人卻出現的話，表示上帝不是全能的。這種說法是對上帝很大的侮辱，於是基督宗教追溯到亞當與夏娃身上。亞當與夏娃是人類的祖先，他們犯了罪，所以不能怪上帝。我們最多只能問：「為什麼上帝要造一個可能會犯罪的人？」而這是因為上帝造人時，給了人類自由意志，人類也就有了犯罪的可能性。

相同的，希臘人看到這個世界上有好人也有壞人，於是把好壞的責任歸到精靈身上，這種說法到最後就變成了宿命論[36]。也就是說，一個人不管碰到什麼遭遇，都與他自己無關，而是精靈的問題。由此可知，精靈是與「命運」有關的，每個人出生的時候都帶著一個精靈，而這一生結局的好壞，就由這個精靈來決定。

性格即是命運

赫拉克利特（Heraclitus，學說盛行於紀元前504-501年的希臘地區）說：「人的性格即是他的命運。」性格是Ethos，倫理學——Ethics[37]這個字就是從Ethos演變而來的。Ethos這個字在古代是指與道德有關的生活習慣，或是一種處世的態度。換句話說，一般人現在講性格，都會覺得性格是天生的，其實性格並非天生

[36] 宿命論是每一位哲學家都要設法化解的挑戰，因為宿命論主張，所有發生的一切都不是人所能夠決定的，如此一來就消解了責任問題。因此一旦接受宿命論，許多人生意義的問題也無從討論。

[37] 倫理學是研究一件事該不該做、社會上為什麼要有道德、道德如何判斷等議題的一門學科。

的，而是出生以後慢慢形成的一種做人處世的習慣（習慣的表情、說話方式、互動方式……），而這構成了一個人的Ethos，也就是他的人格特質，然後將會決定他的命運。習慣是形成的，由此可知，人格特質是可以改變的[38]。

這裡的命運是用Daimon[39]這個字，Ethos就是人的Daimon，換句話說，如果要知道一個人的Daimon在哪裡，或者他的Daimon是什麼，就要看這個人現在表現出來的生活習性（待人接物、思考模式……）。這些習慣都是一個人從小在不知不覺中形成的，因此自己很難跳脫出去作衡量，而這些無意識的習慣，會決定一個人的命運。

赫拉克利特這種說法可以避免陷於宿命論的論調。宿命論認為一個人生下來，就已經決定了這一輩子的命運，無論如何努力，都無法改變，這是一種對命運的悲觀看法。但如果說性格就是命運，表示一個人的命運是靠他的性格決定，而性格是一個人後天所培養的習慣，或多或少是可以改變的。

有好的精靈就是幸福

希臘人對於人生的看法是「幸福論」，亦即人生是追求幸福的。希臘文的「幸福」是Eudaimonia，這個字的中間就是Daimon，而字首則是「Eu-」，是「優質」的意思，任何東西前面加上「Eu-」就代表好的、善的。因此我們可以知道，希臘人所謂的幸福，就是要得到一個好的Daimon，亦即有一個好的精靈跟自己在一起。

---

[38] 西方人常說：「習慣是第二天性。」由此可知習慣相當難以改變，但不代表它無法改變。
[39] 希臘時代的「命運」其實是Moira這個字。這會在稍後「橡實原理」部分提到。

不過，有好的精靈就會有壞的精靈，如果得到壞的精靈，命就會不好。然而這裡面又隱藏了一個問題：如果命運都由精靈決定，那麼人還有自由嗎？如此一來，不又成為宿命論了嗎？這是一直都存在的問題，因為人生有許多事情的確是命定的，譬如生在某個時代、某個家庭，接觸到的人群和環境，這些本來就是我們所無法決定的。

那麼有哪些事是人可以操縱的？有一句話叫作「人到中年萬事休」，這句話應該改成「人到中年萬事新」。我們在求學、求職階段，自由都很有限，一定要到了中年，當家庭與事業都比較穩定，也儲蓄了一點資產之後，才開始真正能夠安排自己的生活。

靈魂可以選擇代蒙

蘇格拉底曾用「divine something」（神性之物）和「divine sign」（神性記號）來表達代蒙的意涵。「Divine」是與神有關的，中文翻譯成「神性的」或是「屬神的」。如此一來，就是用與神有關的東西或記號來表達代蒙，因此它的神祕性就降低，而接近一般人所說的「良心」。

良心有時候會發出警告，所以當一個人想做不該做的事時，總是會感到遲疑。譬如在公車上遇到老人家時，如果不讓座就會內心掙扎而不安，好像心中有一個精靈在告訴我們不可以繼續坐著。換言之，只要願意聆聽，每個人都可以聽到精靈之聲，但是如果長期都不聆聽，到最後也就沒有感覺了。

柏拉圖說：每一個靈魂降生時，可以選擇自己的代蒙。也就是說，人現在的生命，除了是身體與靈魂的結合之外，另外還有一個代蒙在旁邊保護著，而這個代蒙是靈魂在降生的時候自己所選擇的。因此，我們這一生命運的好壞都要由自己負責，因為這是自己的選擇。然而這個負責並不是基於現在的選擇，而是基於出生之前靈魂的選擇。然後，我們這輩子都要根據這個代蒙過一生。

這種解釋也是為了避免宿命論，然而它也讓靈魂與代蒙的關係變得很神祕。究竟靈魂與代蒙是什麼關係？代蒙有時也被當成靈魂，就像柏拉圖自己後來偶爾也會提到：靈魂就是代蒙。因為這些都屬於人的生命中，比較神祕的部分。

柏拉圖的靈魂觀

「靈魂」的希臘文是Psychḗ，指一切存在物中的生命原理。換句話說，有生命就有靈魂，靈魂是生命的原理，所以即使一棵樹、一隻狗，也都有靈魂，因為他們有生命。宇宙萬物只要有生命，其原理就是靈魂，然而我們只能看到生物的外表，無法看到靈魂。在中文裡，「靈魂」一詞只用於人類，其他的有生之物可說是擁有「魂」或「生魂」。

靈魂不死的論證

柏拉圖認為靈魂不死，他提出以下幾個論證：基於輪迴、基於回憶說、基於理型論、基於生命觀、基於內在惡因的特性。這些論證不盡然都很周全，但是可以提供五種不同的思考角度，作為參考。以下分別說明之：

（一）基於輪迴：靈魂相反相生。由死到生，由生到死，否則一切最後歸於虛無。相反相生是指：看到高就知道什麼是矮、看到黑就知道什麼是白、看到生就知道什麼是死。所以現在活著的人，都是由以前的人再生的，也就是從死的人轉成活的人。而現在活著的人將來一定會死，人死了之後，進入另外一種狀態，準備將來再回到活人的世界。如此相反相生，就可以無窮發展下去。

這是以輪迴的方式解釋人類社會的生生不息、死死不已。柏拉圖採取這種解釋，是因為他認為，如果整個運作方式不是循環，而是直線進行的話，總有一天人類會全部消失，因為人死了靈魂也就死了，如此一來就無法解釋人類社會的永續存在。

（二）基於回憶說：柏拉圖認為知識就是回憶，回憶起靈魂在前世所見的理型。換言之，理型就是知識的內容。

理型是指「宇宙萬物原始的典型」，它不受時空限制，因此是永恆不變的。人在這個世界上所見的一切，都只是模仿或分享理型界的理型。譬如我們可以知道張三很勇敢、李四很勇敢，但是不可能見過「勇敢」本身，因為勇敢是一種程度，每個人的勇敢都有程度上的差別，因此不可能看到勇敢的最高典型。然而每個人都知道什麼是勇敢，而這不可能是在出生以後歸納所得的，因為歸納無法保障普遍性。由此可知，人在還沒出生以前見過勇敢本身，也就是勇敢的理型。

這是柏拉圖建構知識論的一個重要關鍵，而這同時意味著，人在出生以前就有生命，我們看過這些理型，只是在出生的時候忘記了，因此才會說「知識就是回憶」。

（三）基於理型論：靈魂所分享或模仿的，是生命或是變化之物？我們在這個世界上所見的一切，都是模仿。舉例來說，沒有人見過方形，所見到的只有方形的東西，因為方形本身是看不到的，它是人類用理智在理型的世界所掌握到的，所有方形的東西都是在模仿方的本身。模仿只能夠接近，不可能百分之百一樣。

分享也是如此，譬如所有的熱都只能夠分享熱的本身，因此所有的熱都是相對而不是絕對的。換言之，不管多少度都不等於熱的本身，熱的本身並沒有溫度，因為它是一個理型。

單純的靈魂（異於組合的身體）是不可分解的，因而是恆存的。身體是組合而成的，譬如人有四肢、五官，儘管手斷了、腳缺了，都還是人。由此可知身體可以分解，而分解完畢就死亡了，所以身體會死。然而靈魂是單純的，單純的靈魂不能分解，所以死不了，是恆存的。

（四）基於生命觀：有靈魂，即有生命；靈魂不能容納生命之反面，因而是無死的。這種說法是使用語詞上的矛盾，也就是說，靈魂等於生命，所以靈魂不可能死，因為死亡與生命是相反的。

（五）基於內在惡因的特性：身體有內在惡因（如受傷、生病）就會死；靈魂有內在惡因（如行惡、不義）依然不死。亦即，一個人的身體一旦生病，就有可能會死，因為身體內部的腐化或瓦解會使身體消滅。然而一個人做壞事，靈魂卻不會死，也不會衰老，甚至壞事還會越做越多。這說明了，靈魂的內在惡因，不能使靈魂死亡，因為靈魂是不死的。

這五個論證個別看起來不盡然都一定能夠成立，但是合而觀之，仍舊可以發現，人的生命裡面，的確擁有某種力量是與身體不同的。只要知道這個力量的存在，並且了解它不應該涉及死亡就可以了。

柏拉圖對靈魂的描寫

以下將引用一段柏拉圖對靈魂的描寫：

> 靈魂就像一個御者與兩匹帶翼的馬，共同組合成的一體。諸神的靈魂中，御者與雙馬皆善，皆出自優良的血緣，其他的靈魂則不然。人的靈魂中，御者所駕之雙馬，其中一匹既美且

> 善，也是來自相似的家族；另外一匹則全然相反。因此，我們的駕馭必定是既困難又麻煩的。

這種描述不但說明了人與神是不一樣的，並且也把人類靈魂內部的掙扎與衝突充分地顯示出來。

上述描寫人的靈魂駕了兩匹馬，「理智」是駕馬車的人，「感受」是右邊的馬，而「激情」則是左邊的馬。「感受」即是所謂的「意氣」，是指一種慷慨激昂的氣概，努力追求榮譽與光彩；「激情」則是追求個人享受、物質欲望，是比較負面的。如此一來，則是把靈魂視為三個部分的組合，這樣就產生了困難，因為靈魂如果是組合而成的，那麼是否分解以後靈魂便消失了？

因此，靈魂若有組合部分，那麼哪一部分是不死的？答案是理智。哲學家很強調理智或理性的理解能力，一個人如果無知，將猖狂妄行，因此壞靈魂是無知者的靈魂。然而如此一來又變得很抽象，因為理智是一種「思考的能力」，既然是「能力」，那麼又與靈魂有什麼關係？這也是值得繼續探討的問題。

柏拉圖又提到，靈魂中最重要的部分：

> 是神賜給每一個人，作為他的Daimon，它住在身體的頂端部分，要把我們從地上提升到它在天上的親屬，因為我們的本性不是塵世的而是神性的。

柏拉圖始終覺得身體是靈魂的監獄，靈魂活著的時候好像在坐牢一樣，唯有克制身體的欲望，避免受到激情的控制，靈魂才能夠獲得自由。然而要完全解脫，唯有離開人世，所以人只能愛好智慧，而無法擁有智慧。

橡實原理

在此要介紹《靈魂符碼》（*The Soul's Code*）[40]這本書，這本書的作者是榮格心理學派的學者希爾曼（James Hillman），其中提到：橡實（橡子）可以長成橡樹，其中有一幅生命圖像（包括性格特徵、志趣感召、命運歸趨），預先告知了未來的發展。換句話說，每一個人的生命裡面，都有一個橡實，因此我們要設法了解橡實原理（Acorn theory）是怎麼一回事。這也是現代人對於代蒙的另外一種思考角度。

柏拉圖的厄耳神話

這本書中特別提及柏拉圖的「厄耳神話」（Myth of Er）。厄耳是一名軍人，他在作戰當中喪生，死後來到了另外一個世界，碰到很多遭遇，再回到人世之後，他把這些遭遇告訴別人，因此變成了「厄耳神話」。「厄耳神話」中提到：

> 我們每個人出生之前，靈魂便獲賜一位特別的守護神Daimon，靈魂選好了各自要在人世活出來的圖像與樣式。伴守著靈魂的Daimon便帶領人降生。但人一出生就忘記先前的事，以為自己是空手而來的。Daimon一直記得你圖像的樣子，以及樣式的內容，所以，Daimon帶著你一生的定數[41]。

從這段話可以知道，柏拉圖並不否定用這種神話來解釋靈魂，

---

[40] 薛絢譯，天下文化出版，1998年。

[41] 定數是指一定會遭遇到的情況，譬如一個人可以活多少歲、賺多少錢，都是定數。

因為靈和身、心不同。人可以觀察身體的生老病死，並且研究心智發展與情感變化，然而對於靈這樣的境界或層次，以及其中所有的事情，卻都沒有經驗作為材料，因此只能按照許多流傳下來的說法去想像。

靈魂的四種處境

每一個靈魂在出生的時候，都作了選擇，而這種選擇包括四個部分：身體、父母、地點、環境。

首先是**身體：**身體向下成長，終究回歸塵土。「向下成長」有兩個意思，第一個意思是要人腳踏實地，第二個意思則是要人懂得謙卑，就好像一個人回到泥土這個層面，才真的能夠慢慢站起來。一個人如果少年得志，忘記了自己出生的泥土，將來的遭遇會很悽慘。相反的，如果年輕的時候受過苦，了解生活的艱難，並且對於人世間的道理能有多一點了解，才會明白要對別人的善意心存感激，並且設法把這些善意轉化為善緣，而不是視而不見或視為理所當然。

其次是**父母：**父母是我的靈魂自己選的，命運相連，構成基本家庭。表面看來，子女是父母所生，而事實上不是父母在選擇子女，而是子女在選擇父母。這是就靈魂在降生為人時的主動選擇權而說的。

有時候，某些家庭之中父母與子女就是相剋或不合，然而這是子女自己選的，因此必須接受這種磨練，如此一來或許能發展出某種特定的才華。譬如香奈兒的創始人香奈兒（Coco Chanel）在孤兒院住了二十年，正是由於小時候的這種體驗，使她對於醜惡和痛苦有特別深的體驗，造就了她對美的特殊眼光。

由此可知，代蒙是一種很奇妙的東西，它可以決定一些事情，它會呼喚、召喚你。換言之，每個人的心中都可以聽到一種「Calling」[42]，它會在某個情況下出現，告訴我們應該走自己的路。然而要走自己的路是很辛苦的，因為周圍的環境會構成一個「網」，讓人不能往前走，有時候父母可能就扮演了這樣的角色。

接下來是**地點**：地點是使你有責任可擔，有規範可循。譬如從小生長在台灣這個地方的人，有時候會對這裡的一切覺得厭煩而想移民，然而移民將失去自己的根。人的生命本來就有地點上的限制，待在國外始終都是過客，而不是歸人，只有在台灣，我們才是回到家的人。

最後一部分是**環境**：環境包括了成長過程中所發生的事件，它能使你具體歸屬及回應這個世界。

這四點是靈魂投胎的時候，所選擇進入的處境。每個人都要接受自己的這四種處境，並且把它們當作代蒙運作的空間。

如何讓代蒙運作

這部分將以父母對待子女為例，說明如何讓代蒙運作。

首先，父母或照顧者要對孩子懷有幻想。父母往往會對孩子存著幻想（譬如想像他們將來是音樂家、科學家、學者……），這種幻想自然會形成培養孩子的特定方式，以誘導他們往某方面發展。如果父母讓孩子自由發展，反而不是一件好事，因為小孩的興趣是全方位的，並且很容易受外界影響，根本沒有運用選擇的能力。

小孩無所謂自由發展的問題，因為他們是有樣學樣，所以寧可由父母告訴孩子方向，讓他認真去走。儘管這可能不是孩子想要做的事情，但是至少他有一條路，即使走不通，至少也學到一個經驗。因此，父母不能對孩子完全沒有幻想，然而這個幻想到了一個

---

[42] Calling通常翻譯為召喚、呼喚，亦有人翻譯為「天職」。

限度、一個階段，當孩子開始表現出自己的特色時，父母就應該準備放棄原有的幻想了。

其次，在孩子的生活範圍中，要有個特立獨行的人。這個特立獨行的人不一定要在實際生活中出現，有時候可能是存在於小說或電影裡面。所以父母要觀察小孩子看什麼電影會特別熱衷，什麼樣的人物出現時，他們會特別嚮往。書中舉了一個例子：一個小孩四歲多的時候，看到很多人在唱歌，忽然有一個人出來獨唱，小孩開始變得很興奮，說自己將來也要獨唱，結果這個小孩後來真的成為有名的歌唱家。

有一部電影叫作「鋼琴師」，是鋼琴家大衛赫夫考（David Helfgott）的傳奇故事。這部電影敘述一個猶太家庭，父親要兒子練鋼琴，希望他未來成為鋼琴家。由於父親過於操縱，這個兒子在成長過程中非常辛苦。後來大衛碰到一位女作家，這位女作家告訴他一個故事。她說她在三歲的時候，父親是一位學者，每天都在做研究、寫東西，根本不理她。有一天她很生氣，就把墨水倒了滿桌，在紙上亂畫一通。父親看到以後很生氣，問她在做什麼，她說自己在寫字，父親聽了之後立刻抱緊她。而她後來真的成為一位作家，得到美國普立茲文學獎。

這就是父母看出孩子的一種趨向，而孩子本身可能完全沒有察覺。換句話說，當訊號出現的時候，父母要懂得去注意、觀察。

最後，父母要善待孩子著迷的行徑。孩子在某一方面著迷，不見得是一件壞事，最怕的是在每一方面都溫溫吞吞，沒有什麼特別的興趣，完全聽任父母安排。如此一來，將來可能很難有傑出的表現，因為他的力量本身沒有匯聚成一條河流，只能散開流在地面上，以致於無法走出自己的路。

總的來說，要讓代蒙運作，第一點就是父母對小孩要有幻想，小孩出生之後，把自己的願望投射在他身上，設法安排適當的環境，讓他對這方面有比較多的接觸機會。譬如英國一位哲學家科林伍德（R.G. Collingwood, 1889-1943），他父親是一位教授，家裡藏書很多，因此他有機會在八歲時就自己翻閱《康德的倫理學原理》（*Kant's Ethical Principles*）。他發現自己看不懂，於是下定決心一定要把它讀懂，這時父親發現了他的趨向，幫助他往這方面走，柯林伍德後來果真成為一位著名的哲學家。

至於孩子周圍是否出現特立獨行的人，有時候確實有這樣的人，只不過在今天這個時代比較不容易遇到了。

舉例來說，有一本書叫作《僧侶與哲學家》（*Le moine et le philosophe*）[43]，這本書由兩位法國人的對話所組成，這二人是一對父子。父親是一位政治哲學方面的專家，兒子則研究生物，老師是諾貝爾獎得主。這個兒子表現相當傑出，讀完博士以後對他父親說：「我已經完成了你叫我唸的書，現在我要出家去了。」之所以會有這個念頭，是因為他唸大學的時候，有一次到喜馬拉雅山的密宗廟宇學習。行程結束回到巴黎之後，他開始想，為什麼自己在喜馬拉雅山的時候完全忘記了巴黎，但是回到巴黎之後卻忘不了喜馬拉雅山？如此一來，他便知道自己屬於哪裡了。

這個孩子的父母都是很有名望的人，來往的都是社會上的知名人士，從小生長的環境相當順利而美好。然而他卻說：「來我家走動的都是有名的人，但是這些人卻很少是快樂的。」這個孩子在成長過程中看到這種情形，因此常常告訴自己，要去追求自己的路，因此拿到博士學位以後，他就跟隨了達賴喇嘛，成為達賴喇嘛身邊

---

[43] 賴聲川譯，先覺出版，1999年。

的法文翻譯。

這並不表示每個人都要這樣選擇，只是對這個人而言，他的代蒙發出了聲音，讓他有這樣的體悟。他因為在這樣的家庭背景中成長，然後在大學快畢業的關鍵時刻，看到了喇嘛們的生活，感覺到這才是自己所要的，因此他的代蒙就在這個時候顯示出來。

反對宿命論的説法

談到代蒙就會牽扯到宿命論。哲學和宗教都在極力避免宿命論，然而宿命論卻也不是完全沒有道理，因為人無法改變過去所發生及遭遇的任何事，生命就是在時間之流中度過的。

反對宿命論的第一種説法認為：時間的先後並不等於因果關係。一般人常以為「Post hoc, ergo propter hoc」。這句話是拉丁文，意思是説：在某事之後發生X，所以X是因為某事而發生。譬如先下雨，然後我摔跤，我摔跤是在下雨之後，所以下雨是我摔跤的原因（我摔跤是因為下雨）。也就是説，我們常常把時間上的先後順序，當作因果原理，時間上在先的是原因，而時間上在後的則是結果。事實上，時間的先後並不等於因果關係。

講到「因為」這兩個字，就變成了宿命論。譬如因為火車誤點，所以我跟張三吵架，換句話説，我跟張三吵架，是由火車誤點所決定的，只要火車誤點，我跟張三就會吵架，如此一來便成了宿命論。事實上，「火車誤點」和「跟張三吵架」只是時間上的先後順序，不必然有因果關係。時間上的先後有時會有因果的影響，但是不能決定因果。

其次，人可以使用理性，學會掌舵之道。命運是「Moira」，其原意是「一份」、「一定數量」，只代表一部分的影響力。Daimon是Moira存在於個人生命內的形態。換句話説，命運派了

Daimon在我們的生命裡面，它可以召喚生命，但不主宰生命。我們感覺到命運在召喚自己，使我們走上某一條路，但它不會主宰我們，走不走還是要由自己決定，其他後續反應也是由自己決定。

Moira的字源意義是：思考、沉思、考慮、反省、掛心，也就是要求人使用理性，學會掌舵之道。

第三種反對宿命論的觀點，則是出於柏拉圖的見解，他認為宇宙力有兩種：理智（Nous）與必然（Anánkē）。理智找出合理的法則與模式；必然則涉及不確定的、漫無目標的、無法預測的、非理性的狀況。

一般人往往以為必然是「一定會如何」，事實上必然是不可預測的，直到發生時才了解躲也躲不掉，該來的還是會來，而這是用理性所不能理解的，因為凡是能夠用理性去思考與理解的部分，就有可能躲得開。因此理性與必然是兩股相反的力量，人類應該發展理性的力量，才能把命運轉變成使命。

理解惡行的方法

人間有許多罪惡，因此接下來要探討，如何理解人的惡行。以下提出八種理解的方法，然後再談與代蒙有關的結論。這八種理解都有各自的根據：

（一）早期創傷的制約作用：這是屬於心理學決定論，譬如小時候曾經喝水嗆到，所以長大以後喝水會感到恐懼。有些人因為小時候受過傷害，由此導致他長大之後有不好的行為。

（二）遺傳的瑕疵：譬如DNA的組合有問題等說法，這是屬於生理學決定論。

（三）團體的規範：因為社會互動所造成的影響。譬如生長在貧民區，周遭環境的人都在販毒、吸毒，因而受到影響無法自拔。

（四）選擇的機能：即個人對苦樂的回應。每個人都會設法尋找快樂、避開痛苦，因此會選擇去做能夠得到利益的事。一個人可能受到從小生長環境的影響，而導致他對於好壞的選擇，與整個社會的價值觀背道而馳。

（五）業（Karma）與時代精神：即前世及今世的條件。我們常說一個人犯錯是因為他的「業障」很深，「業」是屬於前世的，過去造的業，會導致現在的處境。時代精神則是指一個時代之中的整個思想潮流，譬如看電視新聞會發現有許多相似的犯罪類型，以前覺得不可思議的手法，現在都已經習以為常，這就成為一種時代精神。因此當一個人犯了某種錯，就會覺得那是整個時代、整個社會的常態。

（六）人性的陰暗面：由自私、競爭，而鬥爭、仇恨。所以常有人說：「人不為己，天誅地滅。」或者有人喜歡把自己的快樂建築在別人的痛苦上，這都說明了人性的確有黑暗的一面。

（七）人性的空洞面：也就是喪失人的情感，變得非人化，譬如看到一個人受傷卻毫無感覺。人要常常問自己：「上次哭是什麼時候？」因為哭代表難過的感覺，代表自己還有人性的情感。有些人沒有這樣的情感，看到別人受苦受難而絲毫不會感到難過，對於同類完全沒有同情心，這就是他的人性被空洞化了。

（八）惡魔召喚：能夠列在這裡面的只有像希特勒（Adolf Hitler, 1889-1945）這樣的人。這種人以害人為樂，由破壞得到快感，無緣無故又身不由己，因為他們被更大的力量所控制。

以上論述皆不夠正確，關鍵在於不與Daimon接觸。一個人之所以會走上偏差的路，是因為他沒有與自己的Daimon接觸。靈對於身體是一個引導，對於心智也是一個約束，所以與靈接觸可以讓人的生命變得比較完整，換句話說，也就是讓內在變得比較完整。

一個人如果從來不去注意他的靈，那麼他的生命永遠都是有缺陷的，因為欲望是永無止境的，當一個人有了欲望，就會希望錢越賺越多，官越做越大，最後只能在世界上浮浮沉沉。相反的，如果一個人跟靈接觸，內在就能安定，就好像駕馬車一樣，靈是駕馬車的主人，心跟著主人的意念走，身體即使桀驁不馴，也只好乖乖聽話，如此一來每個人的內在就能自我要求。

結論

靈魂是個別的、獨特的，沒有所謂平庸的問題。「平庸」是統計學的說法，譬如凡是每個月賺三萬多元的都是處在中間的人。然而，把「賺錢多」等同於「傑出人物」是統計學的做法，我們不能以賺錢多寡代表一個人傑出與否。有些人錢賺得不多，但是生活過得很有意義，因為他的靈魂是個別的、獨特的，不能用社會上的外在成就去衡量他的價值。因此，我們不應該只去注意那些少數天才人物的表現，而必須知道自己的代蒙是獨一無二、無可替代的。

一個人如何處理人生，就會如何塑造自己的靈魂。處理的英文叫作deal with，也可以翻譯成面對、因應。這也就是說，該「如何」去做，事實上是操之在己的。

每一個人都有自己的人生故事，因此要好好傾聽代蒙的聲音，鼓起信心與熱忱，善待自己的人生故事。你以什麼方式設想自己的生命，你就依此改造了世界。最後這一部分便是在強調「如何」，要用什麼樣的方法，你可以自己決定，人的選擇也就在這裡。把命運變成使命的重點在於，你如何面對自己，你的整個命運就會隨之調整。

第五章

靈的修練
——以印度教為例

身體是車，拉車的馬是感官；韁繩是控制感官的心智；心智的決策機能是御者。車子的主人是無所不知的真我。這個無限我與有限我分開了。——《奧義書》

一個人活在世界上，如果沒有任何學習機會，就會被感官帶著走。只有當一個人把自己從感官的世界、心智的思考中解脫出來，才能夠體認真正的自我，而這個自我就是一個無限我。

修的瑜伽是要體認個人對「內在超越者」的直接經驗。每個人的生命之中，亦即內心之中都有一個超越者，也就是真正的我。換言之，人不只是感官所看到的、有形體的這個人。每個人的靈或精神能量如果發揮出來，都可以與整個宇宙相通。

談到靈的方面，往往讓人覺得很重要，卻又不易掌握。我在這裡以對比的方式來表達：身的健康是必要的；心的發展是需要的；靈的修練則是重要的。必要代表它是存在所需的必要條件，但是卻不夠充分，身體健康是一個人發展生命的必要條件，如果身體不健康，就算其他方面有什麼願望或能力，都會受到限制。

其次，心的發展是需要的，每個人都需要在知、情、意三方面不斷成長。換句話說，如果不發展心智，生命將有所欠缺。人每天張開眼睛與耳朵，就是在接收訊息，這是求知的本能。如果你所知道的只是一些片段、不成系統的資訊，那麼久了就會造成心煩意亂，這代表你顯然走錯了路。

靈的修練則是重要的，重要與必要不一樣，必要的不等於重要的，重要與目的有關，是一種價值判斷。也就是說，一個人活在這個世界上，最後會發現，這一生的目的就是要去修練「靈」。

生命的階段

靈的修練聽起來似乎很複雜，我們要以印度教為例來談這個問題，因為印度教經過幾千年的發展，提供了非常明確的內容。美國學者休士頓・史密斯（Huston Smith）做過這方面的研究。他在《人的宗教》（*The World's Religions*）[44]這本書中，對印度教的解說值得參考。

透過西方專門研究宗教學的學者，我們可以用一種對比的眼

[44] 劉安雲譯，立緒出版，1998年。

光，掌握到印度教的特色。並且由於這些資料在架構上已經很完整，借助這些資料來說明就會事半功倍。

印度社會中，把生命分為四個階段：學徒期、家居期、林棲期、雲遊期。

學徒期

學徒期是準備進入社會的學習階段，從「啟蒙」開始。許多宗教談到啟蒙都是用Initiation這個字，意思是「入會儀式」，譬如一個人加入印度教，或是加入一個祕密組織，都稱為Initiation。有些人上了大學以後加入社團，而許多社團也都會舉行入會儀式。

一般而言，啟蒙大約是從八歲開始，也就是進入小學的階段。在這之前，小孩好像是蒙在被子裡，眼睛只能看到自己所想要的，而看不到應不應該，也就是說，這時候的小孩是被自己的欲望所遮蔽的。啟蒙就是把這個自我遮蔽去掉，然後藉由老師的教導，讓小孩去學習什麼事應該做，什麼事不應該做。

對印度人來說，學徒期大約是從八歲到二十歲。這十二年並不是進入學校去學習，而是幾個學生跟著老師一起居住，直接從老師那兒學習，以養成習慣，塑造性格。習慣與性格是可以培養的，培養了之後，對於做人處事將形成一套固定的模式，如果這條路是老師已經走過的，自己走起來就比較不需要擔心或害怕，所以當學徒的時候要亦步亦趨[45]。

因此，年輕的時候不要怕學習別人，跟著別人做自然會有一定的效果。孟子曾經告訴想跟他學習的人說：「服堯之服，誦堯之

[45] 中國人談到學習時，常用「亦步亦趨」來形容，其原文為「夫子步亦步，夫子趨亦趨」（莊子・田子方），也就是說，老師慢走就跟著慢走，老師快走就跟著快走。

言，行堯之行，是堯而已矣；服桀之服，誦桀之言，行桀之行，是桀而已矣。」（孟子・告子下篇）也就是說，每天穿上堯穿的衣服，說堯說的話，做堯做的事，久而久之就會變得跟堯一樣好；相反的，如果每天穿桀穿的衣服，說桀說的話，做桀做的事，久而久之就會變得跟桀一樣壞。由此可知，無論一個人的本性如何，外在的模仿學習會使他形成某種特定的人格類型。

這種學習不同於學校教育對專業科目的訓練，而是一種全人教育，是學生對老師整個人的學習，譬如如何待人接物、什麼時候說什麼話、如何思考、生活上如何具體的表現等。現在學校裡教的往往只有讀書而已，雖然父母仍然可以給予生活教育，然而每個家庭父母的個別差異太大，無法有統一的學習內容，因此到最後變成只有考試成績是統一的測驗，成為唯一的標準。

印度人認為這個階段大約到二十歲，但是台灣現在許多人唸研究所，再加上可能有的耽誤，所以大概要延長到三十歲左右，才會結束學徒期。

家居期

家居期是從結婚開始，這時候生命的力量是向外發展的，有家庭、職業、社群。家庭提供歡樂，職業提供成就，而社群則提供責任。當這一切變得重複而乏味的時候，就要走向第三階段。

任何事情一再重複之後都會變得乏味。以家庭的歡樂而言，當孩子第一次拿到第一名時，全家人都會很興奮，但是如果每次都考第一名也就不稀奇了；職業的成就也是如此，第一次賺到錢的時候會覺得很有成就感，可是久了以後看到薪水便沒什麼感覺了；社群的責任更是如此，譬如有些人參加選舉是為了承擔社群的責任，然而承擔久了之後也是很疲累的。

古人說：「有人辭官歸故里，有人漏夜趕科場。」一個人開始接觸一件事的時候，總是會覺得新奇，但是做久了終究還是要退休的。因此，當一切都變得乏味時，應該問自己：「是否該轉個方向？」這時候就要走向第三階段。

然而有些人永遠走不到第三階段，儘管到了八十幾歲還在第二個階段，這是因為過於執著，因此孔子說：「少之時，血氣未定，戒之在色；及其壯也，血氣方剛，戒之在鬥；及其老也，血氣既衰，戒之在得。」（論語・季氏）每個階段都有特定的毛病，每個人都應該引以為戒。

有些人批評中國文化，認為中國人總是看不開，太過於入世，因此這裡要參考別的文化，而印度教就把人生的規劃分得很清楚。譬如中國人喜歡三代同堂，而三代同堂造成的困擾不少，因為不同年代的人，觀念難免不一樣，祖父母、父母、兒孫之間要互相學習忍讓。印度人的想法則很另類，他們認為一個人做了祖父母之後就到了林棲期，可以擺脫責任了。成長分為不同階段，小的時候別人照顧你，長大後照顧下一代，而當下一代到了家居期，自己也就可以真正退休了。

印度人的想法很單純，是用二十歲、四十歲、六十歲、八十歲來劃分階段，他們認為一個人二十歲結婚，進入家居期，到了四十歲左右，孩子也二十歲了，因此可以卸下責任，進入林棲期。六十歲到八十歲則是雲遊期，開始可以雲遊各地。然而，現代人的年紀都要往後推，因此到最後變成只有第一和第二階段，三、四階段則合在一起了。

林棲期

到了林棲期，應該卸下責任，進入森林裡面。這個時期從成為祖父母起，開始注意到「永恆」（異於變化的時間），這時候要探尋：我是誰？生命的意義是什麼？存在的奧祕（最後的真實）又是什麼？這些問題如果在前面兩期探討，是找不到答案的，因為不同的階段有不同的目標。譬如在家居期的階段，最重要的課題應該是如何賺錢養家；而林棲期的目標，則是開始回復到真正的自我。

前面兩期的目標都是可得可失、可多可少、身不由己，然而從這個階段開始是真的為自己而活，並且活出自己。這個階段既不能謀生賺錢，也不能得到世俗的利益，但是它可以告訴你：我是誰？生命的意義是什麼？

這一期大約也要持續二十年左右，才能夠真正想通，然後再進入第四期。

雲遊期

這個時期又重新回到人間，有著「也無風雨，也無晴」的意境，亦即回到人間時已經不受干擾了，四海為家，對一切「既不恨也不愛」。這時候的人已經沒有情感上的問題，而成為萬物之一，宇宙的子民，就像希臘時代蘇格拉底所說的：「我不是希臘公民，我是世界公民。」

對這個階段的人而言，市場有如森林，因為這時候的心靈很平靜，所以儘管在市場裡面也不會受到干擾，並且從有我歸於無我（to become nobody），與永恆真實合而為一。在前面兩個階段人是要to become somebody，也就是要擁有重要的分量，成為一個在社會中不能被忽略的人。然而到了最後雲遊期則要變成nobody，沒有人認識我是誰，這才是回歸根源。

人所在乎及把握的自我，往往是小的自我，這個小的自我喜歡表現得與別人不同。然而當一個人修行到最高境界之後，不會在乎人我不同之處，反而希望自己與別人完全一樣。最好是有我無我都一樣，來去就如同一陣風，不會讓別人感覺到任何壓力。譬如我們小時候看到老師總是覺得要安靜、不能講話，而事實上，真正的好老師應該如同春風化雨一般，讓學生感覺不到老師的壓力，這也是一種道家的境界。

生命的目標

人生的目標是要根據你所具備的條件，由此產生圓滿的結果。而印度教對於人生目標，是透過三方面來界定，也就是人類基本的身、心、靈三個部分：人有感覺（主要源於身），所以要追求歡樂；人有意識（主要源於心），所以要追求知識；人有存在（主要源於靈），所以要追求永恆的存在。

身：追求歡樂

人有感覺，當然就會希望快樂，然而任何快樂都隱含著痛苦，因此如何讓感覺追求快樂，並且最後使這種快樂沒有痛苦，就是人所要嚮往的目標。然而，對於身體痛苦、欲望受挫、厭倦生命，要如何化解？

有身體就會有痛苦，這種痛苦有時讓人覺得很難超越，譬如人在牙痛的時候就會感覺到牙齒的存在。也就是說，當身體的某一方面出了問題時，我們就會特別注意到它，所以痛苦等於是提醒一個人生命的特質。

其次是欲望。每個人都有欲望，那麼當欲望受到挫折時怎麼辦？大家都喜歡互相祝福「心想事成」，然而能夠心想事成是很困難的，因此我們要問：「我想的是什麼？」如果想的是有形的欲望得以滿足，那麼就會與其他人發生衝突。因為你得到的多，別人就得到的少。換言之，一個人心想事成，周圍的人都會有壓力。然而，如果追求的是精神上的心想事成，便沒有所謂欲望的問題了。

與此類似，我們有時候會覺得人生很無奈，因而厭倦生命。由此可知，人的身從感覺開始，追求歡樂，但是這一切都必然有所限制。

心：追求知識

人有意識，就會希望得到知識，但是真正的知識不是點點滴滴的，而是透明的智慧，也就是覺悟。

人真的能夠去除無知嗎？無論是在印度教與佛教，或是西方哲學思想中，對於「無知」這個課題都非常關切。因為無知就好像一片帷幕，一個人如果無知，不管你對他說什麼都沒用，因為他沒看到你所看到的部分。因此，一個人在意識上最怕的就是無知，旁人根本無能為力。

如何才能知道「一切」，包括對總體的洞見？甚至潛意識的世界？人所看到的只是整體的一部分，卻常以為自己看到的是全部，這就是無知。我們沒有注意到自己現在所知道的，是過去不知道的事，在過去不知道的時候，以為現在所知道的東西根本不存在。那麼當我們現在知道以後，也就可以稍微改變過去的無知。

然而我們始終無法確定，許多現在所不知道的東西將來是否會出現。誰來告訴我們？又該相信誰的話？一個人要是沒有立志學習，不能開放心胸去接受真正的智慧和光明的照耀，又有誰能幫他的忙？

靈：追求永恆的存在

存在是指：人「有」而不是「沒有」。哲學中常提到Being這個字，Being也就是「有」。人有存在，就會希望自己的生命永遠存在下去，不要消失。人最怕的是生滅無常，「常」是永恆，「無常」則代表沒有永恆，總是在變化中。

能夠認同（Identify）存在之整體，就永遠化解時間、空間對人的限制。認同存在的整體，是指由being（我們）去認同Being（存在的整體）。being一旦認同了Being，就代表一個人回到了根源，永遠不生不滅。

以上談到人類生命的三項特質，顯示了三種生命的目標：因為有感覺，需要歡樂，因此要追求長期的、沒有痛苦的歡樂（喜悅）；因為有意識，希望能夠了解，因此要覺悟；因為現在存在，所以希望不要消失，由此找到永恆的真實作為存在的基礎。

瑜伽

瑜伽原來的說法叫作Yoga。Yoga這個字與英文的Yoke（牛軛）[46]出自同一個字根，指結合在一起，接受訓練；或，接受訓練，使人走向整合。

早期在印度要將野象訓練成家象，最好的方法是在抓到野象以後，把牠跟一隻家象用同一個軛套在一起，一起去走路及工作，讓野象知道家象的生活方式，並且很容易學習成為家象。相反的，如

---

[46] 要馴牛時，把牛和牛車綁在一起的工具。

果直接為一隻野象裝上軛開始工作，牠將很難適應，因為牠已經習慣了野外的生活。所以，瑜伽是指結合在一起接受訓練。

至於整合，是要使人的身、心、靈整合，進而使人的靈與神明（梵天）[47]結合。也就是說，整合有兩個層面的意義，首先是要把自己整合起來（統合身、心、靈三方面），然後再與根源[48]整合，回到根源。如此一來就不會感覺到自己的孤單與游離，也不會再有擔心或不安的事情了。

人的基本性格類型

在《人的宗教》這本書中將人的基本類型分為反省型、情緒型、行動型、實驗型。這些看起來，似乎和前面所說的思考型、感受型、感覺型、直覺型[49]不太一樣，因此我們要設法把它們連結起來。

事實上這兩套說法是大同小異的，因為榮格的分類方式原本就是參考印度教，再配合西方的心理學背景而提出的。因此將榮格的分法拿來對照印度教分法的原始情況，反而顯得更清楚，亦即：反省型＝思考型，情緒型＝感受型，行動型＝感覺型，實驗型[50]＝直覺型。

靈修須有道德基礎

靈修不只是道德而已，但缺乏道德基礎則不能進行靈修的訓

[47] 此為印度教的用語，意指宇宙中最大的力量。梵天可分為大梵天和小梵天，小梵天是指每個人真正的自我，大梵天則是指永恆的實體。每個人都要設法回到他的真正自我，然後才能跟永恆的實體結合在一起。

[48] 根源也就是「道生萬物」的「道」，亦即Being。

[49] 請參閱第四部第三章Holland所提「六種人格類型」部分。

[50] 實驗是指進行身心的操練。

練。守戒是共法。有些人覺得道德的問題局限於形而下，因為一談道德首先就要分辨好人和壞人。然而什麼是好人？是指做一件好事，抑或是指動機的良好？要做好事首先要有做好事的機會，譬如沒有車禍就沒辦法救人，也沒辦法做好事。這樣一來就是把自己的善行建立在別人的痛苦之上。再說，如果一個人覺得自己是好人，而太過驕傲，如此一來就是不善了。然而，如果一個人做好人卻不覺得自己是好人，那麼道德的衡量標準又在哪裡？

由此可見，道德的問題在人的社會裡面，一直處於尷尬的地位。儘管許多人不斷強調要有道德，但是道德卻不可能是圓滿的，因為它的特色就在於隨時可能更好，也隨時可能更壞。道德是一種可能的狀態，即使一個人過去所有的行為都是道德的，也不保證他下一秒做的事會是道德的；相同的，即使一個人所有過去的行為都是不道德的，也不代表他下一秒做的事將是不道德的。

人有自由，因此他的道德處於不斷形成的過程中，然而基本的道德戒律還是要恪守的，因為忽略了基本的道德戒律，就無法把握靈修時的方向。如果不管道德而只是修練，首先在出發點上立刻會產生困難，因為一個人如果道德上有問題，心將被這個世界所牽絆。靈的成長是一個上升的過程，一旦被這個向下的力量拖住，也就無法向上發展了。

知的瑜伽：通過「知」走向神明

所謂的「知」，不是指資訊或一般知識，而是指一種直觀的辨識能力。資訊是片段的、可有可無的，就像八卦新聞一樣；知識則是針對特定的對象及其範圍，作比較完整的理解。至於直觀的辨識能力，所側重的是自我本身的覺悟，它具有轉化的力量，亦即能夠改變人的生命，使能知者成為所知者（**由知的主體同時作為知的客體——認識你自己**[51]），看到自我與根源的大我之關係。

在我們的生命裡面有一個真正的我，這個「我」比人平常所認識的「我」更大，因為人平常所認識的「我」往往只是個別的小我，譬如叫什麼名字、做什麼職業、有什麼背景、住在哪裡、有哪些朋友等。大我則是與別人沒有分別的，因為一切都回到了根源。好比每滴水都不一樣，但是一旦它們回到海洋，就不分彼此了。

知的瑜伽有三個階段

要能達到直觀的辨識能力，必須經過三個階段：學習、思考、見證。孔子說過：「學而不思則罔，思而不學則殆。」（**論語・為政**）學習與思考要互相配合，而見證則代表「實踐」。這三者即是儒家所說的學習、思考以及德行上的實踐。以下針對這三者分別說明：

（一）學習：聆聽經典與論說，逐漸體認每個人的生命之中，最後都有一個大我，而這個大我的根本存有即是存有本身（Being）。

在學習過程中要特別留意經典[52]。「經」代表「常」，經典是長期下來，不受時空影響，具有永恆價值的思想，因此聆聽經典，內心可以從現在這個變化的世界脫離出來。經典之中有一定的道理，能夠讓人學習，如果自己另外去追求，所體認的道理將很有限。

---

[51] 一個人在認識自己的時候，同時是認識的主體和認識的對象，因此這種認識是向內的認識，而非向外認識。一般的認識則是向外認識。

[52] 經典是指宗教或傳統中的經典。經典之所以成為經典，是經過時代考驗，其來源有時是神聖的來源，代表著啟示或是某些悟道者的體會。

（二）思考：經過思考，大我才可以由概念轉變為實在。當我說「我的」衣服、「我的」書本，這個衣服和書本是可以送給別人的；然而當我說「我的」身體、「我的」人格，這些則無法送給別人。那麼，這個「我」究竟是什麼？為什麼他可以擁有衣服、書本，也可以擁有身體、人格？

人的身體七年一變[53]，心智與人格亦不斷在成長，但是「我」仍然是我，那麼這個「我」究竟是什麼？人容易犯一個錯誤：以為現在我所扮演的角色就是「我」。事實上我們現在所扮演的角色，只是現在這一剎那的我，並不是真正的我。

透過《奧義書》（*Upanishad*）的比喻可以了解這種變化無常的、複雜的自我：

> 身體是車，拉車的馬是感官；轡繩是控制感官的心智；心智的決策機能是御者。車子的主人是無所不知的真我。這個無限我與有限我分開了。

身體是車，拉車的馬是感官，因此一個人活在世界上，如果沒有任何學習機會，就會被感官帶著走。要駕馬車必須把馬套上轡繩，以免牠亂跑，而這個轡繩就是心智，心智要判斷感官該如何運作。御者是駕馬車的人，也就是決定心智該往哪裡走的人。然而更重要的是，車子的主人是坐在馬車裡面真正的自我。也就是說，馬車伕（心智）的轡繩（心智發出的命令）控制馬（感官），但是最後的決定權則在車裡面的主人，他具有無上的權威。而這個主人平常是看不到的，我們只看到一個人駕著馬車在跑。

---

[53] 根據科學家的研究，人類身體中的質素，每七年會換新一次。

由此可知，無限我與有限我分開了。有限我是我們可以看到的部分，而在馬車裡面看不到的主人則是無限我。換句話說，只有當一個人把自己從感官的世界、心智的思考中解脫出來，才能夠體認真正的自我，而這個自我就是一個無限我。

（三）見證：認同於自己的精神層次（靈的層次）。以超然眼光看待小我所言所行的一切。從旁觀者的眼光看待自己，生命自由運行，無悲無喜，一切如如[54]。

用旁觀者的眼光看待自己，就是要跳脫出去，從外面看自己。譬如一面說話一面聽自己說話；一面做事一面看自己做事。如此一來，在說話與做事的時候，能夠只說自己該說的、只做自己該做的，而不會對結果的好壞產生喜或悲的情緒，這就是「知」。

由此可知，知的瑜伽是很冷酷、很冷靜，並且很清醒的，從頭到尾都把一切看在眼裡。因此，是四種瑜伽裡面最難走的路：學習所有重要的經典，思考的時候要經過一般人難以企及的步驟，最後還要跳開自己去看自己。

另外，知的瑜伽還有一個特色：它超越了人的位格的層面，只能純粹透過理性的覺悟去掌握。也就是說，這個無限我、永恆我的存有本身是「非位格」的，人看不到他，而他也不會與我們溝通。這也是知的瑜伽特別難學的原因之一。

愛的瑜伽：通過「愛」走向神明

愛的瑜伽是一般人比較喜歡採取的路，因為愛與情感有關，而

---

[54] 如如就是「如其所如」，亦即一切都很自然，一點都不勉強。

情感是生命的主要推動力。人的生命往往是透過情感在表現，情感決定我們的行動。

反映神明的榮耀

愛的瑜伽是要引導潛藏在每個人心中的愛，使之朝向神明。神明代表的是一種高深的境界，它和大我，印度教中所謂的梵天，以及柏拉圖所說的代蒙，都是相通的。因為到了這個層次，所有一切的相似與相同點將會遠遠超過差異。

差異在身的層面最為明顯，因為身體有一個具體的物質及分量，它占有一定的時空，因此不能和其他東西融合；心智雖然有差異，但是比較能夠融合，所以人的思想可以溝通與連貫；到了靈的層面則是無形無象，可以完全打成一片。這個時候想要再作任何分辨，都沒有太大的意義了。

人要愛的不是自己，而是具有位格的神明。有一段詩是這樣的：「母親和孩子是二，若非如此，哪來的愛？」也就是說，母親和孩子因為是兩個不同的個體，所以他們之間才有愛，愛是兩個生命之間的聯繫，使這兩個生命能夠和諧。人就像是孩子，而神明則是我們的母親，正因為人與神明不同，所以能夠以位格互相對應的方式彼此相愛，而不祈求完全與神明合一。

耶穌說過：「一個人不能侍奉兩個主人。不是惡這個愛那個，就是重這個輕那個。」愛財富超過上帝，就是財富的奴隸，愛上帝超過財富，財富便不值錢了，所以我們只能愛一個主人，也就是「只愛」神明。

一個人要愛世界，是因為它反映了神明的榮耀[55]。我們愛一個

---

[55] 此部分請參考第四部第六章「密契主義」。

人，究竟是因為他本身的美好才愛他，還是因為這個人反映了神明的偉大與光榮？因為他本身美好而愛他，又與因為神明顯示榮耀在他身上而愛他，有什麼差別？

一般的想法認為，神明的榮耀是可以替代的，因為它在任何地方都能顯示出來；神明本身則是不能替代的。然而，為什麼神明的榮耀只在這個人身上出現，而不在別的地方出現？這就使他變成不能替代的了。如此一來，因為一個人本身的美好而愛他，和因為神明的榮耀顯示在他身上而愛他，就會產生類似的結果了。

如果只愛神明，那麼這個世界所有的一切都會反映出神明的榮耀，就算看到的是一個不良少年，照樣可以在他身上看到神明的榮耀。傳說中釋迦牟尼曾經以身飼鷹。老鷹要吃鴿子，釋迦牟尼為了保護鴿子，因此讓老鷹吃自己的肉。釋迦牟尼能夠這樣做，是因為他把所有的一切都看作是為了神而出現的，因此他知道老鷹的本性就是要吃肉，所以若想要保護其他的鳥，就必須自己捨身飼鷹。

愛的瑜伽有三點特色

愛的瑜伽有三點特色：不停地禱告、不斷訴說愛的變化、選擇神性形象來崇拜神明。以下分別加以介紹：

（一）不停地禱告：重複唸著神明的名字，如每日誦唸一萬兩千次[56]，如此一來靈的力量就可以運作，因為嘴唇的修行，變成了內心真實的呼求。一旦一個人進入某種聲音範圍裡面，思想將跟著改變。因此，口中一直唸著神明的名字，思緒就會專注。這樣一

[56] 這句話源於俄國的一本書。有一個農夫請教別人要如何修行，最後有一個人告訴他，每天從早到晚無論做什麼事，都要一直唸著耶穌的名字。而這個農夫也就照著這個方法做，到最後每天可以唸一萬兩千次的「耶穌」。

來，沒有時間思考別的問題或說無用的話，自然避開了其他事情的干擾。

許多人有過睡覺時感覺好像被壓住的經驗，這時候有些人會唸神明的名字來化解。這是因為一個人專注在唸的時候，思想很集中，其他事情也就忘記了，因此無論是夢魘、潛意識的運作，抑或是真的有靈壓著，都能夠很快化解。相反的，如果不唸，思想就會分散，以致沒有力量可以抗拒。

在一切活動中，皆有神明相伴。禱告浸潤於潛意識中，使它滿載神性。潛意識是很複雜的，但是如果一個人每天都在唸神明的名字，內心的念頭就會跟隨過去，自然變得比較神聖了。

（二）不斷訴說愛的變化：愛的變化是指各種不同的愛，譬如親子、朋友、男女、主僕等。不斷訴說愛的變化，能夠使一切愛的潛能皆得以施展，既豐富又細緻。

自古以來很多宗教都把神明稱作父親，最有名的就是三大一神教：猶太教、基督宗教、伊斯蘭教。也有宗教把神明視為母親，譬如一貫道。因此談到愛時，最普遍的就是親子關係。其次是朋友之愛，與神明做朋友是最可靠的，有了神明作為同伴，即使一個人在黑夜之中也不會感到害怕。至於男女（夫婦）之愛也受到重視，以天主教為例，其認為修女是與耶穌結婚，她所愛的對象就是神。

男女之間的感情是所有感情中最強烈的，因為它具有生物性的因素，能夠使人感覺到生命的激情。印度有許多故事就是從男女感情來說明人對神的愛，有一個故事是這樣的：有一個男人結婚之後，無時無刻都想著他太太，不准他太太離開他半步。他太太有一天對他說：「你如果像愛我一樣去愛神明，一定立刻就能解脫。」結果這個男人真的開始無時無刻地想著神、愛著神，最後果然解脫了。

就一般人而言，男女之愛比較不容易持久，然而當這種愛轉向神的時候則不然，因為神不會衰老，神是永恆的。如果我們像愛一個人那樣去愛神，一旦達到極致，也就自然解脫了。

印度教的神都是千手、千眼，因為信徒藉由這種方式來形容神的全能。同時他們的神是多采多姿，有各種不同樣態，因為神的豐富如果只用一種樣態是無法表現出來的。也就是說，他們用這種無窮的方式，表現神明無窮的力量。

（三）選擇神性形象來崇拜神明：每個神都有形象，而一個人要以他相信的神所具有的形象，來作為崇拜的對象，譬如佛陀、耶穌等。

如果說神明是無形無象的，那麼怎麼愛祂？要愛一個無形無象的神明是很困難的，因此既然要愛，就要有一個位格的對象。然而位格對於神明而言仍然太過抽象、不夠明確，因此可以根據自己的信仰選擇神性形象。譬如基督徒相信神是耶穌，如此一來就有了具體的對象，進而願意聆聽他在聖經上所說的話而接受啟發。

釋迦牟尼其實是反對偶像的，因為他認為印度教即使再好，只要有了偶像，人都會被偶像限制，以致於教條都變成了桎梏，讓人脫不了身。然而一般人不能沒有偶像，因為沒有了偶像就無所依憑。由此可知，偶像還是有階段性任務，我們要把偶像當作一種象徵，先接受再設法超越。

業的瑜伽：通過「工作」走向神明

業（Karma）原本是印度教所用的語詞，後來影響了整個西方。這個字往往涉及到業報、果報、輪迴等觀念。譬如一個人現在所擁有的條件，是來自前世所造的業；而現在所造的業，也會影響到來世的好壞。這裡以業代表「工作」，因為業本來就代表具體因緣所造成的效果，因此與工作有關。

行動的作用力與反作用力

人的身體結構是為了行動而有的，譬如人的五指張開，是為了要抓取東西，製造工具。工作是人類生命的主要標記，所以一個人如果整天遊手好閒，無事可做，其實並不快樂，因為他心裡會有一種深沉的壓力。此外，工作的驅力是心理的而非經濟的因素，換言之，賺錢是工作的目標之一，但是工作最主要的目標不是賺錢，而是為了滿足心理的需求。

人要在日常工作中，發現神明；讓每一個行動帶自己走向神明。所有行動都有作用力與反作用力，反作用力是一種反彈回到自己身上的力量。譬如我今天在街上開車，遇到一個人亂按喇叭，於是罵了他一句，這是作用力。而我罵他時心中會產生憎恨的感覺，這就是一種反作用力。

任何事情都有反作用力，所以許多青少年看了描述暴力的電視與電影，漸漸會影響自身的心態，而出現暴力傾向。這種力量是在不知不覺中形成的，因此對小孩子而言，環境教育與父母的身教都很重要。

如果了解這一點，當我們成為別人作用力的對象時，就不會太難過了，因為當別人把力量作用在我們身上時，他自己本身也會產生一種反作用力。譬如當別人罵我們時，其實自己心裡也不好受。如果這時候我們罵回去（作用），那麼自己也會產生反作用力。這種因為罵別人而對自己造成的傷害，遠遠超過別人罵自己所造成的傷害。想通這個邏輯以後，就不容易與別人發生衝突，生命也會變得比較柔軟。

反作用力將在自己身上留下印記，所以我為自身福祉而做的事，將會在自身外面加上一層隔閡，與神明離得更遠。一個人活在世界上一定有欲望，而欲望有兩種：自我中心的欲望與非自我中心的欲望。如果一個人做任何事都是出於自我中心的欲望，那麼做得越多，自我就會包得越緊，如此一層加上一層，最後看不到自我的核心，與神明也會隔得越來越遠；相反的，如果工作都不是為了自己，那麼隔閡越來越少，亦即可以透過工作走向神明。

業可以兼取愛的與知的路線

業本身可以走愛的路線，也可以走知的路線。換言之，就是把前面兩種瑜伽用在這一部分。

所謂業的瑜伽走上愛的路線，就是出於奉獻之心，為了愛神明而工作。「你才是作者，我只是工具。」人只是神明的工具，神明透過我們來呈現祂的意念，而人既然是工具，就要表現得稱手。人要站在對的一邊，全心全意為神明奉獻，而不在乎結果如何或是否成功，如此才能從結果的束縛中，得到解脫。

至於知的路線，則不涉及位格與位格之間的互動和情感。行動是有限我，另外還有觀察行動之永恆我或無限我。換句話說，有兩個我：一個是有限我；一個是觀察我行動的無限我或永恆我，也就是大我。「做工作的，被責任所支配，一點也不關心工作的果實，他就是瑜伽行者。」也就是說，一個瑜伽行者做自己該做的，完全不在乎所結的果實是什麼。

胡適之在論及民主政治時曾說：選舉只能選出一個人，但是在過程之中每個候選人都要努力，絕對不能因為覺得自己沒希望，就放棄了。這也就是說，無論結果如何，我們都必須為過程負責。最後成功的人不見得是最優秀的，而失敗的人也不盡然就比較差，因為在整個過程之中會出現很多影響結果的因素。

我們要在緊張的活動中，體會安詳。陶淵明曾經說過：「勤靡餘勞，心有常閒。」意思是說，表面上勤快工作到沒有多餘的勞力，但是內心仍然有經常的悠閒。他之所以能夠如此，是因為不受工作的結果所影響，因此心情可以保持輕鬆。

這種心境是年輕人難以體會的，通常要等到一個人見過世面，有了各種人生經驗之後，才比較容易覺悟。

修的瑜伽：通過「身心訓練」走向神明

一般人所謂的練瑜伽就是指通過「身心訓練」這一部分。印度教認為自我是多層次的，有身、意識、潛意識，以及更深的屬於「存有本身」的層次。「存有本身」的層次在潛意識之下，也就是真正的大我，很難以言語形容，也無法找到名稱與之對應。

修的瑜伽是要體認個人對「內在超越者」的直接經驗。每個人的生命之中，亦即內心之中都有一個超越者，也就是真正的我。換言之，人不只是感官所看到的、有形體的這個人。每個人的靈或精神能量如果發揮出來，都可以與整個宇宙相通。

修的瑜伽有八個步驟

修的瑜伽總共有八個步驟：五戒、五律、訓練身體、控制呼吸、注意力轉向內在、獨自與心靈共處、專注深化為冥想、三昧。以下分別介紹之：

（一）五戒：不傷生、不說謊、不偷、不淫、不貪。這些戒律在各個宗教中大致類似。因為這些禁止的事會對其他人造成傷害，如果大家都不戒，別人也會因此傷害你。

（二）五律：整潔、滿足、自制、勤勉、冥想神性。這些與五戒都屬於基礎的部分，能夠讓一個人在道德上取得自主性。

（三）訓練身體，使心靈不受干擾：採用蓮花式姿勢坐法。

（四）控制呼吸：減緩、平衡，使旁觀者看不出是在呼或吸。如練習「吸氣數（計算）十六次，閉氣數六十四次，呼氣數三十二次。」在如此練習的過程中，我們會覺得心靈有一段時間如同脫離了身體，自己的生命好像不再受到軀體所限制。

（五）注意力轉向內在：也就是透過身體的訓練、坐的姿勢、呼吸的方式，將注意力由外在轉向內在。如此能夠聽而不聞、視而不見，甚至在同一間屋子裡，連旁邊的擊鼓聲也聽不到。

（六）獨自與心靈共處：人從外在轉向內在之後，會覺得「心靈像剛被黃蜂咬過，得了舞蹈症喝醉的猴子。」也就是說，排除外在的思慮，轉向內在以後，才會發現什麼是「心猿意馬」。我們平常不覺得自己的心很亂，然而一旦外在的專注對象消失，轉向內在以後，會發現內心有無數的干擾，因為內在的魔遠遠勝過外在的魔。這時候要找一個對象，對它「專注」，譬如香火、鼻尖、海洋等。

（七）專注深化為冥想：能知與所知合一，時間化為永恆，自我（小我）消失了。

（八）三昧[57]：人的心靈完全貫注於於神明。所有對象的形象都消失了。一切空白，是無名之存有。也就是說，這時候所有在認知上及感覺上相對的東西，完全化解了，一切變成空白。然而這不是

[57]「昧」代表心得，只有自己能夠體會，言語是難以表達的。

指什麼都沒有，而是什麼都有，但不再區隔於任何名相之中。

結論

　　這四種瑜伽可以並用。有些人也許想要找出自己適合哪一種，但事實上這與星座一樣，每個人都適用某一種比較明顯的，但是其他各種也可以輔助幫忙。以業的瑜伽來說，每個人都要上班、工作，都有一些角色要扮演，而業的瑜伽又包含了知的部分和愛的部分，所以各人可以依據不同的性向選擇不同的路線。

　　四條路線要相互配合，一個人不能因為走知的路線，就認為自己不需要守五戒和五律。基本的戒律是每個人都要遵守的，否則就無法修行。

第六章

密契主義

天地與我並生，而萬物與我為一。

——《莊子 · 齊物論》

外國學者討論老莊時，常會強調其中的密契主義傾向。以上莊子所說的話，也和密契經驗類似，是因為他能與造物者遊，用莊子本身的話來說即是「坐忘」。「忘」這個字暗示了密契經驗。一旦能夠忘（忘記自己），就會感覺所有的一切與我相通，沒有得也沒有失，所以莊子能夠對世俗的名利看得很豁達。

密契主義的思想主要是用來說明合一所能達到的狀況。密契主義是以密契經驗為核心，肯定其為宗教及屬靈生活的高峰，特色則在於個人與整體實在界之合一 。然而，活在這個世界上的人要如何與實在界合一？達到這種境界的人又會有什麼樣的表現？。

這個主題是最特別、最深奧的部分，因為它已經達到最高境界。所有的宗教在這個境界都相通，用莊子的話來說，就是：「相視而笑，莫逆於心」，不再需要任何言語的表達。各種宗教修行到最後都會達到這樣的境界，因為教徒修行的目的是類似的，出發點也差不多。所有的宗教都是要帶領人們擺脫煩惱和痛苦，追求寧靜、平安的感受，因此修行到了最後階段，都是一種合一的境界[58]。

人活在世界上，有身、心、靈三個層面，如果忽略靈的層面，就算身、心發展得再好，還是會覺得有所缺乏。心包括知、情、意三個部分，在知方面，一個人即使很有學問，還是會感到煩惱，因為學問是永遠不夠的，人與人相比僅僅是程度上的相對差別。尤其是現在知識分工的時代，很多人往往只是某一方面的專家，而談到人文方面的常識和知識，可能相當缺乏。

再看情感方面。情感的本質是願意以自己的自我與別人的自我互相溝通、互相交流，而它具體的表現，就是我付出的愛有人接受，同時別人也要付出愛來讓我接受。愛是流動的，如果只是單向付出，而無法機動配合一起發展，那麼很快就會陷於枯竭。然而，當愛機動性地一起發展，則容易變質為占有欲。所以一旦有了感情，很難避免這部分的煩惱。

最後談到意志。人的意志是選擇自己要往哪裡奮鬥，做什麼事，往哪裡走。意志的本質是在還沒達成的情況下設定目標，因此過程常比結果更令人嚮往與憧憬。目標一旦達成，反而會因為與想像中有些落差，而覺得失望。最明顯的例子，是許多學生在還未上

---

[58] 每個人的自我都與別人不同，這原本就是人類最主要的特色，也是理性最主要的作用。然而一旦如此將難免和別人產生對立及衝突，以致造成各種煩惱和痛苦。擁有自我最主要的目的是讓一個人能夠自由進行選擇，一般人都會選擇朝世俗的方向發展，但是人的自我真正要走的應該是靈的路線，一旦走上這個路線，所有的人就會如同融入海洋一般，體驗到真正的合一。

大學之前，都對大學充滿期待，但是真正上了大學以後，卻往往覺得不如想像中的美好。

由此可見，人的心在知、情、意三方面想要安頓，確實不是一件容易的事，因此人活在世界上，如果只有身與心，那麼快樂對人而言只不過是偶然出現的，反而煩惱和痛苦才是正常的。

釋迦牟尼說：「眾生皆苦」，四大聖諦中的第一諦就是「苦」，因為活著本身即是欲望的表現以及欲望要求實現的過程，一個人只要活著，便有求生的欲望，而這就是苦。當欲望得到滿足，人會覺得快樂，然而欲望繼續存在，因為人只要活著，欲望將持續運作。所以生命的本身就是苦，「想要活下去」，即是一個等待被完成的要求。

因此人活著必須發展靈的層面。靈的層面本身是不受約束、不受限制的，並且不會因為我擁有別人就不能擁有。它可以進入一種人我共通的境界，因此是超位格（Trans-personal）的，亦即所有位格所共同享有的一個大的位格。人的靈是完全一致的，但是卻因為個人身、心的差別，而彼此隔絕了，所以若想和別人相通，必須提升自己到靈的世界。

密契經驗

密契主義（Mysticism）的思想主要是用來說明合一所能達到的狀況。密契主義是以密契經驗為核心，肯定其為宗教及屬靈生活的高峰，特色則在於個人與整體實在界（Reality）之合一[59]。然而，活在這個世界上的人如何與實在界合一？達到這種境界的人又會有什麼樣的表現？

密契經驗的四點特色

密契經驗具有四點特色：超言說性、知悟性、暫現性、被動性。以下分別加以介紹：

（一）超言說性（Ineffability）：釋迦牟尼二十九歲出家，三十五歲悟道。悟道之後本來可以進入涅槃，不需要煩惱人間的事，然而他卻選擇與眾生分享自己覺悟的智慧，一直傳教到八十歲。傳教四十五年之後，他說了一句話：「我說法四十五年，未曾道得一字。」這是因為說法只是方便法門，藉由譬喻的方式，讓人容易了解。然而文字及語言都是人類創造出來的，而實在界的本身無法以語文來描述。如果執著於佛陀所說的每一句話，就會造成文字障礙，也就無法直接領悟實在界本身。

佛經的功能也是如此，它對釋迦牟尼而言，只是一個方便法門而已，並不是必要的。但是很多人卻因為讀不懂佛經而感到煩惱，這個煩惱不是來自於沒有覺悟，而是來自於沒有讀懂佛經，即是在文字上的執著。因此，佛常說「不可說」，因為說了半天都只是一些表面的現象而已，真正的實在界是不可說的，這便是超言說性。

合一的經驗是不可說的，因為人說話時所使用的語言和概念，都是相對於自己所經驗到的對象而設定的，也就是說，語言預設了相對性，而合一則是絕對性的體驗。使用語言代表我們是一個主體，而語言所描述的則是客觀的現象，但是實在界因為我們身處在其中，所以無法用語言表達，就像蘇東坡所說的：「不識廬山真面

---

59 整體實在界是指宇宙萬物，包括其來源與歸宿。有些學者講到老子的道時，喜歡用 α 和 Ω 兩個符號來代表，因為這兩個符號是希臘文中的第一個字母和最後一個字母，故 α 代表開始，Ω 代表結束。整體實在界不但是 α 也是 Ω，在這之間則是變化的過程，無論如何變化，終究都要回到這個最初的根源。

目，只緣身在此山中。」

超言說性不可言傳，須由直接經驗，類似感情體會。有一個著名的演說，主題是「什麼叫戀愛？」演講者在台上講了三句話隨即下台，因為他認為戀愛一定需要經驗，有經驗的人不需要別人說就懂了；沒經驗的即使聽別人說得再多也不會懂。這就是感情的體會。

戀愛是兩個人身、心、靈互動，甚至達到合一的過程，因此與我們所要談的合一比較接近，不過其他經驗也有相同的情況，譬如聽一首曲子時的感動，也是無法用語言表達的。只要屬於文學及藝術方面，與人的情感體驗有關的部分，都無法用語言完全表達，而密契經驗尤其如此。

（二）知悟性（Noetic quality）：知悟是知道並且覺悟。既然密契經驗是指一種感情的體驗，那麼應該是一種感覺或感受，如何能夠說是覺悟呢？事實上，密契經驗一方面是一種深刻的個人經驗，另一方面也是一種覺悟的經驗，所以表面上看起來雖然只是個人的感覺，但其實是一種覺悟。

這種特別的知悟是指：對理性所無法企及之真理，有了洞見或覺悟，有如光照及啟示。換言之，凡是用理智可以學習的部分（如學校所教授的課程），都與此無關。這種覺悟如同光照一般，發現了「我」在整體之中，整體與我是沒有分別的，而所有的一切也都是沒有分別的。

《金剛經》中有一句話是這樣說的：「無我相、無人相、無眾生相、無壽者相。」這句話清楚描寫出覺悟的狀態。無是空無化或虛無化，也就是說，抵達這個境界，便可以擺脫一切相對的認識、觀念和形象，清楚感覺到什麼是意義，什麼是重要性。這種意義和重要性不同於一般人讀書時所學習的、文字上的意義，而是指領悟到

「生命不是空的」。

人的生命本來是空的，從無出來，最後再回到無。因此，活在世界上，如果認真面對生命的問題，常常會感到恐懼。李白的一首詩說：「棄我去者，昨日之日不可留；亂我心者，今日之日多煩憂。」昨天這個日子，已經離開我，不可留了；使我心裡亂的，是今天這個日子的許多煩惱和憂愁。然而每一個昨日都是從前的今日，所以人始終在這種「過去的已經不再，現在的我卻煩惱」的困境中打轉。但是現在的一切，將來也會成為過去，那麼又有什麼好煩惱的？

如果能夠體悟到生命有意義，我們就知道自己的生命不是白白來的，因而產生一種由內而發的安定感及滿足感。

（三）暫現性（Transciency）：暫現是指暫時出現，暫現性大約半小時到二小時。有些人唸佛經時敲木魚，靠著這種單調的聲音超越其他的干擾，讓意識集中之後就容易進入密契經驗的狀態。進入這種狀態後將失去一般的意識，忘記自我，並且感覺不到時間的流逝。大約半小時後會醒過來，但是覺得一切好像只是一剎那而已。這代表在密契經驗中，時間已經被空無化了，一旦進入合一的狀態，時間就失去了作用。然而這種狀態不會持續很久，因為人類畢竟還有身體的生命。

當密契經驗重現時，立刻可以認出，並且在一再重現的過程中，會感覺內在生命日益充實。如果在修行的路上，有過一次密契經驗，那麼日後又有這樣的體驗時，馬上就能夠發現。兩、三次之後，會感覺自己內在的世界充滿了能量。因為密契經驗代表靈的運作抵達了一種境界，如果這種經驗一再重複，那麼一個人靈修的境界將越來越高。

基督徒常說：「真正的宗教家是活在這個世界上，但不屬於這個世界。」也就是「in but not of this world」，這樣的描寫可以對應於這裡所說的密契。每個人都要活在世界上，但是世界卻不能因此而占有我。世界只能擁有我的身體、心智，而不能擁有我的靈魂，因為我的靈魂比世界還偉大。所以耶穌說：「人如果得到了全世界，卻喪失了靈魂，又有什麼好處呢？」

中國人珍惜人的生命，所以會說：「救人一命，勝造七級浮屠。」建造一座七級的佛塔，還不如救人一命。然而救人一命指的是什麼？如果只是讓一個人免於餓死，算是救人一命嗎？救人一命應該理解為：拯救一個人的靈魂，使他能夠成為善人，因為人的靈魂是精神體，是無法衡量而最可貴的。

基督徒相信，上帝是按照祂的形象（Image of God）造人的，這正是人最可貴的地方。因為上帝按照祂的形象造人，所以人有靈魂，有良心的運作能力，也才能夠成為萬物之靈。

（四）被動性（Passivity）：亦即非由自己的意志安排或把握。因此，即使一個人曾經在某個時間、某個地點有過密契經驗，並不代表以後在相同的時間、相同的地點，就能夠再有這種經驗，因為密契經驗不是人可以主動安排的。

當這種經驗出現時，會感覺自己被更高的力量所控制，換句話說，不是我在操縱實在界，而是實在界在掌握我。我放棄對自己的控制，讓真正的實在界或最後的真實來掌握我，亦即讓「道」來擁有我，而不是我來擁有「道」。

自然密契主義的相關例證

界定以上四點特色之後，我們可以了解什麼是密契經驗。大多數人不曾體會宗教的密契經驗，不過許多人有過自然的密契經驗，譬如喝醉酒時的感覺。一個人帶著六七分醉意的時候，會覺得自己和周遭的一切沒有任何隔閡，大家好像是一家人，無論說什麼話、做什麼事都感到非常親切，這就接近自然的密契經驗。它類似於合一的境界，這個時候的人不會像清醒時一樣，對所有事情斤斤計較。

自然的密契主義與宗教的密契主義不同，這兩者必須分辨清楚。以下提出幾項自然密契主義的相關例證：

（一）對格言的頓悟（如醒狀態）：閱讀古人的教訓與格言，對一般人來說不過是背誦一些名句而已，原是一件很平常的事。但是有些時候，可能在一種特別的情況之下，或者是發生了一件特別的事，我們突然覺得某一句話很令人感動，好像這句話讓我們忽然看清楚了人生的祕密，從此，人生態度開始轉變。這就是對格言的頓悟。

宗教改革家馬丁路德（Martin Luther, 1483-1546）原本是一位神父，曾經寫了九十五條天主教的罪狀，抗議教會的腐敗，最後與天主教決裂，自創路德教派。他之所以有這麼大的決心與勇氣，敢挺身與整個天主教的勢力對抗，並且造成一定的效果，除了因為當時教會本身的腐敗之外，最主要的就是他對格言的頓悟。

馬丁路德有一天聽到一位隱修士[60]唸「我信罪之赦」，因而獲得全新的理解，有如重生。「我信罪之赦」這句話出現在天主教的《信經》之中，意思是：我相信罪會得到赦免。馬丁路德從這句話衍伸出「信則得救」的概念，並奉為其教義的基本原則。「信則得救」的英文是justification by faith，Justification是「成義」（成為正義的人），整句話的意思即是：藉由信仰成為正義的人，亦即信

---

[60] 天主教中有些修士是與外界隔絕的，他們在修道院中過著自給自足的生活，這些修士就稱為隱修士。更甚者還有啞巴會，加入之後一輩子都不能講話。

就得救。

這句話事實上已經存在了一千多年，許多人也不斷地反覆背誦，然而卻沒有特別的體悟。馬丁路德剛好在那樣的時空、那樣的情況下，聽到這句話而突然覺悟，覺得好像了解了所有信仰的道理，這就是一種自然的密契經驗。

（二）如夢狀態：亦即忽然覺得自己「從前來過」（being here before）；四周充滿祕密的真理。我們有時候初次走訪某個地方，卻覺得那個地方很熟悉，好像以前曾經去過，彷彿作夢一樣，醒來以後覺得自己似乎去了某個地方。這種情形很難說清楚，最多只能用潛意識來解釋。

這種如夢狀態一旦出現，會讓人感到神祕，好像這個世界充滿了祕密，很豐富也很深刻，但是卻難以了解。想了解而不可得，就會心生敬意。一般人會覺得這一切似乎都有所安排，但是卻無法知道是誰安排的，彷彿冥冥之中已經注定，使人感到敬畏。

（三）如醉狀態：亦即由清醒時的說「不」（no），轉變為迷醉時的說「是」（yes）。大部分人清醒的時候，通常都是說「不」的，代表我與他人之間存在著距離；然而迷醉的時候，往往對任何事都會說「是」，因為此時消除了與他人的隔閡，甚至和一切合而為一。很多人酗酒或嗑藥，就是因為這樣可以忘記煩惱，忽略自我的界線，而這也是自然密契主義所帶來的後遺症。

這種狀態下，實在界擴張而統合，人會覺得自己和宇宙一樣偉大，像神一樣安寧。實在界之所以會擴張，是因為自我的意識瓦解了。一旦自我的防線撤除，人與人之間也就不分你我，然後一切都是我的，我的就是一切，完全合一了。此時，人將得到一種深刻的滿足。

然而，這並不是真正的密契經驗，因為這種經驗人可以主動掌握，而密契經驗則是被動的。如果能夠主動掌握，就能依照自己的情況隨時操作，然後變成一種慣性。因此喝醉酒雖然是解除痛苦的方法，卻不能將痛苦真正根除，以致於醉過之後人會更害怕清醒，終至沉溺其中而不可自拔。

自然密契主義的問題所在

自然密契主義所產生的問題有二：其一是對於超越界的消解；其二則是它本身具有突發的、非脈絡的性格。

超越界是指整體實在界的基礎（真正實在界、絕對實在界），它是永遠存在的，其他的一切則會隨著時間消失。但是，強調自然密契主義的時候，超越界就被消解掉了，化成了虛無，而人開始自我膨脹及自我擴張。

一旦如此，自我本身的壓力將越來越大。因為一個人喝醉或是作夢的時候，自我的膨脹可以涵蓋存有的一切，醒來之後發現自己還是原來的樣子時，將會無法忍受。久而久之，他會害怕清醒，然後一直企圖回到那個忘記自我的狀態。

超越界一旦消解，生命就沒有了方向。因為沒有了超越界，人必須對所有的一切完全負責，包括自己有限的生命。然而人的力量如此渺小，又怎麼能夠從自己有限的生命中找到無限的力量？

突發的性格，是指「任何時候都可能出現」，譬如，一個人隨時隨地都可能吸食迷幻藥。非脈絡，則是指「缺乏前後的關係」。密契經驗是有脈絡的，譬如，一個人每天禱告，希望能夠皈依，這時候如果出現密契經驗，醒來之後將加深他皈依的決心。這是因為他本身就準備要走上宗教修行的路，而這個經驗正好和整個脈絡連接起來。

相反的，吸食迷幻藥則與先前發生的事毫無關聯，一個人隨時都能夠抽離現實世界，享受吸食後的迷醉感覺，再拉回到原來的世界。

這種自然密契主義的來來去去會讓一個人瀕臨精神崩潰，因為一般人無法忍受極樂與極苦、全有與全無（all or nothing）之間的落差。當一個人藉由酒精達到密契經驗時，感覺到自己和宇宙合而為一，要什麼有什麼，這就是全有；一旦醒來後發現自己什麼都沒有、什麼都不是，對一切都覺得無法忍受了。

密契經驗具有脈絡性

外國學者討論老莊時，常會強調其中的密契主義傾向。莊子很多的言行、觀點，也和密契經驗類似。譬如，莊子有一次夢見自己變成蝴蝶，醒來之後發現自己還是莊子，於是問：到底是莊子夢到蝴蝶，還是蝴蝶夢到莊子？他還說過：「天地與我並生，而萬物與我為一。」（莊子・齊物論）莊子可以講出這樣的話，是因為他能與造物者遊，用莊子本身的話來說即是「坐忘」。「忘」這個字暗示了密契經驗。一旦能夠忘（忘記自己），就會感覺所有的一切與我相通，沒有得也沒有失，所以莊子能夠對世俗的名利看得很豁達。

密契經驗對於人的修行，具有根本的重要性，而脈絡性則讓人能夠對密契經驗有所領悟。一個人即使每天讀佛經、唸聖經，也不盡然能了解其中的涵意，然而一旦有了密契經驗，達到了平常一直在想、本來已經熟悉但仍然不懂的境界，再由此出來之後，就能夠真正體悟那種境界是什麼。這正是因為它有脈絡，我們平常對這些領域已經有一定的了解，一旦進入其中，再出乎其外，很快就能夠對它有所掌握。

密契主義的三種類型

接著要談的是宗教的密契主義。自然密契主義和宗教密契主義有相似之處，所以都稱為密契主義，差別則在於：宗教密契主義所要保留的是超越界，自然的密契主義則可以不談超越界。

根據對超越界保留和肯定的程度，宗教密契主義可以分為三大派，也就是三種類型：一元論的密契主義、否性神學、愛的密契主義。這三種類型在各大宗教中都有，但是每一宗教會展現出自身比較明顯的類型。

一元論的密契主義

在此以印度教為例來說明一元論（Monism）的密契主義。一元論是指：整個宇宙就是一個元素所構成的，所有的一切都在上帝裡面。換句話說，所有的一切都是超越界。人所身處的世界不是超越界，因為這個世界是可以用經驗和理性去掌握的，其中充滿了變化，充滿變化就代表它的本質是空的。真正存在的是超越界，超越界因為超越了這個世界，所以不受干擾。柏拉圖說：不隨著萬物變化而變化的，就是超越。老子也認為道是「獨立而不改，周行而不殆」（老子・二十五章），亦即宇宙萬物都在變化，但是道是不變的。這些都是對超越界的描寫。

超越界是真實的、唯一的、絕對的實在界。真正的實在界就是超越界，人所身處的實在界則是虛假的。一元論者主張，所有的一切只是一個真正的實在界，也就是超越界，而其他的不過是一些變化的現象而已。換言之，一元論者為了要肯定真正的、實在的東西，所以把一切暫時的、充滿變化的東西，都視為是不重要的，甚至將其當作近似虛無的假象，予以排除。

印度教基本上是偏向一元論的密契主義，它用「梵」（Brahman）這個字代表真實本身或存有本身，而人所經驗的世界則是「馬雅」（Maya）。

「梵」這個概念起初是偏向物質性的，和希臘哲學相似，譬如泰利斯（Thales，約624-547 B.C.），他認為宇宙的起源是水，但是在印度，從《奧義書》之後則偏向精神性。祂在人人之中，在萬物之中，但不接受後者的形式與限制。換言之，梵是無所不在的，每一個人身上、每一個地方都有梵。然而，梵不會被這些形式所限制，因為世間萬物都是有限的，而梵則是無限的。梵是最真實的存有，所有一切的存在，都必須靠祂來支撐。

另一個概念則是「馬雅」。馬雅本來的意思是「面紗」，也就是說，這個世界蒙上了一層面紗，人只能看到世界的幻象，而看不到世界的本身。其引伸出來的意涵則被界定為：創造力及其表現為變遷不已的幻象。梵是真實本身或存有本身，馬雅則是創造力和它顯示出來的樣子，是變化的現象，所以我們要用梵來消解馬雅。

個體意識在「喜樂、覺知、存有」[61]三種面貌下，回歸並消融於超越界中。自我意識並未完全取消。在一元論的觀點之下，是否會為了保存超越界，而取消變化的世界？事實上，儘管人在追求密契經驗時，自我意識會變得如同幻象一般，但是它並沒有消失，因為如果自我意識完全消失，就無所謂密契經驗了。

宗教經驗需要一種辯證的關係，譬如，許多宗教都有偶像，偶像存在的目的是作為一個橋樑，讓一般人可以藉由它，找到它背後所要象徵的真實，因為真實本身是不能顯現出來的。換句話說，偶像的存在不過是工具性的，它的存在就是為了被打破、被超越。

---

[61] 喜樂是不帶有痛苦的、永恆的快樂；覺知是一種透明的智慧，也就是覺悟；存有則是永恆的存在。

偶像之所以要存在，是因為人的生命是具體的，人有眼睛、耳朵，必須要有能夠看和聽的對象，才能夠吸引我們的注意力，讓我們比較容易專注。因此每一種宗教，必定都有某種方式或某種程度的偶像。

一元論的關鍵在於：絕對者是否與一般實在界判然有別？一般實在界是人平常所經驗到的世界，亦即我們所能想像的、理性的世界；絕對者則是超越界，也就是整體實在界、真正實在界。絕對者與一般實在界完全分開之後，則一切回復為太一[62]，有限者的實在性與自我意識只是幻象（也就是馬雅）。但是幻象並非虛無。虛無是什麼都沒有；幻象則是指：雖然本身不可靠，但還是有一個東西存在。

「馬雅」的概念對佛教也有一定的影響。佛家常講「空」，這個字並不是真的什麼都沒有，其所要表達的是一種無限的可能性，亦即還沒有變成真實的東西。然而尚未變成真實，並不代表不會變成真實。可能性不同於實在性，但是沒有可能便不會有實在，因此它就像是孕育生命的力量。道家所謂的「無」[63]也表現類似的觀點。

否性神學

否性神學（Negative Theology）具有知性主義色彩[64]。此派與基督宗教的背景有關，在十三世紀時達到顛峰。positive是積極的，代表正面、肯定；negative則是消極的，代表負面、否定。

[62] 太一的英文是the One，也就是絕對者、整體實在界的意思。

[63] 無有兩個層次，其一是指真正的虛無，其一則是指將來會變成有，但是尚未變成有的可能性。因為尚未變成有，所以它沒有固定的形式，無法被人認識。無法認識，所以就不能對其有所界定，因此稱它為無。

[64] 此派受哲學影響較深，善於使用思考、思辨的方式，所以帶有知性主義色彩。

theos是希臘文的神，其後加上邏輯（logic），就是關於神的學問。

有否性神學，代表一定有正性神學（Positive Theology）。正性神學又稱為實證神學，是指根據聖經去講解什麼是神。否性神學則是指：由於語言無法表達絕對的存有，所以只能說神不是什麼，而不能說神是什麼，亦即用反面的意思說明正面的型態。

否性神學否定上帝與有限者[65]之間有任何共通的聯繫，換句話說，人與上帝之間完全不平等，因此不可能與上帝平起平坐、互相溝通。其次，還要否定上帝能以任何適用於有限物的述詞[66]來形容，也就是說，我們不能用任何可以形容有限之物的述詞形容超越的上帝。這樣一來，完全無法找到正面描述上帝的方式，只能用反面的方式去描述。我們有時會用「無私」去形容一個人的公正，這正是用否定的方式去突顯想要表達的內容。

如此一來，我們的心靈將進入「未知的黑暗」（the unknown darkness），會晤「超越的漆黑」，因為上帝在完全的「未知及未存」中。人平常所能認識到的黑暗是指看不見時的黑暗，或者是知識的黑暗，譬如，看一本書看不懂，這是「知的黑暗」。然而一旦用否定的方式，就代表一切理解的途徑全部被斬斷、全部不通，因此會陷入一種未知的黑暗。這種黑暗是我們所無法認識、無法想像的，因為所有能夠用來掌握超越界的方式，都不再有效。

我們平常所用的語詞，一旦用來描述上帝，就完全失效了。舉例來說，有些人指出在飛碟出現的時候，不管再精密的儀器都會失靈，以致於無法進行任何測量或記錄，因為飛碟本身可以消除電力

---

[65] 有限者就是指宇宙萬物，包括人類。

[66] 述詞又稱作謂詞。所謂的主述語句就是主詞（Subject）＋述詞（Predicate），中間則是「是」或「不是」。譬如張三是高的，則「高的」就是述詞，用來形容張三。請參考本書第三部。

的運作。這種事情是有可能發生的。

當一個人體驗到神的時候，會覺得自己進入一種未知的黑暗，這種黑暗是從來不曾被經驗過的，因為有意識的人才會有經驗，而在這裡意識則被連根拔起、徹底否定。這種完全的漆黑是無法形容的，也不能透過言語來告訴別人。真正的上帝只有在這種完全虛幻的體驗之後，才能展現出來。

否性神學的密契經驗有三個階段：受造物在太一中；太一在受造物中；只有太一存在。太一是受造物的根源，所以所有受造物都在太一裡面，並且因為根源會表現在所有的受造物中，所以太一也可以在受造物中找到。然而，只有太一是真正存在的，其他受造物只是沒有任何基礎、沒有任何理由的東西。但並不因為如此，受造物就被當成幻象。

有限者與無限者之「全異」，是指有限的生命，和無限的生命相比，是完全不同的，毫無任何相似的地方。所以人不可能想像神的樣子，因為神與我們所能想像的東西，性質完全不同。譬如，我們常說：「上帝愛人就和父母愛子女一樣。」事實上，上帝愛人和父母愛子女的方式是完全不同的，所以一般人無法想像上帝為什麼會創造許多無用的東西，以及允許天災人禍發生。

有限者對無限者之「全依」，勝於有限者之間的一切可能。就拿父母和子女來說，無限者和人的關係，遠遠超過父母和子女的關係，因為上帝是每個人生命的基礎，人跟自己生命基礎的親密程度，必然勝過所有人與人之間的關係。無論人與人之間密切的程度有多深，都無法想像、無法比擬自己與基礎的密切程度。這就如同父母和子女的關係與男女朋友之間的關係是不一樣的，父母就好像是我們的根源，無法被替換，男女朋友則有可能替換，所以一個人與父母的關係是絕對的，與男女朋友的關係則是相對的。

由此可知，無論與天下任何人做朋友，都比不上與上帝做朋友來得親密，或者說，我們就算對其他人認識得再多，都比不上對自己的認識深入，而上帝對我們的了解，又遠超過於我們對自己的了解。

有限者與無限者之相似即是相異。這句話說得淺顯一點，就是：人與上帝越相似，就會與祂越不像；人與上帝越不像，就會與祂越相似。這就是所謂的非言說性，如果堅持要用語言表達，就只能得出這種看似矛盾的解釋。

愛的密契主義

愛代表合一，是一種最理想的型態。想達到最理想的型態，就要採取上帝對世界的態度來對待世界。譬如，在這個地方長出了一朵小花，儘管它非常脆弱，輕易就會被摧毀，但它仍然是獨一無二的。因為小花長在這個地方，其他植物就無法再長在相同的地方，因此上帝選擇讓這朵小花長在這裡，一定有祂的理由。這就是從上帝的態度來看待世界。以這種態度來看待世界，對人生的想法將有所不同。

如此一來，受造物可以就其為上帝所造時之確定性，被重新肯定。上帝創造萬物時，有無限的可能性，然而祂不造張三、李四，卻造了一個「我」，這代表「我」是特別的。上帝創造任何東西都有祂的選擇性，祂可以選擇造或不造，如果祂選擇了造，表示這個東西一定有它的價值，所以上帝才會選擇了它。一旦有了這種領悟，則所有存在的一切，都能夠被肯定與被欣賞。

超越界不再在受造物之「上」，而在其「中」被發現。以前我們看超越界的時候，都覺得祂高高在上，因為祂是真實的，而受造物只是一個影子，一般人只能透過這個影子去看實體。現在則是在受造物中發現超越界，因為受造物在上帝之內，上帝也在受造物之內。

要達到這種境界，則受造物要先被完全棄絕，再被保存於上帝之中。其途徑則有三個步驟：滌淨、光照、合一。以下分別介紹：

（一）滌淨：這個步驟是所有的修行都必須經過的，譬如印度教中的五戒、五律就屬於這一部分。滌淨是捨棄欲望：從感官開始，乃至於心思、個人的執著，全部捨棄。然而，沒有任何原因的捨棄是很難做到的，所以要有一個積極的目標，也就是為了愛上帝而捨棄。我們要效法基督，讓基督在我們的生命中活出來，先空化自己，再充滿之。先把自己所有屬於人性的弱點和常態現象去除，變成空，然後才能裝新的東西。

（二）光照：經過滌淨之後，會有黑暗的階段。黑暗的階段之後會看到景觀、異象（Vision），而有當下即是的臨在（Presence）感，這就是光照。亦即，感覺到當下就是真實的，好像神在你面前出現了。由此可知，有了密契經驗之後，儘管出現在你面前的只是一隻貓、一隻狗，照樣可以在牠們身上看到神。

（三）合一：萬物再度為一；由於神的臨在而得到聖化。這種合一並未取消萬物的差異，但是萬物沒有任何部分是疏離的。神在任何地方都與我們同在[67]。

三種密契主義的差別

這三大派的主要差別在於：第一派將個別的意識、個體的存在、受造物的地位降得太低，使其變得如同幻象一般（但仍然不

---

[67] 參考杜普瑞（Louis Dupre）所寫的《人的宗教向度》（*The Other Dimension*），傅佩榮譯，立緒出版，2006年。

同於虛無）；第二派則是珍惜每一個個體，然而個體又不若第三派的完全被擁抱；第三派是把所有的個體先放在一邊，然後再將其恢復。

因此在第三派之中，一旦經歷了密契經驗，將覺得內心充滿熱情，想愛這個世界，擁抱這個世界。這種愛並不是想要占有，而是因為我們愛神，而神愛這個世界，因此我們也愛這個世界。如此一來，對宇宙中所有的一切而言，當下就是救贖。

密契主義雖有不同派別，但是抵達合一境界時，就不必再區分彼此了。正如一個人在從事身、心、靈的修行時，走上正確的道路，其最終目標也是「合一」。從身到心，從心到靈，人人不妨殊途而同歸。如果把握本書所述的觀念與做法，人類世界的和諧與平安並非遙不可及的幻想。

國家圖書館出版品預行編目(CIP)資料

人生，一個哲學習題：認識自我、開發潛能、修養靈性的追求/ 傅佩榮著. -- 第一版. -- 臺北市：遠見天下文化, 2016.06
　面；　公分. -- (心理勵志 ; BBP387)
ISBN 978-986-479-027-2(精裝)

1.人生哲學 2.自我教育 3.靈修

191.9　　105010441

心理勵志 BBP387

人生，一個哲學習題

認識自我、開發潛能、修養靈性的追求

原《傅佩榮談身、心、靈整合》

作　者 — 傅佩榮

事業群發行人／CEO／總編輯 — 王力行
副總編輯 — 周思芸
生活館副總監 — 丁希如
責任編輯 — 陳子揚
美術設計 — 黃淑雅

出版者 — 遠見天下文化出版股份有限公司
創辦人 — 高希均、王力行
遠見・天下文化・事業群　董事長 — 高希均
事業群發行人／CEO — 王力行
天下文化社長／總經理 — 林天來
國際事務開發部兼版權中心總監 — 潘欣
法律顧問 — 理律法律事務所陳長文律師
著作權顧問 — 魏啟翔律師
地址 — 台北市 104 松江路 93 巷 1 號 2 樓
讀者服務專線 — 02-2662-0012 ｜ 傳真 — 02-2662-0007；02-2662-0009
電子郵件信箱 — cwpc@cwgv.com.tw
直接郵撥帳號 — 1326703-6 號　遠見天下文化出版股份有限公司

電腦排版 — 立全電腦印前排版有限公司
製版廠 — 東豪印刷事業有限公司
印刷廠 — 祥峰印刷事業有限公司
裝訂廠 — 精益裝訂股份有限公司
登記證 — 局版台業字第 2517 號
總經銷 — 大和書報圖書股份有限公司　電話／(02)8990-2588
出版日期 — 2003 年 1 月 30 日 第一版
2016 年 6 月 29 日 第二版
2019 年 8 月 25 日 第二版第 3 次印行

定價 — NT600 元
ISBN — 978-986-479-027-2
書號 — BBP387
天下文化官網 — bookzone.cwgv.com.tw